# ヨーロッパ時空の旅

北原靖明　著

図（1-3）サン・マリノ第一の塔

図（1-4）ユスチニアヌス大帝のモザイク

図（1-6）スクロヴェーニ礼拝堂

図（1-9）ジュリエッタの家

図（1-10）ドゥカーレ宮殿

図（1-20）レオナルドの生家への道

図（1-25）斜塔

図（1-29）エステ家別荘

図（1-27）ナポレオンが見た風景（著者自筆）

図（1-32）古代アッピア街道

図（1-31）ボルゲーゼ公園の笠松

図（2-3）市場広場の人魚像

図（2-7）ヴィラヌフ宮殿

図（2-8）ワジェンキ公園

図（2-12）ショパンの生家（著者自筆）

図（2-16）グダンスクのドウガ通り

図（2-28）ビルケナウの死の門

図（2-33）ザコパネ①

図（2-21）トルンの旧市庁舎と
コペルニクス像

図（2-39）クロメジーシュの王宮

図（2-41）ブルノの修道院とメンデル像、温室跡

図（2-47）カレル橋

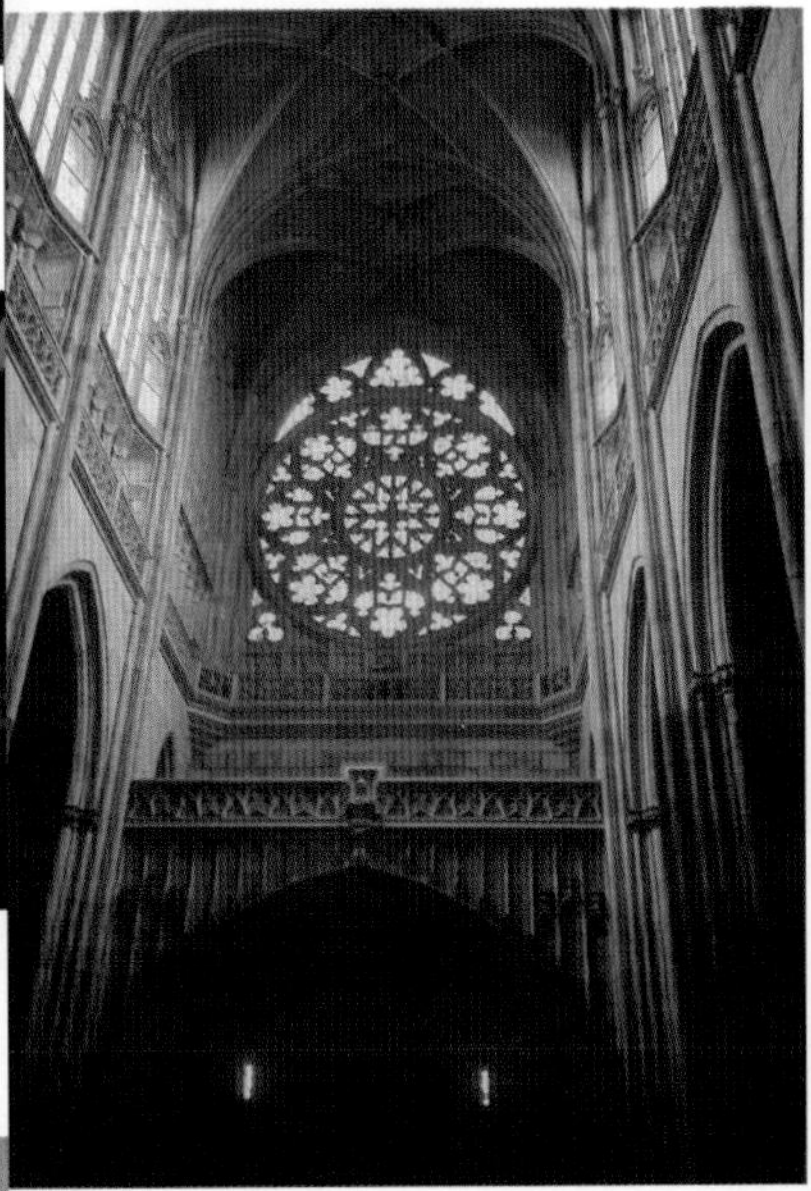

図（2-48）聖ヴィート大聖堂

図（2-50）コノピシュチェ城

図（2-52）マリオネット

図（2-54）市民会館（内部にスメタナ・ホール）

図（2-58）カールスバート

図（2-62）濁流溢れるチェスキー・クルムロフ

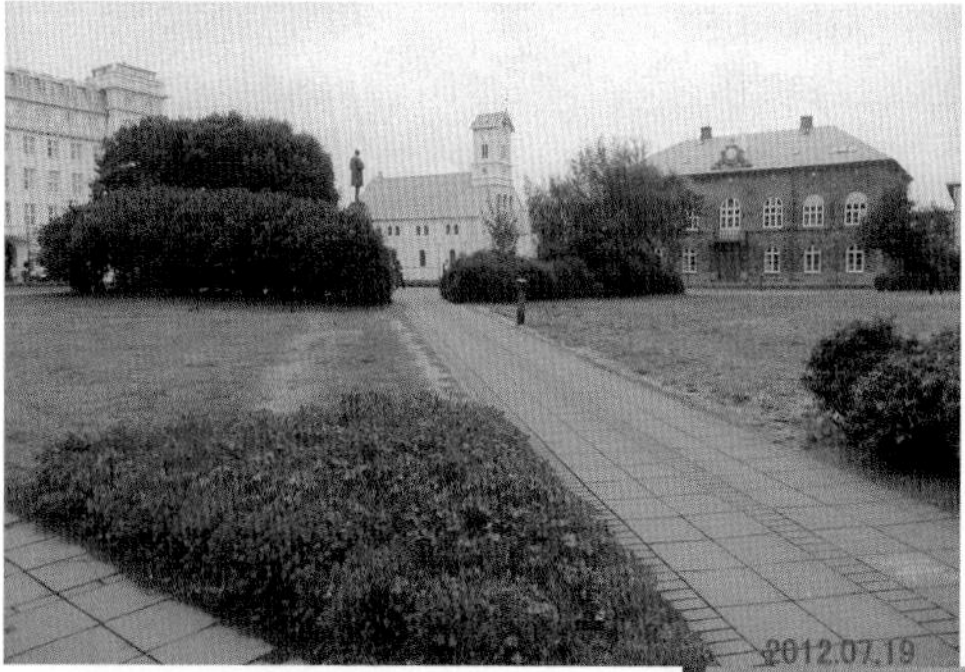


図（3-4）国政広場

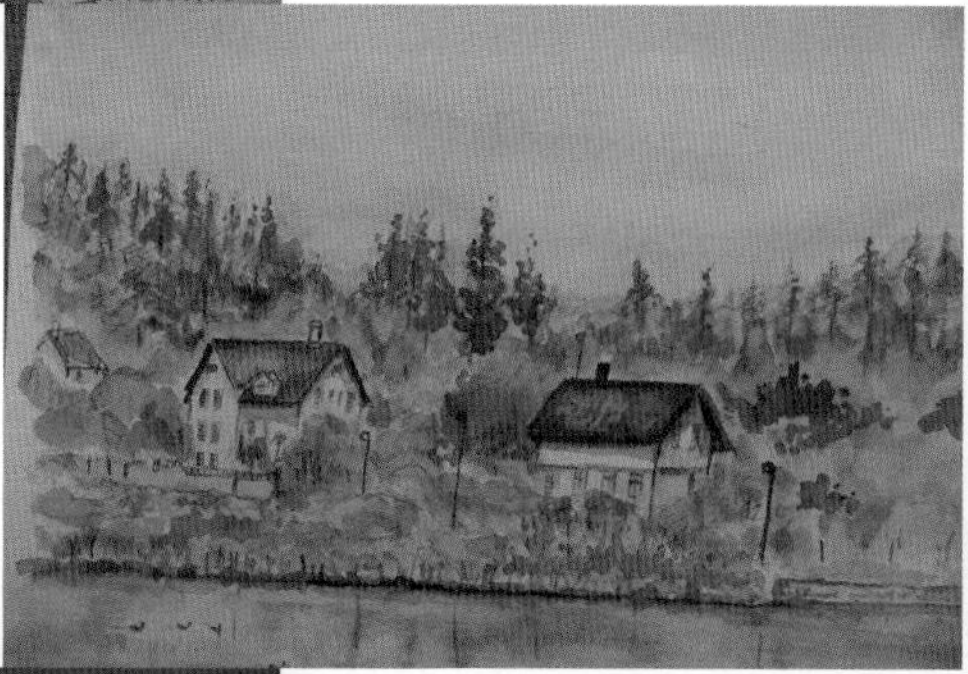

第3章

図（3-7）チョルトニン湖畔の家
(著者自筆)

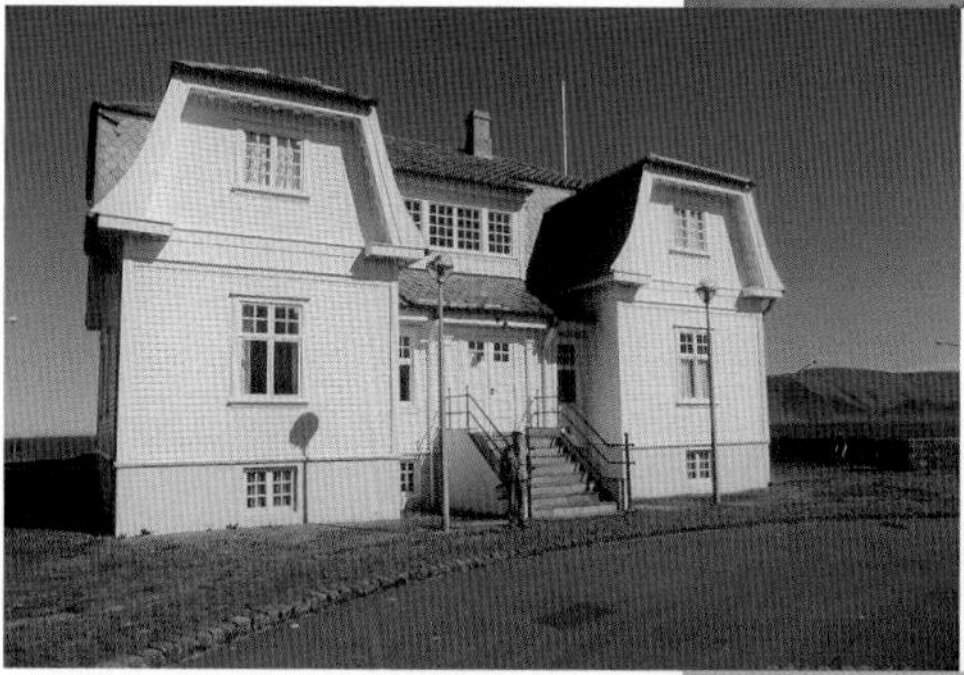

図（3-9）ホフディ・ハウス

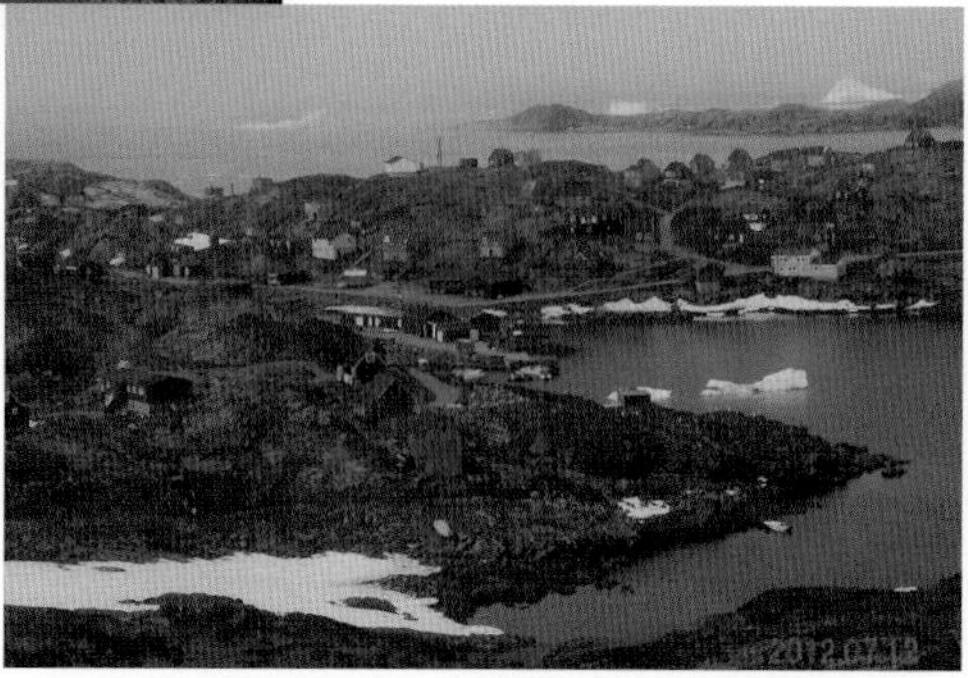

図（3-16）イヌイットの集落

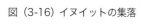

図（3-19）クルスクの風景（著者自筆）

図（3-23）大地の裂け目　ギャウ

図（3-27）フーサヴィーク港

図（3-30）スナイフェルスヨークトル山

図（3-35）ブルー・ラグーン

図（4-4）時計塔から見たシギショアラ（著者自筆）

図（4-5）塔上のオリビエラさんと妻

図（4-6）料理「ドラキュラの心臓」

図（4-16）アルバナシ村

図（4-17）ヴェリコ・タルノヴォの風景

図（4-20）カザンラクのバラ祭り②

図（4-23）コウノトリ

図（4-24）リラの僧院

図（4-25）ハージ・ドラガーノの家レストラン

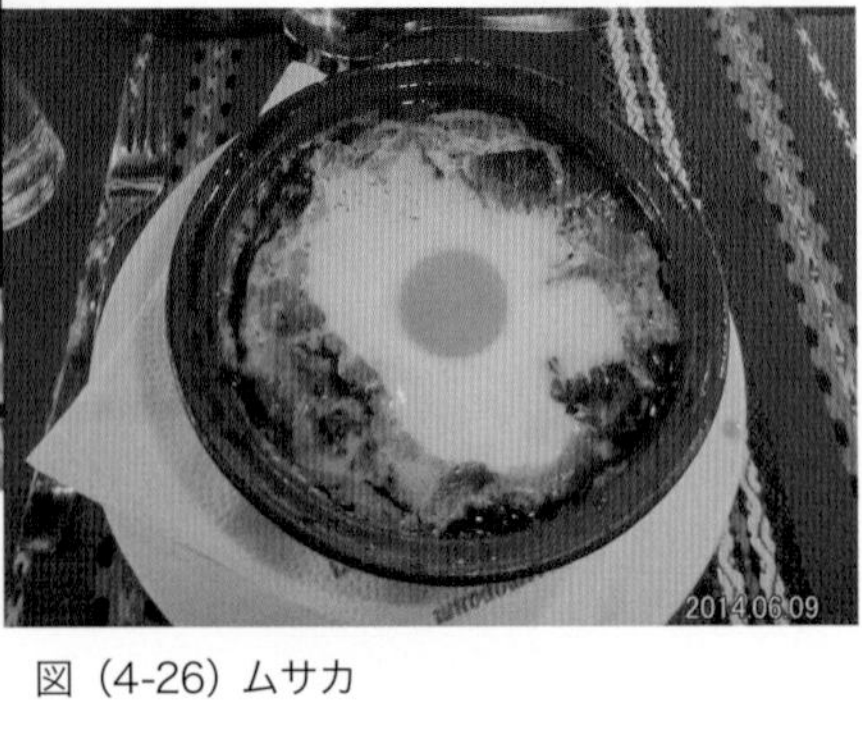


図（4-26）ムサカ

図（5-3）トマールのキリスト騎士団修道院

図（5-4）ドン・ルイス一世橋

図（5-6）サン・ベント駅のアズレージョ

図（5-15）礼拝堂内マリア像

図（5-18）オビドス①

図（5-19）オビドス②（著者自筆）

図（5-21）ロカ岬②

図（5-24）シントラ、ペーナ宮殿より

図（6-3）波止場のイチゴ売り

図（6-6）城壁の「乙女の塔」

図（6-9）カタリーナの小道（著者自筆）

図（6-10）トゥライダ城

図（6-12）猫の家

図（6-15）ルンダーレ宮殿「黄金の間」

図（6-18）トラカイ城

図（6-21）杉原千畝の事務机

図（6-22）カウナスの街歩き②
ネムナス川畔

# ヨーロッパ時空の旅

北原靖明　著

## 第4章　ルーマニア、ブルガリア周遊　209



## 第5章　ヨーロッパ西端の国ポルトガルへ　237

## 第8章　ヴォルガ・ドン河、四〇〇〇キロの船旅　391

**(その二)　552**



## 第11章　バスクからピレネーへ　587

# はじめに

私が初めてヨーロッパの土を踏んだのは、一九六六年末から六七年にかけての冬だった。ヨーロッパ八ケ国を一五日間の駆け足で周遊したのである。それまで制限されてきた外貨使用枠が緩和され、ようやく一般人にも海外旅行ができるようになった。日航機を利用した「ジャルパック」が人気を集めた。当時の国際情勢の故か南回りの航路だったため、最初の訪問地ローマまで三〇時間近くもかかっている。当時はまだプロペラ機が主流で、途中で給油のため頻繁に離着陸を繰り返したからである。香港、バンコック、ニューデリー、カラチ、テヘラン、ベイルートに立ち寄ったと思う。この間何度、機内食を口に入れたことか。そして最初の一歩を記したローマの、落ち着いた市街地と夜のショウ・ウインドウの輝きや、街中を闊歩する毛皮のコートを纏った女性の姿が、なんと美しかったことだろう。

訪問先のスケジュールは、ローマ、ヴェネチア、ミュンヘン、ケルン、アムステルダム、ブリュッセル、パリ、ロンドンの六ケ国八都市だった。その合間に私だけ、二回もツアーを離脱し別行動している。まずローマから夜行列車でフィレンツェに向かい、翌朝から半日市内やウフィツィ美術館を訪ねた。そして午後の列車でヴェネチアに向かう一行に、ボローニャで合流したのである。次はそのヴェネチアから早朝の飛行機でアルプス山脈を越えてスイスのチューリッヒに飛んだ。リツエルン湖畔を歩き、登山鉄道で雪深いリギ・クルム山（一七九八ｍ）まで登る。雪のアルプス越えのために数時間も遅延した列車でやってきた仲間に、チューリッヒ駅で再度合流した。当時は、このような部分的自由行動も認めて貰えたのである。

この経験が、その後の私のバック・パックによる単独旅行の自信になった。

今回の『ヨーロッパ時空の旅』全一一章のうち、「第一章　北イタリアに　ルネッサンスの諸都市を訪ねて」は一九九八年の記述日となっており、全章の中では最も古い記録である。実は本書を纏めるにあたり、この章だけ昔のメモを頼りに新たに書き改めた。そのため「古い手帖より」と副題を付した。たとえ記憶が少し薄れていても懐かしい曽遊の地イタリアの諸都市の紀行を、本書から省くことはできなかった。古いなりに、当時の私の心境や情感が表れていると思う。逆に、第九章のドイツ、第一〇章のフランス、第一一章スペインなどの国々は、これまでにも繰り返し訪ねているが、古い記録は割愛し近年の旅の記録に絞っている。ベネルックス三ケ国や北欧四ケ国、あるいはアイルランドやギリシャへの旅行記は、さらに古い記録になるので採録を断念した。私の研究分野であるイギリス及びその植民地については、思索の一端を既に数冊の研究書で纏めている。イギリスの旅をさらに記述しようとすれば、また別の一冊になるだろう。その他、オーストリア、東ヨーロッパのウクライナ、ベラルーシ、モルドヴァ、バルカン半島の八ケ国への旅の記録は、本書の姉妹編『東西回廊の旅』に収載済みである。

本書は、一九九八年の北イタリアの旅に始まり、二〇一九年のバスク・ピレネーの旅に終わる一連のヨーロッパの旅を、時系列的に纏めたものである。私の興味は、人々が営々と築いてきた歴史的景観であり地誌であり、現地の人々の日常の営みである。ヨーロッパは、鎖国から解放された日本人にとって最初の憧れの土地だった。政治体制も科学も文学も芸術についても。日本は、国を挙げてヨーロッパの水準を目標にしたのである。現在G７のメンバーに加わっていることで、かなり昔に日本もこの目標を達成したと考えている人も少なくないだろう。確かに国民総生産などの指標に見られる経済力については、G７に肩を並べるようになった。しかしこれを支えている日本人の意識度が全体としてヨーロッパ的水準に達しているかについては、私は依然として懐疑的である。一つは政治意識の水準であり、第二に公共や環境的意識、三つ目は幸福度である。

陸続きで国境を接するため人種間の衝突を繰り返し、市民革命を経験したヨーロッパと日本人の政治意識を比較するのは、元々無理なのかもしれない。明治維新は、士族という上層階級の政権交代に過ぎず、絶対多数を占めていた庶民が改革に参画したわけではない。日本には一般民衆による市民革命の成功経験がないのである。身内意識に護られ社会全体を考えない政治意識の低さが、政治や社会構造の変革を阻害している根本的原因ではないかと感じる機会が多い。国政選挙でも地方選挙でも投票率の低さが際立つ。なによりも女性の政治参加が、極度に遅れている。

日本人の活動は、特に男性の場合所属している社会集団、即ち職場に限定されがちである。職場の倫理が、全てに優先されることになる。仕事を離れた居住区との繋がりや近隣社会での活動の機会が、特に都会では希薄である。生活環境を配慮する余裕もない。一般的にヨーロッパの町並みに比べ日本の町並みが見劣りするのは、第一に耐久度の高い石造建築とスクラップ・アンド・ビルド式に容易に建て替えられる木造の違いかも知れない。しかしこの公共や環境意識の希薄さにも、関係しているのではないか。歳月の蓄積を感じさせる重厚な市街地は、日本では限られている。

幸福度については、ヨーロッパはいうまでも無く、より生活水準の低いアジア諸国に比べても、日本は劣っているとしばしば感じた。幸福度をはかる物差しはいろいろあろうが、私は個人の拘束時間の長短を重視したい。日本は長時間労働のため、業務を離れ家庭や自分個人のために自由に過せる時間が余りに少ないのである。ヨーロッパの多くの国では、過重労働を労使双方に厳しい罰則を設けて、徹底的に規制している。有給休暇の消化率も極めて高い。これは個々人の問題ではなく、システムとして社会全体に組み込まれているためである。特殊技能者という例外を設けて、今後も長時間労働を容認しようとする日本政府の姿勢は、世界の趨勢に反していると思う。

犯罪が少なく治安が良いことは、日本社会の優れた特徴といえる。それは人種的社会的にみて均質度が比較的高いためだろう。ただ日本の将来の人口構成や外国人労働者への依存度の高まり、あるいは国際的流動性を考えると、このような均質性が今後も維持できるという保障はない。このようなことを私は、旅をしながら考えていたし、本書の中でも時々触れている。

旅先では、多くの世界文化自然遺産を訪ねた。そこに地域の特性が凝集されていると考えるからである。グレコ・ローマン遺跡、ローマ・カトリックとプロテスタントの対立や東方への正教の拡大、ユダヤ問題、ルネッサンスから啓蒙思想や人文主義、そして産業革命を経て近代社会に発展したヨーロッパに、重層的歴史の重みを常に感じてきた。その社会には「光」と共に、勿論「影」の部分もあった。文学や音楽や絵画で昔から馴染んだ現地に、実際に立った感動は忘れ難い。『ヨーロッパ時空の旅』は、このような著者の様々な想念を凝縮したものである。本文中男性の名には「氏」を、女性の名には「さん」を付して識別している。

# 第1章　―古い手帖より―<br>北イタリアにルネッサンスの<br>諸都市を訪ねて

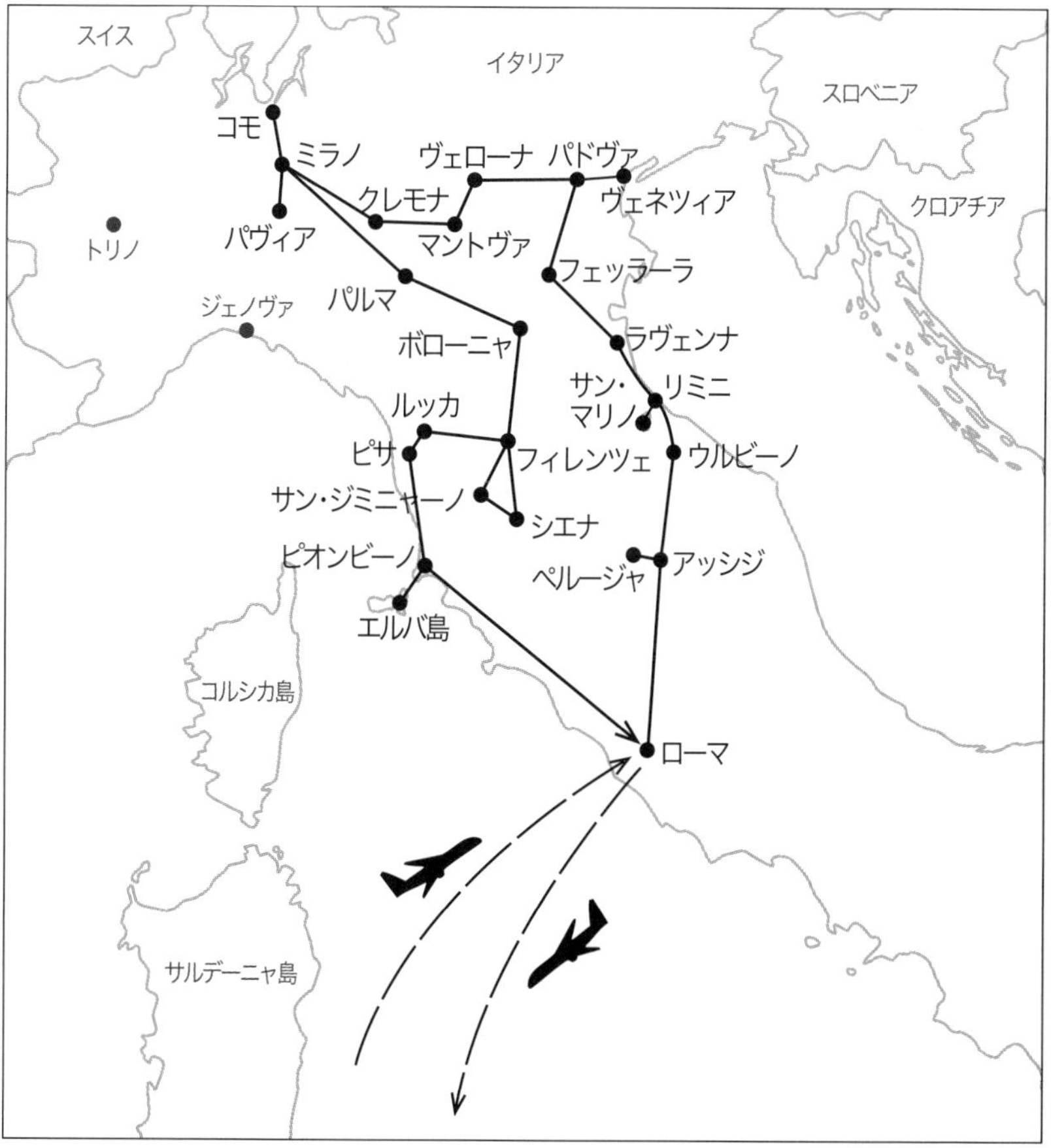

## 一、ローマからアッシジへ、地震の爪あと、フランチェスコの生涯、ウンブリアの州都ペルージア

一九九八年三月一五日六時一〇分ローマ、レオナルド・ダ・ビンチ空港着。両替して（一米ドルが一七七七リラ、大まかに一〇リラが一円の見当）、国鉄テルミニ駅に移動した。一〇時一五分発の列車でウンブリア州のアッシジに向かう。ローマの市街地を抜けると、汽車は緩やかにうねる平野を走った。農家が散在している。約一時間で、アペニンの山岳地帯に近付いた。主体の針葉樹に混じって、まだ芽を吹かない落葉樹の枯れ木も混じっている。樹林のあいだに、時々白い花崗岩の断崖が光った。一一時四三分フォリーニョという駅で三〇分の対向車輌待ち停車になったので、暫時駅前通りを散策する。欅の並木の両側に、イタリアらしい立派な邸宅が並んでいた。一三時三四分、アッシジ駅に着いた。五キロほど東側の丘の中腹にアッシジの町が拡がっている。後背のアペニン山地に残雪を頂く峰が見えた。

駅前からバスで、サン・フランチェスコ教会近くの停留所まで登っていく。ただし写真で馴染んできた教会は、数年前の大地震による被害からまだ回復していない。広場に面したファサードの右半分は眼帯を嵌めたように修復用の櫓が組まれ、後ろの鐘楼全体も鉄の柱で覆われていた。それでも、本日は一四時半に入場できるという。それまで教会正面から東に延びるサン・フランチェスコ通り沿いに、街中を歩く。狭い路地が入り組み、所々に道を跨いだ石造の家屋がある。フランチェスコの弟子に捧げられたキアーラ教会や大聖堂（カテドラル）も、修復が進まず閉鎖中である。頑強な石造りの建造物も、地震による横揺れには意外に脆いのだ。中心にあるコムーネ広場から長い階段を登って、町の最高所にある要塞の前に立った。町の甍を越えて麓の平原が広がり、小丘が点在している。

図（1-1）サン・フランシスコ教会

サン・フランチェスコ教会は、上下二層からなる。下の教会は一二三〇年、上の教会は一二五三年に完成しているから、いずれもルネッサンス時代よりも古い少し素朴な建物である。しかし外観同様に内部も修復作業中で混沌としていた。上の教会には、ジオットの有名なフレスコ画「小鳥に説教する聖フランチェスコ」が描かれていたはずだが、現在は別の場所に保管されていて修復が終わるまでは公開できないという。下の教会も雑然としていた。さらに階段を下りて、地下のフランチェスコの墓所に詣でる。墓所の前の床で、黒犬が熟睡していた。

かつて聖フランチェスコの伝記を読んだ記憶がある。彼は、若年時と後半生が対照的な、いわば二つの人生を送った人だ。裕福な商家に生まれ育った彼は、遊蕩三昧の青年期を過した。しかしあるとき忽然と宗教心に目覚め、全ての家財を放棄し清貧の生活に入った。その決断はすごいと思う。状況は異なるがシッダルダも、なに不自由ない王家に生まれながら、後に身分も家族も捨てて悟りの道に入った。西行法師の例もある。多くの恋愛遍歴を経てのち仏門に入り、説教活動をしている著名な日本の女流作家もいる。似た例は他に幾つもあるだろう。逆に捨てるものもない極貧の環境に育ったものは、そこから抜け出すためあくせくと一生を送るかもしれない。フランチェスコやシッダルダは、若いときに歓楽を享受できた、あるいは放棄できるものを十分に持てた恵まれた人達ではなかったか。時々私は、このような皮肉な想念を抱くのである。

市街地の坂を一〇分ほど下り、アッシジ・ユース・ホステルにチェック・インした。まだ時間があるので、近隣にあるウンブリア州の州都ペルージアを訪ねた。こちらも丘の上に発達した歴史ある古都である。エトルリア時代に起源を持ち、古代ローマ時代前の遺跡も残っているという。麓の汽車駅からバスで、都心の一一月四日広場まで上った。ニコラ・ピサーノとジョバンニ・ピサーノが彫刻した美しい噴水が上り、カテドラルとプリオーリ宮殿など大きな建造物に囲まれている。道幅も広い。大学町でもあり、アッシジに比べ遥かに大きな都会である。近年日本でペルージアの名がポピュラーになったのは、当地のサッカーチームに、中田英寿が移籍したのがきっかけのようだ。

広場からカテドラルにかけて、人で混みあっている。カテドラルの内部では、ミサが行われていた。広場では、器楽演奏が始まった。暫く歩くと見晴らしの効くバルコニーに出た。この展望所に立つと、ペルージアの立地の特徴が良くわかる。限られた台地の上に甍が密集し、谷筋の地形に合わせて城壁のように石塀が張り巡らされている。谷は結構深く急峻だ。夕日が家々の西面を浮き彫りにしていた。

図（1-2）ペルージア遠景

アッシジのホステルに戻り、国分寺からの女性やさいたま市からの若者と一緒に夕食を摂った。アッシジは、やはり日本人に人気のスポットである。

## 二、ウルビーノへ、名君フェデリコ三世、ラファエロの生家、パスタ修行中の若者

三月一六日七時起床、ホステルの庭から丘上に拡がるアッシジの遠景を写真に収めた。九時過ぎ、バスで国鉄駅に向かう。フォリーニョまで汽車、そこで一〇時半発のウルビーノ行きバスに接続する。いよい

よイタリア半島の脊梁アペニン山脈越えの道である。しかし道路はよく整備されている。車窓に見える農家の屋根はベージュ色が優勢で、緑の麦畑とコントラストになり美しい。

一二時半、ウルビーノのバス・ターミナルに着いた。標高は五〇〇メートル、城壁の門を潜りレップリカ広場に出る。広場のベンチや正面に見えるサン・フランチェスコ教会前の石段に腰掛けて人々が談笑していた。アイスクリームを舐めている人もいる。ここで右折し、カテドラルやドゥカーレ宮殿が並ぶ広場に来た。現在国立美術館になっている三階建て茶褐色の宮殿は、一五世紀ルネッサンス様式を今日に伝える趣のある建物である。隅に、二本の円柱状の塔が立つ。しかし広場の反対側にあるインフォメーションで尋ねると、「美術館は、月曜日休館です」という。ガイドブックに依れば、毎日一四時まで開いているはずだ。実際には入場出来たのである。なんというインフォメーションか。

ウルビーノは、アドリア海側のマルケ州北端の山中にある小都市に過ぎない。しかしルネッサンス期の北イタリアを考える時、見過ごせない場所なのである。それは、当時この地域を支配していたモンテフェルトロ家の名君フェデリコ三世の故であった。彼の肖像画としては、赤いマントを着て鉤鼻が目立つ横顔がよく知られている。ピエロ・デラ・フランチェスカの筆になるもので、現在フィレンツェにあるという。左の横顔しか描かれていないのは、騎馬試合で右目を失ったためといわれる。伊達政宗のように独眼であった。モンテフェルトロ家は、本来傭兵隊を指揮する武門だった。しかしフェデリコ大公の名声は、ルネッサンス期きっての文化人としてのものである。彼が創設したウルビーノ文庫は、神学、医学、ダンテ、ボッカチオらのイタリア文学、ギリシャ、ラテンの古典など広範囲にわたり収蔵し、当時のヴァチカン文庫やフィレンツェ文庫を凌駕していた。彼の宮廷は、単に知識人や文人のサロンではなかった。大公自身がずば抜けた学者だったのである。『イタリア・ルネッサンスの文化』のなかでブルクハルトは、文化保護者としてフィレンツェ・メディチ家のロレンツォ、ミラノ・スフォルツァ家のルドヴィコ・イル・モロ、ナポリ・アラゴン家のアルファンソ等を讃えている。しかし教養人としてのフェデリコ大公は、別格の書き方である。現在館内には、当地出身のラファエロが初期に描いたタペストリーの下絵やピエロ・デラ・フランチェスカの宗教画などが展示されている。フェデリコ大公の書斎は、このような美術品で飾られていた。

宮殿を出て坂を下り再び少し上った左手に、三階建てのラファエロの生家が残っている。同じような茶褐色の石造が並ぶ中の一つだ。飾りのない質素な外観である。中庭を囲んでロの字形に建物が立ち、部屋数は多い。フィレンツェの工房に入るまでの一七年を、ラファエロはこの家で過ごした。父親も画家だった。後に聖母像の画家として名声を獲たラファエロの、初期の聖母像が残っている。まだ稚拙だが、彼の特徴も認められるようだ。生家の先の急坂を登った所にあるローマ広場には、絵筆を手にしたラファエロの銅像があった。

一五時三〇分、アドリア海沿岸のペーザロ行きのバスに乗る。バス待ちの間に出会った千葉県松戸市出身の若者と同行した。彼は日本の旅行社で手配してもらったスケジュールに従って、一年間パスタ料理修業の旅を続けているのである。ベルガモ、ジェノヴァ、フィレンツェ、最後にこれから向かうリミニにあるレストランがそれぞれ三ケ月の研修の場所だった。「部屋と食事代は雇用主が持つが、無給、毎月日本円にして数万円の小遣いしか貰えない」と彼は話した。特定のシェフについて数年間勉強するのが普通と思っていたが、このような遍歴風修行もあるのだった。一世代昔の日本なら、「包丁一丁さらしに巻いて」親方巡りをする徒弟である。ペーザロからリミニまでは、海岸沿線の汽車の旅。もう少し修行の内容を聞きたかったが、下車駅に来てしまった。リミニ駅で彼と別れた。駅前のバス停で一七時発のサン・マリノ行きのバスに乗車する。七五〇メートルの山頂付近までの急坂を一気に上った。さらに石段を暫く登り、一つ星のベラビスタ・ホテル（見晴らし亭）に、五万リラでチェック・インした。家族経営の手頃なホテルである。

## 三、ミニ共和国サン・マリノ、三つの砦、ラヴェンナの美しいモザイク、ダンテの墓に詣でる

サン・マリノは、人口三万人に満たないミニ国家、しかし一四世紀に創設されたもっとも古い共和国である。首都サン・マリノに限れば人口五〇〇〇人ほど、観光と切手が主な歳入源だ。三月一七日簡単な朝食を済ませて、早速町の散策に出かけた。ベラビスタ・ホテルは、町の北端政庁があるリベルタ広場に近い。この共和国では、四月と十月に元首に相当する執政が交代する。そのような国家行事や祭りがこの広場で行われるという。この広場より東南側が、旧市街地に相当する。

町の東側の崖に沿って、国旗にも図章化されているようにサン・マリノのシンボルである三つの要塞が聳えている。石段を登って、第一のロッカ・グアイタに向かった。一一世紀建造の町で最も古い塔だ（3頁　図1—3参照）。崖上の尾根伝いに少し下り、大きく緩やかな石畳の道を上ると第二の要塞チェスタの塔に達する。これがサン・マリノの最高所で、観光スポットのようだ。土産物店があり、客が集まっている。要塞の一、二階は、鉄砲、刀剣、甲冑などを展示した武器庫である。急な外階段を登って塔上に出た。足元には所々に空隙があり、少し危なっかしい感じだ。しかし絶好の展望所である。北に第一の要塞、南方に第三の要塞ロッカ・モンターレが聳え、東は険しい絶壁、西にサン・マリノの市街地が広がっていた。

リベルタ広場のインフォメーションで、パスポートにサン・マリノ入国のスタンプを貰い、バスでリミニまで下った。リミニ発一二時二〇分、ホテルが立ち並ぶ夏のリゾート地らしいアドリア海沿いの町々を汽車の車窓右手に見ながら北上する。一三時三〇分、ラヴェンナに着いた。

ラヴェンナは、アドリア海側の古代ローマの軍港として発達した。五世紀初頭西ローマ皇帝ホノリウスは、ゲルマン系ゴート族による東からの侵攻に備えるため首都をこの地に移した。六世紀に一度ゴート族テオドリック王の支配下に置かれるが、東ローマ皇帝ユスチニアヌス帝によりローマ領に回復された。そのため五世紀以後のローマ式モザイクの名品がラヴェンナに多く残されている。ルネッサンスとの係わりでも、ラヴェンナを逸することができない。フィレンツェを追われたダンテが『神曲』を書き終え生涯を閉じたのは、この町だった。

駅前通りを数百メートル西に歩いて、町の中心ポポロ広場に来た。市庁舎や県庁の建物が並んでいる。ここから北西のサン・ヴィターレ教会までは、徒歩五分ほどの距離しかないが、小道が錯綜していて紛らわしい。途中にインフォメーションがあった。サン・ヴィターレ教会は、向かって左手に円柱の塔を持ち上下二重の八角形からなる赤褐色の簡素な外観をしている。AD五四八年の建立という。市内寺院六ケ所の共通入場券一万リラを買って入場した。内部は巨大なドームで、窓が小さいので薄暗く感じられる。だがこの小さな教会が各国からの観光客を集めているのは、床や天井全体を飾るビザンチン時代の金色に輝くモザイク画のためである。中でも中央祭壇の奥の壁にある「随臣を従えたユスチニアヌス大帝」のモザイクは、歴史の教科書にも載っていることでよく知られている（3頁　図1—4参照）。東ローマ帝国を代表するAD六世紀のこの有名な皇帝について私は具体的事績をよく知らないし、何故ラヴェンナにこのようなモザイク画が残されたのかの謂れも分からない。ただ現在の北マケドニアの首都スコピエを訪ねたときにユスチニアヌス帝の銅像を見て、その出身地を知ったのである。AD四世紀以後の西ローマや東ローマの皇帝の出自や出身地は様々で、思いがけないことが多い。

サン・ヴィターレ教会の裏庭の一隅には、ホノリウス帝と共にラヴェンナの基礎を築いたといわれる帝妹の廟所ガッラ・プラチーディアがある。その壁面を飾る大きな「よき羊飼い」のモザイクも、写実的で見事な出来映えだった。

図（1-5）ダンテの墓

市内を少し南に歩き、大司教博物館に入る。こちらも八角形のAD五世紀の建物、内部は丸天井の全面を壮大なモザイク画が占めている。円形の内部には、青色をベースに黄色と白色の無数の星が散りばめられている。宇宙を表現しているのであろう。中央に黄金色の大きな十字架が描かれる。円の外には一二使徒の図。大司教博物館には、象牙で浮き彫りされた大司教座もあった。そのほか、駅近くのサンタ・ポリナーレ・ヌォーヴォ教会にも東方の三賢者や使徒のモザイクがある。この街のモザイクを丹念に見学すると、時間がいくらあっても足りない。私はこれまで各地のローマ遺跡で多くのモザイク画を見てきた。これらに比べラヴェンナにあるモザイク画の名品は、現存の教会内部を飾っているため特に保管状態が良いのである。

汽車駅に戻る途中、サン・フランチェスコ教会の境内にあるダンテ・アルギエリ（１２６５―１３２１）の墓に詣でた。丸屋根を頂き、教会とほぼ同じ高さの頑強な石造りの墓所である。内部で現在まで絶えることなく燃え続けている灯明の油は、彼を追放した郷里フィレンツェからの奉納によるという。一三世紀後半は、吟遊詩人と呼ばれる人々による短詩ソネットが主流だった。ブルクハルトに依れば、ダンテ以前のソネットは自己自身からの逃避であり、ダンテが初めて自己を探求したのである。『神曲』には、フィレンツェでの激しい政争や聖俗の抗争が色濃く投影されている。ルネッサンスに先立つ中世的要素も少なくない。彼は一三世紀から一四世紀に生きた。中世と近世の分岐点は、歴史家によって判断が分かれるが、一般的には一四世紀に始まるイタリア人文主義運動を近世の始まりと理解することが多い。イタリア人文主義運動を代表するのが、ダンテ、ペトラルカ、ボッカチオ等である。ダンテ自身は古い気質も残していた人物かもしれない。しかし『神曲』にはみずみずしい感情や感性など新しい時代を予告させる要素も多く含まれている。ダンテは、ルネッサンスの先駆けとして評価されているのだろう。再びブルクハルトを引用すると『神曲』は、構想と根本理念は中世に属しているが、その精神的なものの描写に込められた高度の造形的な力のゆえに、全ての近代詩の始まりという。

駅前から一番のバスで、一八時前にダンテ・ユース・ホステルに到着。四人部屋だが他に泊り客もなく、閑静な夜を過した。

## 四、エステンセ城、フェラーラに眠るルクレチア・ボルジア、スクロヴェーニ礼拝堂とジオット、巨大なサローネ

三月一八日七時半に簡単なコンチネンタルの朝食を済ませ、バスでラヴェンナ駅に向かう。次の目的地フェラーラ行き八時四五分の列車まで三〇分ほど待ち時間があるので、北に一キロほどの緑地帯にあるテ

オドリック王の廟まで慌しく往復した。白い一枚岩を彫った直径一〇メートル、高さも一〇メートルほどの頑強なドームで、飾り気がない建造物である。東ゴート族一代の英雄は、ここ異郷の地に眠っている。

九時五五分、フェラーラ着。駅前から東南に伸びるカブール大通りに沿って、この都市の見所が殆ど全て集まっている。ルネッサンス期の領主の中でも当地を治めたエステ家は、文化保護者として特に名高い。後にマントヴァ公ゴンザーガ家に嫁いでルネッサンスの華と讃えられたイザベラ・デステ(「エステ家出身のイザベラ」の意味)も、フェラーラのエステンセ城で少女時代を過ごしたのである。駅から徒歩で二〇分、そのエステンセ城前にきた。堀に囲まれ四隅に高い塔を立てた赤みを帯びた城郭は、なかなか風格がある。跳ね橋を渡って、城内に入った。美しい小チャペル、テラス、フレスコ画が描かれたチャンバーが並ぶ内部は、豪華ではないが上品で趣があった。

城の南側の市庁舎とのあいだの空間に、両手を広げて演説をしている当地出身のサヴォナローラの立像があった。彼はやがてフィレンツェに出て、その雄弁術で熱狂的な信者を獲得した。しかし最後には異端者として焚殺される彼の悲劇的生涯は、余りにも有名である。

市庁舎からカテドラルにかけての一帯が、フェラーラの中心部である。大きなドームや回廊、通路両側を占める小チャペルやフレスコ画のいずれを取り上げても、これまで見学した中で当地のカテドラルは、最高級の一つといえる。三つの切り妻屋根が並んだファサードも美しい。

近くのコルプス・ドミニ修道院は、エステ家の墓所である。大理石を使った豪華な墓石が並んでいる。ルクレチア・ボルジアは悪名高い法王アレキサンデル六世の娘に生まれ、策謀家の兄チェーザレ・ボルジアの政略結婚の道具に再三利用された。これは、映画「ボルジア家の毒薬」などにより広く知られた史実である。数奇な運命に翻弄された可憐な女性ルクレチア・ボルジアは、最後はイザベラの弟エステ家のアルファンソに嫁いで三九年の生涯を終えた。当エステ家の墓地に、ルクレチアは眠っている。

その他スキファノイア宮殿内の美術館のフレスコやガラス細工、コスタビーリ宮殿の国立考古学博物館に展示されているエトルリアの壷などを見て回った。戦、狩、器楽演奏の情景を黒の上薬で描いたエトルリアの文様は、博物館のルネッサンス風中庭と共に特に印象に残っている。

一四時一六分発の列車に乗り、一五時一〇分パドヴァに着いた。この町で旅に出て初めて連泊する予定だ。フェラーラ同様この市街も、北端にある汽車駅からポポロ通りを南下すれば、その両側にパドヴァの主な見所が集中している。その一つが、駅から五〇〇メートルほど歩き、運河の上を横切ってすぐ左手の緑地帯の中に建つ小さなスクロヴェーニ礼拝堂である（3頁　図1―6参照）。これはまさにジオットのために建てられたような空間だ。黄金色に仕切られた高さ一〇メートルほどのかまぼこ形の天井から壁面一杯に、聖母とキリストの生涯を描いた三七枚のフレスコ画で埋め尽くされているのだった。特に有名なのは入り口の上に描かれた「最後の審判」図だ。一三〇四年から三年かけて完成されたジオットの最高傑作である。私は宗教画を鑑賞する能力や知識を全く持たないが、この礼拝堂内に立てば誰でもその空間の美しさに感動するに違いない。隣接する私立博物館にも、マンテーニャやドナテッロらルネッサンス期の巨匠の充実したコレクションがあった。しかし余りにも膨大なため、十分な予備知識なしには、頭が混乱するだけである。

ポポロ通りをさらに南下すると、右手にフルッタ（果実）広場やエルベ（ハーブ）広場などの空間が拡がる市街地の中心部に来た。果実や野菜の市が立つため、このように呼ばれている。二つの広場に挟まれ

図（1-7）サローネ

て「サローネ（＝大サロン）」と称する、際立って巨大な建物がある。旧裁判所といわれるが、厳しいというよりむしろ優雅な印象を与える。各階の回廊を支えるアーチ状の列柱の故であろう。全体としてサローネは、緩やかに傾斜する白く大きな丸屋根を載せた三層の建物である。少し奥まった一階部分は、ファッショナブルな商店が並んでいる。上階へ登る階段を探すが、なかなか見つからない。実は併設されたビルの中に、入り口が隠れていた。二、三階は、吹き抜けの大サロンである。長さ八一メートル幅二七メートルもある世界最大級の宴会場という。壁面には、無数のフレスコ画のパネルが嵌め込まれていた。

サローネの西側シニョーリ広場に面して、旧ヴェネチア共和国の総督官邸があった。ルネッサンス期パドヴァは、ヴェネチア共和国に属していたのである。その中央入り口の上の天文時計は、一五世紀初頭から存在し、イタリア最古のものという。

ポポロ通りを挟んですぐ東側に、パドヴァ大学の本館が建っている。ボローニア大学に次いで古い一三世紀創設の学舎である。ガリレオが講義した大ホールや解剖教室等が見たかったのだが、今は学寮の閉館中で四月にならなければ参観できないらしい。そのまま南下して一七時、運河沿いにあるユース・ホステルにチェック・インした。

**五、ヴェネチア再訪、リド島のビーチ、ムラーノ島のガラス工房、ガッタメラータの騎馬像、『ロミオとジュリエット』の舞台、澄んだアディジェ川の流れ**

三月一九日七時起床、九時一〇分の列車に乗り、三〇分でヴェネチアのサンタ・ルチア駅に着いた。水上バス Vaporetto 一日乗車券（一万五〇〇〇リラ）を買う。一

図（1-8）ムラノ島のガラス工房

回券が四五〇〇リラだから四回以上乗船すれば元が取れる。ヴェネチアは三度目の訪問である。初めて当地に来たのは、団体でヨーロッパを周遊したおよそ三〇年も昔の歳の瀬だった。ヨーロッパで最初に訪ねた都会がイタリアのローマ、ついでフィレンツェ、ヴェネチアである。今回は、主に近郊の島巡りをしようと思う。

早速、サンタ・ルチア駅前の大運河の岸から一番の水上バスに乗り、リド島に向かった。リアルト橋の下を潜り、アカデミア美術館やドゥカーレ宮殿を眺めながら、一一時にリド島のラグーナ側の船着場に上陸する。人家が多く賑やかだ。リド島は幅一キロ長さ一二キロと細長い。反対のアドリア海側はカジノがあり、トーマス・マンの『ヴェニスに死す』に描かれたような夏のリゾート地だ。多くは柵で囲われたプライベート・ビーチなので、立ち入りが制限されている。しかし三月の今は、オフ・シーズンなので旅行客が少ない。海岸通りに沿って両側に丈の高い笠松が並ぶ。

一日、本島のサン・マルコまで戻り、五二番に乗り換えて今度はガラス細工で知られるムラーノ島に渡った。島内のクリーク沿いに並ぶガラス工房を見ながら、ガラス博物館まで一キロほど歩いた。ガラス工房では、竈《かまど》から溶けたガラスを鉄棒で取り出し、轆轤《ろくろ》のような装置で赤い色付きの透明容器に仕上げる見事な手際を見学させて貰った。キャサリン・ヘップバーン主演の映画「旅情」の中で、赤いヴェネチアン・グラスが重要なモチーフになっていたことを思い出す。博物館では、形状、色彩が様々な大小の芸術的なガラス製品が陳列されていた。このようなガラス細工の発展には、一三世紀のヴェネチアの東西貿易が係わっている。東方から輸入される物品の中で当時最も珍重されたガラス製品を、自国で生産しようと考えたのである。そして一旦確立した技法を盗まれないために、優れた職人はムラーノ島に閉じ込められたのだった。現在、人は勿論製品の移動についても何ら制限はされないが、ヴェネチアン・グラスの本拠地としてのムラーノ島の名声は承継されている。

帰途下船場を間違え、土地勘のない所に上陸してしまった。大小の広場や裏路地を抜け、橋を渡ってようやくサン・マルコ広場に行き着く。途中のリアルト橋のあたりが、特に混み合っていた。日本からの観光客も多い。広場に面したカフェー・フロリアンで一休み。近くの有名な「嘆きの橋」の写真を撮った。二〇時前、パドヴァのユース・ホステルに戻る。閉店間際の小店で、夜食用のサンドイッチをようやく手に入れた。今夜は、日本からの若者と同室した。トルコのイスタンブールを振り出しに、ギリシャ、イタリアと三週間かけて渡り歩き、あと一週間ほどヨーロッパを回ってパリから帰国する、という。

翌三月二〇日七時に目覚めた。既に同室の若者は、出発していた。八時にホステルを出て、近くのプラート・デッラ・ヴァッレという広大な池を囲む広場の横を抜けて、聖アントニオ聖堂に向かう。八つのドームに高い鐘楼が付いた巨大な寺院だ。長い年月をかけて建造されたためロマネスク、ゴシック、ビザンチン等各時代の様式が組み合わされた特異な外観を呈している。ただし私の目的は、寺院の前の台座に立つドナテッロ作「ガッタメラータ（ぶち猫）将軍の騎馬像」だった。ヴェネチア共和国に仕えたこの傭兵隊長は、表裏がなく誠実で用心深い武人であったためこのようなあだ名で呼ばれたという。像としての優れた造形と呼称の面白い語感によって、ルネッサンス期のイタリアで最も有名な騎馬像になった。

近隣のヴェネチアの陰に隠れて日本では余り知られていないが、パドヴァは中世以来の美術や建造物に恵まれたすばらしい都市だった。見残した場所や美術史上の名品も多いことだろう。イタリアは、そしてルネッサンスの諸都市はいずこも、短期の旅人にとって文化的遺産が多過ぎる。そのような恨みを抱いて、パドヴァを去った。

一一時四五分、ヴェローナのポルタ・ヌオーヴァ鉄道駅に着いた。地図を十分確かめず、方角の見当だけでシニョーリ広場に向かった。結局道に迷って迂回路を歩いたため、直線距離で二キロほどの道程に一時間も費やしてしまう。シニョーリ広場には、ダンテの像が立っている。その台座に数名の女学生が腰掛けて何か食べている。彼女らと並んで私も、手持ちのチーズとパンの昼飯を摂った。

ダンテの像がこの広場に立つのは、当時のヴェローナ領主スカラ家に招かれた史実による。広場に並べられたカフェー・ダンテのテーブルで寛ぐ客の姿もあった。数羽の鳩が彼らの足元に集まっている。シニョーリ広場の少し北に、スカラ家の墓所も残っていた。四本の柱で支えられた櫓のような高さのある建造物である。回りを囲む鉄柵のため内部には入れないが、墓石の形状を見るだけなら外からで十分だ。鉄柵には四弁の花の中央にスカラ（階段）をあしらった家紋が付いている。小道の反対側に、一三世紀とされるロミオの家がある。

一方ジュリエッタの家は、少し南のカッツペッロ通りにある四階建ての石造り（3頁　図1―9参照）。これがシェイクスピアの作品の起源になった皇帝派のカプレーティ家（ないしキャピュレット家）であり、ロミオの家が教皇派のモンテッキ家（ないしモンタギュー家）に対応するのだが、昔の場所と同じかどうか定かではない。ヴェローナを二分して争った名家間が、余りに近接していると思った。いずれにせよ、蔦の絡まる屋敷の二階の窓から突き出た小さなバルコニーは、ジュリエッタが愛に応えるのに相応しく、中庭はロミオが恋を告白するのによい舞台だ。観光に来た若いカップルも年配の御夫婦も、石畳の庭に立つて次々に記念写真を撮っている。ただし、中庭の台座の上に薄いワンピース姿で立つジュリエッタの銅像は、やや演出過剰といえるかもしれない。

往路で見過ごしたアレーナ（闘技場）は、ＡＤ一世紀頃の古代ローマ時代に建てられた。一二世紀の地震にもかかわらず、ほぼ原型を留める貴重な遺跡である。観客席は全て大理石で作られ、現代のサッカー場より立派だ。もしサッカー熱が衰え世界中の大きなスタンドが朽ち果てたとしても、ローマの闘技場の方は依然として残っているかもしれない。ヴェローナは、イタリア・オペラの町としても知られている。夏のシーズンには、このアレーナが盛大な野外オペラの舞台になるという。

アルプスを水源とする澄んだアディジェ川が、市街地の中をS字状に流れる。その婉曲部にスカラ家の威風あるカステルヴェッキオ城がある。遥か北方に白雪を頂くアルプス前衛の山並みが見えている。古くからヴェローナは、北にアルプスのブレンネル峠、南にボローニャ、東にパドヴァやヴェネチア、西はミラノに通じる交通の要衝であった。『イタリア紀行』のゲーテも、ブレンネル峠越えをしてヴェローナに到り、さらにボローニャ経由でローマに入っている。

シェクイスピアは、訪ねたこともないイタリアの諸都市を背景に幾つも戯曲を書いた。ローマ、ヴェネチア、ヴェローナ。ヴェローナでは、『ロミオとジュリエット』のほかに『ヴェローナの二紳士』という作品もある。私は短時間だったが、実際にヴェローナの土を踏んだ。『ロミオとジュリエット』の作品舞台も実見できた。しかし足跡も残さずに、ヴェローナを去る。

ヴェローナ―マントヴァ間はバスで移動した。マントヴァ駅のインフォメーションで相談し、駅前の便利なＡＢＣホテル（二つ星）に朝食込み三万五〇〇〇リラで泊まることになった。

## 六、マントヴァのドゥカーレ宮殿、イザベラのサロン、「モナ・リザ」のモデルは？　ヴァイオリンの町クレモナ

三月二二日七時半熟睡して起床。選択肢が豊富なビュッフェ朝食を、時間をかけて摂った。九時過ぎ、市内の散策に出掛ける。この町で私がどうしても訪ねたい場所は、ルネッサンス期の領主ゴンザーガ家の宮殿ドゥカーレである。前記したようにフェラーラのエステ家のイザベラは、マントヴァのゴンザーガ家に嫁した。教養高い彼女は時の法王でさえ一目を置いたと伝わる。小さくて無力な宮廷にも係わらず、多くの芸術家が集まり自分達の作品を製作した。一六世紀初頭には既に解体していたウルビーノのモンテフェルトロ家に代わって、マントヴァ宮廷のサロンはゴンザーガ侯爵夫人イザベラ・デステによって、文化と芸術の一大中心地となったのである。「イザベラ夫人は、芸術にかけては特別の識者だった。夫人のささやかながら、より抜かれた収集の目録は、芸術を愛するものならばだれでも、感動なしに読むことはできない」とブルクハルトは記している。

三方を湖で囲まれた市街地の北東端のソルデッロ広場を間に挟んで、カテドラルとドゥカーレ宮（3頁図1―10参照）がある。汽車駅から徒歩一〇分ほどの場所だ。小国に似つかわしくないほど大きな宮殿である。内部はさらに豪華で、芸術的ムードに溢れている。イタリア語によるガイドのため内部の詳細はわからなかったが、大広間や磨きこまれた鏡のような床や回廊は、ベルサイユ宮殿にも劣らない見事なものである。四角い部屋の天井に星を散りばめた「星座の間」、マンテーニャの壁画で飾られている「結婚の間」などは、特に印象深かった。ガイドの説明が分かり、イサベラの宮廷生活の様子がもっと理解でき

たら、さらに楽しかったと思う。

イザベラの面影については、レオナルド・ダ・ヴィンチが彼女の横顔を描いたスケッチが残っている。フランス軍の侵攻を避けるため、レオナルドが長年住み慣れたミラノからフィレンツェに戻る途中マントヴァに立ち寄った際のものである。現在ルーブル美術館に保管されている。イザベラからの再三の要請にもかかわらず彼女の肖像画は完成されず、スケッチも戻されなかった。

レオナルドが「モナ・リザ」に着手したのは、一五〇三年頃と推定されている。当時の有名な美術評論家ヴァザーリによれば、「モナ・リザ」は当時のフィレンツェの名士フランチェスコ・デル・ジョコンドの三度目の妻リザをモデルにしているという。一方で、上記イザベラのスケッチと「モナ・リザ」の鼻の輪郭の類似から、イザベラのモデル説も有名だ。イザベラのスケッチも「モナ・リザ」もレオナルドは終生手放さず、彼の終焉の地フランスのアンボアーズ城に残された。裏付けはなくてもこれらの史実から私は、イザベラ・デステの「モナ・リザ」モデル説を支持したいのである。

ドゥカーレ宮殿のすぐ北に、有名なイタリア・オペラ「リゴレット」にちなむ「リゴレットの家」があった。さらに徒歩数分のメッツォ湖畔にある、古代ローマの建国詩『アエネイス』の作者ウェルギリウスの記念碑が立つ公園を訪ねた。駅前に戻り、ホテルをチェック・アウトする。

汽車で西に一時間ほどの距離にある人口八万の小都市クレモナに向かった。クレモナは、ルネッサンスからバロック期の作曲家モンテヴェルディの郷里である。また、一六世紀から一八世紀にかけてストラディヴァリやアマティらヴァイオリン製作の名工を輩出した自由都市として名高い。歴史のある工房で、現在もその伝統が引き継がれている。演奏会などでよく耳にするこれらの名器を一度身近に実見したいと思い、クレモナで途中下車したのだった。

最初にストラディバリアーノ博物館を訪ねる。まず英語のビデオで、アマティやストラディバリウスの物語が紹介された。そして内部に展示された楽器を観る。ただしこの博物館に展示されているのは、一九世紀製作の比較的新しい楽器ばかりである。初代の名工達の作品を観るためには、コムーネ宮殿に行かなければならない。

町の中心部にあるコムーネ広場を囲んで、カテドラルとコムーネ宮殿が建っていた。中央と両側に三個の櫓を天空に突き出したロマネスク期のカテドラルは、雄渾で圧倒するような巨大なファサードを見せる。これを支えているのが、地上部に並ぶ多くの列柱である。その左手に聳える赤煉瓦の角柱状鐘楼トラッツォの外観も、カテドラルに一歩も引けをとらない。何しろ一一一メートルとイタリア二番目の高さを誇っているのである。

これらの大建造物に比べると、コムーネ宮殿はどこにでもある平凡な建物に見えるかもしれない。ただ、階段を登った二階の展示室こそ、アマティ、ストラディヴァリ、グァルネリ三家で製作されたヴァイオリンの名品に出会える稀な場所なのである。アンドレア・アマティ（1505頃―1580頃）以下三代にわたるアマティ四本、アントニオ・ストラディヴァリ（1644―1737）以下二代のストラディヴァリウス三本、アンドレア・グァルネリ（1626頃―1698）以下三代のグアルネリ五本が、ガラス戸奥の壁に掛かっているのだった。これらは単に渋みを帯びた美しい骨董品なのではない。時々一流の演奏家に借り出されて、コンサートの舞台で一六、七世紀の音色を現代に聴かせてくれる現役の名器である。

短いが貴重な時間の後、本日の目的地ミラノ行きの汽車に乗る。ミラノまでおよそ一時間、一七時少し前に、ロンバルディア州の州都ミラノの中央駅に到着した。駅構内のインフォメーションに立ち寄って、市内の略地図や主な施設の開閉日時を表示したパンフレットを貰う。地下鉄路線M2に乗り、カドルナ駅でM1に乗り換えてロット駅で下車した。道を訪ねながらユース・ホステルの前に立った。収容力のあるマンモス・ホステルだ。受付は団体客で混み合っている。数組の日本人グループもいた。空きベッドが残っているか心配になったが、杞憂だった。団体客の事務処理が一段落すると、手続きがスムーズに進んだ。とりあえず、ミラノでは連泊の予定である。

## 七、サンタ・マリア・デッレ・グラツィエ教会前の長い行列、「最後の晩餐」の印象、ルドヴィコの城、カテドラル、ミラノの散策

三月二二日七時起床、雲ひとつない快晴。八時にホステルを出た。なにはともあれサンタ・マリア・デッレ・グラツィエ教会内の「最後の晩餐」が目的である。教会は毎日一四時まで開いているが、入場の待ち時間がどのくらいかかるか見当がつかない。地下鉄の一日乗車券(五〇〇〇リラ)を買って、カドルナ駅で下車した。

まだ九時なのに、教会前の広場には既に長い行列が出来ていた。すぐ後から日本人グループを引率して来たガイドさんが、「このあたりで、約三時間待ちになるでしょう」という。もっと前列にも日本人のグループがいた。全体の三割ほどが、日本からの観光客だと思った。近くに並んでいた熟年の御夫婦と立ち話をする。一六人の同行者と一〇日間イタリア各地を回ってきたという。

「今日は半日の自由行動になりました。夕方、ミラノ発のアリタリア航空に乗り、ロンドン経由で帰国す

ることになっています」

お住まいは、小金井のようだ。近隣の雑木林を散策するのが日課という。「三鷹から国立あたりは、まだ武蔵野の面影が残っていますね」。たまに上京して余裕があれば、私も東京の郊外まで足を伸ばすことがある。

老母を伴った女性もいた。「今朝早く既にスフォルツェスコ城を見てきました」という。見かけによらず、素早い人達だ。長時間待っていると、日向は暖かいが日陰になると風もあり少し肌寒い。丁度正午になって、ようやく入場出来た。

かまぼこ状半円天井を持つ細長い部屋の一方の隅に、高さ四二〇センチ横幅九一〇センチの余りにも有名な「最後の晩餐」図があった。依然として修復中だった架台の向こう側に。私の第一印象は、「かつての美形は残るが、歳月の刻印が刻まれた無残な老年」という想念だった。中央のキリストは、穏やかな表情も認められ当初の色調が一応見て取れる。観客から見て右側の六人の弟子の状況も、まあまあだ。しかしユダを含めて左手六人の弟子が描かれている部分の損傷が激しい。全面に並んだ人物像の輪郭が少しぼやけているために、三つの窓に向かって伸びている両側の壁による、当時斬新であった透視図法の効果が削がれている。

もともとこの名画は、レオナルドが工夫した油彩のテンペラ技法に問題があった。そのため完成後まもなく画面の剥落が始まったといわれる。さらに建物自体が兵営に使用され、この部屋は兵士の食堂や遊技室になった。吹き矢の標的に使われたという話もある。一八〇〇年のフランス軍占領時には、糧秣の貯蔵庫に使われている。このように数奇な歳月が、現在の画面に深い影を落としているのだった。部屋の反対

図（1-11）ミラノのカテドラル

側の壁にも誰の絵か分からないが、大きな油彩が飾られていた。この方は、損傷がない。約一五分で私達の見学時間は終わった。

その後「最後の晩餐」の修復が完了し、現在製作時の色彩や人物の表情も鮮やかに蘇ったと聞く。卓上に置かれた食材の一部で、新たに特定されたものもあるようだ。もし再度この教会を訪問する機会があったら、私の印象は全く違ったものになるかもしれない。

一四六六年に建てられた近くのスフォルツェスコ城まで、歩いて行った。この城は、ヴィスコンティ家のあとを襲ってミラノの支配者になったスフォルツァ家の居城だった。史上有名なのは、ルドヴィコ・イル・モロ（びっこのルドヴィコ）である。一四八二年、三〇歳になったレオナルドは、フィレンツェを去って、スフォルツァ公に仕えることになった。フィレンツェのロレンツォ・メディチのパトロネージが十分得られなかったためである。彼は、いつも少年を同伴していたため、同性愛者との陰口があった。また人体観察のため遺体安置室に深夜に出かけ解剖に携わったといわれる。これらの噂から、ロレンツォに敬遠されたのかもしれない。

ミラノ時代のレオナルドの事績は、有名な『手記』により後世に伝わっている。一四九八年スフォルツェスコ城は、フランスのルイ一二世の侵攻を受け、ルドヴィコは脱出逃亡した。現在のスフォルツェスコ城では頑強な外壁や四基の櫓が、広大な中庭の四周を囲んでいる。中庭の一部にある旧ドゥカーレ宮殿は、現在市立博物館として利用され、ミケランジェロ最後の作品「ロンダニーニのピエタ」像等が展示されている。城のすぐ裏手にあるセンピオーネ公園の芝生が美しい。いくつか屋台の店も出

図（1-12）スカラ座

ていた。

地下鉄を二駅乗って、カテドラルを訪ねた。イタリアに来てから、すばらしいカテドラルに既に幾つもお目にかかっている。その中でも規模や優美さの点でミラノのカテドラルは、別格である。入り口の前の大きな広場が、カテドラルのスケールを引き立てている。無数の細かい尖塔が屋根に付いているが、ファサードの基本構造は正三角形状といえる。その表側には、窓枠を挟んだ六つの壁面が前方に張り出していた。その上端は槍の穂先のように尖り、ファサードの正三角面を越えて何本も中天に突き出ている。このような多くの尖塔により、ゴシックの重厚さにもかかわらずミラノのカテドラルは全体として、繊細優美な印象を与えるのである。対応する内部も広壮で複雑だ。美しいステンドグラスを嵌め込んだ高い天井窓があった。地階には基礎となった原初の教会跡が残り、カテドラルの屋上にも行けるのだが、私は訪ねなかった。この荘重優雅な建造物は既に十分見たと思った。後はその他のミラノの名所を、気楽に巡ってみたい。

カテドラルから北に三〇〇メートルも歩けば、ヴィクトル・エマヌエル二世のガッレリアがあるスカラ座広場に出る。ガッレリアは、アーチ状のガラス天井を持つアーケードだ。タイルやモザイク張りの床がある。その真ん中で上手く一回転できたら幸運に巡り合える、という。折りから来合わせた若い人達が、交互に回転を試みていた。道の両側に、人気のカフェー、レストラン、ファッション店、書店などが並んでいる。何よりアーケード自体が、ミラノらしい一種の芸術品といえよう。

広場の反対側に、イタリア・オペラの殿堂スカラ座がある。その正面の円形広場の中央の大きな台座に、レオナルドの像が立っていた。念のためにオペラ座のチケット売り場を覗いてみたが、本日のチケットは既に全席売り切れという。

少し中心部を離れ、列柱が連なる長い回廊に囲まれた国立ミラノ大学の横に来た。中世からの伝統を持つ多くのイタリアの大学は古い市街地内に取り込まれているため、広いキャンパス空間を持つ新しい大学とは趣が異なる。さらにサンテウストルジョ教会辺りまで南下する。やがてダルセーナ港やナヴィーリオ運河が見えてきた。最寄りのポルタ・ジェノヴァ駅から、地下鉄を使ってホステルに戻る。

## 八、『パルムの僧院』とコモ湖、S君と湖畔を歩く、パヴィアの修道院、ヴィスコンティ家の遺産、ランゴバルド王国

三月二三日七時起床、曇り、ミラノ中央駅発一〇時二五分の列車で北のコモに向かう。コモ駅に、一一時少し過ぎに着いた。スイスとの国境には、マジョーレ湖を初め多くの湖が点在し湖水地方と呼ばれている。湖畔には、貴族たちの由緒ある古い館も少なくない。昔から一帯が避暑地として知られていたのだ。コモ湖はその一つに過ぎない。だが私には、特に思い入れのある湖なのである。昔集めた河出書房版の世界文学全集に、アンリ・ベール（スタンダール）の『パルムの僧院』があった。

……コモに別荘を持つドンゴ侯爵家の御曹司である主人公ファブリスは、天衣無縫な十六歳の若者である。叔母のセヴェリナ夫人に愛され彼女の愛人モスカ伯の庇護を受けて、なに不自由ない生活を送っていた。しかしナポレオンがエルバ島を脱出したとの情報を知った彼は､直ちにウォータールーの前線に向う。そこで彼は、ネイ将軍らナポレオン軍の幹部を瞥見した。これが、怖いものを知らないファブリスの活動

図（1-13）コモ湖とエステ家別荘

的な人生の始まりだった。

その後ファブリスは、パルムの宮殿の陰謀の渦に巻き込まれ、監獄に閉じ込められる。小説の末尾で、恋人クレリアとの間に一子を儲けるが二人に先立たれ、ファブリスはパルムの僧院に隠棲した。ファブリスの生涯の節目節目に、コモ湖と雪を頂くアルプスの山々が、重要な背景として彼の胸裏に蘇る……。

おそらくコモ湖は著者ベールにとっても、青春の思い出と二重写しになっているのであろう。彼の郷里フランスのグルノーブルは、比較的近い範囲にある。ナポレオン軍に従軍して、フランスやイタリアを転戦した若き日のベールも、コモ周辺を幾度も往来したにちがいない。「コモ湖の風景」というタイトルの写真も、この書物の中に挿入されていた。以来、『パルムの僧院』とコモ湖は、私自身の脳裏に一体として刻まれたのだった。

コモ駅で周辺の簡易地図を貰い町のセンターに向かっていると、一人の青年に呼び止められた。

「日本の方ですね」と確認したうえで、

「私は栃木県の足利から来ました。二月末から一ケ月の予定でイタリアを回っています」という。

「既に、南のシシリー島にも行ってきました。二八日までミラノに滞在し、マジョーレ湖やアオスタ渓谷行きを予定しています」

「それは心強い。私も同じくほぼ一月の予定で、北イタリアを周遊しているバックパッカーです。できたらアオスタ渓谷も歩いてみたい」

かくて、コモ湖での数時間一緒に過ごすことになった。彼の名はメモになく今思い出せないので、仮に

S君と呼んでおく。まず裏手に迫ったブルナーテ山の展望台に行くことになった。今日はバスしか出ないと案内所で聞いていたが、稼動し始めた登山電車フニクラに乗る。山頂に近付くにつれ小雪が舞いだした。

コモ湖は「人」文字型をしていて、南北に四六キロ、最大幅四・三キロある。コモは、その左の足先に当たる。湖畔を囲んで、山際まで甍が密集して建ち並んでいる。全体が霧でぼやけているが、かなりの戸数である。雲が低く垂れ込め、アルプスの山などは、残念ながら今日は望むことが出来ない。この季節、殆どのレストランやバーは閉じていた。わずかに開いていた山上のホテルで、飲み物を注文し手持ちのパンを食べた。

下山後、少し北のトルノまで船に乗った。まもなく左舷に大きな四階建ての館が見えてきた。フェララのエステ家の別荘という。別荘というより宮殿のようだ。現在は、ホテルに転用されているらしい。帽子を風で飛ばされないよう注意しながらS君にシャッターを切って貰った。一五時四四分、右岸のトルノで下船した。両岸が少し狭まり、湖が左側に幾分迂曲しているところまで四キロほど歩いた。それでもコモ湖の左手に伸びた爪先からさほどの距離もないだろう。湖岸に沿って前方に、道路がどこまでも伸びている。先に進んでも天候が好転する見込みはなさそうだ。S君と相談して、ここで引き返すことにした。一帯の民家は、赤褐色の屋根と白壁に統一されて美しい。コモまで帰途はバスで戻る。ミラノに宿を取っているS君とは、コモ駅で別れた。

「アオスタで、また会えるかも」私はなお一キロほど歩いてコモ・ユース・ホステルにチェック・インした。

三月二四日七時起床、近くの大きな囲い地の中にあるヴィラ・オルモの辺りを散策した。平地に積雪はないが、コモ湖を囲む山々は一夜のうちにすっかり雪化粧に変わっている。

汽車でミラノのガリバルディ駅に着いたのが九時半。本日はミラノの南三五キロにあるパヴィアまで往復して、ミラノに泊まろうと思う。パヴィアには、チェルトゥージオ会に属する有名な修道院がある。当初私はこの修道院こそ『パルムの僧院』のモデルと考えていた。これは間違っていたらしい。音声も近似しているように、この作品が想定しているのはパルマの僧院らしい。ただ、パルマの僧院は現在修復中で入場できないという。

先ずバスで、パヴィア市の一〇キロほど北にある修道院に直接向かう。最寄りのバス停に、一二時二〇分に着いた。ここから修道院までは、両側に丈の高い冬枯れの並木が連なる、一キロほどの見通しの効く一本道である。ところが修道院の午前の開院時間は一一時半までで、午後に再開されるのは一四時半という。それまで、門前のバールで軽食を摂りながら待つことになった。

図（1-14）パヴィアの修道院の壁

少し赤みを帯びた壮大な修道院正面は、壁面全体が繊細な彫刻やレリーフで埋め尽くされている。四隅に塔が立ち、中央屋根の背後から丸屋根が頭を出す。一五世紀のロンバルディア地方を代表するゴシック式建造物だ。一方内部は、高い丸天井に小窓を開いた重厚なゴシック的空間に変わる。中庭を囲む回廊のアーチ形の一二二本の列柱が美しい。その背後に僧侶のための個室が隠されているのである。一五世紀から変わらぬ厳しい瞑想の修行が、今なお続いていると聞く。ここが『パルムの僧院』の舞台であってもおかしくない、と思った。

バスでパヴィア駅に行き、インフォメーションで地図を貰ってパヴィア市街を歩いた。かつてこの町は一四世紀までミラノを支配していたヴィスコンティ家の所領であり、同家が建てた広大なヴィスコンティ城や大学がある。先に訪ねた僧院も、ヴィスコンティ家の支援によるものだ。赤レンガの複雑な立体構造をしているカテドラルの設計には、ミラノ時代のレオナルドも係わっているという。さらにAD六世紀に遡れば、パヴィアはランゴバルド王国の首都だった。市街地南にあるサン・ミケーレ教会に、歴代ランゴバルド王の戴冠式に使われたという台座が残っている。八世紀の末にこの王国は、フランス地方を支配していたフランク王国に滅ぼされている。現在一地方都市に過ぎないパヴィアも、重層的な歴史的背景があるのだった。パヴィアの修道院の入場待ちで時間を取ったため、少し駆け足になった。最後に、ティチーノ川に掛かる屋根付きの美しいアーチ橋を見納めに、三度ミラノに戻った。

## 九、コレッジョの町パルマ、トスカニーニの生家を訪ねる、ボローニャ大学、二つの奇妙な塔

三月二五日七時、ミラノ・ユース・ホステルで目覚めた。S君同様当初は、スイスやフランス国境に近いアオスタ渓谷まで入るつもりだった。上手くいけばマッターホルンやモンテ・ローザなどヨーロッパアルプス西端の名峰を拝めるかもしれない。しかし一昨日のコモ湖の訪問で、私はこの計画を断念した。北の高地に向かうには、まだ季節が早過ぎると思ったのである。かくてコモを今回の旅の北端にして、南下を始めた。本日は、パルマを経由してボローニャまで行く。

ミラノ駅で、一万八〇〇〇リラの格安の一日乗車券を買う。スタンプを押してから二四時間有効だから、パルマで途中下車観光をしても楽にボローニャまで行ける。ただ、駅の両替所で五〇〇米ドルを両替したのは失敗だった。最初の日にローマ空港内の銀行で両替した時に比べ、八万リラも少ない八〇万リラしか受け取れなかった。本日の旅費やホテル代金を合わせても、お釣りが来るほどの差額だ。銀行の方が、両替率はかなりよい。

一一時半、パルマ駅に着いた。駅前の道を真っ直ぐにおよそ一キロ南下して、カテドラル前広場に来た。予備知識を得ようと、広場の一角にあるインフォメーションに立ち寄るが、機械的な説明だけ。観光客相手のインフォメーションの担当者は、いわば町の顔である。その応接次第で、訪ねた場所の印象も変わるのだ。そのためには、先ず土地の情報に精通していなければならない。その上で、旅客の求めるものを察知できる想像力や親切さが欠かせない。地元の名産パルメザン・チーズのことくらいなら、わざわざインフォメーションで訊ねるまでもない。

あまり要領を得ぬままに、街中を歩き始めた。カテドラル内部の丸天井を飾るコレッジョのフレスコ画「聖母被昇天」や隣接するサン・ジョヴァンニ教会の同じコレッジョの「キリストの昇天」を見る。他の教会にもコレッジョの作品が残っているらしい。この都市はコレッジョの町としても知られているようだ。しかし宗教画はいささか食傷気味である。聖書に対する基本知識が足りないから、共感が持てないのだ。その上、この町で私が探していたのはなにか別の、背景としての『パルムの僧院』を連想させるものであった。それは残念ながら見付からなかった。

この町の別の特徴は、音楽である。昔の領主の名を冠したファルネーゼ劇場やテアトロ・レージョなどの殿堂が、町の中心部に建つ。名指揮者トスカニーニもこの地の生まれである。開館時間の関係で、私は西のパルマ川の対岸に残る生家に急いだ。間口の狭い街中の目立たない三階建てのビルだった。内部には、世界各地で演奏するトスカニーニの写真、メダル、指揮棒、家族や歌手カルーソーとの写真が壁に掛けてあった。トスカニーニの指揮ぶりは、「オーケストラの祭典」という映画で昔見たことがある。実演のビデオやオーディオの設備もあったが、一三時の閉館時間が迫っていた。わずか二時間の滞在で、パルマを去る。

一四時半、ボローニャ駅に到着した。この駅のプラットホームに立つのは、実は初めてではない。前述したように昔ヨーロッパ周遊旅行で、ローマからベネチアに移動したことがあった。その際私だけ一行を離脱し、途中のフィレンツェに寄った。そのあとボローニャ乗り換えの列車で、ベネチアに向かったのである。エミリア・ロマーニャ州の州都ボローニャは、昔から耳にしていた古都だった。単なる通過駅ではなく、今後実際に訪ねる機会があるだろうか。そのようなことを考えながら、プラットホームに立っていたことを思い出す。私の未来は、まだ漠然としていた。そのときから三〇年の歳月が流れている。

図（1-15）ボローニャのインディペンデンツァ通りと塔

歴史ある町だから、見所は幾らでもあるだろう。井上ひさし氏の著作によると、古くからの自治都市の伝統があって、中央政府から自立した独自の組織と自由な市民性が強いという。長期の滞在者には、なかなか興味ある都会に違いない。ただ短い滞在しかできない私の目的は、世界最古の大学に一歩を記すことだった。

北端にあるボローニャ中央駅から大学のある町の中心部へは、インディペンデンツァ通りをただ南下すればよい。迷うことのない一本道だ。雁木のように地上階が柱廊（ポルティコ）になっている建物が並ぶ。左手に三叉を持ったネプチューン像の大噴水を見て、市庁舎やアルキジンナージオ宮殿等が集まるマジョーレ広場まで来た。

一一世紀に創設されたボローニャ大学は、一八〇三年までは現在のアルキジンナージオ宮殿にあった。教室を囲む柱廊の天井や大理石の床は、僧院のように重厚でありながら華やかでもある。壁には、紋章や顔を形どった木板が一面に飾られていた。こ

図（1-16）ボローニャ大学廊下

図（1-17）ボローニャ大学解剖室

の大学所縁の人物の形見であろうか。簡単に内部の教室を案内して貰った。講堂は、前面にひな壇が並び、部屋全体に豪華な背凭れのついた個別の椅子が並んでいる。学位の授与式などの機会に使われたのかもしれない。一流のコンサート・ホールのように立派な座席や美しい通路を持つ講義室もあった。この部屋は、法学教室だったという。このような教室内では、私語や居眠りなど出来るはずもない。学生自体が、ヨーロッパ各地から集まった超エリートに限られていた。最後に解剖室を見学した。殆ど飾りのない木製の壁からなる部屋の中央に、木枠に囲まれた白い大理石の卓が置かれている。これが解剖台だ。一二世紀に自由都市になったボローニャは、ヨーロッパで始めて農奴制を廃止している。教会の反対にも係わらず世界で最初の人体解剖が行われたのは、このボローニャ大学だった。一七七〇年代、杉田玄白等が初めてオランダ語の解剖図鑑を眼にするより数世紀も前のことである。

市内では、市庁舎やサン・ペトロニオ教会の彫刻やフレスコ画も拝観した。珍しいのは、街中に聳えるアシネッリ（九七ｍ）とガリセンダ（四九ｍ）という名称の細長い二つの塔である。なんのために建てられた塔か。料金を払えば、いずれも登ることが出来る（現在は、禁止されたらしい）。アシネッリの塔は、四九九の階段があった。どちらの塔も少し傾いている。危く見えたので、登頂はしなかった。

少し郊外の緑地にあるユース・ホステルに泊まった。夕食付きで三万九〇〇〇リラ。

## 一〇、メディチ家の礼拝堂、ヴェッキオ宮殿、シエナ派の画家達、サン・ジミニャーノの遠景

三月二六日七時半起床、少し疲労感が残っている。乗車券は、ボローニャ―フィレンツェ間には都市間急行（ＩＣ）しか走っていないということで、五〇〇〇リラが加算され、合計一万三八〇〇リラもかかった。なにか誤解があったのかも知れない。車内は、かなり混んでいた。一二時三〇分フィレンツェ中央駅に着く。駅に近いサン・ロレンツォ教会は、メディチ家の菩提寺である。その裏手に入り口があるメディチ家の礼拝堂に向かった。

礼拝堂内部でも一五世紀に造られた新聖器室は、ミケランジェロの設計によるもので、ロレンツォと弟ジュリアーノの墓がある。墓石の上から壁面を飾るミケランジェロの彫刻が有名だ。瞑想するロレンツォ像の下に女性像「曙」と男性像「黄昏」、ジュリアーノ像の下に男性像「昼」と女性像「夜」と暗示的な名称の彫像がある。一方君主の礼拝堂は、全盛期を過ぎ権勢も衰えた一七世紀のメディチ家が、大理石や色タイルを使い財力をかけて造営させた贅沢な空間だった。

サン・ロレンツォ教会のすぐ南に、「花のマリア教会」と讃えられるカテドラルがある。明るい褐色をした丸屋根クーポラはブルネレスキの設計によるもので、頂上まで四六五段の階段で登ることが出来る。三〇年の昔初めてフィレンツェに着いたとき、最初に訪ねたのがこのカテドラルであり、クーポラの頂だった。

ローマ、ナポリ、ミラノを除けばルネッサンス時代のイタリアの都市は全てコンパクトで、人口の多かっ

たフィレンツェでも主要な建造物は徒歩圏内に集中している。カテドラルから五分でシニョーリア広場に出た。広場前に、九四メートルの鐘楼のある赤褐色のヴェッキオ宮殿が建っている。かつてのフィレンツェ共和国政庁だ。メディチ家が権力を握っていたにせよ、ルネッサンス期のフィレンツェの政体は共和国だった。

すぐ南のウフィツィ美術館も以前に訪ねている。当時は気軽に立ち寄れたが、現在は入館に長い待ち時間を覚悟せねばいけないらしい。美術館前のインフォメーションで、シエナやサン・ジミニャーノへの交通の便を確認した。フィレンツェを拠点に数日、近隣の都市を訪問する予定である。橋上に宝石店などが並ぶヴェッキオ橋を渡り、一五時半ペンシオナート・ピオXにチェック・インした。

三月二七日九時前のSITA社のバスで、フィレンツェの南三〇キロにあるシエナに向かった。起伏するブドウ畑の丘が続いている。シエナのターミナルで下りると、谷を挟んだ前方の丘上にシエナの市街地が広がり、高い塔が聳えている。一度坂を下り建物の狭間を抜けて、再び市街地の坂を上って町の中心部にあるカンポ広場に来た。観光客が群がっている。プッブリコ宮殿を底部とし、緩やかな傾斜を持ち薄赤色に舗装された、半円形の雰囲気ある空間である。世界一優美な広場と讃える人もいる。

図（1-18）マンジャの塔

プッブリコ宮に付設して、礼拝堂と一〇〇メートル以上もある角柱状に伸びたマンジャの塔が立っている。中世の鐘付きの頭領のあだ名に由来したものだ。この種の塔は既にボローニャやフィレンツェでも見てきた。物見櫓を兼ねた重要な建造物だったのだろうか。塔の下部の礼拝堂の方は、一四世紀のヨーロッパで大流行したペストの終焉を記念するものである。

宮殿内は、市立博物館になっている。興味を惹かれたのは、二階の「平和の間」にある二枚のフレスコ画だ。一つの壁は「善政の効能」と題する豊作と平和な庶民の生活が描かれ、反対側の壁には「悪政の弊害」と称する飢えに苦しむ人々の状態が写される。その間の正面の壁には、善悪を裁く裁判官や閻魔大王の絵があった。小学生を引率した教師が、絵解きをしていた。作者は、アンブロージョ・ロレンツェッティという初めて聞く名前である。

カテドラルは、ファサード上部の花窓を囲む聖人のレリーフと下部の大理石の横縞が美しいコントラストを見せている。内陣の柱も裏手の鐘楼も、同じような横縞で統一されている。内陣の床には、大理石の象嵌により、宗教画面が浮き彫り模様になっている。最も印象に残ったのは、入り口付近にあった円形の図象だった。中央の円内にはローマ発祥伝説の「狼の乳を吸うロムルスとレムス兄弟」、円の周囲にはイタリア諸都市を表象する獅子、兎、鳥、馬等の動物が白い大理石で浮き彫りになっていた。特大のカメオといえる。

屋上展望所で、シエナの全景を背にして写真を撮った。すぐ近くのシエナ大学のメンサ（学生食堂）で魚貝入りパスタのランチを摂る。一四時のバスで、次の訪問地サン・ジミニャーノに移動した。フィレンツェに戻る途中の脇道にある小都市だ。

小一時間で、サン・ジミニャーノのバス・ターミナルに着いた。すぐ前にあるサン・ジョバンニ門を潜れば、内部は全て石畳の道である。南北一キロ、東西五〇〇メートルの市街地は、市壁で囲まれている。サン・ジョバンニ通りに沿って、カテドラル前の広場に出た。石段のあたりに人が群れている。午後は一五時か

図（1-19）サン・ジミニャーノの塔

ら入場できるはずにもかかわらず、カテドラル入り口で守衛に遮られた。言葉が通じず事情が分からない。やがて楽隊が演奏するマーチに続いて、黒塗りの車が来た。告別式がはじまるのだった。車から棺が運びだされ、内部に持ち込まれた。カテドラルは諦めて、向かい側のポポロ宮殿に入る。二階の「ダンテの間」は、かつてダンテが演説した場所である。この宮殿でもう一つ見落とせないのは、三階にあるフィリッピーノ・リッピの「受胎告知」である。同じ主題の絵画はいくつもあるが、これは最も有名な作品の一つだ。市街地の最奥にあるサン・アゴスティーノ教会のゴッツオリのフレスコ画もすばらしかった。私には聞きなれぬ画家が多かったが、本日訪ねたシエナとサン・ジミニャーノの画家達は、フィレンツェ派に属し独自の遠近法に優れていたという。

さて、サン・ジミニャーノで最も特徴的な光景は、カテドラルの周辺や市街地に散在する数十メートルもある巨大な直方体の塔である。他の都市で見てきた細長い鐘楼ではない。ルネッサンス期に町の有力者達が、富と権力を誇示するため競って建てたのである。特別な用途はない。最盛期には七〇本を数えたという。現在一四本が残っている。人の虚栄心を象徴するような話だ。状況次第で人間は、形振りかまわず馬鹿げたことに突っ走ってしまう。

とはいえ、フィレンツェへの帰途に顧みたサン・ジミニャーノの遠景は忘れ難かった。イタリアの多くの都市と同じく、なだらかに起伏する丘の一つにこの小都市もある。この町に固有なのは市街地の上に突出している幾つもの塔だ。見る方向や距離によって塔の数も変化するだろう。もし静寂に包まれた黄昏時

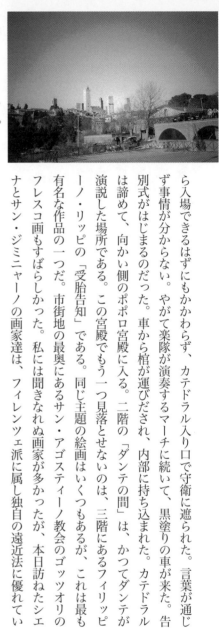

に彼方の丘の上に、なんの予感もなく初めてこの町のシルエットを見たならば、誰でも深い感動を憶えるにちがいない。

一八時、フィレンツェに戻った。リプッブリカ広場近くの小さなチケット店で、日曜夜のナポリ対フィレンツェのサッカー券を、五万三〇〇〇リラで購入した。

## 一一、ヴィンチ村訪問、レオナルドの生涯、ラファエロのマドンナ、アルノーの夕べの水

三月二八日晴、かなり暑気がある。早めにフィレンツェ中央駅に着いたが、切符売り場を間違えたため時間をロスしてしまう。一〇時三五分の汽車に乗り、エムポリで下車した。駅前に、丁度ヴィンチ村行きのバスが停まっている。約三〇分でヴィンチ村に着いた。一〇〇戸ほどの家が集まっている小さな集落である。役場や赤レンガの教会が建つ。一〇メートルほどの鐘楼もあった。一五世紀、レオナルドの父親は裕福な公証人でヴィンチ村の顔役であった。ヴィンチ村の農家の娘に産ませたのがレオナルドである。庶子であったが、祖父母に可愛がられ大切に育てられたらしい。

バス停前に、一三世紀の城砦を利用したレオナルド博物館がある。レオナルドの手記に基づいて製作された各種のモデルが展示されている。滑車や歯車の原理により作動する糸車、クレーン、掘削機、時計、鏡磨き、大砲、戦車など面白いアイデアが試みられていた。

バス停から、生家のあるアンキアーノ（Anchiano）まではおよそ二キロの田舎道、片側に糸杉が並び、オリーブ畑が広がる緩やかな上り坂である（4頁　図1—20参照）。トスカーナ地方の肥沃な平野を眺めながらの、快適な散策になった。途中で脇道に逸れて、農作業をしている人にレオナルドの家を訊ねた。

彼は手を止めて、途中まで道案内をしてくれる。上手にある生家を指差しながら「あの小道を登っていくのだ」と手振りで示した。林道が再び本道に合流したところを少し進んだ先が、目的の家だった。

空き地に、大きな石版がある。その中央に、イタリア語の文言を彫った白い大理石のプレートが嵌め込まれていた。レオナルドは一四五二年、ここで生まれたとある。他になにもない。垣根も柵もないので、そのまま農家の中庭にはいった。石造りの母屋と離れからなる質素な家である。母屋には人が住んでいるらしく、音楽が漏れてくる。これに倉庫が付設されていた。離れは、三室からなる。屋根は天井板もなく、木組みがむき出しだ。真ん中の部屋の片隅に大きな暖炉が穿たれ、煙り出しが天井の屋根を貫いている。棚に一〇冊ほどの書物が並び、壁に一枚の古ぼけたポスターが残っていた。母屋の人に声を掛けようかとも考えたが、諦めた。雰囲気から見てこの場所は、博物館のように管理されていないし、外国人を応援してくれる案内人もいないと思った。日本語のガイドブックに、レオナルドの生家はあまり触れられていないし、ツアーに組まれることもない。個人で訪ねるしかないのだった。

図（1-21）アンキアーノの家

生家が特定されているにもかかわらず、レオナルドの母親について正確なことは殆ど知られていないのは奇妙な気がする。手記の中で何度か出てくる「カテリーナ」が、当の女性ではないかと推定されるに過ぎない。レオナルドは、カテリーナに何がしかの金品を援助していたようだ。当時の農民に姓はなかったのだろう。ここまできて私は、レオナルド自身の姓の有無も確認していないことに気付いた。「ダ・ヴィンチ」は、ヴィンチ村の出身というだけのことで貴族でもない庶民の「姓」とはいえないだろう。一四歳のときフィレンツェのヴェロッキオの工房に入るため、レオナルドはヴィンチ村を去った。

ルネッサンス期を代表する人物でありながら、その生家がいわば放置された状態にあるのは、私の感覚からするとよく理解できない。レオナルドに対する処遇は、フィレンツェにおいても、あるいは当時のイタリアにも当てはまるように思われる。フィレンツェのメディチ家の庇護が十分得られなかったことは前述した。ミラノ大公に仕えたが、大公ルドヴィコ・イル・モロがレオナルドの能力に相応しい活動の場を与えたか疑わしい。ただし、サンタ・マリア・デッレ・グラツィエ教会食堂の壁に「最後の晩餐」を描かせたことで、ルドヴィコを弁明しておくのが相当だろう。そのルドヴィコの没落で、レオナルドは国内唯一の後援者も失ってしまった。芸術史上レオナルドの対蹠者とされるミケランジェロが、フィレンツェでロレンツォの援助を受けて多くの彫刻を残し、ローマに出てからは法王ユリウス二世の庇護のもと、ヴァチカンのシスティーナ礼拝堂に「最後の審判」などの大作を残したのに比べると、その差は歴然としている。レオナルドが最後まで「モナ・リザ」を手元に置いたのは、安心して委託できる場所や当てに出来る有力な支援者が無かったからではないか。最晩年、フランソワ一世の招聘に応じ、彼はフランスに去った。結局、レオナルドの安住の地は、イタリアにはなかったのである。

ヴィンチ村のバス停に戻る。夫婦と中学生と思われる男の子の三人連れが、屋外に並んだテーブルでコーヒーを飲んでいた。時刻表を見ている私を日本人と見た母親が、

「レオナルドの生家を見たいのですが、午後は一五時にならないと開館しないので」という。彼らは、博物館を生家と勘違いしているのだ。私は先刻見たばかりの状況を話し、生家までの地図を描いてあげた。

「少し距離がありますが、快適なピクニックになりますよ」

図（1-22）フィレンツェ遠望

一五時半、フィレンツェに戻った。一度ペンシオナートに立ち寄ってから、近くのピッティ宮殿に行く。二階にあるパラティーナ絵画館が目当てである。美術全集に良く載っている「大公の聖母子」や「小椅子の聖母」など一一点のラファエロの作品が展示されている。ラファエロらしい優しい聖母だ。彼の作品は宗教性に関係なく、純粋に美しい。レオナルドと異なりラファエロは、ローマ法王ユリウス二世やレオ一〇世の寵愛も獲た幸運な画家だった。一方でラファエロは、若年時からレオナルドを敬愛していたと伝わる。その他ティツィアーノの肖像画もあった。彼の肖像画は、いずれも背景が暗い。

ヴェッキオ橋よりアルノー川を遡ったところの丘にあるミケランジェロ広場まで歩いた。ここはフィレンツェ市の展望所として知られる。多くの市民が集まって、週末の夕べを楽しんでいた。夕日に照らされたフィレンツェは、さすがに素晴らしい。カテドラルのクーポラやヴェッキオ宮の鐘楼が、景色のアクセントになっている。アルノー川に架かる数本の橋に点灯が始った。

ああ、アルノーの夕べの水
夕日の光にほへども
詩人の春ぞ夢遠き
……

と詠んだ明治の詩人が思い出される。ビアンカの歌声が聞こえてくる気がした。私が生まれるよりずっと昔に旅した人の旅情に過ぎないけれど。

## 一二、日本からの学生たち、フィレンツェの休日、サッカーの観戦、ルッカの城壁、ピサの斜塔、エルバ島に渡る

三月二九日昨日から夏時間になったため、時計の針を一時間進めた。本日は私の「フィレンツェの休日」で、他所に移動しない。九時半になって、ようやくベッドを離れた。ユース・ホステルではないから、一日室内に留まっていても良い。昨夜は、横浜市立大学理学部で生態環境を勉強している二回生の若者や、学習院大学修士一年で美術史を研究している女性と、夜の一時ごろまで話していた。美術史には私も興味がある。

「京都近くに住んでいるので、寺社の国宝や日本画を拝観する機会には恵まれています」と口火を切った。

「たとえば、長谷川等伯の襖絵とか、俵屋宗達の杉戸絵とか、狩野永徳や探幽の障壁画など」

「私は、その狩野派、特に内膳の障壁画を研究しています」と彼女がいう。

「ナイゼン?」全く耳にしたことが無い名前だ。

一一時、まだ見残していたヴェッキオ宮内部の見学に出かけた。現在市庁舎として使われている。入り口には、共和国政庁時代からの紋章である獅子の像が二基立っている。建物前のシニョーリア広場には、ミケランジェロのダヴィデ像(レプリカ)やネプチューンの噴水がある。すぐ横の丸いブロンズの敷石は、サヴォナローラが火刑に処された場所だ。この町では、どこを歩いても歴史を踏み固めているように感じる。広場中央には、ロレンツォの父コジモ一世の騎馬像が立っていた。

宮殿二階の大ホールは議会会議場で、壁にはヴァザーリとその工房による血なまぐさい戦場の大画面が

図（1-23）ルッカ城壁の道

描かれている。一方三階部分はコジモ一世一家のアパートメントで、優雅な食卓や、金色に輝く礼拝堂が残っていた。衣裳部屋にある世界地図のタペストリーが面白い。さすがに一五世紀前後のヨーロッパは正確に描かれている。インドやマレー半島、インドネシアの島々もまずまずだ。しかし日本列島の形はあやしい。

ここでルネッサンスの話から少し逸れるが、少しだけイタリア・サッカーを話題にする。中央駅前から⑰番のバスに乗り、一五時半スタジアムに入場した。一昨日購入しておいたチケットの私の席は下段の方で、すぐ前にガラス張りの防御柵がある。陽射しが眩しく厳しい。あまりサッカーのことを知らない私が、外国に来て観戦する気になったのは、ファンである息子への土産話のためだ。やがて地元の応援席のあたりからアイーダの行進曲が鳴り響く。両チームの入場と共に、大歓声がおきた。本日の組み合わせは、地元のフィオレンティーナ対ナポリのチームである。あらかじめ横浜市大の学生に、フィオレンティーナの名選手バティストゥータの名前だけは教わっていた。結果は、四対〇でフィレンツェのチームが勝った。そのうちの三ゴールを、バティストゥータ選手が蹴り込んだのである。

三月三〇日朝食も摂らず、四泊したペンシオナートをチェック・アウトした。今日は移動距離が長い。駅前からラッツィ社のバスに乗り、ルッカに九時二〇分に着いた。バス停前のインフォメーションで地図を貰って、町を散策する。すぐに要塞広場、プッチーニの三階建ての生家とその前に坐像があった。二組のドイツ人観光団が来て、ガイドの説明を聴いている。私も脇で暫く傍聴した。博物館の方は、月曜のため休館。近くのサン・ミケーレ教会は、幾層にも列柱を重ねたファサードと奥行きのある側面が印象的である。ルッカはルネッサンスの都市としては規模が小さいが、教会やカテドラルなどはどこにも負けない規模を持っている。

地図に円形劇場広場とある名前に惹かれて、少し北の方に歩いていった。なかなか見当たらない。そのはずで、広場は数階建ての多くの人家に取り囲まれた中にある空間だった。広場に入るには、人家の下に開かれたゲートを潜らなければならない。元々ローマ時代の円形劇場があった場所に、後世に人家が立ち並んだということである。すぐ近くのサン・フレディアーノ教会は、モザイク画の美しさで知られている。ファサード上部の彩色モザイクのマリア、内部小チャペルの裸婦モザイクがよかった。独立したルネッサンス都市に欠かせないカテドラルもある。このような小都市の為政者の思考を裏付けるものとしてブルクハルトは、同時代のルッカの歴史家の言を引用している。

……あらゆる官職を絶対に信頼できるものに限定し、それ以外の人間の居住区を制限、武器の携帯や集会を禁じる。町の防衛に必要な傭兵をいつも上機嫌に確保するための支出以外は極力節約する……

自衛力を持たない小都市は、傭兵に頼ったのである。傭兵隊長出身で領主になった人物も少なくない。以前に言及したウルビーノのモンテフェルトロ家がその例である。

ルッカの市街地で最も特徴的なのは、市街地を囲む四キロにわたる城壁だ。城壁といっても現在は並木が植えられ、緑地もある。自動車も走っている。ジョッガーたちが駆け抜けた。その城壁を半周して、元のバス停に戻った。

一二時の長距離バスで南方のピサに向かう。一時間でピサのバス・ターミナルに着いた。都心までの二

図（1-24）手前より、洗礼堂、カテドラル、斜塔

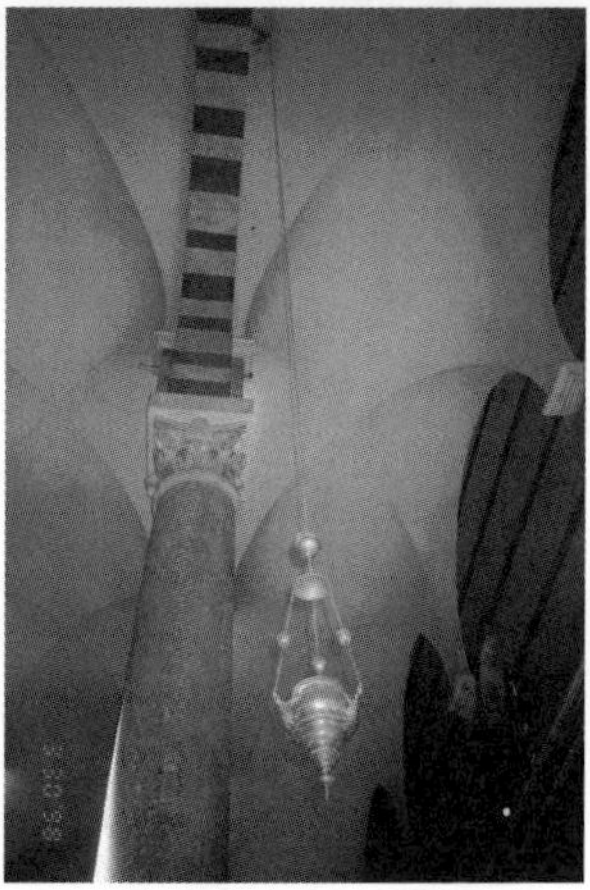

図（1-26）ガリレオの振り子

キロを市バスに乗る。中間あたりで、フィレンツェから流れてきた河口近くのアルノー川を渡った。バスを下りてゲートを潜った瞬間、洗礼堂のキューポラ、カテドラル、斜塔の白い壁が目に飛び込んできた。世界的に知られた三つの建造物が、このように至近距離に共存している場所は、他に類が無いだろう。ピサの全てが、このドゥオモ広場に集約されている。各国が技能を結集して建築したパビリオンが並ぶ万国博覧会場に立っている感じだ。

中でも最も有名な斜塔は、洗礼堂側から見ると中間に建つカテドラルとの対比で傾斜度がよく分かる。一一七四年の建設直後から地盤沈下で傾き始めたという。さらに近付くと、今にも自分の方に崩壊してきそうな迫力だ。上部ほど先細りした八層からなる円塔は、各階が列柱で囲まれている。しかし柱の間には手すりがない。最高所の展望を楽しみたいなら、手すりもない傾斜のついた床を踏み二九三段の階段を登らなければならない。このような危険を犯しても、登る人が絶えなかった。その傾斜度が次第に大きくなり倒壊予防の措置が検討されている。そのため、近年ついに登頂が禁止された（4頁　図1—25参照）。斜塔に近接して建つカテドラルも、ファサード前面を飾る四層の列柱の優美さやスケールの点で、イタリア国内で、第一級のものだ。説教壇近くの天井から吊り下げられたブロンズのランプは、ゆっくりと揺れている。事実はともかく、ガリレオによる振り子の原理発見の伝説で有名なランプだ。

フィレンツェの花のマリア聖堂と同じ赤茶色の丸屋根を持つ洗礼堂は、キューポラだけの単純な構造故に、逆に異彩を放っていた。この三つの建造物は、夫々が強い個性を主張しながらも相互を引き立て、うまく調和している。

カテドラルや斜塔などが建設された一一～三世紀のピサは、ルッカなど近隣の都市国家を支配下に置く大海運国だった。その後は斜塔のように次第に国勢が傾き、ルネッサンスの最盛期にはフィレンツェに従属するようになった。

汽車でカンビーリア・マリッティマまで南下し、支線に乗り換え一七時イタリア半島西岸の港町ピオンビーノに着いた。一八時にエルバ島行きの連絡船に乗船した。洋上に、エルバ島が大きく見えている。それでもリグリア海に面したエルバ島北岸の、ポルトフェライオ港到着まで約一時間かかった。船の売店で買ったエルバ島の案内書を読む。予定していた二つ星のホテルが満室のため、波止場に近い三つ星のマッシーモ・ホテルに、二〇時前にチェック・インした。八万五〇〇〇リラ。一人部屋でベッドは広く、設備はよい。暖房が少し効き過ぎるので、窓を開けた。窓下に波止場が見え、打ち寄せる波の音が聞える。先ほど乗ってきた連絡船が、停泊していた。夜食にレストランで、ラザーニャを食べる。シャワーを浴び、下着を洗濯した。ジャンパーや下着を少しずつ薄着に替えている。ロンバルディア州のコモやミラノから、かなり南に移動してきた。

## 一三、エルバ島でのナポレオン、ローマに戻る、古代オスティアの港、ジャニコロの丘

三月二一日八時起床、ホテルのレストランで時間を掛けて朝食を摂る。慌しく動き回った旅も終盤、気

図（1-28）ナポレオンの事務机

分的に少しゆとりが出てきた。九時半のバスで少し内陸部にある別荘サン・マルチーノを訪ねた。エルバ島に流刑中のナポレオンが、時折立ち寄った場所といわれる。バスを降り土産物店などの間を抜けて、直線の並木道を五〇〇メートルほど歩いた。道の突き当たりに博物館があったが、現在修復中で閉館していた。その裏手にナポレオンの別荘がある。二階建ての直方形の建物、七室ほどあって結構広い。内部には特別な調度も無く装飾も無い。あるいは博物館に保管されているのかもしれない。テラスから見えるのは、周囲の山林だけだ。

ポルトフェライオに戻り、岬の先端の旧市街区に入った。高台に、ナポレオンの館（Residence）が往時のまま残されている。一八一四年五月から一八一五年二月二六日までナポレオンが住んでいた。地上階には、皇帝自身が画家ダーヴィッドに描かせた「アルプスを越えるナポレオン」の額のかかる居間、約二〇〇〇冊の書物を収納するライブラリー、シャンデリアに赤い絨毯を敷き詰めた応接室、金色の彫刻を載せた天蓋にコバルトブルーの布で覆われたベッドがある寝室、頑丈な木机を備えた執務室などがあった。広い前庭からは港の入江と外海が一望できる。尾根沿いの石畳や階段を東に進めば、灯台が建つ岬に出る。岬のくびれ部分にメディチの要塞が聳える。このあたりが島の最高所のようだ。この要塞の入り口を探すのに手間取った。しかし要塞からは、外洋ティレニア海も視野に入れたさらに大きな展望が得られたのである（4頁　図1―27参照）。

この島でのナポレオンの暮らしぶりは、流刑の身分にしてはかなり自由度があったように思われる。第一エルバ島が、本土からも望める近距離にある。彼の郷里であるフランス領コルシカ島からも、あまり離れていない。「脱出したいなら、いつでもどうぞ」というような立地だった。このことは、以前から疑問に思っていた。本気で流刑にしようと思えば、場所はいくらでもあったはずだ。ナポレオンを破ったロシア、オーストリア、イギリス、プロシア、サルディニア等の列強間に、思惑があったのか。列強の合意が纏まらずウイーン会議が長引いていた最中の一八一五年四月はじめ、ナポレオンのエルバ島脱出の報がウイーンの各国首脳の耳に届いたのである。

一四時の汽船でイタリア本土に戻り、列車で一九時ごろローマのテルミニ駅に着いた。心当てにしていた三つのペンションはいずれも満室、とりあえず今晩は二つ星のドムス・メア・ホテルのダブルに泊まることになった。朝食付きで一〇万リラ、バック・パッカーの予算オーバーだ。明日からは、シングルに空き室があるという。

四月一日八時起床。昨夜は午前〇時過ぎまで、インテル・ミラノのサッカー試合を、テレビで観ていた。九時地上階のレストランで朝食を摂る。五階の自室に戻りポットでコーヒーを沸かしてテラスで寛いだ。朝の空気は心地よい。ペンションに二、三当たってみたが、本日から夏季料金に値上げされ、食事なしでも五万リラという。ローマ市の中心部では、手頃なホテルを見つけるのが難しい。結局、シングルで七万リラのこのホテルで、さらに三連泊することになった。

一一時ホテルを出てテルミニ駅へ。ここから地下鉄を乗り継いで、オスティア・アンティカ（古代オスティア港）で下車する。テルミニの地下鉄駅のプラットホームで電車待ちをしているとき、近くにジプシーの女が二人立っているのを見た。車輌が近付いてドアへと移動した瞬間、その一人が急に片腹に寄り私のズボンのポケットに手を入れた。その指先の指圧がはっきりと伝わるような手首の動きである。密かに金目のものを抜き取るような、やさしい仕草ではない。強奪に近い。用心していたので、大声で一喝して追い払った。この種の手合いを捕まえて警察署に突き出しても無駄なことは、周りの人は皆知っている。軽犯罪で数日留置所に入れられるだけで、すぐに釈放される。そして同じ盗みを繰り返すのだ。

オスティア・アンティカまで、四〇分ほど。下車後古代ローマ遺跡までは徒歩五分くらい、土産物の屋台のあいだの道を行く。本日水曜はgratisという遺跡入場無料の日である。オスティア・アンティカはBC四世紀に開かれたローマの外港近くに発展した都市だった。最盛期には一〇万の人が住んでいたという。港は、土砂の堆積やマラリアの流行で見捨てられた。先生に引率されて中高生らしき集団が、ピクニック気分で遺跡の中ではしゃいでいた。野外劇場はあまり広くはないが、その最上部の座席から遺跡全体が見渡せた。中心に神殿があった。職業組合コルポラツィオーニのあった広場には、キッチンや竈の跡、そして昔は海水が流れていたクリークが残っていた。海神ネプチューンの浴場や床のモザイクの一部が残る兵舎跡もある。

一度テルミニまで戻り、地下鉄A線に乗り換えて、終点のオッタヴィアーノ駅で降りる。ヴァチカンに近い。ヴァチカンの正面は、現在工事中の櫓が組まれているため、見栄えが良くない。しかしローマ法王庁はすでに二回訪問していて、本日の目的ではない。その南に広がる古代ローマ七丘のひとつジャニコロの丘に登りたいのである。しかしこちら側は高い城壁に遮られてどうしても登り口が見付らないのだった。簡易地図だけでは地形が読めなかった。結果的にかなり回り道をしてしまう。丘の上には、ガリバルディの騎馬像が立っている。テベレ川の谷間を隔てて、東側のローマ市街の眺めがすばらしい。北の方から南にサンタンジェロ城、パンテオン、共和国広場が一望に収まる雄大な景観である。

ジャニコロの丘から南に向かって、トラステヴェレ通りを歩いていく。テベレ川に架かる二本の橋でティベリーナ島を経て対岸に渡った。名所「真実の口」では、お上りさんよろしく片腕を口に差し入れた記念写真を撮る。一八時、ドムス・メア・ホテルに戻った。

## 一四、ティヴォリへの日帰り、エステ家別荘の噴水、ハドリアヌスの別荘、ローマの松

四月二日曇りときどき時雨、九時にホテルを出た。コトラル社のバスで、ローマの南郊ティヴォリ到着一一時。この地の有名な二つの別荘のうちの一つエステ家別荘は、バス停すぐそばにある。国立の施設はいずれも、今週無料になっている。イースター期間のためか。おかげで本日訪ねるエステ家別荘とハドリアヌスの別荘夫々八〇〇〇リラ、合わせて一万六〇〇〇リラが、支払い無しで楽しめるというバックパッカーにとっての福音。

エステ家別荘は、一六世紀枢機卿イッポーリト二世が古い修道院を改築したもの。別荘に入ってすぐにあるバルコニーから、庭園と右手の丘や左側の谷間を見下ろす景色が格別である（4頁　図1—29参照）。別荘の住人は、いつもこの角度からの眺めを楽しんでいたわけだ。入り口が最上階にあり、参観者は二階、一階、地下階と順に斜面に沿って下っていく。一番下の庭園まで、さらに幾つかの石段があり、途中に趣向を凝らした噴水が上がっている。一階は別荘の主の居住区だったらしく、庭に面した部屋の天井や壁面は風景画で飾られていた。

地上階から庭に出ると、ローマ建国伝説のロムルスとレムス像の周りに複数の噴水が上がり、その横から滝が流れ落ちる。さらに低所にあるアーチ状の屋根に人物像が立ち、その下にも噴水が上がっていた。

図（1-30）ハドリアヌスの別荘

主庭園が広がるのは、最も低い場所だ。刈り込まれた潅木の間に小道が走り、並木がある。庭園の中心は大滝と噴水で、四角い池がいくつか、東西に並んでいた。東の丘から庭園に向かって緩やかな傾斜がついている。丘の上に彫像が並び、その間を流れ落ちた水は底部で噴水を上げた。菊花のように円形に飛散する噴水、女神像の多くの乳房から流れ出す噴水など他に例の無い様々な噴水が立体的地形の中で沸き上るのだった。

バスで、ハドリアヌス帝の別荘に向かう。生涯の大部分を最大版図にまで拡張したローマ帝国の巡察に過したハドリアヌスは、最晩年にこの別荘を造り、多くの時間をここで送った。別荘の内部は、彼が見た各地の記憶を元に造らせたのである。例えば、巨大な池を取り囲む彩色柱廊「ポイキレ」は、アテネを模したもの、エジプトのナイル川の運河を模して、エジプト風彫刻を配置した「カノプス」がある。ドーリア式円柱を持つ門や宮殿跡、納屋や兵舎。ハドリアヌスの別荘は広大で、一通り観て回るだけで二時間以上かかった。

ローマに戻り、ボルゲーゼ公園を散策した。これまで数回ローマに立ち寄りながら、市の中心部を占めるこの大緑地に立ち入る機会を逸してきた。園内にイタリアを代表する芸術家たちの胸像が並んでいる。丈の高い笠松が特に印象的だ。ローマといえば、レスピーギの曲「ローマの松」や「ローマの噴水」を思い出す。ローマ市内にも、「トレビの泉」やナボーナ広場に複数のすばらしい噴水がある。松については、当初日本の松林を連想していた。ローマの笠松は字義通り、傘のように丈高の頂付近だけ枝葉が密集している。日本の松とは異種の、印象的な大木だった（4頁　図1―31参照）。ボルゲーゼ公園から歩いて、

図（1-33）コアワァディス教会内

ホテルに戻った。

四月三日九時半、テルミニ駅より地下鉄A線でサン・ジョバンニ駅に行く。ここでカタコンベ方面行きATACのバス乗り場を探すのに一苦労。本日最初の訪問地サン・カッリストのカタコンベは、ローマから南に向かうアッピア街道沿いにある。入り口には既に多くの人が集まっていた。順番が登録されているのかグループ参加者は、先に呼び込まれていく。グループの入場が一段落したところで、スペイン語、フランス語、ドイツ語、英語別のガイドがアナウンスされ、各自希望する言語のガイドについてカタコンベに入場した。

当地のカタコンベは、AD二世紀頃から造成が始まり、五世紀まで掘り進められた。地表に近いほど、古い墓所なのである。四層からなり、一〇万の人がここに眠っている。四世紀初頭まではキリスト教徒への迫害が激しく、カタコンベは彼らの隠れ集会所にも利用された。聖チェチリアや法王の墓もある。数箇所の礼拝堂もあった。壁に穿たれた小穴は、赤子の墓という。灯油のランタンの遺物も残っていた。地下道は四通八達し、ガイドなしではたちまち迷ってしまう。

このあと古代アッピア街道に沿ってしばらく南に歩いた（4頁　図1―32参照）。途中で新アッピア街道が分岐している。新しい方が交通量は多いが、旧の方も一方通行ながら車輛も走っていた。所々舗装が剥がれ、古代の石畳が顔を出している。道の両側には笠松や糸杉が並び、所どころ古代の水飲み場が残り大理石像が転がっていた。この道は、イタリア半島のかかとターラントまでつづくのである。

アッピア街道を市内へ引き返す途中、ドミネ・クォ・ヴァディス（主よ、何処に行き給う）教会に立ち寄った。ネロの迫害を逃れたペテロがこの辺りに来た時、キリストの幻を見た。その幻影に導かれてローマに戻り、殉死したといわれている。その場所に建つ小さな教会だ。中央祭壇の右にキリスト磔の図、左にペテロ逆さ磔の図が架かっていた。教会入り口すぐ左手の白い大理石の台上に、『クォ・ヴァディス』を書いたポーランドのノーベル賞作家シェンケヴィッチの胸像が置いてある。

教会からローマ市内へさらに二キロの道のり、途中カラカラ浴場がある。とにかく巨大な残骸である。地下鉄でフラミーニオ駅まで行く。ローマ市の中心部を南北に走るコルソ通り一八番には、イタリア旅行中の前後約三年間ゲーテが住んでいたという家が残っている。五階建てビルの最上階、三号室から五号室を同伴した画家ティシュバインと共同で使っていた。どの部屋も真四角の間取りである。ゲーテのペン画、ティシュバインが描いた「カンパニアのゲーテ」図（コピー）、『色彩論』研究のモデルなどの展示を見た。

一七八六年九月ブレンネル峠を越えてイタリア入りしたゲーテは、ヴェローナを経由してヴェネチアに二週間ほど滞在している。それからパドヴァ、フェラーラ、ボローニャを経由して四ケ月間の第一次のローマ滞在を始めた。一七八七年二月から六月に掛けて、ナポリ—シシリー島—ナポリと南国に遊んでいる。一七八七年六月初旬ローマに戻ったゲーテは、翌年の四月までローマに落ち着いた（第二次ローマ滞在）。その日程からみて明らかなように、ゲーテの関心はルネッサンスより古代グレコ・ローマン世界にあったのではないか。

今度の旅程の中でゲーテの行程と交差するのは、わずかにヴェネチア、パドヴァ、フェラーラ、ヴェローナ、ボローニャくらいで、それも極めて短い時間に過ぎない。私の今回の旅はゲーテの『イタリア紀行』

よりも、スイスの文化史家ブルクハルトの『イタリア・ルネッサンスの文化』に導かれたものといえる。かねて憧れていたローマ以北のルネッサンス時代の都市国家の多くを、たとえ短時日であっても遊歴実見できた貴重な機会だった。ローマは、二七年ぶりに訪ねた故地だ。最後だけはゲーテに因み、私のイタリアの旅もローマで筆を措く。

（一九九八年五月一日、記）

# 第2章　ポーランド、チェコ周遊

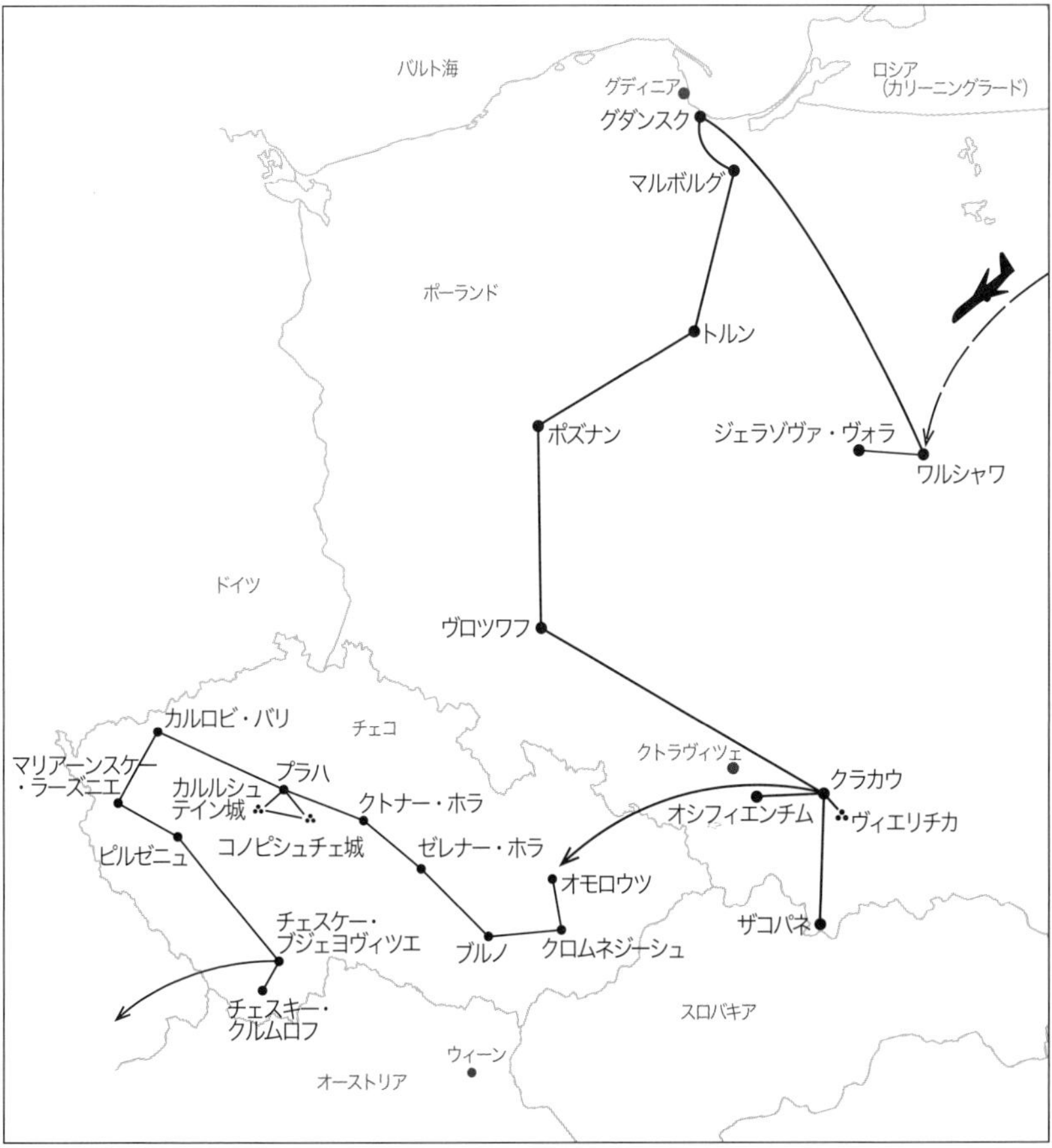

## （その一　ポーランドの旅）

### 一、ワルシャワの町歩き、キュリー夫人の生家、ヴィラノフ宮殿、ワゼンキ公園、ショパンの郷里ジェラゾヴァ・ヴォラ

二〇〇二年七月一八日夜遅く、ワルシャワのヴェラ・ホテルにチェック・インした。目覚めて一瞬自分が今どこにいるのか判らなくなる。旅のはじめによく経験することだ。念のためポーランドでの最初の一晩だけは、日本から四つ星クラスを予約しておいた。しかしこのホテルには、クーラーがない。ボーイに聞くと、窓を開けて寝ればよいという。それでも疲れていた故か、七時過ぎまで熟睡した。

朝食を済ませて次にすることは、ワルシャワでの今日から三晩ほどの宿泊先を探すことだ。いつも大まかなプランだけで旅に出る。原則としてホテルを予約していないのも、気ままに移動するためである。目的地に着いてから、自分の目で確認し財布と相談して決める。たいてい次の移動に便利な鉄道駅か、長距離バスのターミナル近く、あるいは旧市街の中心部のホテルにする。しかも手頃な値段が条件だから、結構選択が難しいのである。

さてホテル近くの停留所で、教えられたナンバーのバスを待つがこない。ワルシャワ市内には、路面電車（トラム）とバスが走っているが、旅の初日なので、両者の停留所の区別もつかない。近くの人に聞いても、ポーランド語が返ってくるだけである。結局約七キロのバック・パックを背負い二キロほど歩いて、市街地の西にある総合バス・ターミナルまで来てしまう。そこで中央郵便局（ポチェタ・グローナ）を通るバスを、なんとか聞き出した。見当をつけていたホテル・ワルシャワは、郵便局に隣接する電信電話局

の巨大な建物の一部を占めていた。バス、トイレ付きシングルで、週末二割引で一泊一二〇ズオティにするという（一ズオティは、実質約二五円に相当する）。この国には日本と異なり、金、土、日割引にするホテルがある。

旅荷を部屋において、早速ワルシャワ旧市街の見物に出掛けた。ホテル・ワルシャワより三ブロックほど東に歩くと、南北に走るクラコウスキー郊外通りにでる。旧市街地の見所の多くがこの通り沿いに集まっている。一ブロック北上すると道の右側に小さな広場があり、数段の基壇の上に、左手に持った天球儀を右手で指し示しているコペルニクスの座像があった。道の反対側には、ショパンの心臓が埋められているという聖十字架教会が建っている。偉人の心臓を遺骨や遺髪とは別に保存する習慣は、ヨーロッパで広くみられるようだ。なんであれ聖人の身体の一部を所有しているという伝説で有名な巡礼地がいくつもあるが、いずれも同じ感覚からきているのかもしれない。ショパンの心臓は、第二次大戦中ドイツ軍に持ち去られ、戦後戻ってきたという。

地元だけに旧市街のいたるところに、ショパンゆかりの場所が残っている。彼が、日曜礼拝の際のオルガニストをしていたヴィジトキ教会、初めてピアノ演奏会を開いたラジヴィウ宮殿など。後者は、現在大統領官邸となり、門前に衛兵ががんばっていて中には入れてもらえない。これらの場所はいずれも、ショパン初期のエピソードに係わっている。彼は、若い頃ポーランドを離れ、主にパリで活躍した。ポーランドは、オーストリア・ハンガリー帝国、ロシア、プロシャの三国に荒らされ、一七九五年の第三次の分割で完全に滅亡していた。ショパンには、帰るべき祖国がなかったのである。彼は、祖国の復活を夢見、革命運動を支援し、作曲し、異国で亡くなった。

図（2-1）ワルシャワ大学

このブロックの少し北にワルシャワ大学への入り口がある。両側の門柱の窪みには、ローマ風の彫刻が刻まれ、頂に紋章のような飾りがついていた。私は、大学の構内を散歩するのが好きである。特にヨーロッパを旅するときには何処の町にせよ、時間があれば訪ねてみることにしている。都会の真ん中であれ、まわりの雑踏から隔離された空間がそこにはある。そして一つ一つの大学が、個性と一種の雰囲気を持っている。ワルシャワ大学は、ポーランドではクラカウの大学に次いで古い。しかし重厚な建物は少なく、簡素な中規模の二階建ての学棟が散在しているだけである。夏休みで学生の姿もあまり見掛けない。しかし建物の内部の廊下は分厚いカーペットで覆われ、壁面に沿って大きな油絵の肖像画が並んでいたりして、落ち着いた感じがする。

構内の一番奥にある大学博物館に入ってみる。ここは中・高等音楽院の跡で、一八二三から三年ほど、ショパンもここの学生だった。大学出身の著名人のパネルが館内に飾られているようだが、残念ながらほとんど知らない名前である。ポーランド人で私が知っているのは、コペルニクス、マダム・キュリー、音楽家ショパンとパデレフスキー、エスペラント創案者のザメンフォフ、作家のシェンケヴィチやコンラッド、ローマ教皇ヨハネ・パウロ二世、第二次大戦後の政治家ゴムウカ、ヤルゼルスキー、それに共産圏の崩壊時に活躍した連帯のワレサくらいしかいない。

国立劇場の方に向かっていると、軽快な音楽が聞こえてくる。向こうの公園の中に無名兵士の墓地があり、その前の広場で衛兵の交代が行われているのである。白、薄い青、カーキとグループごとに異なった色のコートに、黒のズボンを着けている。陸、海、空の区別だろうか。女性の兵士は、短いスカートをは

図（2-2）女性兵士の行進

いている。スラブ系の女性は、丈があり、特に兵士は体型が締まっているからとてもスマートに見える。その彼女らが、颯爽と行進してきた。歩調は、見事に合っている。しかし英国バッキンガム宮殿の衛兵のように形式ばっていない。兵士のなかには、東洋人の私を見て、笑みを浮かべたり、ウインクしてみせるものもいる。こちらも手を振って答える。

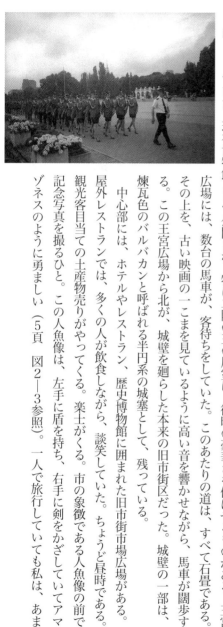

クラコウスキー郊外通りは、旧王宮広場で終わる。その広場の一角の高い石柱の上に、十字架を持ち東方教会風の衣装をつけたジグムント三世の像が立っている。ポーランド史上重要な人物らしく、この後のポーランド旅行中幾度もこの王の名前を耳にした。特に一六世紀末、都をクラカウからワルシャワに遷したことで知られているようである。この王の治世時には、ワルシャワ王宮もヨーロッパ屈指の華美を誇っていた。現在博物館として公開され、特に二階の王の居室は、往時の豪華さを偲ばせるものがある。王宮広場には、数台の馬車が、客待ちをしていた。このあたりの道は、すべて石畳である。その上を、古い映画の一こまを見ているように高い音を響かせながら、馬車が闊歩する。この王宮広場から北が、城壁を廻らした本来の旧市街区だった。城壁の一部は、煉瓦色のバルバカンと呼ばれる半円系の城塞として、残っている。

中心部には、ホテルやレストラン、歴史博物館に囲まれた旧市街市場広場がある。屋外レストランでは、多くの人が飲食しながら、談笑していた。ちょうど昼時である。観光客目当ての土産物売りがやってくる。楽士がくる。市の象徴である人魚像の前で記念写真を撮るひと。この人魚像は、左手に盾を持ち、右手に剣をかざしていてアマゾネスのように勇ましい（5頁　図2―3参照）。一人で旅行していても私は、あま

図（2-4）キュリー夫人の生家

図（2-5）文化科学宮殿

り人にシャッター押しを頼まない。道路脇のごみ箱やベンチなど適当な台の上にカメラを載せて、自動シャッターをきる。ときには町中でひとりポーズをとっているのを訝しげに見ていた人が、私の視線の先にあるカメラに気付いて撮影を助けてくれることがある。バルバカンを背景にした写真もこうして、他人に撮ってもらった。

バルバカンを通り抜けた先、石畳の道は一〇〇メートルほどに狭まる。両側には三、四階建ての同じような切妻の家が、建て込んでいる。見過ごしてしまいそうなそのうちの一つが、キュリー夫人の生家である。今は博物館として、両親や幼少時の夫人の写真、夫キュリーとの研究のひとこま、晩年大学で教鞭を執る夫人、彼女の遺品、放射性物質の濃縮や抽出に使われた簡素な設備や器具などが展示されている。マリーは、一八六七年当時、科学ではヨーロッパの後進地域で一介の中学教師の娘として生まれた。いくら若年から秀才だったとしても、地元の学校の教師になるのが順当なコースだったであろう。そのマリーが、夫キュリーとの幸運な出会いがあったにせよ、パリに出て世界的業績を残したのは奇跡のように見える。家の裏手には、庭がある。多分幼少時に彼女が部屋の窓から眺めていたときと、あまり変わっていないであろう。

しかしワルシャワは、第二次大戦中徹底的に破壊されたにも関わらず、国を挙げての努力でほとんど昔

図（2-6）ヴィスワ河

そっくりに復元されたのである。いわば私は、旧ワルシャワのコピイを見ているわけだ。ただひとつ中央駅近くに聳える巨大な固まりのような文化科学宮殿は、戦後スターリンの贈り物としてソ連が建てた。町並にそぐわないとして、地元の評判はよくないという。都会や田舎の景観を大切にし、その保存に賭ける情熱の点では、日本人はヨーロッパの人達に全く及ばない。数年前訪ねた旧東ドイツに属するライプチヒ、ドレスデン、東ベルリン等の諸都市の復旧は、資金不足のためかポーランドに比べてかなり遅れ、戦後半世紀もたっているのに市街のそこここに瓦礫の空き地が残っていた。ドレスデン宮廷横のフラウエン教会は、高い尖塔を含めた全体が、工事用の鉄枠に覆われていた。あと幾十年かかるか判らない。しかし瓦礫の中から破片をとりだし、欠けた部分を補いながらパネルの一枚までも完全に復元するのだという。世界最大のジグソーパズルと地元で呼ばれている。

一方、日本の多くの都会は、戦災後全く別の都会になった。バブル時代の地上げがこれに追い討ちをかける。都市のプランは、その土地に愛着をもたぬ役人と営利だけを目的とした業者によって自在に変えられ、歴史的地名も無機的な名前に変更されていく。しかし彼等だけの所為にはできないだろう。結局国民全体の歴史や伝統、景観を尊重する意識の稀薄さに係わっている。日本的効率さと迅速さによる再生で、失われていくものもまた大きい。

クラコウスキー郊外通りを戻り、旧市街地の東南ヴィスワ河に向かう。途中道が緩い傾斜になる崖の中腹にあるショパン博物館に立ち寄った。一七世紀の騎士の館で、一、二階が展示館、三階がショパン協会本部になっている。ショパンの音楽を聴きながら、訂正を加えたショパン自筆の楽譜原稿、ジュルジュ・サンドとのエピソードなどの展示品を見て回る。この近辺のヴィスワ河は幅一〇〇メートルほど、対岸は深い緑の森である。河岸は、クラコウスキー通りから五、六ブロック東に離れていて、人通りも少ない。工事中の現場とプロムナードに挟まれた狭い空間に、旧市街広場のものと同じ形の人魚像が見捨てられたように立っていた。

七月二〇日、昨夜二三時に就寝し八時起床。一階のレストランでビュッフェ・スタイルの朝食。向こうのテーブルでは、昨日の朝と同じ配置で腰をおろした三人連れの男達が食事をとっている。

一〇時ホテルを出て、一一六番の市バスでワルシャワの南一〇数キロの終点まで行く。今日は雨模様。大きな公園の奥に、ヴィラヌフ宮殿がある（5頁　図2―7参照）。一七世紀末のポーランド王、ヤン三世の離宮という。ポーランドで現在残る建造物は、一七世紀のバロック様式のものが多い。当地でいくつか訪ねた宮殿建築の基本プランは、左右対照のコの字型で、北面の窪んだ側に入り口があり、南側は内庭に面している。ヴィラヌフ宮殿入り口側の庭は、広く芝生に覆われている。小雨が降っているにもかかわらず、散水機が先端を緩やかに回転させながら水を撒き続けていた。

多くの場合宮廷内部の見学には、指定された時間のツアーに参加しガイドについていかなければならない。ガイドが各部屋のかぎを持ち、出入りの度に開閉するから、気ままに歩きまわるわけにいかないのである。外国人訪問者の多いところは、英語やドイツ語のガイドがつくこともある。そうでなければ、部屋番号に対応する英語などの説明書を手渡されるので、それを見ながらポーランド語のガイドの説明を聴いている地元の人に混じって歩くことになる。入り口で着けた靴カバーが抜け落ちそうになり、足を引き摺って歩く。王や貴族の館の壁には、やたらに肖像画が掛かっている。写真機のなかった時代の彼等は、機会ある毎に、お抱えの絵師に家族の絵を描かせたのである。部屋と部屋を繋ぐ回廊が、これらの絵画のギャラリーになっている。基本知識のあるポーランド人にとっては、王侯や貴族の興味ある逸話に係わっている絵かもしれない。しかし日本に来た一般の外国人にとって、信玄や元就のような有名な武将の名をいわれても意味を持たないのと同様、私もこれらの絵に描かれた人物を説明されても判らないから退屈する。王侯の居室の豪華さや、ギリシャ風彫刻像が並び、幾何学模様で仕切られた中庭の花壇の美しさに気をとられるだけだ。

図（2-9）ワジェンキ宮殿

旧市街に戻る途中、郊外の広大なワジェンキ公園にも寄ってみた（5頁　図2—8参照）。その入り口近くの花壇の中央に、ショパン像が立っている。花壇には、赤い薔薇が咲き誇っている。像前の大理石の円形ステージで、七、八月の日曜午後にショパンの曲が演奏されるという。公園の入り口に張られたポスターに、演奏曲目と演奏者のスケジュールが示されていた。

ショパン像の後方の坂を下りると、公園の林の道に入る。公園といってもほとんど自然の森である。木漏れ日の下道を七、八分歩いて、白亜の建物の前にでた。ワジェンキ宮殿と呼ばれ、一八世紀末ポーランド王国の最後の王となったポニャトフスキの離宮として三〇年もかけて建てられた。規模は、小さいが瀟洒である。上下流を堰止めた川の上にあるので、水上の宮殿とも呼ばれる。宮殿の窓から外をみると、川に面した金属製の手すりに、大きな孔雀が六、七羽もとまっていた。この離宮のすぐ上手に屋外小劇場とレストランがあり、ここでも時々ショパン演奏会が開かれるという。音楽にかぎればポーランドは、ショパン一色の国なのである。

図（2-10）ワルシャワの郊外

一五時にホテルに戻る。一休みのつもりでベッドに横になったら、二一時まで眠ってしまった。まだ時差の影響が残っているらしい。

七月二一日六時三〇分起床。朝食のレストランでは、三日続けて三人連れの男達を見た。中央駅に近いノボテル・ホテルに指定の八時三〇分少し前に行くと、まもなくマズルカス社のバスが迎えにきた。今日は、ツアーに参加して、ショパンの生家のあるジェラゾヴァ・ヴォラを訪ねる。ジェラゾヴァ・ヴォラは、ワルシャワの西五〇キロにある。ヴォラは、ポーランド語で「村」の意味だ。

外国を旅していても、エクスカーションのツアーにはめったに参加しない。タクシーを使うこともほとんどない。行動範囲が多少制限されるとしても、自分の足で歩くか、公共の交通機関を利用することにしている。バスやトラムに乗っているときは、地図を片手に目印になる建物や公園などを確認しておく。特に東西南北の方向に気をつける。だからよほどの大都会でもない限り初めての市街地でも、到着後二、三時間もすれば自由に動き回れるようになる。

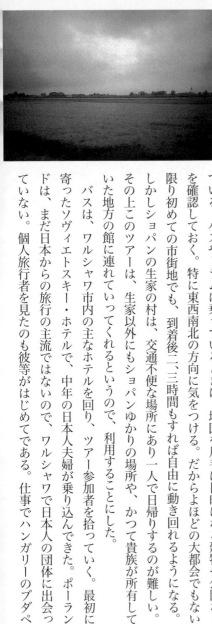

しかしショパンの生家の村は、交通不便な場所にあり一人で日帰りするのが難しい。その上このツアーは、生家以外にもショパンゆかりの場所や、かつて貴族が所有していた地方の館に連れていってくれるというので、利用することにした。

バスは、ワルシャワ市内の主なホテルを回り、ツアー参加者を拾っていく。最初に寄ったソヴィエトスキー・ホテルで、中年の日本人夫婦が乗り込んできた。ポーランドは、まだ日本からの旅行の主流ではないので、ワルシャワで日本人の団体に出会っていない。個人旅行者を見たのも彼等がはじめてである。仕事でハンガリーのブダペストに駐在していて、週末ワルシャワに遊びに来ているのだという。この後もバスはホリデイ・インなど二、三のホテルに停まるが、誰も乗り込んでこない。さては今日のツアーは、日本人三人だけかと少しがっかりしていたら、最後に立ち寄ったメリディアン・ブリストルで一群のヨーロッパ人が乗り込んできて、車内が急に賑やかになった。このホテルは、シュトラウス（リヒャルト）、ディートリッヒ、ピカソ等の芸術家、ド・ゴール、ケネディ等大物政治家も宿泊したという市内最高級の歴史あるホテルである。

ポーランド人がいないので参加者の国籍を確かめ了解をとってから、ガイドは英語で話し始めた。まずポーランドの歴史、政治の仕組み、産業、生活の現状など。断片的知識しかなくて旅行しているものにとっては、概説だけでもありがたい。首都のワルシャワは、人口約一六〇万、四角に近い国土の中央東よりで、西のベルリンから六〇〇キロ、東のモスクワから一二〇〇キロに位置する。防衛に都合の良い天然の障壁が少ないこの国は、一八世紀以降絶えず、この東西の大国ロシアとプロシャ（ドイツ）、南のハプスブルク家（神聖ローマ帝国）の侵入に悩まされた。これから行こうとしている村のあたりは、第二次大戦中ゾヴァ川の戦いとして知られる独ソ間の激戦地という。

ポーランドは、その名の通り南部スロバキアとの国境地帯を除いて全土殆ど平原の国である。しかし現在の東の隣国ウクライナに比べ肥沃な土地が少なく、農業生産性はあまり良くないという。小麦、大麦、ライ麦、馬鈴薯、ビート等が主要な作物である。その農村地帯をバスは、西に向かって走っている。畑地の間に時々牛を飼育しているファームが出現する。

最初の訪問先は、リトアニア系貴族ラジヴィル家の館、この家の当時の御曹司ヤンは、ショパンと親しかった。音楽の才能もあったらしいが、貴族家の後継者として演奏家になることが許されず、専らショパンの後援者として生涯を終える。館の内部装飾で目立つのは、壁面にふんだんにオランダ製タイルを使っていることだ。特に一階から二階への大きな壁全体を覆うデルフト青磁焼きは、みごとである。ここにはギリシア神話のニネベの石膏像というものがある。文献だけしか存在が知られていないギリシア彫刻の、これはコピーという。原物が発見されていなくてなぜ複製と特定できたかは、わからない。ラジヴィル家の末裔は、一九四五年までこの館で暮らしていた。

この館の立派なダイニング・ルームで、スープから始る簡単なコースを頂く。偶々Uの字型に配置された食卓台の、根元に座ることになった。人数を数えてみると左右に六名ずつで総計一三名、最後の晩餐の図と同じである。私はイエス・キリストの席に座っているわけだ。左横にいた老年の夫婦に話かけると、英国コヴェントリーから来たという。私が同じ町の大学を出たというと、彼等は向こう隣の女性にそのことを話す。同郷の友達らしい。彼女は、「世の中って狭いわねー」と常套句を放ってこちらを見た。話は、ドイツ軍の空爆で破壊されたコヴェントリーの大聖堂と、いまでも続いているその修復作業のことや、ベルリンのシャルロッテンブルクにあり、同様に大戦中破壊され、今はコヴェントリー聖堂と姉妹関係を結んでいるカイザー・ヴィルヘルム記念教会のことなどにおよんだ。

図（2-11）ラジヴィルの家でのランチタイム

昼食後まずショパンが洗礼を受けたというカトリック教会を訪ねた。赤煉瓦色の頑強な建物。地方の要塞を兼ねたこともあり、二つの見張り搭が建ち、隙眼を穿った高い壁に囲まれている。しかし現在庭は、手入れされず雑草がはびこっている。教会入り口は錠で閉ざされ、内部を覗いても人気がない。常在の神父が居ないのかもしれない。

次にマナー・ハウスを訪ねる。一九世紀の英国人は、成功して田舎でマナーかカントリー・ハウスを手に入れ、郷士的生活を送るのを理想としていた。そういうのをいくつも見ているから、特に珍しくはない。しかしわざわざ旅行者を連れて行くのだから、ポーランドでは珍しいのかもしれない。温厚で品のある初老の館の主は、喜んでついてまわる二匹の猟犬や茶色の猫と共に、マナーの内外を案内してくれる。近隣から隔離されてはいないが、高い木立に囲まれた広い敷地の中ではマナーも小さく見え、ここに住むと夜は少し寂しいのではないかと思ってしまう。彼はもとからの地主でなく、約十年前ポーランドの解放後に、広い敷地ごとこのマナーを手に入れたという。白亜の壁にベージュ色の屋根の二階建てで、ファサードだけ四本の列柱に支えられている。入り口横のケースに、主が大事にしているパイプや猟銃などが収められている。離れの納屋には、時代物の馬車が、十台も保存されていた。私は、我が家とそっくりの茶色の猫につきまとわれ、そちらに気をとられている。

このような寄り道をしたために、ショパンの生家に着いたのは、演奏がはじまる一五時直前だった（5頁　図2―12参照）。ガイドに急かされたツアーの一行は、広くもない前庭にしつらえた座席に既に座っている人々の間に場所を探す。まもなく正面庭への出口からスカーレットの衣装をつけた女性が出てきて、頭をさげた。ワルシャワ音楽院（当時）のボグナ・ハラツ教授で、ショパン国際ピアノ・コンクールの審査員をしているピアニストである。「雨だれ」の曲や「幻想即興曲」等ポピュラーなものを含めてポロネーズ、マズルカ、ワルツを十数曲、四〇分ほど。いずれも三拍子の舞曲である。このうちポロネーズは、二拍めにアクセントがあり、男女がペアで行進しながら踊る。マズルカは、二拍ないし三拍めにアクセントのつ

図（2-13）ショパンと両親の肖像画

図（2-14）ショパンの部屋

く旋舞曲。いずれもポーランドの伝統的リズムを、ショパンが芸術的に完成させたのである。自身優れたピアニストであったショパンは、祖国への想いや多感な感性をピアノに託した。伴奏を必要とするバイオリンのような弦楽器と違い、ピアノは自体で完結する楽器である。ショパンの曲には、ポーランドの旋律とピアノの幸運な融合がある。

　室内のピアノで演奏されるので、庭にいる観客は残念ながら彼女の演奏スタイルを見ることはできない。ときおり涼しい風がかようが、日差しが強くなりすぐに汗ばんでくる。しかし聴衆は、うつむき気味の姿勢で、演奏に耳を澄ませている。ショパンの生家でショパンの曲を聴くのは、誰にとっても貴重な至福の時間にちがいない。

　この後室内を見学する。よく写真でみかける、少し左横を見る様な肖像画の掛かったショパンの生まれた部屋、先ほどの演奏で使われたショパン愛用のピアノ、両親の肖像画。両親の顔が似ているのは、画家が下手だったからとガイドがいう。いずれもショパン同様痩せて描かれている。腺病質で若死の家系だった。ショパンは、一八一〇年にここで生まれ、一八四七年結核のためパリで客死している。

　一八時頃ノボテル・ホテルに戻る。ここから近いワルシャワ中央駅で、明日のグダンスク行きインターシティ急行の乗車券を買った。

## 二、歴史の街グダンスク、『ブリキの太鼓』、連帯

翌二二日、五時三〇分目覚めた。早めに朝食をとり、八時にチェック・アウトする。八時五二分のインターシティで、四日間いたワルシャワを発った。汽車には、国際間を走るユーロシティや国内大都市間をつなぐインターシティ等の長距離特別急行があって、座席が指定されているのでかなり割高になる。他に快速と普通列車が走っている。料金体系が違うから、乗る列車を決めてからでないと切符が買えない。

汽車で走ってみると、この国がほとんど起伏のない平原からなっていることがよくわかる。何処まで行っても馬鈴薯などの葉の茂った畑や土のむき出した休閑地、まばらな木立と点在する農家など、同じような風景が車窓を過ぎていく。列車内で、無料飲み物のサービスがくる。

図（2-15）馬鈴薯畑

一二時四九分グダンスクに着いた。駅の構内に机をおいて二人の若者が、ユース・ホステルの勧誘をしている。シングル八〇ズオティ、宿舎まで送り届けるという。場所も悪くない。だが安宿にしても、部屋を確認してから決めることにしているので、パンフレットだけもらって旧市街に向けて歩き出す。旧市街の入り口は、駅前通りを南に一〇分ほど歩いたところにある。ここには文字どおり「高い門」と呼ばれる堂々とした楼門がある。ついで一六世紀当時最新の設備であった拷問器具を保存しているという囚人塔。三番目には尖塔を持つ黄金の門、これを潜れば、幅五〇メートルほどある石畳のドウガ通りにはいる（6頁　図2―16参照）。通りといっても、歩行者天国になっていて、所々通り抜けの路地があるほかは、両側がびっしり四、五階だての

切妻の建物が詰まっている細長い広場である。

これが約一キロほど続いて、中心になる市庁舎前にでる。その裏手には、煉瓦造りでは世界最大という聖母マリア教会の高い尖塔が聳えている。教会と市庁舎（あるいは古都の王宮）という聖俗界の象徴を持つ石畳の広場を中心に発展したのが、この国の旧市街の特徴である。この広場は、ベンチが置かれる市民憩いの場であり、青空市場になる。現在では、ツーリストのインフォメーションも大抵このあたりにある。中央に町のシンボルであるネプチューンの噴水、カフェーにレストラン、この地の特産琥珀などの土産物店が立ち並ぶ。

図（2-17）モトワヴァ運河

さてあてにしていたホテルに行ってみると、休業していた。インフォメーションであたっても、中心部では手ごろのものがない。そこで先ほどもらったパンフレットを頼りに、旧市街を五分ほどはずれたところにあるユース・ホステルに行った。若い人だけで経営しているホステルのようだ。無機的な六階建て鉄筋だが、部屋は清潔に整えられているので、一晩ここで泊まることにする。
再び旧市街に戻って、ドウガ通りの突き当たりにある緑の門を潜る。緑の門は、工事中で丸ごと覆いが掛かっている。他所の町であれば、ここで旧市街はおわりになる。しかしグダンスクの特徴は、実はこの緑の門外のモトワヴァ運河沿いにある。グダンスクは、一三、四世紀には、バルト海、北海沿岸の交易に係わったハンザ同盟の一都市だった。ハンザ同盟都市の特徴は、海岸の安全な入り江あるいは運河に面して、帆船の停泊する港があり、色とりどりの美しい四、五階建ての商館が並んでいることだ。

地階は、陸揚げされた商品の倉庫になっていた。これまで訪ねたことのある北ドイツのハンブルグやリューベック、あるいはノルウェイのベルゲンも同様である。だから写真を見ただけで、ハンザ同盟にゆかりのある都市か否かある程度の見当はつく。

一五世紀になるとヨーロッパ世界の交易は新大陸に広がり、船も大型化して行く。そのためバルト海交易は地方化し、ハンザ同盟も急速に衰えた。その中で、海に面したベルゲンや大河エルベ河口のハンブルグは、現在でも重要な港町として生き残っている。しかしリューベックは、港としての機能を止め、グダンスクは、港の地位を外港であるグディニアに譲った。運河に面して帆船時代を記念する、クレーンをかたどった大きな木製の海洋博物館の建物がある。ＲＹＢ（魚）と大書した看板を掲げた、魚フライ専門の屋台が運河に張り出している。

現代ドイツの二人の作家が、夫々この二都市を舞台に長大なロマンを書いた。ブッテンブローク家四代の年代記としてその衰退の歴史を、かつての隆盛を失ったリューベックを背景に描いたトーマス・マン。一方ギュンター・グラスは、半ば狂気の侏儒を主人公に、第二次大戦後の混乱したグダンスクを書いた。気に入らぬことが起こるとこの主人公は、常に胸に提げた「ブリキの太鼓」を叩き、悲鳴で周囲のガラスを砕いてしまう。

実際グダンスクは、中世以来幾度もヨーロッパ史の重要な舞台となった。ドイツ名ダンツィヒと呼ばれたこの町は、後にプロイセン（ドイツ）という強国の君主になるフランケン家の分脈の故地である。第一次大戦の敗戦で失うまでドイツ帝国は、ダンツィヒをポーランドの中の飛び地として領有してきた。その後も外港グディニアは軍事的にも、ポーランドを挟んで対峙するロシアとドイツ双方の焦点になる。オー

図（2-18）平和記念碑

ストリアを併合し、チェコを侵したヒトラーの次の標的は、必然的にダンツィヒ回廊の回復に向けられた。一九三九年九月一日ドイツの軍艦シュレスヴィヒ・ホルシュタインが、予告無しにグダンスクの海岸ヴェステルプラッテに砲撃を加えた。それまで抑制を重ねてきた英国も、ここに至って対独参戦に踏み切る。第二次大戦の幕が切って落とされたのである。ポーランドの守備兵百八〇余名は、圧倒的なドイツ軍に一週間抵抗した末玉砕した。第二次大戦の終結によりダンツィヒは、独立したポーランドの都市グダンスクになる。グラスの『ブリキの太鼓』は、今や完全にドイツから失われた郷里ダンツィヒへの彼の挽歌かもしれない。

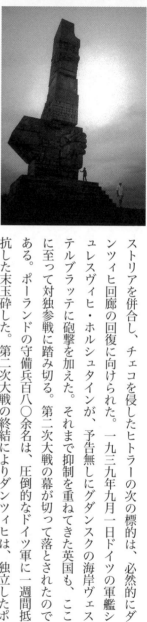

ヴェステルプラッテへは、駅前からバスで三〇分ほど。バスは、北にある海岸と逆に南に向かって走りだし、時計と逆周りに市街地の外周をまわり住宅地を抜け、やがて人家のない曠野を北の海岸に向かう。バスの終点は公園になっていて、茶店をかねた小さな記念館がある。ここは夏のキャンプ地でもあるらしい。林の中の道を西に、運河が海に注ぐあたりまで約一〇分、平和記念碑の建つ丘に登る。途中道の左に地下壕跡が破壊されたまま口をひらいていた。記念碑は高さ二五メートルほど、広い肩の上に長い首をつけた、いわば足のないトロイの木馬のような、一見奇妙な造形物である。そこにはポーランド語で「再び戦争を起こさない」と書かれている。運河の両岸に林立する造船所のクレーンが見えた。

バス停近くまで戻り、献花のある戦士の墓の前を通って、海岸の岩場にでる。波は、ほとんどない。対岸は霞んで見えないが、地図によると細長いヘル半島が北西の本土から突き出ている。この半島でバルト海の高波から遮られたグダンスク湾のグディニアは、バルト沿岸屈指の天然の良港である。一隻の船が沖に向かっていた。海岸近くの台座の上に、砲先を沖に向けた一台の戦車が乗っている。戦後ソ連から贈られたものという。どこか感覚が違うという気がする。二度と戦争をしないという記念碑の主旨と矛盾しないか。なにかほかの平和を表象する贈り物が、この場所にふさわしいのではないかと。しかし再考してみると、みずからの安全は力で維持するという現実的思想が、こちらではむしろ主流かもしれない。ヨーロッパ諸国のように国土が陸続きで、絶えず国境線が移動してきた地域においては。そしてポーランドは、歴史の有為転変をもっとも受けた国なのである。戦車が当時のスターリンや軍事大国ソ連の特異な贈り物、と単純に批判できない。

グダンスクは、東側共産圏の崩壊にあたり再度歴史の表舞台に登場する。一九八〇年レーニン造船所の一労働者だったワレサは、労働組合を結成し労働者の自由を求めて激しい運動を展開した。いわゆる独立自主管理労働組合「連帯」の活動である。厳しい弾圧にあい、多くの犠牲者をだしたが、これが一九八九年の共産圏崩壊の引き金になった。かつてのレーニン造船所は、現在グダンスク造船所と改称された。グダンスク駅から北へ徒歩で七、八分の近さにある。正面入り口前の広場には、二本の白い柱を立てた記念碑が建ち、門脇には各国から革命の犠牲者に寄せられた追悼のパネルがあるが、日本からのものはない。外部から瞥見しただけでも、この造船所の規模の大きさが想像できる。すぐ眼に入るクレーンの林が、この場所から市の北郊の海岸まで延々と続くのである。造船所は、ポーランド有数の重要な国策企業だった。連帯の運動が、ポーランドの命運に強い影響力を持てたのは、このためだろう。

図（2-19）マルボルク城

## 三、ドイツ騎士団の拠点マルボルク城、コペルニクスの郷里トルン、地方都市ポズナンとヴロツワフ

七月二三日、六時三〇分起床。手持ちのパンとジュースで朝食を済ませ、早々にチェック・アウトする。八時グダンスクを発ち、八時四九分マルボルクに着いた。駅に着く直前に川を前景とした城の威容が見えた。レストランやカフェー、小型スーパーにホテルなど、観光客を目当てにできたと思われる新しい小区画をぬけ、汽車で来たばかりの北に向けて二五分ほど戻る。ここには、ほんどまとまった市街がない。城の見物のためにだけ人が集ってくるのである。入場券を買って、城の内庭に入る。内部は、個人で自由に見学できる。しかし地下道や狭い螺旋階段など複雑な通路を、一人で見て歩くのは楽ではない。その上説明の標識が少なく、あってもポーランド語で書かれているので意味が判らない。ポーランドは、観光地でもまだ外国人向けの整備が十分でない。この城では特別料金を支払えば、英語などの外国語ガイドを雇えるが、個人旅行者にはかなりの負担になる。よく判らないままに、一人で内部を歩いていると、やがてドイツ人のグループがやってきた。彼等は専属ガイドについて、あちこち回っている観光団らしい。そこでさりげなく彼等の後についていく。思わぬところについている螺旋階段を昇降できたのもそのおかげである。今いるところは、日本の城でいえば一の丸に相当するらしい。使われなければどのように朽ちていくかを、見せてくれる古ぼけた礼拝堂もあれば、美しいステンドグラスを残した大式典長の間というよく保存されたホールもある。一行が部屋に入るのに合わせて、男女二人ずつの宮廷衣装を着けた楽士が、フルートなどで演奏を始めた。このホールは、韓国のオンドル同様、地下にある炉を焚

いて床下から暖めるようになっている。現在では北国ポーランドでも、冬も雪が少なく寒さは厳しくもないという。跳ね上げ式の橋を渡って、本丸に行く。ここにも半ば壊れかけた教会と祭壇や、甲冑の並んだ大広間などがある。城外に出て、川にかかる長い木橋を渡り、対岸からもう一度城の全容を眺める。

一三世紀のロシアはまだ強国でなく、ポーランドははるか東の方にまで版図を持つ大国だった。しかし一四世紀になるとドイツ騎士団がバルト沿岸に勢力を伸ばし、西からこの国に圧力をかけ始めた。そのドイツ騎士団の東の拠点になったのが、マルボルク城である。一四一〇年リトアニアと連合を組んだポーランドは、この城の南六〇キロにあるグルンヴァルトでドイツ騎士団を破り危機を脱した。一六世紀になると精強を誇ったドイツ騎士団は、完全にポーランドに臣従するプロイセン公国に落ちた。これ以後一八世紀の半ばまでポーランドの全盛時代が続くのである。現在のウクライナやベラルーシも当時はポーランド領であった。

図（2-20）マルボルク城内での演奏

駅に戻り一二時一七分の汽車に乗る。次の目的地トルンまでは、単線のローカル線で各駅停車しかない。一二〇キロほどの距離を、五両連結列車の二階のデッキから景色をみながら三時間ほど揺られていく。

トルン本駅に着く一つ手前のトルン・ミアスト駅（その後の経験からミアストは、都市の本駅に対し、旧市街駅あるいは副駅を意味することを知った）に近づいたとき、先刻改札にきた車掌がここで降りるよう薦める仕種をする。それでも通じないとみるや、近くに座っていた若い男に話し掛ける。トルンの旧市街を訪ねるのならミアストでおりたほうが便利だという車掌の言葉を、彼は英語でとりついだ。彼と一緒に汽車を降りた私は、動き出した車両のデッキに立ってこちらを見ている車掌に、片手を挙げてお礼をする。汽車は、この駅を出ると幅のある大河ヴィスワにかかる鉄橋を対岸に渡って行った。本駅で降りると、対岸からバスに乗って旧市街にこなければならないのである。しかしガイドブックには、本駅からのルートしか紹介されていない。

ミアスト駅の前から、すぐ旧市街の東の端にでる。カタルツイニー教会、聖ヤコブ教会と二つの大きな教会の横を通る。このカトリック教国では、やたらに大きな教会がある。旧市街地には、五、六階を越える一般の建造物が殆どないから余計に目立つのかもしれない。これに続く新市街広場あたりから、石畳の通りが賑やかになった。車が走っていないので人々は、十数メートルほどの道の中央を気兼ねなく歩いている。ヴィスワ河北岸東西二キロ南北約一キロの旧市街の通りが、すべて石畳で覆われて、車はこの中に入れない。そして旧市街自体が、そっくり世界文化遺産に指定されている。中途半端ではない。

やがて旧市街の中心にあたる旧市庁舎前の広場にでた。ポーランドの古都の中央広場には、必ず市庁舎がある。そして殆どの旧市庁舎は、町を代表するような建物だから、その機能を果せなくなっても、日本のように簡単に打ち壊して、同じ場所で新しいものに建て替えるというわけにはいかない。そのため一つの町が、新旧二つの市庁舎を持つことになる。前のより大きくなった新しい市庁舎は、これも素人目にも判る素晴らしい建築が多い。新市庁舎がやがて古くなったら、どうなるのだろう。それはさておき、トルンの旧市庁舎は、一四世紀に建てられた極めて美しいゴシックで、四角の時計搭はその威容であたりを払うという感じがする。その角地に立つのが、トルン生まれのコペルニクス像だ（6頁　図2—21参照）。

旧市庁舎一階のインフォメーションで、教えてもらったポッド・テエマ・コルマニという難しい名のホ

図（2-22）コペルニクスの生家

テルに行く。市庁舎裏の広場に面した便利な場所にある。朝食付き、トイレ共同のシングルで九〇ズオティ、部屋も気に入ったのでこのホテルにチェック・イン。部屋にバック・パックを残し身軽になって、町の散歩に出た。まず市庁舎広場の一ブロック南にある、コペルニクス博物館。六階建ての立派な建物で、コペルニクスは一四七三年この家で生まれた。館内には、家系図、家族の肖像画、彼の使った天球儀、コンパス、望遠鏡、分厚い著書などが展示されている。裕福で恵まれた環境で育ったようにみえる。しかしコペルニクスについての知識がほとんどなく、この博物館もポーランド語の説明だけなのでよく判らず、あれこれ想像するしかない。やがて彼は郷里を離れ、当時の首都であるクラカウのヤギェウォ大学の学生になっている。その肖像画や銅像は、手にした天球儀を見ている。顔立ちは、端整で理知的である。これが実際のコペルニクスを正確に写したものかどうか知らない。彼には、ガリレオのような人口に膾炙したエピソードもない。しかし一五世紀から一六世紀の半ばにかけてポーランドに生きていた、まぎれもない一人の人物の頭脳に、それまで人類の誰一人考えたことのなかった思想が宿ったのである。その思想が、人間の宇宙観を変え、宗教に根本的影響を与え、近代科学への道を開いた。ただし彼自身は、その思想の公表を憚り、論文の最終稿を手にしたのは死の床であったといわれている。

旧市庁舎内の博物館の一階には、色とりどりのステンドグラス、イコンと共に、現代ポーランド絵画も展示されている。二階は大広間で、その四壁にはおそらくポーランド史上の事件と思われる場面が、大画面として飾られている。しかしここでもポーランド語の表示しかなく、外国語の話せる館員も見つからないので、興味ある絵も主題がわからなかった。

ヴィスワ河畔に出る。河幅は、二〇〇メートルはあろうか。対岸は、人家も見えず、岸辺まで濃い緑の中にある。右手に本駅と旧市街を結ぶ、人や車のための長い鉄橋が延びている。こちら側の岸は、今人影は少ないが市民の格好のプロムナードだ。船着き場に、遊覧船が一隻とまっている。プロムナードに沿って少し東の汽車の鉄橋近くまで歩いてみた。プロムナードから石畳の市街地に上る坂の途中に、高く厚い煉瓦塀に囲まれた一画があった。塀の内部は、雑草の茂る空き地しかない。これもかつてのドイツ騎士団の要塞跡だった。少し雨滴が、落ちてきた。

ホテルに戻り、夕食後ホテルの周りを散歩する。この季節九時近くまで、戸外は明るい。雨はほとんど降らなかったが、風が強くなっている。ホテルのすぐ前、広場の野外レストランも、パイプの鉄骨にビニールを廻らせて風よけにしている。昼間賑やかだった周辺の路上にも、殆ど人の姿はない。一定の間隔をおいて立っている、街灯の淡い光が美しく寂しい。

七月二四日、ヴィスワ河の南岸からトルン市街の全体の写真が撮りたくて、早朝散歩に出る。旧市街と本駅を結ぶ橋は思った以上に長い。中央の車道と両側の歩道の間に所々空隙があり、下の河面が見えて少し気味が悪い。それでも歩道の上を、時々自転車が走り抜ける。一〇分ほどかかって対岸に達した。ここから観るトルンの町は、河岸近くの緑地帯と樹林の上に横たわる薄小豆色の長い帯である。その帯にアクセントをつけるように、明けて間もない天空に市庁舎の搭や教会の尖塔がいくつも突きでている。これに似た情景を私は、既にいくつか絵の中で見たような気がする。たとえばフェルメールの「デルフトの眺望」とか、エル・グレコの「トレド遠望」である。もちろん比較すれば、ディテイルは随分違っていようが、

図（2-23）ポズナン市庁舎

感覚的な感じでいっているのである。様々な形の建物の集まりが、全体として統一された構図の中に収まるのはなぜか。それはおそらく屋根の色が、近似の色調にまとめられているからにちがいない。日本でもたとえば山陰地方を旅していると、ときたましぶい石州瓦の連なった小邑の美しさに見とれることがある。しかしこれは例外で、全体として日本の都会、あるいはその中の新興の住宅地で、まとまった美感を与えるものは少ない。

昨日降りたミアスト駅から快速で、ポズナンへ向かう。目的地到着一〇時五五分。ポズナンは、一〇世紀から一一世紀にかけてポーランド最初の王国の都であったところ、日本でいえば飛鳥時代の今はまぼろしの藤原京のような古都である。都心のあたりまでバスで行く。そこで見つけたインフォメーションで市街地図をもらい、現在地を確認してから歩き出した。やがて雨が降り出し、急に気温が下がったので、ポーランドに来てからはじめて、長袖のシャツを着る。これまでは、Tシャツだけでとおしてきたのである。

二七グルドゥニア通りを東に歩いて行くと、広大なヴォルノシチ広場にでた。このあたりはまだ新市街で、国立美術館など比較的新しい建物がならんでいる。さらに数ブロック先が、この町の旧市街広場である。ちょうど正午、市庁舎のオルゴールが鳴りはじめた。近くにいた中年の男性が、急いで向こうの方へ回れという仕草をする。そこでは大勢の人が時計台を見上げていた。時計仕掛けの上の小窓が開き、向かいあった二匹の山羊が餌を漁るのか、首を上げ下げする。最後に山羊が正面を向いたところで窓の扉が閉まる、このあいだほんの十数秒のあっけなさだ。気がつくと先ほどの男が近くに立っていて、「見たか？」という顔をした。

バルタ川の向こうに大聖堂が遠望できるところまで行って、引き返す。駅までの帰途は、新しいショッピング・センターのあるマルチン通りに回った。

途中、大学横にポズナン暴動の記念碑がある。一九五六年社会主義体制下で最初に起こった革命運動の跡だ。同年六月市内のスターリン記念工場で、給与問題のこじれからストが始った。党・政府は政治社会的危機を乗切るため中央総会を開き、斥けられていたゴムウカを第一書記に選出する。ゴムウカは、総会中突然来波したフルシチョフ第一書記やミコヤン副首相等ソ連首脳とぎりぎりの交渉に成功し、ひとまずポーランドの危機は回避された。その後、ギエレク、ヤルゼルスキーと続くポーランドのリーダーは、経済の再建に取り組むが、西側資本の導入の進まぬ社会主義体制のもとでは限度があった。しかしポーランドは、ソ連軍の侵攻という最悪の事態を免れている。ポズナン暴動と相前後して、ハンガリーでは、ナジ政権による改革、チェコでは、ドプチェク第一書記によるいわゆる「プラハの春」改革が始められた。連日日本の新聞第一面を占めた大事件だった。しかしフルシチョフ政権下のソ連戦車隊により、いずれも無残に葬りさられてしまう。あれから四〇年以上も経っているが、私の記憶のなかでは、これら一連の事件はそれほど古い出来事ではない。

再び汽車に乗り、ヴロツワフに行く。明日早目にクラカウに行くため、今晩の泊りをヴロツワフに決めていたのである。駅前のピアスト・ホテルにチェック・インする。七九ズオティ。夕暮れまでまだ時間があるので、町中を散歩した。市街地の東北ドミニカン広場のあたりに来た時、雨が降り出した。近くの地下道に潜り込むと、それは人の多い地下商店街につながっている。

北のオーデル川畔の大聖堂や大学付近まで行き、旧市街へ引き返す。この町にも人が集まる中心的な旧市街広場と旧市庁舎があった。明日の汽車の時刻調べに駅に寄る。構内の店で、丸パンを開いてその中に客の求める薄切りの肉、サラダ、野菜などを適当に詰め込んだケバブを夕食用に買った。この地で最もポピュラーな食べ物である。野菜不足を補うのにちょうどよい。

### 四、ヤギェウォ大学の学生寮、アウシュビッツとビルケナウ、クラカウの旧市街、「白貂を抱く貴婦人」、保養地ザコパネ、ヴィエリチカの岩塩坑、カルヴァリア・ゼブジドフスカ礼拝堂

七月二五日、八時三五分発予定のクラカウ行き快速に乗り込む。ところが定時を過ぎても車掌は、プラットホームで他の駅員と談笑しているし、まだ旅客も乗り込んでくる。念のため近くの座席にいた客に列車と時刻を確認するが、間違いはない。結局八時五〇分になってやっと動き出した。ポーランドの汽車は、比較的正確に運行されているので、この日にかぎり始発から遅れたのが判らない。クラカウには、約四〇分遅れて一三時二〇分に着いた。

予定していた駅前のワルシャワ・ホテルは、改装されて三〇〇ズオティもするので、ほかを探すことにした。旧市街の入り口であるフロリアンスカ門をくぐる。あまり広くない道は、人であふれている。ポーランドにある多くの古い都会のうちでもクラカウは、内外観光客のあいだで最も人気のある町だ。ポーランド王国の全盛期ヤギェウォ朝（一三八六―一五七二）は、ここを都とした。その時代からの文化的遺産の多くが、ここにある。第二時大戦中は、抵抗らしい抵抗に遭わず一気に侵攻してきたドイツ軍が、ここに総司令部をおき、占領政策を策定していた。そのためワルシャワと違いクラカウは、ドイツ軍の砲火に

あわず戦災を免れる。この地を訪れる人は、正真正銘の古都を目にするわけだ。

中央市場広場にあるツーリスト・インフォメーションで、ホテルを紹介してもらい、二、三あたってみたが気に入らない。そこで今晩はとりあえず学生寮に泊まることにし、ヤギェウォ大学に電話をかける。ヨーロッパの大学では多数の学生は、少なくとも最初の一年間を寮で過ごすから、部屋数も多いし設備も相応によい。学期の変わり目や春夏の休暇中は、空き部屋が外部旅行者にも解放される。専門である英国の文化史社会史研究のため、一定期間大英図書館やロンドン大学の図書館通いをするときには、市内にいくつもあるカレッジの寮を利用することにしている。値段も手ごろで、場所もロンドンの都心にある。自炊してもよい。このような経験があるから、この国でもっとも古いヤギェウォ大学の寮を訪ねる気になったのである。

図（2-24）ヤギェウォ大学寮

地図でみると大学は、旧市街地から余り遠くないので歩いていくことにする。しかし学生寮は、大学からさらに一キロ以上離れていることがわかった。暑い日差しの下、バック・パックを担いでふたたび歩き出す。サチェック寮は、クラカウ国立美術館に隣接する林の中にあった。中庭を囲んだロの字型の六階建て、入り口のドアは人が近づくと、内部から見張っている守衛の操作で開閉するようになっている。町のホテルより安全である。受付で七五ズオティを支払い、鍵をもらって五階の部屋に行く。四畳半ほどの空間に、ベッド、勉強机、本箱、洋服ダンスなどがコンパクトに収められている。この部屋は、共用のバス、トイレが廊下にあった。この階は人の気配がなく、宿泊客はあまりいないらしい。階下から、休暇中も残っている学生達の声が聞こえる。

シャワーで汗を流し机に座ると、人気の少ないことでかえって落ち着かなくなった。まだ夏の日は長いので、とりあえず王宮を訪ねることにする。王宮は、ヴィスワ河に近い丘の上にある。この河は、ここからワルシャワ、トルンを経て北上し、グダンスク近くでバルト海にそそぐ、この国最大の河川である。王宮内の博物館は既に閉まっていたので、まだ開いている大聖堂に入場する。その地下のクリプトには、ジギスムント王等の棺が安置されている。ワルシャワに遷都したジギスムントだが、遺体はもとの都に眠っているのである。

中央広場に戻る。その一画にある聖マリア教会の祭壇は、国宝に指定されている華美なもの。祭壇中央の大きなイコンと左右三つずつの小イコン、およびその天井が、金色に輝いている。左右の壁には、一連の物語らしいレリーフがはめ込まれているが、内容は分からない。入り口上部のステンドグラスは、ちょうど夕日が差し込んで美しく映えている。

広場に面したレストランに寄って、ピエロギを注文する。大型の蒸し餃子のようなものが一〇個ほど大皿に盛られていたが、皮が固く締まっていて歯ごたえがある。これだけで、腹いっぱいになった。

鉄道駅で明朝のオシフィエンチム行きの時刻を調べ、往復切符を買う。駅からトラムの路線を越えた向こう側に見える、ホテル・オイロペイスキーに立ち寄ると、明日からの三日間一六〇ズオティで朝食、バス、トイレ付きのシングルが空いているという。大学の寮は、駅から離れていて不便なうえ、夜は少し寂しい気がしていたので、明日からこのホテルに移ることにした。

七月二六日、受付に頼んでおいたアラームの電話で、起きた。バスでクラカウ中央駅に行き、ホテル・オイロペイスキーに荷物を預けてから、七時四七分発のローカル線に乗る。終点のオシフィエンチムまで

図（2-25）アウシュビッツ正門

一時間半ほど、少し遅れて九時三〇分頃に着いた。車中でパンとコーヒーの朝食を済ませている。オシフィエンチム村は、ドイツ語でアウシュビッツと呼ばれる。悪名高い集団強制収容所は、この村にあった。駅前からのバス、一〇分もすれば収容所近くの停留所につく。

収容所入り口前の建物の中には、入場券売り場、案内書、映写室、売店、本屋、簡易レストランなどがある。収容所の案内図、説明書のついた日本語の小冊子を買ったが、これは役にたった。

高い金網の柵に囲まれた収容所内部にいる。この柵の内側には、かつて高圧電流の流れる鉄条網が、張られていた。両側の門柱に跨って、「働けば、自由になる」（Arbeit Machat Freiheit）という、金属製の透かしで書かれた皮肉な標語が掲げてある。最初に寄った四号棟は、他民族絶滅計画の概要が説明される。しかしナチが、最初から絶滅計画を持っていたのか、労働力を集める過程で目的がねじれていったのかよく分からない。次の犯罪の証拠と称する五号棟は、この収容所の中でも最も悲惨な建物だった。その大多数は収容所内で殺戮された人々の遺品が、ガラス・ケースに仕分けされ、夫々山のように積まれている。眼鏡、靴、サンダル、名前や年月の文字が残る旅行鞄、頭髪、その中には、生え際から無残にカットされた三つ組みの髪も混じっていた。六号棟、七号棟は、囚人達の生活状況が判るようになっている。キッチン、狭い二段や三段のベッドからなる寝室、仕切りもなく並んだトイレ用の穴など。ここに到着した人々は、選別のうえ、重労働に適さないと認定されたものは、ただちにガス室に送られた。ここで死を免れた人は、丸坊主にされ、身分証明書用に中央と左右からの三枚の写真が撮られた。

図（2-26）絞首場

彼等の写真が、一、二階の廊下の壁面を覆っている。

一〇号棟は、人体実験室、一一号棟は死のブロックと呼ばれ、囚人を餓死させるための飢餓室や、狭い部屋に囚人を立ったまま詰め込んだ「立ち牢」などがある。この一〇号棟と一一号棟の間にある空間の塀は、「死の壁」と呼ばれ、囚人の銃殺が執行された場所である。その前に花輪が捧げられていた。この空き地に面した一〇号棟と同じように板で塞がれている。一六号棟一七号棟のあいだの道路脇には、一〇メートルほどのさびた金属製の物干しみたいなものがある。集団絞首台の残りという。

最後に入り口近くにある、ガス室と死体焼却炉の建物にいる。内部は、半地下になっていて、焼却釜やガスのパイプが走り、気味のよいものではない。この焼却炉から二〇メートルほどの最も近い棟に、所長ルドルフ・ヘスは長年住み、収容所全体の業務の監督に当たっていたのである。

図（2-27）死体焼却炉

人間は、時々集団的ヒステリーに罹り、狂気に駆られるのではなかろうか。その状態に陥ると、外界が全く見えず、内部にいる正常者の声も届かず、むしろそれを抹殺してしまう。戦時中の日本もそうであった。世界史的には、西欧中世の十字軍の例がある。しかしこの現象は、現在でも世界のそこかしこで起こっているような気がする。仮に、マスメディアが事実を伝えているとして（私は、報道の客観性など信用せず、はじめから疑ってかかっているが）、北朝鮮やイラクも集団的ヒステリーになっている、あるいはそれらの国の一部指導者が、国民をヒステリー状態においているといえるのかもしれない。ここにヒステリーとは、自分たちだけの大義を絶対化し、これに反対する者を悪魔のような敵とみなすことである。しかしこの二国をならず者集団と断罪している、世界の民主主義国家アメリカの方も、昨年九月一一日以来いささかヒステリー気味なのではないか。かつて戦後の一時期吹き荒れたアカ狩りのマッカーシー旋風を思い起こせば、民主主義の大義を振りかざすアメリカも、集団的ヒステリーに免疫でないことが裏書きされていると思う。しばしばマスコミが、これに油を注ぎ火をつける。

図（2-29）ビルケナウ収容棟

ナチスの場合ヒトラーが自ら書いているように、同じ事を民衆に繰り返していれば、そのうち民衆はその内容が絶対的真理と信じ込んでしまう。彼は、アジ演説の天才だった。その催眠術と威嚇により民度の高いドイツ国民も、集団的ヒステリー状態に追い込まれたのである。あるいはヘスもその犠牲者だったかもしれない。一九四七年四月一六日彼は、ガス室のすぐ横の小さな空間で絞首刑に処された。

アウシュビッツから三マイルほどのところに、通称アウシュビッツIIと呼ばれるビルケナウ（ポーランド名、ブジェジンカ）強制収容所がある（6頁　図2—28参照）。アウシュビッツIからのバスでこちらへまわる。その入り口は兵士の詰め所と中央の監視所からなる死の門と呼ばれ、その下を、かつて数百万人の囚人を運搬してきた汽車の線路が通り抜けて、一直線に北一キロ半にある国際慰霊碑まで延びている。ビルケナウは、アウシュビッツで収容しきれないまでに増えた囚人を収容するために、

図（2-30）織物会館

一九四一年建設が始った。一九四五年までの四年足らずの寿命だったが、規模が十倍以上もあり、ここでの死者数もほぼ同じ百数十万人にのぼる。小豆色の煉瓦造りのアウシュビッツと異なり、路線の両側には木造バラックが延々と並んでいる。あまり整備されていないので、見学客の数は少ない。記念碑のところまで行ったが、あまりの規模にこれ以上歩いて、見て回る気力も萎えてしまう。直行バスがないのでこの収容所前から駅までの三キロの田舎道を、約三〇分かけて歩いた。

ホテル・オイロペイスキーに改めてチェック・インしたが、滅入った気分が抜けない。そこで再び外に出た。フロリアンスカ門横の高い市壁の一面に、商品の油絵が掛かっていた。その壁に沿って曲がった路地の先に、チャルトリスキ美術館がある。金曜日は特に一七時まで開いている。規模はそれほどでないが、エジプトやギリシャの出土品から、イコン、宝石、武器、陶器など幅広い展示品を持っている。何といってもこの館の目玉は、世界に三点しか残っていないといわれる、レオナルドによる油絵肖像画の一つ「白貂を抱く貴婦人」である。横四〇センチ、縦八〇センチ程の小品だが、特別室のガラス・ケースに収められ、注意深く保管されていた。細かく構成や要素を分析した解説も合わせて展示される。白貂と婦人という組合せが、奇抜である。この小動物を抱いた女性の眼の表情は豊かで深い。品格のある傑作で、見ほれて立ち去り難い想いがした。

中央市場広場の中心は織物会館で、その一階に入っている多くの土産物店は、いつも観光客で賑わっている。イコンや細々とした土産物、Tシャツ、帽子、瑪瑙細工など雑多な小品が客足を留める。広場の石畳に

図（2-31）織物会館内部

張り出したカフェーでティーを注文すると、白湯とリプトンの紙パックがでてきた。こういう店には、チップを置かない。駅前の簡易食堂で、ザウアークラウトをおかずにパンを食べてホテルに戻る。

七月二七日、一階食堂で、六種類のメニュウのうちから一つを選ぶ。しかし朝食には、テーブルに並べられている食材のうちから、各自が適当に皿に取り分けることのできるビュッフェ・スタイルのほうが好きだ。

二日前入場できなかった王宮を、再度訪ねる。いくつかのコースの組合せで入場料金が変わってくるから発券が手間取り、切符売り場の列がなかなか進まない。国家行事室コースを選ぶ。これは、王宮二階の玉座や、豪華なタペストリー、絵画で飾られた公式行事に使われる空間の見学コースになっている。三〇分ほど外で時間をつぶし、入場券に指定されている時間に入り口に集まった。しかし一般ガイドは、ポーランド語しか話さない。そこでグループを離れて、勝手に見学することに決めた。そのうち専属ガイド付きの団体旅行者が、次々にやってくる。そこで英語やドイツ語ガイドに率いられたグループの側で、適当にガイドの話しも聴きながら回ることになった。隣国であるためか、この国ではドイツ人観光客が、英語圏の観光客を上まわっているようだ。

王宮を出てから旧市街南西のカジミエーシュとよばれる区画にある、ユダヤ人街に行ってみた。ヨーロッパでユダヤ人口が最も多いポーランドである。そのゲットーを見ておきたいと思った。今はユダヤ博物館となっているこの国で最古のスタラ・シナゴーグをはじめ、いくつかのシナゴーグがある。有名なユダヤ・レストランもある。しかし一旅行者の眼には、あまり他の地区とかわらない。ナチの政策によりこの

図（2-32）王宮中庭

地のユダヤ人口が激減した。ゲットーと呼ばれ独特に発達した彼等の小区画もほとんど消失したのである。ポーランド全体で七％近くあったユダヤ人口も、いまは殆どないに等しい。

現在のポーランドは、かつての領土である東のウクライナ、ベラルーシを失い、西のシレジアを獲た。即ち国土が西に移動した。シレジアに居住していたドイツ人は、大戦後ドイツへ強制移住させられている。このためかつての多民族国家ポーランドは、現在ポーランド人だけの単一民族の国になった。

鉄道駅と接したターミナルから、保養地ザコパネ行きのバスに乗った。三〇分ほど南下すると、遠くに見えていた山並が近づいてくる。しかしこれは前山に過ぎず、バスはこの丘陵を越えていったん谷間に下ったのち、より高地を目指して上り始めた。ザコパネは、スロバキアとの国境である山岳地帯にあり、一帯が国立公園になっている。丘陵の少ないこの国でザコパネは、格好な行楽地であり、冬のスキー場、夏の長期保養地なのだ（6頁　図2―33①参照）。

バス・ターミナルを出たばかりで旅行者は、たちまち行楽地特有の明るい雰囲気に包まれる。バック・パックを背負った若者、目立つ家族づれ、はしゃぐ子供たち。ポーランド人は、普段米国人のように半パンで歩き回ることはしないが、ここでは短いパンツ姿もよく見られる。この小さな町の中心部、レストラン、ホテル、土産店、郵便局、教会等が集中しているあまり幅のないクルプフキ通りにくると、浮き立つ雰囲気はますます濃厚になった。ホテルや保養所の窓は美しい花で飾られ、テラスのテーブルには客がくつろぐ。ガラスの天井で覆われた土産物市場は、客でごった返していた。

図 (2-34) ザコパネ②

インフォメーションに立ち寄る。ここでは、周辺の湖や渓谷へのツアーが紹介されている。数時間リゾートの雰囲気を楽しめればよいので、とりあえずケーブルで一一〇〇メートルほどのグバウフカ山頂にいってみることにした。五分ほどのケーブルから外を見ると、すぐ下のジグザグ道を下っている人々が連なっている。

山頂駅のあたりは高原になっていた。もっと高い山稜も見える。国境には二〇〇〇メートル級の山もある。レストランで昼食を済ませてから、インフォメーションで薦められていたようにスキーヤー用のリフトで下ることにした。しかしリフトの場所が一キロ以上も離れていたので、思わぬ尾根伝いのハイキングになった。冬の積雪が多いためかこのリフトは、地上一四、五メートルもある高所を緩慢に進む。おまけに途中で三〇秒ほど突然停止した。ここで故障が起これば救出に時間がかかるな、など考える。三〇分近くかかって、やっと地上に降り立つ。長いリフトだった。ザコパネ駅まで、田舎道を歩いて戻る。

オイロペイスキーは、今度の旅行中でもっとも気に入ったホテルだった。物価が日本にくらべ三分の一程度のポーランドでも、エコノミー・ホテルで円に換算して二、三〇〇〇円のシングルを求めれば、たいてい殺風景なよその家屋やビルの裏側に面した部屋があてがわれる。それはそれで町の騒音に煩わされず安眠できるという、宿泊に尤も必要な要件を満たしている。手ごろな値段の範囲で、安全性と清潔度を基準に宿選びをしているから、過大な期待はしない。もともとホテル・ライフを楽しむような旅でもない。しかしこのホテルではじめて、表通りのような騒音の心配もない静かな路地に面した部屋に泊まる。このホテルで気に入ったのは、噴水の湧く、小さいがよく手入れされた美しい中庭である。奥の木陰には、東屋みたいなものもある。庭にはテーブルやベンチがあり、喫茶や軽食も出来る。この様なところでコーヒーを飲みながらメモを纏めるのが、旅先での私のささやかな楽しみなのである。

七月二八日、今日の午前中は、クラカウ近郊にあるヴィエリチカの岩塩採掘場を見物した。英語ガイド付き四四ズオティのツアーに参加する。この国では、中国のようにあからさまに外国人から現地人の数倍もする高い入場料をとることはない。しかしポーランド語とそれ以外の言葉による内部ツアーで料金が一倍半ほど違うから、実質的に差別していることになる。約一時間半、真夏の戸外から摂氏一四度の地下に潜るので、用意してきた長袖シャツに着替えた。ガイドに続いて八一〇段もあるという階段を周りながら、地下約二〇〇メートルにある第一レベルまで歩いて降りる。途中手すりの間から覗いてみると、電球で照らされた同じような手すりが、はるかな奈落まで幾重にも重なって見えた。

ヨーロッパの内陸部では、海塩の代わりに専ら岩塩が利用されたから、あちこちに大小の岩塩坑があった。ヴィエリチカはその代表的なもので、最深部は地下三〇〇メートルほどという。ちなみにガイドに聞いてみると、世界最深は米国ユタ州にある一〇〇〇メートルの塩坑だそうである。粉塵が出ないから作業環境は、炭坑よりましだった。それでも通気などの危険性が付きまとっていたので、作業員は地下のあちこちにチャペルを建て、身の安全を祈った。その中の最大のものは、学校の雨天体育館ほどの広さがある。天井からいくつも垂れ下がっている大きなシャンデリアの電球で、この大空間が浮かびあがる。このシャンデリアはガラスの代わりに、塩でできている。天井も床も壁も、壁のレリーフや彫刻も、すべてが岩塩なのである。床の塩は、純度が低い為はじめ黒ずんでいたが、訪問客の履き物に擦られて白くなったという。壁面のレリーフは、比較的近年二人の彫刻家によって彫られた。出エジプト、最後の晩餐など聖書の

図（2-35）ヴィエリチカ岩塩坑の
塩のシャンデリア

名場面が、刻まれている。

岩塩坑で一番怖いのは、出火と湧き水である。火が危険なのは当然だが、消火に水が一切使えない塩採掘場では、火災はいっそう厄介である。水は、大事な岩塩を溶解し、採掘場全体を駄目にしてしまう。湧き水の除去や重い岩塩の運搬には、馬も利用された。そのため地下深くまで、適度に広い通路も必要だった。そのような作業のモデルも、見学通路に沿って展示されている。木組みの空間、滑車台、通路。最深部のどす黒い地底湖、その塩濃度は三七％と死海より高い。

ゲーテの座像が置いてある、ワイマール室と名付けられた小空間がある。一七九〇年彼は、大きな塩の結晶を求めて、この採掘場を訪ねたとある。私は愛読書の一つである『イタリア紀行』により、この頃ゲーテが、鉱物やその結晶に興味を抱いていたことを知っている。宰相であった彼は、ワイマール公国の財政のために鉱山経営に関心を持ったにちがいない。それが、地層や鉱石への興味に発展したのである。宰相の地位を辞して、イタリアへのいわば逃避のような旅にあっても、彼の関心は変わらない。既に旅の初めのアルプス越えの途中でも、ゲーテは馬車を止めては、地層を観察したり岩石の採取をしている。一七九〇年というのは、約三年半のイタリア滞在を切り上げてワイマールに戻ってから、いくばくもない時期である。

しかし今度の旅の後半チェコでは、幾度もゲーテ像に出会うことになる。ポーランドよりもチェコのほうがワイマールに近い。その上彼は、生涯にわたって足跡をかなり詳細に書き残している。各地で好んでゲーテ像が建てられる理由であろう。

図（2-36）ヴィエリチカの岩塩によるゲーテ像

ヴィエリチカ塩坑のツアーは、レストラン、土産物店、トイレのある大きな空間で終わる。塩で作った人形、首飾り、クリスマスツリーなどが、土産物として並んでいた。湿度の高い日本に持ち帰ったら、たちまち融けてしまうのではないだろうか。ポーランドの一番深い地底で、用をたす。今度は高速エレベーターで一気に地上に戻った。

一三時クラカウに戻り、ホテルで一休みする。駅やバス・ターミナル近くにあるホテルは、やはり便利である。昼食を終えて駅に行き、復路の時刻を確かめてからカルヴァリア・ゼブジドフスカまでローカル線に乗る。ここに、一七世紀に建てられた聖母マリアの礼拝堂がある。世界文化遺産に指定された巡礼者の聖地ということ以外、全く予備知識がない。昨日訪ねたザコパネの方角、南に向かって、各駅に停車しながら進んでいる。

殆ど人家のない駅で降りた。陸橋を渡り、右に曲がる緩やかな坂を上がる、住宅地のような場所にくる。たまたま、歩いてきた田舎のおばさんに道を確かめると、とにかく真っ直ぐに行け、という身振りをした。しばらく歩き続けるが、巡礼地の雰囲気がまったくない。日照りの強い何の変哲もない通りである。再び、人に尋ねる。かなり歩いた末、道が五筋ほども分岐している小広場にでた。薬局や商店、教会などが並ぶ田舎町の焦点みたいなところである。ここで初めて少し離れた小高い丘上に聳える、教会の大きな二つの尖塔が眼に飛び込んできた。紛れもなくこれが、目的のゼブジドフスカである。元気を出して、最後の急坂を汗だくになって登った。

礼拝所の金属製の柵外には、十字架やマリア像など巡礼地らしい土産物店が二、三あり、食べ物屋もある。

まだ次々に人がやってきたが、礼拝堂の内部は既に大勢の人で混んでいた。母親が幼い二人の娘をひざまずかせている。なにも判らない頃から子供達もこうして、カトリックの雰囲気に慣らされるのである。ちょうど日曜のミサが始まるところだった。奥深い礼拝堂は、黄金色に輝いている。この巡礼地の背景に、どのような伝説があるのか知らない。だがミサの時間には、ただの見物人に過ぎない異教徒は、あまり内部に入らないのが礼儀だろう。私は、入り口のドアの陰に退いて、しばらく式の進行を見守る。ここはそよ風も通うので、汗の噴き出た体に心地よい。

帰途も小広場の教会前にくる。結構大きな建物であるが、中を覗くとこちらは参拝者がまばらに席についていた。同じ地域の教会でも、派手で世に時めいているものもあれば、つましく生きているものもあるのだ、などと埒もないことを考える。

中庭に面したホテルのレストランで、ピエロギ、スープ、グレープフルーツの夕食をとる。なにも特定しなかったのに、ぶどう色のコンソメスープがでてきた。料理長が独断で選んだ、レッド・ピッツというこの土地のスープだそうである。味は悪くなかったが、個人的にはポタージュや、骨付き肉の入ったロシアのボルシチのように濃い味のスープのほうが好きだ。しかし、大変結構と誉めたら彼は、我が意を得たりという顔をした。

今夜レストランには、他の宿泊客はいなかった。皆町にでているのだろうという。ガイドブックには、店も遅くまで開いていて人通りも多いが、駅周辺と中央市場広場付近の夜の一人歩きは避けたほうがよいと書いてある。レセプションの女性は、「大丈夫よ。ぜひ夜の広場にも行ってごらんなさい」と薦めた。すでに二二時を回っていたが広場のカフェーは、多くの客で賑わっている。石畳の上を高い音を響かせて、馬車が走り過ぎる。マリー教会と織物会館が、背後の明かりの中で美しいシルエットを浮かばせていた。一週間前の静かなワルシャワの夜とは、まるでちがう。

（その二　チェコの旅）

## 五、噴水の町オロモウツ、三位一体の碑、クロメジーシュの宮殿、ブルノにあるメンデルの修道院、聖者ネポムツキー、クトナー・ホラの聖バルバラ教会と墓地教会

七月二九日、駅前の屋台で、リンゴやパンなどの食べ物を残ったポーランド貨幣で買った。一〇時五三分、チェコ経由オーストリアのウイーン行きの列車に乗り込んだ。二時間ほどして名も知らぬ田舎の駅に停車した。パスポート審査官が、コンパートメントに回ってくる。この先で、チェコへの国境を越えるらしい。プラットホームでは、カーキと青色の制服を着けた事務官が挨拶したり、談笑している。どちらがどちらか判らないが、ポーランドとチェコの担当官であろう。

国境を越えても、人家も景色も殆ど変わらない。言葉が理解できないから、乗客の識別もできない。しかしプラットホームを意味する表示が、ペロンからナスティスツーベに変わっている。汽車旅行者は、このようなことをまず頭に入れる必要がある。車内販売で売りにきたコーヒーを、最後のズオティ貨で買う。国際列車の中だから、まだズオティが使える。しかしチェコの最初の町に降り立てば、もう誰もズオティを受け取ってくれないだろう。

オロモウツへの乗り換え駅プジェロフに、二〇分遅れてついた。三〇分ほど待って、次の普通に乗る。今度はわずか一〇分でオモロウツ到着。あてにしていた駅前のホテルは、満室のため断られる。このような小都市のホテルの満室は、予想していなかった。五〇〇メートルほど先にある薦められたホテルは、価格と場所の点で満足できない。結局荷物を担いだまま二キロ近く歩いて、旧市街の中心ホルニー広場に来

てしまう。途中トラムが走り過ぎていくが、駅でチェコの通貨に両替するのを忘れたので乗車券が買えないのだ。

ホルニー広場にあるツーリスト・インフォメーションで両替し、ホテル情報を得た。この国の通貨はコローナといい、ズオティの約九分の一程度にあたる。一〇〇ドルを支払い、三〇一八コローナを受け取った。両国の物価はあまり差がないから、同じ規模の都会で都心の同等のホテルであればチェコのホテルの価格表示は、数字がポーランドよりほぼ一桁上になる。頭の切り替えに少し時間がかかる。ちなみにこの後チェック・インした広場に近いナドルニ・ダム・ホテルは、バス、トイレ付き朝食なしシングルで、五一五コローナだった。ポーランド同様この国のホテルは、バス付き、トイレ共用の部屋もある。

図（2-37）ネプチューンの噴水

ホルニー広場とホテルのあいだの一〇〇メートルほどの道には、デパートやスーパーがある。スーパーで食料を仕入れ、ホテルの部屋で夕食を済ませた。疲れていたので、散歩にも出ず早々にベッドに入る。

七月三〇日七時起床、手持ちの食料で朝食。二時間ほどまだ涼しい旧市街を散歩した。ホテルのすぐ前に、立派な大理石の彫刻像が立つ噴水がある。このあと気付いたがオロモウツは、ローマのように通りや広場のそこかしこに彫刻と噴水が見られる、歩いて楽しい町である。旧市庁舎のあるホルニー広場にはカエサルの噴水（カエサルはこの町の創設者、という伝説がある）とヘラクレスの噴水、その先のドルニー広場にはネプチューンの噴水、少し駅の方角に戻った通りの脇にはトリトンの噴水がある。どれも大理石でできていて、彫刻像とともにみごとなものだ。

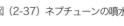

しかしこの町の目玉は、ホルニー広場の中央に聳える高さ三五メートルの三位一体の碑なのである。一見この国の都市によくあるペストの碑に似ている。近寄って見るとその下半分は聖書にちなむ物語を表象する数多くの群像からなる複雑な彫刻である。しかも全体の調和がとれていて美しい。最近世界文化遺産に指定された建造物という。

図（2-38）三位一体の碑

ホルニー広場から延びた狭い石畳の道を抜け、大学やビショップの館の前を通り、ヴァーツラフ広場まで歩いた。ここの聖ヴァーツラフ教会は、木立の中に三本の尖塔を立てている。帰途は、大学の裏手の小さなムリンスキー川に沿った、低地の木の下道を通り、旧市街の周りを半周した。旧市街のある丘の麓に沿って、高い城壁のような石塀が続く。ベンチに若いカップルがいた。

今晩の目的地ブルノに行く前に、回り道してクロメジーシュを訪ねることにする。フリンという駅で乗り換え。列車の乗り継ぎ時間は、一二分しかないのに、二〇分遅れで到着した。すっかりあきらめていたら、乗り継ぎ予定の列車はまだ待っていてくれた。ローカル線らしく鷹揚である。

汽車で地方の小都市をはじめて訪ねるときは、できたら近くの席に座っている人達に自分の目的地が判るようにしておく。たとえば乗車時に自分の切符を示して、この列車で間違いないかを確認するのである。もちろん予定到着時間近くになると、自分で停車駅毎に標識を確認する。しかし駅名標識がうまく見つからなかったり、汽車の遅延でいらだってくることもある。そういうときまわりの客が、落ち着くようにと教えてくれるのだ。どこまでも続く畑や林を走るローカル線の車窓に、まず教会の搭が見えてくる。田舎の小邑でもまず眼に入るのは常に教会である。次にその周りの建物が、次第に大きく近づいてくる。クロメジーシュだとわかる。前の席の人もそうだ、という顔をした。

この町は、普通のガイドブックにも殆ど紹介されていない。ここにきたのは、世界文化遺産に指定されている宮殿（7頁　図2―39参照）を見るためである。例によってまず旧市街の広場に行き、インフォメーションを探す。町のマップを手にいれるためである。しかし尋ねた相手が、よく知らないままに適当に広場のあちこち指し示すので、右往左往した。やっと四人目の人が、正しい場所を教えてくれ、市街図を手に入れる。

宮殿内は、ツアーでしか回れない。手渡された簡単な英文の説明書を片手に、約一時間半チェコ語のガイドの話を聞いている人々に付いていく。言葉が理解できないツアーに付き合うのは疲れる。ここの領主は、聖職家でビショップだった。宗教裁判の部屋、謁見の間、十万冊を保管するという図書室、巨大な地球儀などがある。窓から見える庭園の、幾何学的模様の花壇が美しい。しかしこの宮殿が世界文化遺産に指定されたのは、一八四八年その大広間でオーストリア帝国議会が開かれたという歴史的意義が考慮されているのであろう。一八四八年は、フランスで二月革命、ベルリンとウイーンで三月革命、プラハの暴動などヨーロッパ大陸諸国の政情が極度に不安定化した年だった。フランス革命に続いたナポレオン戦争は、守旧派がリードする一八一五年のウィーン会議で収束した。しかし自由、平等など一度民衆の間に広まった理念を、いつまでも押え込むことはできない。反動的ウイーン体制が、民衆の圧力で一八四八年崩壊を始めたのだった。ロシアのアレクサンドル一世とならぶ「踊るウイーン会議」の立役者、オーストリアの宰相メッテルニヒもここに失脚する。

一キロほど離れたところにもう一つ広大な宮廷花壇があるのだが、道に迷い途中であきらめて駅に引き返す。ブルノ着一六時五七分。賑やかな町中を一五分ほど北に歩くと、都心の広大な自由広場にでる。この近くの横丁にあるアヴィオン・ホテルにチェック・インした。シャワー付き、トイレ共同、食事提供なしで八〇〇クロナ。

市街の中央の少し西よりに城山がある。ブルノ城は、現在宝物館、歴史館、牢獄などいくつかに分けて内部を公開している。城山に登る坂から、市街地が一望できる。駅の方角では、聖ペテロ聖パウロ教会のネオゴシックの尖塔が一際目立つ。

図（2-40）小公園の青虫の像

城山を降りて麓の緩やかに傾斜した道を、西のメンデル修道院に向けてくだる。途中の小公園に、二つの触角を伸ばした面白い青虫の像があった。修道院に隣接するという聖母教会にきたが、修道院への入り口がわからない。左手トラム通りに大きな集会所のような建物がある。中年の婦人が内部で窓を拭いていた。教会は、締まっている。右手にまわると、窓が中庭のテーブルに若い男女がいたが、話が通じない。再度教会の正面に戻ると、窓ガラスを拭いていた婦人が戸口にまわって外に出てきた。先刻からこちらの動きを見ていたらしい。彼女に案内されて、その建物の本通り側の長い塀が尽きた裏手にある大きな芝生の空き地に来た。

この空き地の奥に、メンデルが司祭をしていたという白壁にピンク色の屋根の修道院が昔のまま残っている（7頁　図2—41参照）。その前にメンデルの白い大理石造が立つ。芝生の中の四角く赤土の見えているところには、かつてメンデルの温室があった。右手に記念館がある。記念館のまわりは、膝元ほどの高さの木柵で仕切られ、ここにも土のむき出た場所がある。メンデルは、ここに実験用のえんどう豆を植えていたという。記念館には、彼が使った顕微鏡、プレパラート、えんどう豆の標本、学術論文などが展示され、メンデルの法則がパネルを使って、簡潔に説明されている。茶色と黄色、皺ありとなし、などからなる四つの表現型を指標に交配実験により、形質の融合と分離、優劣因子の法則をメンデルは、既に一九世紀半ばに発見していた。しかしメンデルの事績の真の評価は、彼の死後数十年も経った一九〇〇年、オランダ人ド・フリース等による優劣遺伝子法則の再発見を、待たねばならなかった。業績が、はるか時代の先を行っていたからである。これは有名な衆知の事実に過ぎないが、もともと学生時代バイオを学んだ者としては、発見の現場にやっときたという感慨がある。

一三時五四分ブルノを発ち、ジュジャール・ナト・サーサボウという小駅で途中下車。駅前のバスで二〇分ほどの巡礼地ゼレナー・ホラにいく。バス停は、住宅地の中にある。一緒に降りた一人の主婦が、聖地の方角を教えてくれた。すぐ先に見える林の中にあるらしい。

ゼレナー・ホラは、聖人ネポムツキーを祀る聖所である。司教代理ネポムツキーは、王妃の告解の内容を知りたいという王の要求を拒否したため、袋に詰めてプラハのヴルタヴァ河に突き落とされた。後に彼の墓が掘り起こされたとき、白骨化した遺体の中で舌だけは生きていたときのままだった。この奇蹟のためネポムツキーは、聖人に列された。ボヘミアでは、特に有名な聖者なのである。

丘の上にある礼拝堂は、木立のなか墓石に囲まれて建つ。五角形の白い壁に、中央部の尖った薄緑の丸屋根をかぶせた、なんとも奇妙な建物である。墓地のチルチル、ミチルのように、夜中にここに立てば大人でも怖いだろう。あらかじめ団体での見学許可が必要ときいていた。しかしドアの柄を引くと、入り口が開いたので中にはいる。内部では、十数人のグループが、若い僧の説明を聞いていた。なにも判らないから、柱の陰から内部の様子を窺う。祭壇上に、天使に囲まれているネポムツキーの像がある。伝説の聖人の舌は、丸天井中央に描かれている。そこから発射した光彩を表すのか、舌の周りに黒い線が何本も放射状に外に広がっている。異教徒の眼には、それは乱視測定図のように見えた。

図（2-42）ゼレナー・ホラ

全ヨーロッパ的ではないが、ポーランドのカルヴァリア・ゼブジドフスカも、このゼレナー・ホラも国内では、重要な巡礼地である。建築学的には他に多くの優れたものがあるなかで、これら巡礼地が世界文化遺産に指定されているのは、人々の信仰の拠り所がそこにあるからであろう。この信仰心が判らない私などは、聖地に来たことに満足して黙って立ち去るしかない。

一七時過ぎに、クトナー・ホラ本駅に着いた。離れた旧市街までバスで行く。有名な観光地だが、意外に静かな町である。少し雨模様で早く日が落ちそうだ。商店も既にほとんど閉まっている。中心のパラツキー広場にあるホテル・ムニェディーネクに泊まる。この町で一番大きなホテルだが、バス、トイレ、朝食付きで、九八〇クローネしか、かからない。

八月一日、広場に面したテラスで朝食をとる。その後旧市街の散歩。まず聖バルボラ大聖堂に行く。上下二段八列に並んだ窓とその間の先端が突き出た柱からなる正面が、この聖堂の特徴である。その後方にそれほど高くはないが重量感のある三本の尖塔が並び、聖堂に奥行きを与える。内部は、ステンドグラス

図（2-43）聖バルボラ大聖堂

図（2-44）墓地教会

が美しく、四千の管からなるパイプオルガンもある。一五、六世紀にこの町は国の富の源泉である銀山により栄え、プラハにつぐ人口があったという。鉱山は王室直轄であり、聖堂は権威の象徴であった。そのため教会には珍しく、つるはしを振るう鉱夫の彫刻も残っている。

聖堂から延びた道の両側には、彫刻像が立ち並ぶ。左手はイエズス会の大学、右手の谷下は、新市街地が広がる。かつての銀山は博物館になり、坑道ツアーも催されている。その近くイタリアン・コートと呼ばれる貨幣鋳造所を見学した。視察を兼ねてプラハの王がしばしば訪れたらしく、その居室、礼拝堂も残る。

クトナー・ホラの変わった見所といえば、本駅の近くにある墓地教会であろう。この教会の内部は、約四万人の人骨で埋め尽くされている。一五世紀のフス戦争の犠牲者や、ペストの死者のものもあるという。入り口両側のガラス・ケースは、頭蓋骨の山。天井から垂れているシャンデリアも、祭壇も、その上の十字架や紋章も、すべて人骨の一部を組合せたものである。人生の儚さを思い知らせるためという。たしかローマ市内にも、僧侶の骸骨を集めた寺院があった。このような発想は、沙羅双樹のもと静かに入滅した仏陀の宗教からは、決して生まれないだろう。キリスト教の基底にある凄まじい情念の一面を垣間見た感じがする。

墓地教会を出て一キロ先の汽車駅まで歩いていると、急に凄まじい雷雨が来た。今度の旅行中、はじめてである。人家の軒下で約三〇分雨宿りした。

一六時五二分プラハのスイッチバック式マサリク駅に着いた。予定していたアヴァロン・ホテルにとりあえず一晩泊まる。明日以後は、近くの姉妹施設を紹介するという。アヴァロン・ホテルは旧市街の中心部にあり、その表で毎日野菜と土産物の市場がたつ。

## 六、プラハのアコモデーション、旧市街広場、カレル橋と王宮、カフカの作品に残るユダヤ人街、オーストリア皇太子フェルディナント、ドン・ジョバンニのマリオット

八月二日、アヴァロン・ホテルの紹介により、朝の一〇時に新市街のナロディニ通りにあるマンハッタン・アコモデーションに移る。ホテル、ペンションあるいはホステルとせず、アコモデーション（宿泊施設）と名乗っているのはなぜか。そのことは、チェック・イン後にだんだん判ってきた。この施設は、大通りに面した八階建てのいわば雑居ビルの中にある。一階には、ブティック、薬局、本屋など一〇軒ほどの店がある。通りに面した店は別として内部の店の顧客は、パサージュというビル内の通路を通って入るのである。アコモデーションの入り口も、ビル内の店舗の間にあった。

このアコモデーションの持ち部屋は、各階に三―四室で、三階から八階までに分散している。レセプションは、二階にある。但し午前一〇から一二時のあいだだけ開かれ、当番のおばさんがチェック・イン、アウトの処理をする。その他の時間に要件があれば、どうしたらよいか。実は、担当日のおばさんは、八階の自分の部屋にいつも待機していたのだが、チェック・イン時にはそのことを教えてくれない。第一に

彼女等とは、殆どコミュニケーションがもてないのである。それでも滞在中会った二人の担当おばさんの一人は、簡単な英語なら話せた。しかし他の目尻のつった女の方は、「ワタシ、ロシア的英語」などというだけで、なにを言っているのかさっぱり判らない。そこで彼女はどこかに携帯電話をかけ、「さあ話せ」とばかりに受話器をこちらに渡す。かくて、声はするが姿をみせない管理人らしい男と、英語でやりとりすることになる。

チェック・インすると、チェーンで繋げた四つの鍵束が渡される。まずビルのパサージュ入り口の鍵、第二は一階のアコモデーション入り口の鍵、三番目は八階の共同スペースへの鍵、二つの客室がバス、トイレ共用なのだ。最後に自室用の鍵となる。だから外出時には、いつも四個の鍵を携帯していなくてはならない。もし夕方に外出し鍵をなくしたら、自室はおろか、アコモデーションの入り口にも辿り着けないだろう。パサージュ入り口のシャッターはすべて、一九時頃に下りてしまうのである。

このような面倒な手続きを終えて、やっとプラハの町に出た。なにはともあれまず旧市街広場へ。その一角にあるチェコ観光局のインフォメーションで、地図をもらい、催し物のパンフレットを入手した。明日に予定している二つの城への一日ツアーも申し込む。

この広場には、チェコの歴史がぎっしり詰まっている。まず巨大なヤン・フスの銅像、花壇の囲まれた数段上がった広い台座の上に、もう一つ高い台座がありフスが立っている。フスは、宗教改革の先駆者として西洋史上最もよく知られたボヘミア人の一人だ。受験時代、「イッ・シ・ヒ・ゴウの刑にフス（一死、非業の刑に付す）」と覚えた一四一五年のフスの処刑は、ボヘミア人に衝撃を与え、長く続くいわゆるフス戦争の引き金になる。彼は、カレル大学の学長で、市内の礼拝堂の説教師でもあった。ローマ教会の

図（2-45）ティーン前の聖母マリア教会

図（2-46）旧市庁舎の天文時計

堕落を非難するフスのわかり易い説教は、民衆の広い支持を得ていた。しかし教皇に睨まれ、有名なコンスタンツの公会議に召喚される。フスを異端と決定した教皇派は、生命保証の約束を反故にして彼を火刑にした。小国チェコで英雄とされる人物の最後は、多くが悲劇的である。ハプスブルク家の支配に抵抗し、しばしば勝利したターボル派の勇将ジシカも、遠征中にペストで亡くなった。二本の搭が聳える広場の東のティーン前の聖母マリア教会も、かつてフス派の拠点だった。

西から広場に突き出ている旧市庁舎は、単独の建物でなく、建築年代も、様式も、目的も異なる建造物の集合体である。ヨーロッパの多くの都市で見られる天文時計が、ここにもある。仕掛けは毎正時に動き出し、上部の扉から一二使徒が交代に顔をだす。今一二時少し前なので、時計下に人が集まり始めている。

ヴルタヴァ河にかかる有名なカレル橋は、広場から七、八分のところにある。橋のたもとに来たとき、俄か雨が降り出した。大きな橋塔の下で、しばらく雨宿りする。河を隔てて見る対岸丘上のプラハ城は、市内屈指の景観である。麓の河縁の民家群と一線を画したような緑の茂みの上に、城内教会の塔から右手に王宮の橙色の屋根が長く伸びている。

カレル橋（7頁　図2—47参照）の欄干には、聖人達の像が並んでいる。ネポムツキー像も、日本に

図（2-49）旧新シナゴーグ

きたザビエル像もある。しかしここでは彫刻に構っていられない。橋は、観光客と彼等に呼びかける土産売りや大道芸人で混み合っており、こちらを眺めるほうが楽しい。商人達が多く住んだ旧市街を下町とすれば、カレル橋を渡った河の対岸緑の多いマラー・ストラナは山手の屋敷町といえよう。

石畳の続く坂道を登って、王宮前広場に出た。正門の両側に衛兵が、不動の姿勢で直立している。観光客が立ち代わりその横に並んで、写真を撮りあう。聖ヴィート大聖堂、その搭、王宮等の共通券を買って、まず大聖堂に入った。城内は、何処でもカメラ使用が認められている。大聖堂の美しい薔薇模様のステンドグラスを撮る（7頁　図2―48参照）。狭くて長い螺旋階段を、搭の最上部まで登った。プラハ市街を、三六〇度の展望で見下ろすことができ、地形がよくわかる。ヴルタヴァ河は、眼下で大きく迂曲している。

王宮では、礼拝堂や大統領の選挙が行なわれる大広間を見た。別途支払えば、王宮博物館に入ることができるが、宝物などはもう見飽きている。

現金が少なくなったので、一〇〇ドルを両替したら二五〇〇コローナしかくれない。一万五〇〇〇コローナ以上を現金化する場合の両替率と注記されているらしい。しかしこれは行きずりの旅人にとって、一種のペテン的表示である。オロモウツのときに比べ五〇〇コローナも少なく、安宿一泊分ほどの差額だ。この後の経験から考えても、最低の取り引きだった。しばらく不快な気分になる。

夕方旧市街広場から数ブロック北のユダヤ地区に行く。旧新シナゴーグ、ルネッサンス・シナゴーグ、ダビデのユダヤ星マークを破風に付けた儀式の家がある。ここでは、いまや共同墓地も見せもので、金を払って入場する。夕刻のため既に閉じられた鉄柵の外で若い男が、柵の間から見える墓地の一部の、倒れ傾いた墓石に向かってカメラを構えていた。しかしクラカウ同様プラハのゲットーも、大戦中壊滅した。カフカのユダヤ人街は、今は彼の作品の中に残るだけである。

八月三日、朝食を早めに済ませ、八時三〇分昨日寄った旧市街のインフォメーション前に立つ。すぐにツアー参加者を拾ってまわるマイクロ・バスがきた。ヴルタヴァ河沿いに少し南下したところで、別のマイクロ・バスのグループと合流する。ガイドが参加者の国籍を聞いたところ、英国人のカップルと私を除いた約一〇人が、個別の参加者ながら偶々イタリアからの旅行者とわかる。以後ガイドは、まずイタリア語、ついで英語で話した。彼女は、今日訪ねる二つの城との係わりで、チェコの歴史に触れた。初めて聞いたため特に興味のあったのは、カレル四世の事績である。ヨーロッパの人名や地名は、同じ対象を指しても国により表記が異なる。史料を原書で読むときはいうまでもなく、翻訳書の場合にも注意が要る。カレルは、ドイツではカール、フランス読みではシャルル、英語読みではチャールス、スペインにいけばカルロスである。

カレル四世は、ボヘミアの貴族ルクセンブルグ家の出身で、一三四六年国王に即位、翌一三四七年神聖ローマ皇帝に選出されている。そのため彼の治世下、プラハは皇帝の都として大発展した。カレル四世は、明確な都市計画に従いヴルタヴァ河南の旧市街を拡大し周囲に壁を廻らせ、税制の優遇措置により壁の内部への移住を奨励する。河の北岸は、貴族や宗教関係者の館が建ち並んだ。それまでたびたび洪水で流されていたヴルタヴァ河にかかる橋を、カレル橋として現在まで残っている頑強なものに建て替えた。プラハのカレル大学も、彼の時代に創設されている。

一方有名なスペインのイサベラ女王の孫カルロス一世が、一六世紀のはじめにドイツ領をも承継してカール一世になり、やがて神聖ローマ皇帝カール五世（ボヘミア名、カレル五世）に選ばれると、彼の出身ハプスブルク家の勢力は都になったウイーンから、ボヘミア地方に及んでくる。ヨーロッパ史では、神聖ローマ帝国の領土が最大に拡張したときの皇帝であるこのカール五世のほうが、はるかに有名である。しかしボヘミアについて彼は、領土の一部という以上の関心を示さなかった。プラハの人にとってカレルといえば、四世の方なのだ。

ハプスブルク家に対するボヘミア貴族の抵抗は、三十年戦争の最中の一六二〇年、ビーラ・ホラー（白山）の戦いで最終的に鎮圧されてしまう。ナポレオンにより神聖ローマ帝国が消滅し、その承継国であるハプスブルク家のオーストリア・ハンガリー帝国も、ホーレンツオルレン家のドイツ（プロイセン）と共に、第一次大戦で敗れた。その後の一九一八年になって、ボヘミアは、モラビア、スロバキアと一体で、チェコ・スロバキア共和国として独立する。そのあいだの約四〇〇年の長期にわたりボヘミアは、ハプスブルク家の属領に留まった。

第二次大戦中ナチス・ドイツに席巻されたチェコ・スロバキア共和国は、戦後社会主義国としてソ連の影響下におかれる。一九八九年、無血のいわゆるビロード革命で、共産党体制が崩壊した。さらに一九九三年なぜか、チェコとスロバキアは分離している。

以上は、チェコ理解のため最低限必要な知識として、これまでの西洋史の理解をもとに、今度の旅行中の知見を加えてまとめたものである。

さて今日訪ねる二つの城のうち、最初のカルルシュテイン城は、プラハの南西二五キロにあり、カレル四世が創建した。ルクセンブルグ家の財宝を保管したり、夏の別荘として使われたという。車を降り、気持ちのよい山道をしばらく登る。急峻な斜面を利用した山城で、要塞の面影を残している。但し飲料水の確保が、城の弱点だったらしい。王冠や王家一族の肖像画、歴史を画題にしたフレスコなどが展示されている。

城下のレストランで、昼食。ガイド嬢が、二つのメニュウから一つを選択するよう尋ねたところ、私も含め多数がチキン・グヤーシュのほうを選んだ。グヤーシュは、パプリカをいっぱい使って煮込んだだしを使う、代表的チェコ料理である。ガイドは、予想に反したという顔をする。私がこちらを選んだ理由は、その料理名を知っていたからにすぎない。他の連中も同じではなかったか、と思った。

すぐ前の席に座った三人のイタリア女性に、出身地を尋ねてみる。皆学生である。その一人は、「ペルージア」と答え、「アッシジ近くの」と付け加えた。

「ペルージアなら、サッカーのプロチームがあるでしょう」と水を向ける。「もちろん。日本のナカタもいました。ローマに移り、今はパルマにいるけど」。他の二人も、「その通り」というように、うなずく。「イナモトも、イングランドで活躍しています」と左隣にいた英国人カップルのうち女性のほうが、口を挟んだ。これだけ外国の若い女性の間で知られているのなら、日本の選手もまんざら捨てたものでもない。

彼女は、北イングランドのヨークの生れで、幼なじみの男友達と結婚したばかり。指先を広げて、嬉しそうにリングを見せてくれた。ハネムーンでプラハに一週間ほどいるという。「明日は、『ドン・ジョバンニ』を観にいきます」。

図（2-51）コノピシュチェ城内の武器

「ああ、マリオネットの？」私は今晩予定している人形芝居の事を考えている。
「いいえ、オペラのほうよ」きっぱりとヨークの女性。
「あら、プラハのマリオネットもすばらしいですよ」と右にいたガイドさんが私をサポートしてくれた。

午後に訪ねたのは、ハプスブルク家ゆかりのコノピシュチェ城（8頁　図2―50参照）。といっても一三世紀に建てられたこの城は、ドイツやボヘミアの貴族の手に次々に渡っている。その中には、三十年戦争で活躍したワルトシュタイン伯がいる。その功により彼は、ハプスブルク家からこの城を与えられた。しかしその後急速に高まるその権勢を危惧したハプスブルク家は、刺客を送り、伯を暗殺する。

コノピシュチェ城最後の持ち主であり、歴史上最も知られているのは、ハプスブルク家の皇太子フランツ・フェルディナント・デ・エステ、である。セルビアのサラエボ訪問中の一九一四年六月二八日彼は、地元の青年に狙撃されて死亡する。この事件が直接の引き金となり第一次大戦が始ったことは、衆知の事実である。しかしフェルディナントがどのような人物であったか、ここにきて初めて知った。

コノピシュチェは、円柱状の見張り櫓を四隅に張り出し、屋根は赤、壁は純白の、まるでおとぎの国の城である。白いスカートに赤いチョッキをきた数人の女性が、歌とバイオリンで一行を歓迎してくれる。坂の右手、水のない堀に、熊が飼われていた。入場待ちのあいだ、鎖で結わえられ、止まり木にとまっているミミズクや、隼などの猛禽類を見た。側で飼い主が、説明したり、訪問客の肩や手にとまらせて記念写真を撮ったりする。

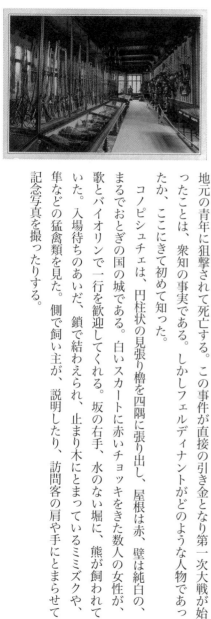

その名が示すようにフェルディナントは、ハプスブルク家の承継人という地位に加えて、北イタリアのフェラーラ大公国を支配する、名門エステ家も引き継いでいる。ヨーロッパの名家は互いの安全保障のため、政略結婚で広く姻戚関係を結んでいるから、これ自体珍しいことではない。フェルディナントは、ヨーロッパでも屈指の財産家だった。しかし結婚相手がボヘミアの小貴族、子爵の娘ゾフィーであったため、彼の家族はウイーンの宮廷に住むことが認められなかった。かくてフェルディナントは、コノピシュチェ城で一年の大半を過ごすことになる。多趣味で旅好きであった彼は、アメリカ、日本、ニュージーランドなど広く世界をまわり、各地の名品を集めた。兜鎧、銃器など武具の収集にも凝っている。城内で彼のおびただしい収集品を見ることができる。特に客の目を引くのは、壁に掛けられた鹿の角などの剥製である。フェルディナントは、生涯に約三〇万頭の動物を仕留めたという。やることの桁がちがう。彼の末期を、迷信家なら殺された動物の祟りと考え、現代の動物愛護家なら当然の報いというかもしれない。

プラハの繁華な通りヴァーツラフ広場で、ツアーは終わる。「楽しいハネムーンを！」と手を振って、英国の若い二人と別れた。

ヴァーツラフ広場とは、旧市街から東南に延び新市街の国立博物館につき当たる約一キロ、幅七〇メートルもある大通。両側にホテル、デパート、高級レストラン、オフィスなどが並ぶ。テラス・カフェーも路上に並んでいて、年中歩行者天国なので広場と呼ばれる。博物館前には、伝説上ボヘミア最初の王、ヴァーツラフの像が立っている。

夜、旧市街広場近くの国立マリオネット劇場に行く。マリオネットは、チェコの伝統文化（8頁　図2—52参照）。人形遣いは、国立の専門学校で育成される。二〇時開演直前に中にいると、五〇〇席ほどのホールは、既に殆ど満席になっていた。最前列の右端にやっと席を見つける。

出し物は、モーツアルトの「ドン・ジョバンニ」だ。ロンドンのミュージカル「ザ・キャッツ」や「オペラ座の怪人」同様、この劇場では長期にわたりこの作品一本が、興行されているらしい。登場人物の役柄により、マリオネット人形の顔立ち身なりが決まっている。主人公の貴族ドン・ジョバンニは、長顔に黒のスーツ、彼の従者レポレッロは、しゃくれ顔で赤シャツに毛皮の尖がり帽子、兜をつけた髭顔の騎士長は、タイトな上着をマントで被う、金髪の百姓娘ツェルリーナは、ピンクのワンピース、そしてその許婚マゼットは、赤シャツ、黒いショート・パンツと長靴を履き、丸い麦わら帽を被る、という具合。プラハの土産物店の入り口には、このようなマリオネットが下がっているのをよく見かける。

さて本舞台の手前少し下のボックスの中を、白っぽい付け鬘にグレイのスーツを着た、丸顔で眼がぱっちりしてかわいい指揮者人形が、右手から静々とあらわれた。すでに大拍手を送っている観客に向かい、お辞儀をする。ボックスの左手、コンサート・マスターに合図をするかのように、首を二、三度小さくふる。そしてタクトを一気に振りおろした。軽快で華麗な序曲が、ほとばしるように流れだす。ところでこの後の休憩中、観客がつぎつぎに、このボックスを覗きに来た。しかし人形遣いが、動ける空間のほかなにもない。オーケストラ楽員用の席もなく、無論コンサート・マスターなどいない。

早いテンポの序曲が一気加勢に終わり、いよいよ本舞台の幕が上に巻き上げられる。女から女を求めて浮気を止めないドン・ジョバンニが、従者レポレッロの忠告を聞かず、またしても婚約者のいる騎士長の娘を狙って、館に忍び込むところである。

プラハのマリオネットの特徴は、まず人形遣いが上の足場から糸巻き棒に付けた六本ほどの糸で、その先に垂れ下がっている人形を操ることである。糸は、人形の頭、両手、両足に結わえられている。眼にはつながっていないから、その開閉はできないようだ。但し、指揮者人形は例外で、ボックスの陰にいる人形遣いが直接操る。最前列にいるから、上から伸びてくる遣い手の指先の動きがよく観察できる。

このような仕組みなので文楽と違い人形遣いは、劇中原則として舞台に姿をみせない。

三番目の特徴は、必要により一つの人形を複数の人形遣いが操ることだ。例えば舞台左手にいる人形が、中央の人形の前を通って右手に移動するとする。左側の人形遣いは、中央の人形遣いの前に糸繰り棒を突き出す。右手にいる人形遣いは腕を伸ばして、素早くこれを受け取るのである。もちろん最前列の舞台下から見上げていたので、このようなからくりが判ったのであって、観客の多数は全く気付かないだろう。

ドン・ジョバンニは、もともと悲劇である。館に忍び込んだジョバンニは、決闘で騎士長を殺す。最後はその亡霊に、呪われ焼き殺されてしまう。しかし今日の演出は、喜劇仕立てである。まず指揮者人形が、まともな出だしから、だんだんおかしくなる。酒を入れたグラスを片手に再度舞台に現れた彼は、既に千鳥足である。げっぷを出したり、楽譜を空に撒く。酒（もちろん水）を観客席にぶちまける。前の方に座っている客が、悲鳴をあげて身を捩った。最後はボックスの縁に頭をのせて眠り込んだ。舞台の上では、人形達の熱唱が続く。その合間をぬって、指揮者人形の大いびきが聞こえている。

最後ドン・ジョバンニが倒れると同時に、ジョバンニを操っていた人形遣いも、上の足場から落っこちてきた。彼が、座長らしい。そして腕時計を見ながら、「まだ五分残っているのか」などつぶやく。そのうち他の人形も、ばたばた倒れて幕。観客の大拍手の中、男女いり混じった六人の人形遣い達が、前のボックスから首だけ出して挨拶をする。原作の悲劇を喜劇風に仕上げた。それはモーツアルトの意図とは違うかもしれない。しかしモーツアルトの音楽の陽気な側面を見事に引き出している。全く客を飽かせない、優れた演出だった。

賑やかな夜の旧市街広場を通り抜けて、アコモデーションに戻る。二二時三〇分。

## 七、ヴィシェフラードとヴルタヴァ河、ベルトラムカのモーツアルト

ヴルタヴァ河は、プラハ市内の中心部を南から北に流れている。やがてプラハ城の下で河は、一度東に直角に曲がり、市街地を過ぎたあたりで再び北上する。そのヴルタヴァ河が南の市街地に入るあたりの右岸（東岸）に、小高い丘が聳えている。伝説によればヴィシェフラードと呼ばれるこの丘の上に、王妃リプシュの命令で七世紀頃最初の城が建てられた。この伝説については、プラハ生まれで日本人の夫と長く日本に住んだチハーコヴァさんの興味深い記述がある。（『プラハ幻景』）。真偽はともかくヴィシェフラードをプラハの人達は、プラハ発祥の地と考えているのである。この伝説に基づきボヘミアの大作曲家スメタナは、交響詩「わが祖国」の第一楽章「リプシュ」のなかでこの城を、吟遊詩人の奏でるハープで表現している。続く「ヴルタヴァ」とよばれる第二楽章（なぜか日本では、「モルダウ」といい慣れているようだ）は、次第に調子が高まり、オーケストラの全楽器が響きわたる。ヴルタヴァ河のうねりが聞き手に伝わるようだ。この曲はいうまでもなくスメタナの代表作の一つだ。フィンランドにおけるシベリウスの「フィンランディア」のようにこの曲は、チェコの国民的旋律なのである。

今朝早くヴルタヴァ河に沿ってヴィシェフラードまで散歩してきた。アコモデーションの入ったビル前のナーロドニー通りを西に一〇分ほど歩くと、ヴルタヴァ河畔の国民劇場に出る。チェコ語による独自の

図（2-53）ドボルジャークの墓

音楽や演劇を創生するために、スメタナ等芸術家の唱導で、すべて国民の寄付金により建てられたという。そのこけら落しに演奏されたのが、「リプシュ」なのである。

河面にたち込める朝霧のため、プラハ城は見えない。河には、いくつか島がある。車や歩行者のための橋を三つ過ぎ、四番目の汽車の鉄橋が近づいてくる。およそ二キロ近く歩いたことになる。その横の丘がヴィシェフラードらしい。登り道が判らず、しばらく麓を探してまわる。丘の頂には、聖ペテロ聖パウロ教会があり、その横に墓地がある。墓地内の北の端に立派な彫刻のほどこされた墓が並んでいた。その中にスメタナと並び称されるボヘミアの作曲家アントニン・ドボルジャークの墓を見つける。しかし近くに尋ねる人もなく、スメタナの墓はついに判らなかった。

一〇時マンハッタン・アコモデーションをチェック・アウトして、昨夜手配しておいたマサリク駅近くのホステル・イエドノタに移った。ここは、ホステルといってもシングル・ルームもある。二四時間レセプションも空いているし、英語もよく通じる。アコモデーションで、外国語のできないおばさん達や、携帯電話で差配する姿の見えない管理人を相手にするのがいやになったのである。四個の鍵を使い分けるのも面倒だ。

今度は一つの鍵を受付に預けて、町に出る。まず市民会館の正午の内部ツアーを申し込む。市民会館自体は、二〇世紀初頭の比較的新しい建物だが、既にプラハを代表する建物と評価されている（8頁　図2—54参照）。たしかに、丸屋根を付けたファサードは、美しく気品がある。内部は現代チェコを代表する

図（2-55）スメタナの像

ムハなどによる装飾がほどこされている。一九八九年この入り口近くの広間で、いわゆるビロード革命により共産党政府からハヴェル現大統領に、政権が委譲されたのだった。市民会館のもう一つの見所は、「プラハの春」音楽祭の主要会場となる、スメタナ・ホールである。重厚な大部屋。音響効果が特に良いといわれている。丸いガラス張りの天井が、美しい。但し長方形のホールの床に平面的に座席が並んでいるので、後部座席の人は演奏者が見にくいように思われる。二階左右の丸いボックス席は、

夫々大統領、プラハ市長のための特別席という。

カレル橋の直ぐ南に、河に突き出た建物がある。かつてラジンスキー宮殿と呼ばれ、スメタナは一八四八年から五六年までここで音楽学校を経営し、六二年に帰国してからは子弟を教育しながら作曲を続けた。建物の河に面した先端部分が、現在スメタナ博物館になっている。ただし説明がチェコ語だけなので、よくわからない。ポーランド同様チェコも、まだ外国人見学者にやさしいとはいえない。この博物館前のカフェー・テラスは、プラハでも最高の場所であろう。対岸のプラハ城、マラー・ストラナの森、ヴルタヴァ河を行く観光船が、一望のうちである。

今日の音楽散歩の最後は、この対岸のマラー・ストラナの少し南にある、モーツアルトゆかりの館ベルトラムカである。再びチハーコヴァさんの説明を聞こう。この家は、一七世紀に建てられたが、一七八四年オペラ歌手ヨゼフィナ・ドシュコヴァーと夫の音楽教授ドシェクに買い取られた。夫妻は、一七七七年新婚旅行中、ザルツブルグでモーツアルト一家と知り合い、親しく文通を続けていた。一七八七年一月モー

ツアルトは、「フィガロの結婚」の演奏のため初めてプラハにきたのである。このオペラは、現在も市の中心に残っているスタヴォフスケー劇場で演奏され、大人気を得た。同年九月モーツアルトは、「ドン・ジョバンニ」をおなじ劇場で初演するために再びプラハを訪問する。ドシェク夫妻の招きに応じモーツアルトは、ベルトラムカに滞在し、「ドン・ジョバンニ」の序曲を仕上げた。一〇月二九日の初演は、未曾有の成功をおさめる。モーツアルトは、一一月一三日ベルトラムカを離れウイーンに戻った。

詩人メーリケは、この二度目のプラハ訪問の途上にあるモーツアルトを短篇に描いた。(『旅の日のモーツアルト』)。一七八七年九月二四日モーツアルト夫妻は、メーレン山地を三頭の馬にひかせた駅馬車で越えてボヘミアに入る。昼食のため二人は、馬車をとある駅亭で停めた。食後半刻ほど横になって休息したいという妻コンスタンツェを残して、モーツアルトは散歩にでかけ、ある伯爵家の館の庭園に迷い込んだ。物思いに耽っていた彼は、知らずにオレンジの実をもぎ取り園丁に見咎められる。しかしこれが機縁で、夫妻は伯爵家の歓迎を受ける。ちょうどこの家の姪と、その婚約者である男爵のために、祝宴が始まるところだった。ウイーンの巨匠が来合わせたことは、彼等にとって最高の記念になる。令嬢オイゲニーは、男爵のピアノ伴奏で「フィガロの結婚」のスザンナのアリアを美しいソプラノで歌う。モーツアルトの賛辞に、オイゲニーは涙がこぼれそうになった。

祝宴の最中モーツアルトは立ち上がって、昔父レオポルドに連れられて観たナポリの王宮で催されていたオペラの情景を話し始めた。ナポリ湾の船の間で若い男女が、オレンジを投げ合い、魚を掴みどりする場面である。伯爵家の庭でオレンジをもいだ時、彼の脳裏にあったのは陽光の眩しい南イタリアの海だった。その時浮かんだメロディーを、モーツアルトは披露した。それは、やがて発表される「ドン・ジョバンニ」で百姓娘ツェルリーナが踊るダンス曲のはじめの部分だった。やがて気分に乗ったモーツアルトは、このオペラのなかのできあがっている他の部分も次々に紹介した。歌が好きな伯爵は、調子にのって唄いはじめる。

旅の日のモーツアルトは、陽気で、気まぐれで、細心で、やさしい。妻コンスタンツェは、彼の空想に拍車をかける。この夫妻は、揃ってお人好しで他人にいやな顔ができなかった。友達に求められれば、金銭の保証人にもなる。絶えず気晴らしが必要で、一刻も落ち着かない。気前よく金をはらう。妻も夫に負けず、楽天家で浪費家だった。そのため家計は、いつも火の車である。コンスタンツェは、それを夫に内緒にしていた。夫婦ともども、世故の知識を欠いていたのである。映画「アマデウス」では、モーツアルトの才能を恐れた宮廷作曲家で王室楽団指揮者サリエーリが、あれこれ策謀して彼を宮廷から遠ざけたことになっている。そのような事実があったかもしれない。しかしモーツアルトは、本性宮仕えに向かない人であった。彼は、個人レッスンなどで日常生活の糧を獲ながら作曲を続けた。いわばフリーターとして最後は窮死したともいえる。メーリケの作品は、祝宴参列者のなかで最もモーツアルトに傾倒しその崇拝者になった令嬢オイゲニーの自問で終わる。自分たちのための祝宴と、巨匠に会えた興奮のさめやらぬ夜、彼女は自室でモーツアルトの演奏や夫人の話しを聴きながら芽生えた憂いを反芻する……この方は、速やかに留めるすべもなく、自身の情熱に焼き尽くされてしまうだろう。なぜならその存在自体この世のはかない現象でしかありえず、現世は、ほとばしり出る生命の奔流にとうてい耐えられないであろうからと。

ベルトラムカは、地階とその上の階からなる、こぢんまりとした瀟洒な白い館である。正面両側から玄関ポーチへの階段がついている。その四室が展示場になっていて、モーツアルト自筆の楽譜、遺髪、彼が

図（2-56）ハープシコード

スタヴォフスケー劇場での演奏に使ったというハープシコードなどが見られる。ハープシコードは、上下二段に鍵盤が並んだ小さな鍵盤楽器だ。モーツアルトの時代は、ハープシコードからピアノ・フォルテ（ピアノ）への移行期だった。室内には、絶えずモーツアルトの曲が流れている。展示場の一室では、担当の男が眠りほうけていた。この館でモーツアルトは、「ドン・ジョバンニ」序曲の作曲に腐心したらしい。完成したのは、初演日の朝で、インクも乾ききらぬ楽譜がオーケストラの楽士に配られたという。これは、実話のようである。

「ドン・ジョバンニ」の序曲は、作者の苦心を全く感じさせない浮き立つ輝きに満ちている。歌劇も喜劇のように明るい詠唱や力強い合唱で展開する。しかしジョバンニに殺された騎士長の墓場の場から、明るいムードが暗転する。女を求めて生涯を送った誇り高い貴族ジョバンニは、最後まで気位高く騎士の亡霊に立ち向かい悲惨な末期を迎えた。このような明と暗の対照は、モーツアルトの特徴ではなかろうか。彼の曲は、テンポの早い長調の陽性の曲が多い。しかし突然転調し、聴衆は奈落の底に突き落とされる。彼の短調の悲痛な調子は、例えばチャイコフスキーの音楽の基調であるスラブ的寂寥感とは異質である。チャイコフスキーのメロディーの美しさは、親しみやすい。モーツアルトの音楽には、理解できない部分が残る。

ともあれモーツアルトのオペラは、本国ウイーンよりもプラハで愛され称えられた。そのためかモーツアルトも、前後五回もプラハを訪れている。彼にとってベルトラムカは、忘れ難い場所だったにちがいない。プラハの町を歩いていると、演奏会のパンフレットをしばしば手渡される。市内の小ホールや教会の何処かで、殆ど毎晩のように音楽会が開かれる。そのプログラムを見ると、スメタナやドボルジャークと並んでモーツアルトの作品が目立って多い。いわば自国の作曲家としてモーツアルトは、今日でもプラハの人達に愛されているのである。

## 八、保養地カルロビ・バリ（カールスバート）とマリアーンスケー・ラーズニエ（マリエンバート）、ピルゼン・ビールの町、パスポートの置き忘れ

八月五日、九時マサリク駅のすぐ北にあるフローレンス・バスターミナルで、カルロビ・バリ行き急行バスに乗る。一一時過ぎ目的地についた。ターミナルのツーリスト・インフォメーションでホテルを探す。ここはドイツ名「カールスバート」として知られる有名なリゾートの温泉地である（8頁　図2—58参照）。その雰囲気を味わうため、少し割高でも温泉街の中心に宿をとりたい。ということでシングル一六〇〇コローナのエレファント・ホテルに予約をいれてもらう。

歩き出してすぐに方向を間違えてしまった。なんでも川沿いに温泉街があると記憶して地図でよく確めなかったため、本流のオフジェ川に沿って歩いていたのである。かなりたってからそのことに気付く。温泉街は、ターミナルを出てまもなく渡る支流テプラー川から右手上流に延びていた。

温泉街の入り口に、カジノなどの遊戯場を持つ一五階建ての大きなホテル・テルメがある。その前は、マリーゴールドやサルビアなどが咲き誇る美しい広場である。このあたりからリゾート地特有の、のどかで明るい雰囲気が高まってきた。道行く人々の表情にもくつろぎが見られる。エレファント・ホテルは、温泉街のかなり奥にあった。入り口横に同名のカフェー・テラスを出している。

シャワーで汗を流してから、早速散歩に出掛けた。まず近くのラジーデルニー・コロナーダに寄る。ヨーロッパの温泉の殆どは、浴びるのでなく、健康のため鉱泉を飲むのである。そのため湯治客は、医師の処方に従い、鉱泉の質、量、温度を考えて鉱泉を飲んでいる。彼等は、美しい絵模様のある陶器のカップを手に鉱泉に集まってくる。カップの柄が、吸い口になっている。鉱泉の取り出し口は、それぞれ粋を凝らしたコロナードとよばれる建物のなかにある。試飲のため、その中の店で小さなカップを買った。「あまり一度に飲むと、お腹をこわしますよ」と注意される。少し塩辛い。ラジーデルニー・コロナーダは、地下二五メートルから吹き上げる間欠泉が名物だ。一五メートルほどの天井近くまで、絶えず熱湯を吹き上げている。

図（2-57）ムリーンスカー・コロナーダ

少し下手のトルジェー・コロナーダは、透かし絵のある白い金属製のファサードが美しい。狩猟にでたカレル四世が、傷ついた鹿が鉱泉に浸かっているのを見て、その効能を知ったという話が、壁に彫られていた。何処にも似た温泉譚があるものだ。この町が日本語で「カレルの温泉」と呼ばれるのは、この逸話からきている。

温泉街で最も大きく美しいのは、ムリーンスカー・コロナーダである。一〇〇本以上の列柱で支えられた白亜の細長い建物で、屋根上に彫刻がならんでいる。

カレルの伝説からみて、この温泉が一五世紀頃から既に知られていたことがわかる。温泉街の一番奥にあるグランドホテル・プップは、一八世紀に建てられた。建設当時ヨーロッパで最も有名なホテルの一つだったという。カールスバートは、中部ヨーロッパの社交の中心だった。ゲーテも、カールスバートや少し南のマリアーンスケー・ラーズニエ（ドイツ名、マリエンバート）を、しばしば訪ねている。これらの温泉地は、ワイマールから直線距離にして一五〇キロしかない。仮にこの地でゲーテとベートーヴェンが出会ったという伝説が本当だったとしたら、あるいはプップの前かと想像してみる。向こうからやってきた貴族に、ゲーテは恭しく頭を下げて道を譲った。ところが傍らのベートーヴェンは、昂然と胸を張り素知らぬ振りをした、というのである。勿論二人の性格の違いを誇張した作り話しに過ぎないだろう。いくらベートーヴェン先生でも、いつも反りくり返れたわけではない。彼にとっても、貴族は大切な顧客だったはずだ。ただこの説から、当時多くの貴族や有名人、文人や芸術家が、カールスバートを訪ねていたことが想像できるのである。

テプラー川の迂曲に沿って温泉街も曲がる。いくつもの小橋が架かっている。瀟洒な花壇が、両岸のプロムナードを飾る。橋やプロムナードのベンチやカフェーで、人々が新聞を広げたり、談笑していた。ホテルまえのカフェー・エレファントで一休みし、表を過ぎる人々をみる。年配者の夫婦連れが多く、みなゆったり歩いている。なじみのカップを片手に、吸い口に口を付けている人。時たまアジアやアフリカ系の行楽者も見た。ここでは短パンツも場違いではない。

八月六日、朝の温泉街を歩いて汽車駅へ。今日の目的地はピルゼニュだが、とりあえず途中のマリアーンスケー・ラーズニエまでの切符を買った。この区間は、単軌道のローカル線である。日本国内でもそうだが、ローカル線に乗ると本線と全く違う気分になる。行き先に急ぐのでなく、時の経過自体を楽しむ。旅心が湧いてくる。

二両編成の汽車は、ボヘミアの森の中をゆっくり走る。森の中の低部を流れている小川に沿い、あるい

図（2-59）マリエンバート

はこれと交叉する。トンネルが多い。時々小駅に停車する。駅前には数軒の家しかない。仕切られた庭で男が、車を磨いていた。そのような景色をカメラに収めた。これらの景色は、日本の地方を思い出させる。私は、ボヘミアの田舎を撮っているのか。あるいは自分の日本的イメージに合わせてボヘミアの風景の一部を切り取っているのだろうか。

約一時間して、森の開けたところにあるベーコフという小さな町に停まった。なかなか発車しない。車掌もプラットホームでぶらぶらしている。二〇分以上も待った。ここで対向車を待ち合わせていたのである。

そのうち父親と三人の男の子が乗り込んできて、汽車が動き出した。三人とも野球帽のようなひさしのある帽子をかぶっている。向かいの席に父親と並んで座った三歳くらいの末の男の子が、殆ど瞬きもしないでしばらく私を凝視する。次の駅で親子は降りていった。彼等とのあいだにできかけた縁が、そこで切れる。沿線には、ヒースのようなピンクの野草やホウボウが茂っている。

一一時二分、マリアーンスケー・ラーズニエ駅着。駅に荷物をあずけて、温泉の中心ラーゼニュスカー・コロナーダまで、トラムで行く。このコロナーダは、一〇〇メートル近くもある長方形の大ホールになっている。天井は、中央の大きいアーチを両側の小アーチが受けこれを列柱が支える。長い壁面は大きな窓で仕切られ、内部は明るい。戸外のもう一連の列柱で支えられた屋根が、広いスクエアーに張り出している。紙コップを借りて、コロナーダ内に開いている蛇口から鉱泉を飲んでみた。殆ど味がない。

スクエアーの端に、噴水が湧いている。湧き水は、盛り上がるにつれてさまざまに形を変化させ、最高点に達したところで砕けて散った。

裏手の少し小高いところに、地域博物館がある。ほんのわずかな距離だが、全く人影が絶える。緑の海の中に、ホテルなどの建物がわずかに点在して見える。博物館の正面前でも、再びゲーテ像に出会う。彼は、左手を胸に当て、右足に左の足を掛けて座っている。

この温泉町も古くから開け、多くの有名人を引き付けた。ゲーテの他、マーク・トゥエイン、イプセン、ショパン、リスト、エジソン等もこの地に遊んだという。しかし日本的感覚からいうとこの町は、リゾート地であっても温泉町ではない。日本の温泉街は殆どが、渓流沿いにある。川は、日本的温泉情緒に欠かせないのである。その点、カルロビ・バリは、川や橋があり、たとえば城崎のような情緒も持っている。

一三時三二分発の快速に乗る。途中ある駅を出たところで通路に立って外を見ていると、回ってきた車掌が「カメラを構えろ」いう仕草をする。汽車が左にまわり林をでると、線路より低い平地に、教会の尖塔を焦点に小さく纏った美しい町の展望が視界に忽然と飛び込んできた。名も知らぬ町に向けてシャッターを切る。

一四時過ぎピルゼニュ駅に着いた。中央にある大型の緑色ドームの両側に小ドームを並べた屋根を持つ、なかなか芸術的な駅舎である。ピルゼニュは、ドイツ名でピルゼン、日本でもピルスナー・ビールの産地として知られる。駅前から徒歩一〇分、川を渡って旧市街に入ってすぐのコンチネンタル・ホテルにチェック・インした。

早速、近くの共和国広場の一ブロック裏手にあるビール醸造博物館を見学する。一五世紀のモルトハウスを改造したものという。まず、低い天井に小さな窓のついた広い部屋に入る。モルトの煮沸器、ろ過装

図（2-60）ピルスナー・ウルクエル

置、発酵器、居酒屋の道具などが展示されている。その隣が、かまぼこ型の天井を持つ麦芽乾燥のための小さな部屋。厚い外壁に二つの小窓があり、窓の間の壁に小型のキリスト磔刑像が架かっていた。中央にセットされた赤レンガの基台を暖めて、その上に薄く敷かれた麦芽を乾燥させたのである。地階には、タルの貯蔵室がある。離れの二階には、当時のギルド・メンバーの社交を示すクラブ、ビリアード、ギャラリーなどのモデルもあった。家と高い白塀に囲まれた中庭は、広くはないが趣がある。二階三階の外廊や階段の木製手すりの紋様、ドアの飾り、ガス灯、昔使われていた馬車の荷台等が合わさって、スペインのパティオのような雰囲気を生んでいる。

まだ日暮れまで時間があるので、周辺を散歩した。共和国広場の中央にある聖バルトロマイ教会の尖塔は、チェコで一番高いそうである。その一部が工事中なので広場の雰囲気が損なわれている。二ブロックほど西には、こんどの旅で見た最大のシナゴーグがあった。中央のダビデの星マークを付けた三角のファサードの両脇を、ロシア風の玉葱型丸屋根のついた搭で固めた、堂々とした構造物である。はじめは、それがシナゴーグであることも判らなかった。

このような旧市街の中心部を、幅五〇メートルほどの緑地公園が囲む。花壇や噴水があり、銅像がたっている。市民がベンチで憩っていた。その一隅に舞台を設えた、小空間がある。ちょうど賑やかなジャズが演奏され、聴衆を集めていた。おそらく社会主義の時代にはあまり見られなかった風景ではなかろうか。屋台の樽からビールを買って飲む。

夜食には、散歩の途中で見かけた、絵入りのメニュウを入り口に掲げた食堂に寄る。数人の地元の客が、テーブルに座っていた。小柄な中国人のおばさんが注文にくる。中華料理店だと気付いた。メニュウの絵の一つを指差す。しばらく待たされてから、黒いたれに掛けた魚がでてきた。彼女は、一人で調理、給仕、会計をやっているのである。

チェック・アウトのつもりでホテルに鍵を返し、バック・パックを担いで、駅よりにあるプルゼニュスキー・プラズドロイ（ドイツ名、ピルスナー・ウルクエル）醸造所を訪ねた。少し雨模様だ。英語によるツアーは、一〇時三〇分からである。一〇人ほどが参加している。南アからの客もいる。すぐあと分かったのだが、現在この工場を所有しているのは、南アフリカの実業家である。実際の製造工程に従い、ガイドの女性のあとから広い工場の建物の内外を歩いた。モルトは、水に浸され、約二〇時間沸騰と循環を三回繰り返す。これをろ過し、ホップを添加後六日間の本発酵と二週間の熟成、このあいだに、温度は摂氏五度から九度まで徐々に上げられる。酵母の最適増殖温度は三〇度前後であることにくらべ、アルコール発酵は低温で進むのである。仕込み糖濃度一二・五％の培養液から、アルコール濃度四・五％のビールができる。さらにろ過、殺菌を経て、製品になる。本発酵タンクは、ステンレスだが、一部比較のため昔と同じ木製の樽を使う。味覚の点では、全く差がない。ステンレス・タンクの並ぶ醗酵室や地下の貯蔵室を見学する。冷やりとする地下の貯蔵倉の樽から取り出したビールを試飲した。最終のろ過殺菌前のもの、本当の生ビールだ。

一二時一六分発のチェスケー・ブジェヨヴィツエ行き快速に乗る。昨日醸造博物館で出会った中野さんもプラットホームにいた。列車内での話がはずんで、目的地までの二時間がたちまち過ぎた。彼女は、神奈川県相模原市の出身、県内の中高一貫制の女子校で国語を教えている。学校の夏休みを利用して、約二週間の予定でチェコにきた。この国ではまだ日本からの個人旅行者が少ないので、話すのは久し振りという。

日本からファックス予約したが、チェコのホテルからの返答が遅く手間取ったらしい。自身最近利用を始めたインターネットによる申し込みの便利さを、早速薦める。チェコで訪ねた町、興味あったこと、食べ物の話などをした。

まだ「チェコらしい料理も殆ど食べていません」と中野さんはいう。「それに毎日一度は、ご飯や、麺類が欲しくなります」

グヤーシュ以外私も、まだこちらでチェコ料理を殆ど食べていない。惣菜や果物、パン、飲み物をスーパーで手に入れて、ホテルの自室で済ませることが多い。だが外国で暮らしていても、少し長い旅でも、これまでご飯などの日本食を特に必要と思ったことはなかった。グルメも好きだが、粗食も平気だ。滞在先の最も日常的で庶民的食べ物を結構楽しんでいる。

「そうそう、昨日は中華料理をいただきました。中国人は凄いですね。世界中どこでも、ピルゼニュのような町にさえ、中華料理店がある！」。中野さんは、食べ物から中国人のバイタリティを賞賛している。

「その店は、ひょっとして表にメニュウの絵を掲げていませんでしたか?」と私。

「え?」

「そして小柄な中国人のおばさんが、奥からでてきたりして」

ここで我々は、昨日時間こそずれていても同じ町の同じ食堂に立ち寄ったことが判り、大笑いとなる。

そのような雑談をしているうちに、一四時過ぎチェスケー・ブジェヨヴィツエに着いた。

中野さんが予約していたホテル・ウ・ソルネー・ブラーニ（塩の門のそば）と私が当てにしているペン

ション・クリカはいずれも、駅の西より徒歩で二〇分ほどヴルダヴァ河の支流の岸辺にある。駅から新市街地のプリオール・デパートの前を過ぎ、環状の緑地帯から旧市街の中心広場に出た。「あれが、サムソンの噴水」とガイドブックの地図を見ながら中野さん。広場の先でこれまで歩いてきた道はT字路に突き当たる。中野さんのホテルは、左手、私のは右に曲がった先にあるので、今日はここで別れた。明日はどちらもチェスキー・クルムロフに行く予定なので、また会えるだろう。

クリカは、ドミニカン修道院の裏手にあり、わずか九室の家庭的雰囲気のペンションである。小川の見えるレストランでの朝食も楽しみだ。ここでチェコ旅行の最後の二晩泊まることにした。ところがチェック・インの手続きのため、懐中からパスポートをとり出そうとするが見つからない。部屋でバック・パックの中身を、ベッドにぶちまけて探す。その時になって、ピルゼニュのホテルを出るとき、預けていたパスポートを返してもらわなかったことに気付いた。殆どのホテルは、最初のチェック・インの手続きがすめばその場でパスポートを返してくれる。しかしコンチネンタルだけは、チェック・アウトまで預かった。そのことを忘れて出立したのだ。早速受付の女性に、ピルゼニュに電話をいれてもらう。先方からは「まだ宿泊費の精算が終わっていないので、パスポートを預かっている」との返事。ホテルにより前払いや後払い、現金あるいはクレジット・カードと、支払い方法がまちまちである。醸造所見学の時間を気にしていたため、既に支払い済みと勘違いしてコンチネンタルを出たのだった。

今度は同じ女性に、ピルゼニュ往復の汽車の時刻をインターネットで打ちだしてもらう。幸い今日中に戻ってこられそうだ。管理人らしい男が出てきて、明日にしたらどうかという。しかしこのようなことは、できるだけ早く解決したほうがよい。クリカの部屋に荷物を残して、さきほど歩いた道を駅にとって返す。

外国旅行で生命の次に大切なのは、パスポートと金だというのが常識である。そのパスポートを忘れたなど、家内には話せない。「そろそろ、一人旅の年貢を納めるときかも」などと憎まれ口を叩かれるのがおちだ。チェスケー・ブジェヨヴィツエ駅を出るとまもなく、いくつかの湖が線路近くに迫っている。ここ数日の雨模様の天候が続いたため、その水嵩が増している。今夜の遅い戻り列車が不通にならないだろうか、と一瞬不安を感じた。

コンチネンタル・ホテルの受付には、昨日と同じ女性がいた。こちらの手落ちを謝ると、逆に「大変でしたね」と慰めてくれた。駅近くのスーパー「テスコ」も既に閉まっている。その隣のカフェーでとりあえず、軽い夕食をとる。こちらも従業員が、ばたばた音をたててテーブルや椅子を片付け、店じまいを始めた。昼間は堂々としたピルゼニュの駅舎も今は侘びしい。構内の店も閉じ、電灯も暗くなっていた。殆ど人のいない待合室で小一時間待って、二〇時三〇分の最終快速列車に乗る。

雨の中人通りの絶えたブジェヨヴィツエの旧市街を抜けて、ペンション・クリカに戻る。二三時。日記をつけ、洗濯を済ませると、もう一時になっていた。

## 九、大雨による河の氾濫、世界文化遺産の町チェスキー・クルムロフ、チェコからオーストリアへ

ペンションのけたたましい警報で飛び起きた。時計を見るとまだ六時三〇分。とにかく階下に降りる。他の宿泊客も部屋から出てきた。火事の様子でもない。誤って警報が作動したのかと考えながら、従業員の一人に尋ねる。その男は、私を戸口の外に連れ出し、「あれを見ろ」と指差した。川側の道に水がいっぱい溜まっている。しかしまだ事態がよくわからない。しかしよく見るとその水溜まりは、川から溢れ出

図（2-61）水嵩の増したペンション・クリカ

たものだった。しかもその水量が、みるみる増えてくる。客の一人が洪水だという。「これは、またとないよい経験だ」と言うと、相手も笑って、そうだと肯いた。いつでも逃げ出せると思っている旅人どうしの、無責任な気楽さである。

昨夜の洗濯物を手早く片付け、バック・パックを背負って、受付に戻る。五分もかからない。宿泊客は、チェック・アウトの手続きをしている。手続きを終えたところで、料金に含まれている朝食をまだ摂っていないことを思い出した。さきほど相槌を打った男も、レストランまでついて来る。レストランでは、ビュッフェの準備はできていた。コーヒーがまだ沸かないという。急場しのぎと二人で立ったままパンや果物を手にしていたら、閉じたレストランのドアの下から水が室内に浸入し始めた。いまはこれまでと、私もペンションを見捨てる。

昨日別れた中野さんが泊っているホテルは無事かなと考え、まず「塩の門のそばホテル」に行く。このホテルは、文字どおり小川にかかる橋を渡って旧市街に入る「塩の門」のそばにある。というより川辺の道に沿って厚く高い壁があり、門がこの壁に穿たれているのだ。ホテルの裏庭も、この頑丈な壁により保護されている。塩の門からホテルの正面まで、道が少し登り勾配である。水はまだ塩の門まで達していない。このホテルは、心配ないようだ。

レセプションに行くと、シングルなら空いているという。最初に見た部屋は、天窓があり雨水の染みた跡が壁に残っている。これは敬遠してもう一つの部屋を選んだ。コーヒーをもらうため階下のレストランに入ると、洪水騒ぎなど知らない中野さんがひとり朝食をとっていた。早速二人で二ブロック南の本流の状況を見に行くことにした。こちらは、頑丈な橋桁一メートルくらいまで水位が上がり、激しい奔流となっている。その勢いで支流が押し戻され、溢れ出ているのだ。大勢の人が集まっていた。写真を撮る人もいる。しばらく様子見のため、ホテルの周辺をまわる。

橋の少し先に昔の駅亭跡が残っていた。赤瓦の平屋、本日は閉まっていて中に入れない。建物右手の空き地の立て札に、チェコ語とドイツ語で駅亭の謂れが書かれている。

——一八三〇年から七〇年にかけて駅馬車は、この町とオーストリアのリンツ間六〇マイルを結ぶ重要な交通手段だった。当時一六時間かかった。しかし蒸気機関車により、馬は駆逐されてしまった——

本家英国で鉄道建設が本格化したのは、一八五〇年代である。約二〇年かかって、鉄道ブームがこの地に達したことになる。

昨日あわただしく過ぎたオタカル二世広場では、「サムソンの噴水」と呼ばれる見事な彫刻を見る。一番上の丸い台上のサムソンを数人の裸婦が支え、下の四角い台座の四面に獅子などの猛獣が口を開いていた。ヴルタヴァ河から引かれた水が上部と猛獣の口から吹きだしている。広場の西南には、薄青色をしたバロックの美しい市庁舎が建つ。また広場の北東の外れに、黒搭という鐘楼を備えた煉瓦色の屋根の聖ミクラーシュ教会がある。チェコを旅していて最もよく見かけるのが、聖ミクラーシュ教会である。この名は、英語で聖ニコラス、つまりサンタクロースと同語で、子供や旅人の守護聖人なのだ。

このように天候待ちしているうちに、少し晴れ間が見えだした。そこで世界文化遺産の町チェスキー・クルムロフに、行くことになった。この「チェスケー」や「チェスキー」もこの国の町の名によく付されている。駅のインフォメーションの女性に問うたところ、「あんれ、まあー」という感じで同僚と顔を見合わせてから、「チェコのことですよ」と教えてくれた。厳密にいうと、「チェコ（人）の」あるいは「チェコ的な」という形容詞か、「チェコ人」という名詞に相当するらしい。わざわざ形容詞をつけて地名を区別する必要があるのだろうか。

鉄道駅近くのバス・ターミナルから三〇分ほど、一二時半に目的地のバス・ターミナルに着いた。坂道を下り、本通りを横切って再び少し登る。すると右手木立の切れ目から、ヴルタヴァ河を挟んだ両岸の市街が、突然視野に入ってきた。赤橙色に統一された人家の屋根が、前景の木々の緑や、背景の山と対照をなして美しい。その一段高所にクルムロフ城とその見張り塔が、壮麗な容姿を見せていた。しかしこの狭い峪を屈曲するヴルタヴァ河は、既に岸に近い人家の下方の階に侵入し始めていた。観光客で込み合っている旧市街の広場から、城のある対岸に渡る。木の橋から見下ろすと、岸辺に近い多くの家屋一階の窓は、半ば水に浸かっている。いまのところ無傷の家も被害を免れないだろう（8頁　図2―62参照）。

ここでも城門近くの水のない堀に熊が飼われている。英語ガイドによる城内ツアーの指定時間までの待ち時間に、裏手の庭園を散歩した。一三時二〇分入場口に戻る。この城は、シレジア出身のシュバルツェンベルク家が、エッゲンブルク家から相続したものという。会議室、謁見者の待ち合い、会食の間、オリエンタルの間、バックギャモンなどのゲーム室、寝室等、この国で最大のタペストリーをはじめ贅と粋を凝らした部屋を見てまわる。

城を出て中野さんと話しているうちに、間違ってエッゲンベルグ醸造所の門の前に来てしまう。門の脇で小さなビヤホールが、店を出している。ブジェヨヴィツエの周辺は、ブドヴァイゼル・ビールの産地である。つまり、米国バドワイザーの本家なのだ。

旧市街の広場のカフェーで昼食をとる。中野さんは、鉄道のローカル線でブジェヨヴィツエに戻りたいというので、ここで別れてバス・ターミナルに行く。ところが、車高の高い新式のバスが出る一八時三〇分までは、普通のバスの運行を中止したという。ブジェヨヴィツエ中心部の道路の出水が、ひどいためらしい。さいわい車庫に戻る運転手の車に町外れまで便乗させてもらい、そこから歩いてホテルに戻る。

ホテルのシェフに選んでもらったチェコ料理で、中野さんと夕食を摂った。彼女が教えている国語の教材のことを聞いてみる。古典や漢文の話がでた。いまどき古典に興味を持つ子が、どのくらいいるのか。『大鏡』や『伊勢物語』も使うが、結構熱心に授業についてくる、と中野先生はおっしゃる。『伊勢物語』はまだしも、『大鏡』の方は少し難しいのではないかと思った。いい女子生徒の揃った進学校のようだ。夏休みの後半忙しくなるという。コンクールに備えてダンス部の合宿がある。中野さんは、その顧問らしい。学力を落とさずに授業時間を短縮させるなど、もともと矛盾するシステムも導入されつつある。現場の先生方は、なにかと大変だろう。

八月九日、七時起床。階下のレストランで朝食を済ませ、コーヒーを飲んでいると、中野さんも降りて来た。彼女は、今日は汽車で一時間ほど北のターボル泊り。その後荷物を預けてあるプラハのホテルで数日過ごしてから、日本に帰るという。お元気で旅の残りを楽しんでください！

私の方は、オーストリアのウイーンで三泊ほどゆっくりしてから、フランクフルト経由のルフトハンザに乗る予定である。

ウイーンまで約二〇〇キロ、途中プラハからの路線と一緒になり、チェスケー・ヴェレニツェ（チェコ）

とグミュント（オーストリア）の間で国境を越える。まばらな林の中に、時折畑地と点在する農家が現れるわりと平坦な地形だ。プラハとウイーンを結ぶ最短のルートを、汽車は走っている。二〇〇年以上の昔、旅の日のモーツアルトも、この近くの街道を往来したのだろう。

（二〇〇二年九月一〇日、記）

（追記）

帰宅してから二日目の八月一五日の日刊紙に、東ヨーロッパを襲った洪水の記事が大きく載った。カレル橋と、その橋桁近くまで水嵩の増したヴルタヴァ河の写真が付されていた。カレル橋は通行禁止になっているという。国民劇場も被害を受けたらしい。プラハ動物園の象が脱出できずに溺死、ゴリラも行方不明とテレビは報じた。ヴルタヴァがドイツに入りエルベと名を改めた下流のドレスデンも、危険に晒されている。ただツヴィンガー宮殿内のアルテ・マイスター絵画館の名画は、無事避難済みという。さらに河口のハンブルグでは、ここ数日のエルベ河の水位が心配されている。

いずれも曾遊の都市、親しい場所である。特につい先日までいたプラハ、チェスケー・ブジェヨヴィツエ、チェスキー・クルムロフ等チェコの町の状況は、気懸かりである。遠い異国の他人事ではない。塩の門のそばホテルやペンション・クリカの被害が最小であることを祈っている。

外国を旅することは、なによりも歴史を旅することである。歴史的背景を知らずに、他国の政治、社会、文化そしてそこに生活している人々の心情を理解することなど不可能だろう。本文でたびたび触れたように特にポーランドやチェコは、その地理的条件から、絶えず東西の大国に存続を脅かされてきた。ちなみに一三世紀以後一〇〇年毎のポーランドの地図を比較すると、その転変の激しさに驚かされる。あるときはずっと東に拡張した大国であり、あるときは国全体が西に移動している。そして地図上から完全に抹消された時期が二度もある。チェコの場合、歴史時代を通じて殆どいずれかの大国に従属してきた。日本のように海により領域が規定され、有史以来殆ど変わらぬ国土を所与のものする国民には、彼等の歴史認識や国家観を想像するのは容易でない。

この二国を回って気になったことの一つは、ワルシャワ、グダンスク、ポズナン、プラハ等の都市にある軍事博物館や兵器博物館である。英国のロンドンにも大掛かりな軍事博物館はある。おそらく欧米の大国の首都は、たいていこの種の博物館を持っているだろう。それは、大戦の記録と記憶を保存するためであると同時に、国威誇示の意味合いがある。しかし大国から絶えず圧迫を受けてきたポーランドやチェコに何のためこのような施設が多いのかという疑問である。平和と安全の問題について、根本的に異なる感覚があるのかもしれない。

日本での外国情報は、あまりに米国に偏っている。そのため価値観からライフ・スタイル、消費生活にも米国の影響が強すぎるように思われる。アジアの国々、ヨーロッパ諸国、それもこれまであまり日本との接点のなかった東欧にも関心を向けたい。経済的にはまだ遅れをとっているが、そこには豊かな文化遺産がある。

# 第3章　アイスランドの旅

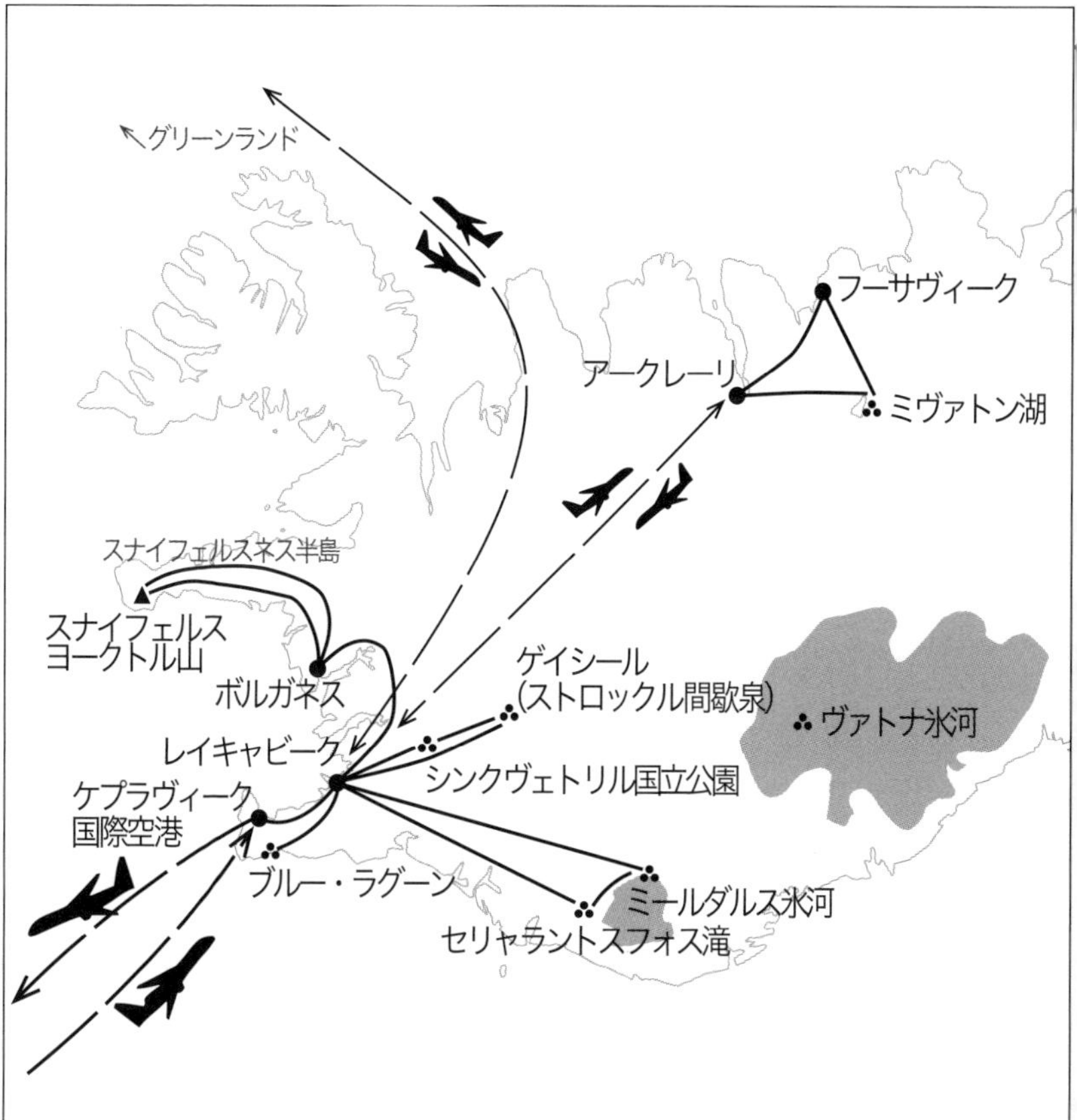
グリーンランド
フーサヴィーク
アークレーリ
ミヴァトン湖
スナイフェルスネス半島
スナイフェルス
ヨークトル山
ボルガネス
ゲイシール
(ストロックル間歇泉)
ヴァトナ氷河
レイキャビーク
シンクヴェトリル国立公園
ケプラヴィーク
国際空港
ブルー・ラグーン
ミールダルス氷河
セリャラントスフォス滝

## 一、アイスランドへの長い道のり

ここ数年夏が近づくたびにアイスランド旅行を思いながらも、結局実現できずに過ごしてきた。日本からの絶対距離が長いうえ、大阪からは航空機の乗り継ぎがあまり良くない。ついでに極圏のグリーンランドまで足を伸ばすことも考えていると、なかなか踏ん切りがつかなかったのである。しかし、今年はもう待てない気がした。体力だけでなく気力がいつまで保てるかわからない。とにかく、具体的に計画を立ててみようと思った。

近年回ってきた中近東やアフリカと違って、アイスランドは交通網も整っているようだし、治安も問題ない。国土も北海道と四国を合わせた程度である。今回は、久しぶりにバック・パッカー的な個人旅行がしたい。ところが実際にプランを考え始めてみると、意外に資料が少ないことが分かった。旅行記の類はいくつか見つかったが、現地の交通や宿泊設備、物価等具体的情報を記載したガイドブックがやや古過ぎた。旅行社の窓口にもアイスランドを即座に説明できる担当者はいない。とりあえずH社で格安航空券の手配を済ませ、宿泊場所や行動計画はあとで考えることにした。

七月から八月にかけてアイスランドは、ヨーロッパの人たちの人気観光地なので、手頃なホテルの確保が難しいらしい。もともと西ヨーロッパや日本に比べ、北欧諸国は物価が高いのである。しかし旅行社を通じると、あるランク以上のホテルしか手配してもらえないので、個人旅行の場合かなり割高になってしまう。バック・パッカーとしては、立地が良ければ宿所のランクはあまり問題にしない。こういう時に頼りになるのは、ユース・ホステルなどパック・パッカー向きホステルである。そこで、まずアイスランドの首都レイキャヴィークのユース・ホステルにe-メールを送った。ただちに反応があった。このユースの本部は国内のツアーも仲介していて、情報集めにも便宜なことが分かった。

あとは、ユースのホームページからインターネットで、こちらの希望日と条件を提示して空きベッドを確認することである。ヨーロッパのユース・ホステルは、ドーミトリー（共用部屋）と家族向きの部屋を備えている。結果少なくとも最初の三日間を含め六日分のレイキャヴィークでのドーミトリーのベッドが確保できた。アイスランド国内のツアーの殆どは、レイキャヴィークを起点に運営されているようだ。動き回るより、首都に落ち着いた方がなにかと便宜なのである。これで今回の旅の方針が決まった。気になる気候条件については、アイスランド日本大使館に電話して、事務の鳥山さんに問い合わせた。この国は北極圏近くに位置しているにもかかわらず、メキシコ湾流（Gulf Stream）の影響で意外に温暖で、夏季の七、八月レイキャヴィークの気温は、九から一九度と日本の初夏と同等である。「ただし、風が強いことがあるので、ウインド・ブレーカーを携帯されるとよろしいでしょう」、と鳥山さん。参考になる資料も、彼女に送って頂いた。

かくて、二〇一二年七月一〇日早朝伊丹を発ち、成田空港からスカンジナヴィア航空に乗り換えてデンマークのコペンハーゲン経由でアイスランドに向かった。アイスランドのケプラヴィーク国際空港着は、同日の二〇時五五分、この時期日本との時差は八時間である。日本では深夜にあたるこの時間帯でも、屋外は真昼のように明るい。アイスランドは白夜の季節である。毎日一時間ほど少し薄暗くなるだけで、日が沈むことはない。

首都から西に突き出たレイキャヤーネス半島のほぼ先端にある空港からレイキャヴィークまでは空港バス

で三〇分ほど、ただ旅客をそれぞれの宿舎迄送り届けるので市の中心部にあるダウンタウン・ユースに着いた時には二二時三〇分を回っていた。二四時間開いているユースのカウンターにいたのは、アイスランド滞在中何かとお世話になったトーマス・バナカス氏だった。とりあえず朝食付き三泊分、一四〇六八アイスランド・クローネ（ISK）を支払って、チェック・インを済ませた。ISKに〇・七掛けするとおよその円に相当するから、一泊当たり約三三〇〇円になる。割り当てられたドーミトリーは、八ベッド室の上段、しかし私の荷物と顔を見た先着の若い男性が下段のベッドを譲ってくれた。日本に比べ冷涼な気候を考慮して、通常のバック・パック旅行に比べると少し過重の衣類を詰め込んでいるから、この親切は大助かりだ。ただちに床上で荷物を仕分けしてベッドに横たわる。長い一日が終わった。

図（3-1）レイキャヴィーク・ダウンタウン・ユース・ホステル

## 二、アイスランドと首都レイキャヴィーク、チョルトニン湖、世界最初の女性大統領

七月一一日、五時に目覚めた。ロビーに行くと、夜勤のバナカス氏がパソコンを操作していた。ちょうどよい折なので、宿泊者用のパソコンでアイスランドから自宅にe－メールを送る方法を訊ねた。旅行中、何らかの方法で連絡することを家人に約束していた。しかし、他所のe－メールを使う場合、①パスワードと、②ユーザー・ネームが必要らしいが、これは準備ができていない。そこで、グローバル・コール・カードをやってみようと、バナカス氏は提案した。五〇ISKのカードごとに固有のナンバーがあり、かつ発信国、受信国のコードを合わせれば比較的安価に国際通話ができる。さっそく試みると、通話音は聞

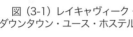

こえるが応答がない。日本は一三時頃である。この時間帯妻が、家にいることは滅多にないので改めて掛け直すことにした。

七時、ロビー横のテーブル席で、朝食を摂った。サイド・テーブルに並んだパン類、オートミール類、マーマレード、ハム、チーズ、果物、トマト、野菜、マンゴーやオレンジ・ジュース、ミルク、コーヒー、ティーを適当に選ぶ。これが以後の滞在中変わらぬ定番だが、シンプルで旨かった。特にマンゴーは味がよくて毎朝二、三回お代わりした。このホステルは、本棟別棟合わせて相当の宿泊客を収容できるはずだが、一〇時までの朝食時間に分散されるので、込み合うことはなかった。

さて今日の一日は、この国の雰囲気に慣れるためレイキャヴィークの中心部を散歩することにしている。アイスランドについて、人々はまず何を連想するのだろうか。私自身何を知っているか。国名のように氷河に覆われ、深いフィヨルドに刻まれた寒冷の地、時折ヨーロッパの気候変動を齎す激しい火山活動にゲイシール（間歇泉）、海の戦士ヴァイキング、あるいは少し詳しい人ならヨーロッパ古代の伝承文学として奇跡的にこの国だけに残り、一二〜一三世紀に筆録されたサガ（物語り）とエッダ（詩）の名を挙げるかもしれない。私がアイスランドの名を知ったのは、社会に出たての頃友人に薦められて読んだ、この国のノーベル賞作家ハルドール・ラックスネスの『独立の民』という長編小説である。もう五〇年も昔のことだ。筋書きは忘れてしまったが、頑固な自営農の男が周囲の批判や偏見にもかかわらず荒野の開墾を進める物語だった。荒涼とした痩せた国土という印象だけが残っている。

ヴァイキングの出身地は、主に今日のノルウェイである。彼らが西ヨーロッパ各地の沿岸で略奪を働いたのは史実だ。しかし、その主要な目的は、漁獲海域の拡大や新しい土地の開拓だった。アイスランドに

図（3-2）手前インフォメーションとプラザ・ホテル

やってきたのも同じ意図からである。そもそも当時のアイスランドには、略奪するような村落も富もなかった。彼らはさらに、北極圏のグリーンランドを経由して、一〇世紀には北米大陸に到達していたことが、今日では立証されている。コロンブスに五世紀も先行する偉業である。今日のアイスランド人は、主にノルウェイから移住した開拓者の末裔といえる。アイスランドが、歴史時代に入るのもこの一〇世紀からである。やがてノルウェイやグリーンランドと共にデンマークの支配下におかれ、この状態が五〇〇年近くも続いた。より具体的な事例は、現地の訪問の際に言及するとして、現在のアイスランドについて簡単に纏めておきたい。

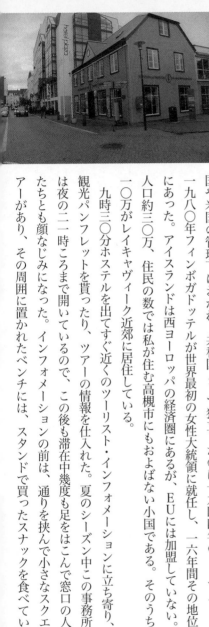

アイスランドが主権国家となったのは第一次大戦中の一九一八年だが、第二次大戦中の一時期、英国や米国の管理下におかれ、共和国として独立したのは一九四四年のことである。一九八〇年フィンボガドッテルが世界最初の女性大統領に就任し、一六年間その地位にあった。アイスランドは西ヨーロッパの経済圏にあるが、EUには加盟していない。人口約三〇万、住民の数では私が住む高槻市にもおよばない小国である。そのうち一〇万がレイキャヴィーク近郊に居住している。

九時三〇分ホステルを出てすぐ近くのツーリスト・インフォメーションに立ち寄り、観光パンフレットを貰ったり、ツアーの情報を仕入れた。夏のシーズン中この事務所は夜の二一時ころまで開いているので、この後も滞在中幾度も足をはこんで窓口の人たちとも顔なじみになった。インフォメーションの前は、通りを挟んで小さなスクエアーがあり、その周囲に置かれたベンチには、スタンドで買ったスナックを食べてい

図（3-3）待合い広場

る若者や新聞を読む人、散歩の途上で一休みしている年配者などが寛いでいた。スクエアーを囲んで南面左に、緑の屋根に赤壁白い窓枠のピザ・レストラン、右側に赤屋根に黄壁のカフェー、東にグレイと白壁の二軒のファーストフードの店、西側のインフォメーションの並びには、道路脇にテーブルをだした瀟洒なセントラル・プラザ・ホテルやスーパーマーケットが並んでいた。名前もない空間であるが、この後外出時には朝な夕なに通り抜けることになる。私は勝手に、「待合い広場」と呼んだ。レイキャヴィークには人目を引くような大建造物やモニュメントは殆どない。つつましやかなスクエアーは、この首都に相応しいと思った。

　待合い広場の一筋南の小道を入るともっと大きな国政広場（9頁　図3―4参照）があり、その南面にストーン・ハウスと呼ばれる黒煉瓦造り三階建ての国会議事堂（アルシング）が建っていた。幅奥行それぞれ四〇メートルほどの建坪しかない。国会議事堂に向かって立っているのは、この国の建国に尽くしたヨウン・シグルズソンの像である。国政広場は芝生に覆われ、誰でも自由に立ち入ることが出来る。数組の家族づれが、短袖姿で日光浴をしている。端では数人の若者が、上半身裸でふざけてとっ組み合っていた。タンポポが咲いている。隅の花壇の黄色や紫の花が、美しい。

図（3-5）チョルトニン北湖

　議事堂の横を南に下り、市民ホールと劇場の間、

図（3-6）チョルトニン南湖

チョルトニン湖の北岸に出る。ダウンタウンの中心部近くに、水と樹林豊かなスペースが広がっていた。三〇分もあれば一周できると踏んで、逆時計まわりに歩き始めた。左に湖、右に傾斜のある林の間に遊歩道が伸びている。遊歩道には程よい間隔でベンチがある。台座に胸像が載っている。アイスランド語で表記されているから、台座の主のことは分からない。この国のアルファベットには、見慣れない記号の様な表記が混じっている。湖の中央で噴水が上がる。

右手の林間には、傾斜のある色とりどりの屋根のついた二階建てのマンション風の立派な建物が散在していた（9頁　図3—7参照）。後日、その上手の自動車道をタクシーで走ったとき、このあたりの豪壮な建物が個人所有か、あるいは数家族が居住する家屋かをドライバーに尋ねたところ、「知らない」と愛想のない答えが返ってきた。なんで他人のことにつまらぬ関心を持つのかと思ったのかもしれない。より国民所得が高いにも関わらず一般的に手狭であまり良いとは言えない日本の住居環境を、私は思い浮かべていたのだが。ヨーロッパを旅していると、田舎はともかく日本の都会はあまり美しくない、とつい比較してしまう。電柱が乱立し、色調が地味なうえ、植生が少ない。

湖は、自動車道によって南北に分かれていた。南湖の方は湿地帯という感じで、水草が生え水深が浅い。水鳥が多く集まっている。その多くは渡り鳥で、この湖がよい中継地なのだった。東の丘上に尖塔が見えた。レイキャヴィークのダウンタウンで最高所に建つというハットルグリムス教会に違いない。その尖塔を目印に、丘を登って行った。七〇メートルを超える尖塔は、青空に突き刺さるように聳えていた。時計台を

図（3-8）ハットルグリムス教会

兼ねた塔の下に教会入口があり、その背後に内陣がある。それほど歴史のある教会ではないが、斬新なスタイルと規模によりレイキャヴィークのシンボルになっている。入場料を払えばだれでもエレベーターで最上部にのぼることができる。教会前の広場に、グリーンランドを発見した偉大な探検家、レイフ・エリクソンの像が立っている。

　この広場から四方八方に伸びた道路は、すべて下り道である。私は、入り江に向かう道を選んで北東方向に下っていく。護岸工事がされた海岸線沿いに、道を尋ねながらしばらく東に進むと目的の「白い家（ホフディ・ハウス）」が見えてきた（9頁　図3―9参照）。グレイの屋根に白壁の家で、現在記念館となっている。家は盛り上げた空き地の海岸寄りに建っていた。左右の棟が前方に出っ張り、中央の階段を数段登った南面に入口が付いた簡素な二階建てである。草の生えた敷地内は立ち入り自由だが、建物は閉ざされていた。管理人の姿もない。草地の入口にある立札によると、この家は一九〇九年フランス人医師の邸宅として建てられ、その後はフランス領事館として使われていた。アメリカのレーガン大統領とソ連のゴルバチョフ書記長が対談する写真がその下のプレートに刻まれている。一九八六年一〇月、フィンボガドゥテル大統領の仲介で冷戦停止のきっかけとなった歴史的会談がこの白い家で実現したのである。その部屋は、正面奥の海側らしい。中道的なアイスランドで、警護もしやす

図（3-10）ホフディ・ハウス標識

図（3-11）ロイガヴェーグル通り

い海辺のこの小さな屋敷が会談の場所に選ばれたようだ。しかし、市の観光案内所でことさらに「白い家」を宣伝しているわけでもない。私が訪問している間にも、個人客が数人きて写真を撮っていた。みな外国からの旅客であった。悠久の歳月の中のある一日だけ、世界の耳目がレイキャヴィークに集まり、報道陣でごった返した。土地の住民にとっては歴史的会談も、ただそれだけのことであったのかもしれない。

ホステルへの帰りには、海岸通りと平行に走るロイガヴェグール通りを歩いた。レイキャヴィークの目抜通りで、歩行者天国になっている。一〇メートルほどの道の両側に、せいぜい三階止まりの商店やレストランが軒を連ねる。柳の並木になっているところもあった。道路にテーブルを並べたオープン・カフェー、そこに寛ぐ人たち。私はこのような雰囲気が大好きなのだ。

小店でサンドイッチとミルクを買って、ホステルで昼食を済ませる。ホステルの自炊棟には調理機材、食器、コンロ、湯沸し、調味料、コーヒー、ティーなどインスタント飲料が備えてあり、宿泊客は自由に利用できる。バック・パッカーにとって、ユース・ホステルはなかなか便利な場所である。

時差の影響か体が重いので一四時過ぎまでホステルで過ごした。午後は郊外にあるアウルバイル野外博物館を見物しようと、インフォメーションに寄った。ところが教えられた一二番のバス停の場所が分からない。通行人に訊ねながらホステルからかなり離れた場所に出てしまった。午後の陽射しは強くまぶしい。ようやく来たバスに乗り込み、目的地を告げて運転手近くの席に陣取る。バスは、レイキャヴィーク湾沿いに、市街地を東に走った。人口一〇万の小都市にも関わらず市域は広い。散在する宅地を曲線的に走る

図（3-12）野外博物館

のでなかなか目的地に着かない。小一時間経ったところで、建物が点在する博物館らしいところにきたが、バスは通り過ぎてしまう。あまりに時間が掛るので運転手に聞いたら、しまったという顔をした。私の存在を忘れていたのである。

「あと三つ目だ」

バスは周回してダウンタウンに戻る途中だった。やはりさきほど見かけた場所が野外博物館である。閉館の一七時まで二〇分しか残っていない。開いたままのゲートを無料パスで抜け、散在する展示物を慌ただしく見て回る。レイキャヴィーク中心部にあった一八二〇年代から二〇世紀初頭までの伝統家屋を移築したものだ。農家や民家など近現代の庶民の生活を紹介するのが目的のようだ。ミュージック・カフェーやクラシック・カーの修理工場、カトリック教会として建てられ後に体育館に改修された家など慌ただしく見て回る。週末には催しもあるらしい。展示場に相応しい民族衣装を着けた案内人もいたが、みな帰り支度を急いでいた。レイキャヴィークの郊外を往復六〇〇ＩＳＫのバス賃だけで見物できたと諦めて帰途についた。

## 三、グリーンランドへの日帰り旅行、イヌイットの人々

七月一二日、夜半二時半に目覚めて自宅にグローバル・コールをかけるが反応がない。朝の一〇時半のはずだが妻は何をしているのだろう。この後七時ころまでベッドにいたが眠りが浅かった。朝食を済ませ再び国際電話を入れたが、通話音が響いているにもかかわらずやはり応答がなかった。バナカス氏が、

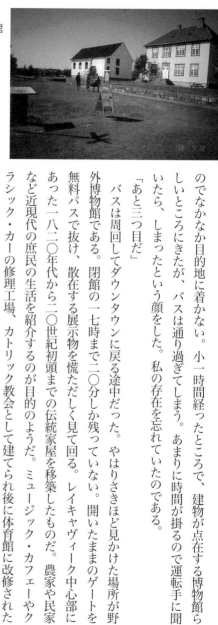

図（3-13）クルスク空港

e－メールを発信してくれるという。彼は英文をグーグルの自動翻訳機にかけ、日本文にしてメールを発信したのである。「トーマスだけは翻訳できないらしく、英文のままだ」と彼は笑った。

八時五〇分、タクシーが迎えに来た。デンマーク領グリーンランド行のアイスランド航空は、ダウンタウンすぐ南の国内線空港から飛ぶのである。予定より三〇分遅れの一〇時四〇分離陸した。目的地クルスクは、グリーンランドの南東部に位置し、レイキャヴィークからは約二時間の飛行距離である。時差も二時間なので、往路はレイキャヴィークを離陸した同じ現地の時間でクルスクに着き、復路は出発時より四時間後にレイキャヴィークに到着することになる。中国人の客が多かった。

出発時の遅れを取り戻せないまま、時刻表より一時間遅れの一一時一〇分クルスクに着いた。グリーンランドに近づくと、雪に覆われた岩肌が機体に迫ってきた。海岸近くの山間を切り開いた小さな平地が、クルスク空港である。

グリーンランド・ツアーは人気があり、飛行機の座席も限られているから早めに予約したほうがよいと案内書に載っていた。そこで最初にレイキャヴィークのユース本部にメールを入れたとき、カードで料金を決済して予約していた。私の手元には、確認メールの写ししかない。滞在中の段取りもよく分からないまま、クルスク空港に降り立ったのである。待合室に入ると、背の高い男が大声でツアー客を集めた。本日の仲間は一〇数名のようだ。中国人のグループは、いつのまにかいなくなった。

「一時間遅れですが、本日のツアーはもともと四時間のコースですから心配いりません。これからおよそ五〇分かけてイヌイット（グリーンランド原住民）の集落までハイキングします。皆さん足元は大丈夫ですか」

一行には、もう一人アイスランド航空の女性のリーダーが付いている。

待合室を出ると冷気が頬に触れた。摂氏五度の気温、風もなく快晴である。登山用の出で立ちにジャケットを纏っているから寒さは感じない。土埃の道をしばらく進むと、右手入り江の岸に円筒形の石油タンクが数本見えてきた。平地でも低所には雪が残り、遠近の山の頂は雪で覆われていた。道は緩やかな登りになり前方に小さな丘が見えた。丘の手前に白い十字架が乱立し、花が供えられている。イヌイットの墓地だった。花と見えたのは、近くで見るとみな造花である。もともと彼らは、岩の間に遺体を放置するだけだった。プロテスタントに改宗してから、土葬が一般的になった。

図（3-14）イヌイットの墓

図（3-15）雪渓

丘の頂に立つと、幾重にも入り組んだフィヨルドがあり、青屋根に赤褐色の壁の人家が入り江の岸に集中している。これがイヌイットの集落だった（9頁　図3―16参照）。イヌイットは、サケやアザラシの捕獲を主な生計としている狩猟民族である。

丘の反対側の斜面には、一〇〇メートルほどの雪渓があった。その雪渓の上を今度は下る。私は長年日本の山歩きをしてきたが、雪道は大の苦手だ。夏でも日本アルプスの高山にはいたるところに雪が残

図（3-17）クルスクの桟橋

図（3-18）スーパーに居たイヌイットの子供

り、雪渓を横切らなければならないことがある。そのような時、登山仲間によく冷やかされた。今日は、ゴム底を履いているのでいっそう滑りやすい。たちまち一行から遅れてしまう。女性リーダーが戻ってきて腕を支えてくれた。頼りない年寄にみえたことだろう。

下り切った所の小さな入り江の対岸に桟橋が突き出、モーターボートが数艘繋留されていた。釣り具を抱えた大人の周りに、子供が集まっている。私たちは、まず村のスーパーマーケットを訪ねた。高床式木造の建物で、やや大きな雑貨屋という感じである。肉、魚などの生鮮食料品から、乾物、缶詰、保存食、調味料、酒類、衣類、日用雑貨と一応並んでいるが、野菜類は少ない。多くは、アイスランドからの輸入に頼っているから割高らしい。この寒冷地では畑作もままならず、家畜を養うことも難しい。店を切り盛りしているのは中年の主人ひとりで、他に店員はいない。村人が次々にやってきては、買物を済ませて立ち去る。幼児も交じっていた。彼らは毛編みの上下を着ている。モンゴル系のまるい顔立ちと肌色の人たちである。国内で出会ったら日本人と区別ができないかもしれない。

男性リーダーによると、およそ六〇〇〇人のイヌイットが、世界一の島グリーンランドに住んでいる。しかし交通手段が限られるから、集落ごとに孤立し日頃接触する機会がない。そのため近親結婚が多く体質の劣化が起こりやすいという。ただ衛生面の改善がすすみ、平均寿命は六五歳まで上がってきた。アル中患者が多く、自殺率も高いのが問題である。イヌイットは長期の計画もなくただ今日だけに生きている、とリーダー。おそらく蓄積する余裕のない漁労生活の故だろう。

買物を済ませて立ち去る親子連れを見送りながら、土道の行く手にあるイヌイットの勝手な方角に向いた家屋群の写真を撮った。道の両側に雪が堆積している。くすんだ濃紺の切妻屋根に赤褐色壁の家々は、それなりに統一感があった（10頁　図3—19参照）。少し霧が垂れこめている。最後に立ち寄った土産物店で、熱いティーを貫った。イヌイットの狩猟道具、飾りものなどが展示されている。彼ら手作りの毛織ものや木彫り人形には、結構高い商札が付いていた。この店で帰途のボートの乗船券を買う。

図（3-20）イヌイットの細工

すぐ裏の岩山に登り、それぞれ適当な岩に腰かけて、イヌイットの男が語る物語を一〇分ほど聴いた。男は、白シャツに黒ズボン、皮製の長靴を履き、デンデン太鼓を手にしている。彼は少し前かがみになり低い声で話し始めた。時々抑揚をつけ表情を変えて太鼓を打つ。間に全く音程の違う声色が混じった。リーダーの解説によれば、シロサギとカラスの対話が主題である。夫々が自説を主張する。しかし結局二羽は折り合えない。違う種類のものは永久に交わることが出来ない、というのがこの物語の悲しい教訓らしい。この後、イヌイット女性の踊りも予定されていたが、取り止めになった。先ほど一行とすれ違った車で病気になった踊りの女性が救急搬送され

図（3-21）クルスクの語り部

ていた、と男のリーダーがいう。

「このようにしてイヌイットの伝承も、次第に消えていくのかもしれません」

モーターボートに数人ずつ分乗し、氷塊が浮かぶ間を縫ってイヌイットの集落がある岬の外を回り、二〇分ほどで石油タンクのある飛行場近くの浜に着いた。山裾に、低く横長の霧が伸びている。飛行場で女性リーダーから、「北緯六五・三二度、西経三七・一五度のダン岬（クルスク）訪問」という風景写真付きのアイスランド航空による証明書を貰った。北緯六六・三三度の北極圏にはわずかに入っていないが、グリーンランドに一歩を印したということで私は十分満足している。極圏ということなら、既に一五年以上前にフィンランドの北緯七〇度にあるサンタクロース村ロヴァニエミより北に旅しているのである。

一五時グリーンランドを立ち、アイスランド時間の一八時五〇分レイキャヴィーク国内空港に到着、ここからは徒歩で四〇分かけて、ユース・ホステルに戻った。機内食で大型のサンドイッチが出たので、夕食は簡単に済ませる。息子からのｅ－メールが届いていた。夜二三時、妻に初めて電話が通じた。

## 四、黄金の周回コース（Golden Circle）、最古の議会跡、大地の裂け目（ギャウ）

七月一三日、六時起床。朝食を済ませてロビーに待機していると、八時に予約していたＩＥ（アイスランドエクスカーション）の車が迎えに来た。複数の送迎バスで市内各所からＩＥ社の事務所前駐車場に集められた客は、ここでそれぞれのツアーバスに仕分けされて目的地に向かうのである。私が参加した「黄金の周回コース」は、最も人気があり、この国で絶対に見逃すことのできない自然と歴史が集約された地域だった。ガイドを兼ねた女性が運転するマイクロバスは、一四、五名のグループを乗せて八時三〇分走り出した。「黄金の周回コース」は、レイキャヴィークの東一〇〇キロ圏内にあり首都からの日帰り旅行に適している。

この国は日本に勝る火山国である。二〇世紀の一〇〇年間に、四二回の火山噴火があったという。近年では、黄金のサークルのすぐ東にあるヘクラ山の噴火で西ヨーロッパの気候が甚大な影響を受けている。なかには氷河の中に隠れている危険な活火山もある。噴火の予知が難しく、対応が遅れるのである。一九九六年、この国の南東部にある西ヨーロッパ最大のヴァトナ氷河の下にある火山が噴火した。その熱で氷河の底が溶け始め、厚さ五〇〇メートルもあった氷河の頂が溶け始めたのである。かくて毎秒四万五〇〇〇トンの洪水となった。淀川の水量毎秒三三〇トンに比べ桁違いである。

この国は、一万年の昔には全土が殆ど氷河で覆われていた。その氷河により頂が削られた台地上の丘陵が車窓から見える。地図を見ると国土の北部には無数の深いフィヨルドがあるが、氷河の爪痕である。段差のある幅広い川筋を一気に落ちるフォスと呼ばれる滝も氷河地形の特徴であろう。那智の滝のような一筋の水が流れる優雅なものではない。本日も、その一つを訪ねる予定である。

九時、バスは広大な荒蕪地を走っている。短い雑草が台地に彩をそえるだけで、樹木がない。これも氷河時代の名残かと思っていたらガイドさんは、最初のノルウェイ人がアイスランドに定住を始めた九世紀頃は、全島樹木に覆われていたという。出身地より寒冷なこの土地の冬を越すため、彼らは大量の薪材を切り出した。アイスランドの樹林の成長は遅く、定住後二〇〇年のあいだにこの島の樹林は消滅してしまった。ここ数十年来、やっと植林が始まったのである。

この国最大のシンクヴェトラヴァトン湖の横を走る。湖畔に幾つか美しい別荘が建っているが、地元の

図（3-22）シンクヴェトラヴァトン湖

図（3-24）世界最初の議会跡

反対もあるという。自然景観に人工物が加わるのを嫌っているのである。このあたりでは、大地の裂け目(ギャウ）を間近に見ることが出来る（10頁　図3―23参照)。この島の中央部を北東から南西に向けて「海嶺」(海底火山）が走っている。普通海嶺は海の底にあり人目に触れることはないのだが、アイスランドは海面上に海嶺が顔をだしてできた島なのである。

海嶺の頂では噴火による溶岩が固まりプレートが形成される。このプレートが大陸を下支えする。アイスランドの海嶺の両側でユーラシアプレートと北米プレートが形成される。そのプレートが両側から引き合うため大地に裂け目ができた。ここシンクヴェトリルでは、幅数メートル深さ一〇メートルを超す裂け目の連なりが地表にでている。その裂け目は一年に二センチずつ広がっている。二つの大陸の基礎がここで生まれ、私はそれをリアルタイムで見届けているのだ。このギャウは、地球を一周し日本のフォッサマグナに連なっている。日本の北側半分は北米プレートの上に乗り、南半分はユーラシアプレートで支えられている。互いに潜り込もうとする二つのプレートのずれにより、たとえば一九八三年の日本海中部地震が発生した。

そのような地球規模の特異な地殻変動を昔の人が認識していたとは思えないが、アイスランド史上で最も重要な行事の一つの開催地にこの土地が選ばれたのである。紀元九三〇年六月の二週間、初期の定住者たちがアイスランド各地からこの場所に集まり、世界最初の議会（Parliament）を開いたのだった。会議では、参加者全員平等の権利と発言権が認められた。この史実の精神は、今日でも受け継がれているという。アイスランド人にとって、シンクヴェトリルという名称は議会の代名詞のようなものである。

ギャウから一キロほど移動して背後に二〇メートルほどの岩壁が連なる緩やかな坂道を登る。青地の上に白い縁取りをした赤十字のアイスランド国旗が翻っている。岩壁を背後に低地を見下ろすと、蛇行する幾筋かの小川が見えた。川向の右手に教会と森、遠景に低い山並み、今日はすこし曇っている。この高台で演説すれば、背後の壁に反響して参会者全員に声が届いたであろう。小川に架かる二つの小橋を渡り、マイクロバスが駐車している場所まで歩いた。キンポウゲが美しい。

図（3-25）グトル・フォス

次に向かったのは、グトルフォス（滝）、途中サラブレッドや羊を飼育している農場地帯を過ぎた。グトルフォスは、幅七〇メートルほどの川自体が二段になって落下するアイスランド特有の巨大な滝だった。駐車場から下段の滝口まで金属製の階段を下りていく。日本の滝に見られる滝壺の澱みなどなく、落下した水はそのまま滔々と流れていく。

下の滝から流れに沿って二〇〇メートルほど歩いた。このあたりで川が曲っているので、流れがうねるように盛り上がっている。歩行者は風向きにより波しぶきをまともにかぶった。上の滝は下の滝ほどの落差はないが幅があり、岩肌を縫って急流が逆巻いている。一年ほど前に訪ねたジンバブエとザンビア国境のヴィクトリアの大瀑布にはスケールでは及ばないにしても、全体を一望に収めることが出来る景観として優れていると思った。

グトルフォス近くの休憩所で、一二時から約一時間のランチタイム。コーヒーを摂り、持参のサンドイッチを食べた。午後は、ストロックル間歇泉の見学。もともとゲイシール（geysir）が世界一の間歇泉として知られていた。英語のgeysirは間歇泉を示す普通名詞になっているが、もとはこの地の間歇泉名だったのである。ゲイシールは数十年前から吹上が止まってしまった。現在観光客が目にするのはストロックルの方である。

図（3-26）ストロックル間歇泉

大きな円形の柵を廻らせた周りに人々が群れていた。その中央には直径一〇メートルほどの穴があり、燃え滾る熱湯がぶくぶくあわを立てている。およそ一五分間隔で熱水が空中に吹き上がるのである。間歇泉は、圧力釜に似ている。時間をおいて一定の圧力まで高まると、そのエネルギーが排出される仕組みだ。いつ上がるが分からない噴水をカメラに収めようと待つ時間は長く感じられた。ゴボーという音、次いでパオアーンと水煙が空中に伸び横に広がっていく。高さ約三〇メートルまでのびた。第二弾、第三弾がこれに続く。そのたびに観客の歓声が上がった。単発のときもあれば、このように連発もあるらしい。ストロックルでさえこの勢いだから、七〇メートル以上吹き上げたといわれるゲイシールの迫力はどのようであったろうか。現在は、すぐ坂の上に残るゲイシールの噴火口を覗いて想像するしかない。

観光客で賑やかな間歇泉のつぎに向かったのは、平野の中に建つ簡素なスカルホルト教会である。一一世紀に由来するこの教会は、アイスランド最初の司教座があったところ、この国最初の文法書が編纂されたり、プロテスタントへの改宗に最後まで抵抗したアイスランド文化の中心地だったという。しかしアイスランドの古文化を知らない異教徒には、平凡な外観のスカルホルトを見ても残念ながら格別の感慨が湧かない。

今日のツアーの最後に立ち寄ったのは、温泉熱を利用したパワープラントである。この国のエネルギーの七〇％は水力発電、残る三〇％は地熱エネルギーによる。一〇〇％クリーン・エネルギーなのである。このプラントから三〇キロ離れたレイキャヴィークまで、温熱パイプラインが敷設されているが、温度は数度しか失われない。九五％の家庭が、その恩恵を受けている。冬季の道路の凍結も、温熱で予防されているという。

一七時過ぎ、ユースに戻った。しかし今夜から二晩はユースのベッドが確保できなかったので、宿替えしなければならない。タクシーを呼んでもらって、チョルトニン湖の南にあるガーデュール・ホテルに移動した。徒歩一五分ほどの距離だが、荷物が少し重い。

二階の受付で鍵を貰い、四階のドーミトリーまで階段を上がる。エレベーターはない。見兼ねた受付の男性が、手荷物を運んでくれた。二、三階は、個室になっている。ドーミトリーは、屋根裏の八ベッド部屋。屋根の傾斜でベッドのすぐ上に天窓が開かれている。天窓のカーテンを開けると、外光で手元が明るくなる。ここが、これから二日間の拠点だ。

## 五、ミヴァトン湖と捕鯨の町フーサヴィーク、鯨がジャンプした

七時四五分発のアークレーリ行に乗るため、朝食を諦め六時二〇分ホテルを出た。ホテルの朝食は七時からである。二日前グリーンランド旅行で利用したばかりだから、国内空港までの距離感は分かっている。ガーデュール・ホテルは、ユースと空港のちょうど中間にある。二〇分あるいて六時四〇分、空港につい

たが待合室は閉まっていた。外で待っていた二人連れの女性が私を見て、ほっとした表情をした。タクシーで間違った場所に連れてこられたのではないかと心配していたらしい。彼女たちも一番機でアークレーリに日帰り旅行をするのである。二人とも米国コネチカット州の人。

七時になって、最初の職員が自家用車でやってきた。ついで売店の売り子。事務手続きの準備待ちの間に、売店で飲食物を買って朝食代わりにした。このツアーも日本出発前に予約していた。メールによる予約確認書を提示して、搭乗券を受け取る。定刻に離陸した航空機は三〇分たつと着陸態勢に入った。アークレーリの人口は一万八〇〇〇、アイスランド北岸の中心都市である。空港待合にいたガイドの男性に導かれて、中型のバスに乗り込んだ。今日も手元の予約確認書と主要な訪問先の記載だけが頼りだから、どのようなツアーになるのかよく分からない。ツアーのタイトルは、「北のハイライト」となっている。コネチカットからの二人の婦人は、別のグループらしい。

空港を出たバスは、間もなく入り江の畔で停まった。

「対岸にアークレーリの市街地が広がっています。写真を撮りたい方はどうぞ」

アークレーリの街中には入らないらしい。帰りのバスも直接空港に向かったので、残念ながらアークレーリを歩く機会はなかった。

バスは、ミヴァトン湖を目指して東に向かう。アイスランドを一周するリング道路の一部を私たちの車は走っていた。氷河の跡か、上部がフラットな山並みが連なる。羊や山羊が放牧されている。九月の末までの短い夏季だけ屋外に放牧され、あとの半年以上を畜舎で過ごすという。このあたりの農場は平均二〇〇頭の飼育規模である。円柱状の白いシートが、あたり一帯に転がる。中には乾草が詰まっている。

五月と七月が乾草の収穫期で、農場が一年中で最も忙しくなる。

九時過ぎ、サケやマスが獲れるという湖を右手に過ごし、ゴーザフォス（神の滝）に着いた。昨日訪ねたグトルフォスに勝るとも劣らない見事な大瀑布である。落差はあまりないが川幅が広く、水量が豊かである。首都から離れているため観光客は少なく、静かに滝の全貌を眺め写真に収めることができた。一〇世紀、シンクヴェトリルの議会でキリスト教への改宗が決定され、ノルウェイからの移住者たちが信奉してきた神々が廃棄されることになった。古い神々の像が投棄されたことから、神の滝と呼ばれるのである。

この国の河川の豊かさを二日続けて経験したが、エネルギーの七〇％を賄っているというダムなどは滝の周辺には見当たらない。かつてグトルフォスにはダム建設の計画があったが、一少女が投身自殺を決意して事業中止を迫ったといういきさつが記されている。アイスランドの人たちは、クリーン・エネルギーの開発と自然景観の保護を両立させているのである。岩場のなかの小道を下流に向かって歩き、バスが駐車している対岸に渡った。

一〇時半ミヴァトン湖の西の畔に着いた。山中の湖を予想していたが、開けた湿地帯である。水域は広大だが平均水深は二メートルと浅い。マスなどの魚が豊富で水鳥の生息に適した大きな水溜りだ。しかしミヴァトン湖が有名なのは、火山活動の痕跡が判然と残っているからである。湖岸に幾つか台上の頂を持つ丘がある。火山のクレーター跡だった。湖に突き出たクレーターまで草道を登っていった。小道の途中には別のクレーター跡もあった。いずれもクレーターの底まで草に覆われていた。クレーターの突端に立つと、湖の対岸に噴煙があがっているのが見えたが、これは別の噴火口である。約二〇〇〇年前この噴火口から爆発が起こり、火砕流がこの湖に流れ込んだ。その痕跡は、湖岸を走っているときに認められた。

火山岩の赤茶けた岩石が堆積していたのである。ミヴァトン湖の周辺は、依然火山活動の中にある。

ミヴァトン湖を半周して東北端のレイキャフリーズという集落に着いた。ここで同行者の大部分は別のバスに乗り移った。さらに東のデティフォスというこの国最大の瀑布見物の参加者なのである。ガイドは、残りの三人を車内にとどめた。これから我々はフーサヴィークに向かうのかと念を押したら、ガイドはびっくりした顔をした。ここまで同行した参加者は、異なるツアーの混成である。このガイドは、参加者一人一人の目的地を確認していなかったのである。彼は、私にフーサヴィークまでの切符とフーサヴィークからアークレーリ飛行場までの二つのバス券を手渡した。

「フーサヴィーク行のバスは、一五分のちにこの停留所にやってきます」

頼りないので、停留所の事務員に確認してやっと安心した。異国の旅では絶えず確認しておかないと、とんでもないことになる。ここから先はガイドなしで行動しなければならないようだ。フーサヴィーク行のバスが動き出すと、朝から曇っていた空から雨が落ちてきた。しかしフーサヴィークに着くころには雨は上がり、陽射しが出た。

フーサヴィークは、捕鯨船の基地として知られている。アイスランドは、日本、ノルウェイと並ぶ捕鯨国である（10頁　図3—27参照）。フーサヴィークは、これから私が乗り込む鯨観察船と捕鯨船がともに停泊している世界でも珍しい港だ。この二種の船を見誤ると、鯨の方もひどい目に遭う。

岸壁に近い海岸通りには、木造の海鮮レストランが並んでいた。その間の階段を上って乗船券の発券事務所に行く。私の予約証とバス券を見た係りの女性は、「ガイドが乗船券を渡すのを忘れたのですね」、といって新たに発券してくれた。観察時間は三時間という。次の乗船時間の一三時半まで小一時間あるので、レストランで軽食を摂った。

帰還した午前中の客に代わって、一〇〇人ほどが鯨観察船に乗り込んだ。通路わきに。フードつきの分厚い防水コートが山積されている。波しぶきを防ぐためだが、防寒にも役立つ。三時間も潮風にあたると体温を奪われる恐れがある。大きさも確かめず手ぢかにあったコートを着けたところ、たまたま特大だったため、だぶだぶで身動きが取れない。近くにいた中年の女性が笑い出して、「記念写真を撮ってあげよう」と私のカメラを手にした。

その後で、

「ちょっと待っててちょうだい。体にあうサイズを探してきますから」、と言って船尾に向かった。彼女が選んで着衣を助けてくれたコートは、ぴったりだった。子供用のコートだったのかもしれない。海岸通りと背後の丘に色とりどりの民家が建つ美しい港を後に、私たちは出港した。

フーサヴィーク湾では、九〇％以上の確率で鯨に遭遇できるとパンフレットに謳われている。捕鯨というと日本では南極がまず頭に浮かぶが、八年ほど前に出掛けた南極では一度だけ鯨が跳ねる姿を見かけただけだった。フーサヴィークでは、まだ陸地が見える範囲で鯨に出会えるらしい。ただし南極と違いこのあたりでは、ペンギンの話は聞かない。この船の女性ガイドがマイクを手に舳に立ち、観光の注意事項を話した。

「航海中鯨が出現したら、時計の短針に例えて方向を指摘します。たとえば私が二時と言えば右前方六〇度、九時なら左真横というように」

この海域で観察できるのは、ミンク鯨とザトウ鯨（humpback whale）の二種類という。防波堤の外には、三本マストのスクーナーも見られた。やがて、「二時の方向」とか「一一時にミンク」というガイド嬢のマイクの声が聞こえてきた。しかしこの方角は遠距離なので、私の視力では見分けることができない。このようなことが一時間半ほど続いた。水族館でイルカを見物するのと違い、大海の中で波間に動く動物を慣れない観察眼と弱い視力で発見するのはやはり無理かと少し諦めかけた。

とその時、近距離で黒い体と尾びれが波上にはっきり認められたのである。つづいてもう一匹。ついには鯨が空中にジャンプした！

乗客の間で歓声が上がった。

「今、左右両舷で殆ど同時に鯨が跳ねました」とマイクの声。

このあとも一、二回、鯨の巨体が水面近くに浮上する姿を見つけることが出来た。

港に戻る途中、レンディという台形の草の生えた小島近くで、暫時野鳥を観察した。島の岩場は、ツノメ鳥（puffin、白い顔面と胸毛に灰色の羽、短く赤い嘴をもつアイスランドの国鳥というべき鳥）など海鳥の営巣地である。

一六時三〇分フーサヴィークに帰港した。バス停で、若い男が声を掛けてきた。見るとユース到着の晩に、下段のベッドを譲ってくれた人である。この国を一周しているらしい。一七時のバスでアークレーリ空港に戻る。空港で、コネチカットからの二人の婦人と再会した。

## 六、再びレイキャヴィークでの休日、小さな議事堂（ストーン・ハウス）

七月一五日、六時起床。久しぶりで七時間熟睡した。七時このホテルでの最初で最後になった朝食を摂った。今日から三日間は、再びユースのベッドが確保されている。やはりダウンタウンの中で宿泊する方が何かと便利である。スーパーでの買物も容易だし、夕方の町歩きも楽しい。一〇時にタクシーを呼んでもらって、ダウンタウンに向かった。まだ部屋の清掃が終わっていないので、ユースに荷物を預けて、インフォメーションで明日七月一六日と一七日のツアーの予約を済ませる。三日間忙しく動き回ったので、今日は再びレイキャヴィークで過ごすつもりである。顔なじみになったユース受付の女性から、「一二時に、時計台前から、市主催のガイド付き町歩きツアーが出ます。無料ですがいかがですか」と薦められ、参加する気になった。

先日日帰りツアーで立ち寄ったＩＥの事務所脇のスペースのところにスタンドと小さな時計台がある。インフォメーション前の「待合い広場」を横切り、アウストリャチ通りを五分も東に進むと時計台のところに出る。その先は歩行者天国のバンキャスチ通り、既に紹介したロイガヴェーグル通と首都の目抜通りが続く。しかしレイキャヴィークのダウンタウンでは、バスが走る表通りはさておき一般道路で自動車は最徐行で移動し、道を歩いている人があれば横断が終わるまで停車して待っている。警笛は鳴らさない。歩行者が絶対的に優先されるのである。

私が少し早めに時計台に着いた時には、近くのベンチに一人の女性が座っているだけだったが、一二時直前に一〇数名の人が集まってきた。やがて黄色い制服の上着を着けた丈のあるボランティア・ガイドのオスカーがやってきた。片手に水のペットボトルを下げている。彼は、「レイキャヴィークは一度大火で焼かれたため、あまり古い建物は残っていません」と近くのランドマーク・タワーや三角屋根の新聞スタンドを指した。一行は、バス通りを東に横切り、バンキャスチ通りの坂の上り口で立ち止まる。バス通りに面して前庭が芝で覆われた少し大きな白い二階建てがたっている。このあたりを散歩していた時何度も目にしていたが特に気にも留めなかった。正面屋上に国旗が翻っているが、周囲には柵もなく立ち入り自由である。

「この家はかつて監獄に使われていて、多くの罪人が囚われていました」とガイドはいった。「現在閉じ込められているのは、ただひとりだけです。可哀そうなレイディが」

そこは首相官邸だった。初代大統領と同じく現職の首相は、女性なのである。議事堂や首相官邸など政治の中枢が、土産物店、レストラン、ブティック、観光バスの発着所などが集まるダウンタウンの中に混在していた。

見学の合間にガイドは、アイスランドやレイキャヴィークのことに触れる。この国には軍隊は存在しない。ファースト・ネームだけで、家族名もない。区別が必要なときには、父親の名に「の息子」ないし「の娘」を付加する。これはフィンランドを除くスカンジナビア諸国に共通らしい。たとえば、エリクソン（エリクの息子）、アンデルセン（アンデルの息子）というように。

人口が限られているので、デートの相手が後で近い親戚と判明することも稀ではない。近世以後の教会史は、異教徒であったヴァイキング時代を批判的に描く傾向がある。現代の遺伝子学で分析すると、男性遺伝子はヴァイキングの主な出身地ノルウェイ人のものに近く、女性の方はアイルランド系に近いという。この事実は何を示唆しているのか。北米大陸に到達した一〇世紀末には、ヴァイキングはカトリックに改宗していた。バチカンにもこの情報は伝えられたに違いない。同じカトリック国スペインのイサベル女王の宮廷を通じて、コロンブスも北米大陸の存在を耳にしていたのではないか、とガイドが話した。

図（3-28）マルゲルデュールの庭

フーサヴィーク湾同様に、レイキャヴィーク湾でも鯨が遊泳している。アイスランドでは、毎年一〇〇頭の鯨を捕獲しているが、その半分は捕鯨反対を唱えているヨーロッパからの観光客の胃袋に収まるのである。

首相官邸に続いて黒い中央銀行の建物、最高裁判所、名建築家サムエルソンによる国立劇場、古文書館「文化の家」、などが繁華街バンキャスチ通りのなかにある。小さな共和国広場には、一九四四年六月一七日この国が自治を獲得した史実を印した丸いプレートが、庭の中央に埋め込まれていた。しかし第二次大戦後の復興は容易ではなかった。米国が進めたマーシャルプランでアイスランドの経済も立ち直ったのである。

この国最初の女権主義者マルゲルデュール（Mallgerdur）を記念する庭とプレートを見た。ヴァイキングたちの末裔が築いたこの国は、大統領や首相に見られるように今や世界で最も女権が確立された国である。見慣れた国会議事堂「ストーン・ハウス」の中庭に初めて入場する。休会中なのか、建物内部には人影がなく静かである。円形の芝生の周りに、黄色や紫の花が美しく咲いていた。すぐ近くには、キリスト教以前の信仰を示す三つの石が並び、市内で最も古いナツメの大木が茂っていた。一三時半に、ここでツアーがお開きになる。レイキャヴィークについて学ぶことの多かった、短いが楽しい散策だった。

図（3-29）ストーン・ハウス

昼飯のあとはチョルトニン湖に出掛け、湖畔の林の中に散在する館、湖面に映る影、水鳥などをスケッチ・ブックに収めた。ホステルに戻ると、一八日にキャンセルが出たので、一ベッド確保できるという。今後、もし一九日にもキャンセルが入ると、残りのアイスランド滞在中移動先を考えなくて済む。今回の旅行では、宿所を代えないで済むのがなによりである。移動には手間と費用がかかる。食料も貯め置きが出来ない。何よりこのユースの場所が、便利なのである。

ユースの部屋には、日ごとに新しい若者がやってくるが、挨拶程度以上の会話をする機会がない。私が、毎日早くから出歩いているからだろう。彼らが何時に起きだし、レイキャヴィークでどのように過ごすのか知らない。

## 七、スナイフェルスネス半島へ、古代伝承文学の地

七月一六日六時に目覚めた。ケプラヴィーク国際空港への途中にあるユースに予約していた二日間のうち一八日分キャンセルの連絡を夜勤のトーマスさんに依頼する。彼はミセス・リンが出勤してきたら伝えるとメモ書きしてくれた。今ならまだキャンセル料金をとられることはない。

八時半、迎えの車でIE社の駐車場に集まり、スナイフェルスネス半島行のツアー・バスに乗り換えた。中型バスに二〇人ほどの参加者だから、各自、二人分のスペースがある。九時定刻発車、ガイドの女性は、二児の母親と自己紹介した。一行にはドイツ語圏の参加者が多いらしく、彼女は英語とドイツ語で説明する。今日の旅の目的は、レイキャヴィークの北一〇〇キロにあるボルガネスから西にさらに一〇〇キロほども突き出た半島の一周である。先端近くに聳える活火山の名前を冠して、半島全域が二〇〇一年スナイフェルスヨークトル国立公園に指定された。スナイフェルスは「雪の山」、ヨークトルは、「氷河」を意味する。

アイスランドの西岸は、メキシコ湾流の影響で、東北岸に比べかなり温暖である。今日の気温は、一七度まであがっている。一〇時過ぎボルガネスに近づいた。このあたりから半島にかけては、古代伝承文学サガとエッダの舞台である。サガを編集した一人スノーリが棲んだレイクホルトも遠くない。暦の七曜日は、エッダの神々に由来するのである。ノルウェイからこの地に移住し、グリーンランドや北米にも足を延ばした偉大なエリクソン、彼は一〇二〇年頃グリーンランドで亡くなった。

平地部がひろがり、農場や農家が点在している。各種ベリー、カブラ、ニンジンの栽培が盛んで、豊かな農家も多いという。デンマーク、ドイツ、ポーランドなどヨーロッパからの移住者のほか、中国人、タイ人も居住している。各家庭は、平均二台の自家用車をもっている。公共のバスが走っているが、車がないとやはり不便なのである。アラスカ・ルピナスが植えられている。アイスランド本来の樹木で現存しているのは、ブナだけだ。

フィヨルドの下に開削された長いトンネルに入った。このトンネルのおかげでレイキャヴィークから北岸のアークレーリまでバスでも日帰りが可能になった。一一時半、ゲーレンベルグというところで、しばらく停車し、高さ一〇メートルの柱状の壁が二〇〇メートル以上も続く海岸縁の景観を写真に撮る。東尋坊のように立体的ではないが、見事な柱状節理だ。海風が強い。このあたりのタラなどの漁獲物は、乾物として商品化されている。ただし、漁船は小型に制限され漁業は小規模にとどまっていた。働き手をできるだけ農家にとどめるための方策だったといわれる。

一一時半、マツアというところのガソリンスタンドでトイレ休憩。遠方に、頂に白雪をのせた富士山の様な独立峰が見えた。スナイフェルスヨークトル山（一四〇〇メートル）らしい（10頁　図3—30参照）。

図（3-31）アルナルスターピの岩礁

図（3-32）石像

この国では一〇〇〇メートルを超える頂には、万年雪が残るのである。半島の先端までは、まだ相当の距離がある。

「アイスランドでは稀な白砂の海岸です。体長二メートル、体重一五〇キロにもなるアザラシが生息しています」

私たちは、車を降りて海岸に出た。しかし日本の砂浜とは趣が違う。砂の目が粗いうえ波打ち際から先は、岩礁になっていた。もちろん青松はない。目を凝らして沖の岩場をみたが、アザラシは見つからなかった。マレーシアからの親子三人連れが熱心にビデオを撮っている。

アルナルスターピという村で、昼食休憩を含めて一時間半の自由時間が与えられた。小さな船着き場から坂道を登って断崖沿いの広い草地を歩いた。石を積み重ねた巨大な像があった。村人の保護神らしい。断崖の下には入り組んだ岩礁や岩山が連なっていて、海鵜などの海鳥の巣穴が、無数に穿たれているのであった。草地の一部が割れて小窓になり、海水が流れ込んでいる。ガイドの女性は、その様子を見せたいらしく、絶壁の淵に立って底部を指差したが、私はこれ以上近寄って覗き込む気にはならなかった。草地を半周してバスの駐車場に戻る。バーを兼ねたレストランで、パンを添えた本日のスープを摂った。肉スープは、アイスランド名物である。

午後移動を再開して間もなくバスが停車し、一行は岩山の間を抜けて再度ビーチまで歩いた。デューパロンサンドゥルという場所だった。ビーチへの途中、難破船のキールや、碇などの錆びた残骸が散在していた。事故を忘れないためという。岩場の多い海岸線は海の難所である。ビーチの石は、波で摩耗して角が削られた丸石ばかりである。その中で、二五キロ、五〇キロ、一〇〇キロ、二五〇キロと表示された大きな丸石があった。このグループには、五〇キロを上げた人はいなかった。半島の先端、スネイフェルス・ヨークトル山麓を周って北岸にでるころ、時刻はすでに一六時を回っていた。北岸にも小さな美しい漁村や入り江が散在していたが、バスは一気に半島付け根の漁港スティッキスホルムルまで急いだ。この半島独特の景観は、南岸にあるらしい。

半島南岸は、初期移住者が建てた教会が多く、伝承文学にゆかりの場所も多く散在しているのである。歴史や文学に特異な景観が相まって、アイスランド人にとって一層神秘的な地域であるらしい。そのような背景を知っていたのか、フランスのSF作家ジュール・ヴェルヌは、有名な『地底旅行』の舞台をこの地に選んだ。この半島にある火山の噴火口を探索していた二人の科学者が、噴火で吹き飛ばされて、イタリーのストロンボリ火口から脱出する、という筋書きである。スナイフェルスヨークトル火山が想定されているのだろう。

一九時レイキャヴィークに帰着した。

## 八、四輪駆動車を駆って、自然の中に

今日七月一七日はＩＥのツアーを利用して、黄金の周回コースより東南の自然を探訪する。例によって迎えの車で本部事務所に行き、四輪駆動の頑丈なマイクロバスに乗り換えた。ガイドの男性は、運転手を

兼ねている。レイキャヴィーク市街地を出、この国を一周している国道一号、つまりリング道に入る。このリングに沿って一方向にバスを乗り継げば、格安でこの国を見て回ることが出来る。

この国は別名「黒と緑の国」と呼ばれる。黒は火山灰の大地を表し、緑は樹木ではなく苔の色である。この国は、気象条件もきびしく土壌も痩せ、決して恵まれた自然環境とはいえない。ただ今年は、例年に比べ積雪が少なかったという。変わりやすい天候のため、ニュース放送は三分と短くても、天気予報は一〇分かかり、そのうえ刻々変わる予測を一日六回やる。

現在走っている南岸地方は、アイスランドの中では温暖で農場や牧場が多い。地元産のヨーグルトSKYRはお奨めだという。スーパーで手に入れようと、しっかりメモに取る。一〇時に短いトイレ休憩を取った後海岸線に出ると、右手沖合に島影が見えた。ヴェストマン諸島である。一九六三年海底火山の爆発により生まれた島がある。特異な学術的価値により早くも世界自然遺産に指定されている。このあたりからバスは、内陸部に入り海岸山脈の北側に回って川べりに出た。広い川床に乗り入れた瞬間、四輪駆動車は上下に大揺れを始めた。道ともいえない岩石混じりのガレ場の上を、車は走る。時々本流に流れ込む支流をものともせず横切った。みんなしっかりと座席に掴まっている。

……どんなデコボコ道でも、ベテラン運転手が巧みに操縦します……

とパンフレットに書いてあったのを思い出した。多くの参加者は、それを承知で応募しているらしい。三〇分ほど激しい上下運動を繰り返したのち、傾斜のあるガレ場をひと登りしたところで、マイクロバスは停まった。右手の山脈の割れ目が白く光り雪渓が手前に降っている。氷河の末端だった。地理的位置から考えてこの氷河は、この国第一のヴァトナ氷河につぐミールダルス氷河の裏側と思われる。

図（3-33）氷河

ここからバスはさらに東に向かい、一二時過ぎ昼食休憩の場所であるキャンプ地に着いた。「この小川に沿って山道を常に左周りに辿れば、三〇分で出発点に戻ることができます」とガイド兼運転手が言う。ランチタイムは一時間あるから、私はまず少しハイキングをすることに決めた。薄紫のアラスカ・ルピナスや、黄色やピンクの草花が咲く気持ちの良い山道を調子よく歩く。峠に出たところで道は三つに分かれていた。左手を選ぶように指示されていたが、一番細く頼りなく思えたので、つい真ん中の大きな道を選んで下ると川辺に出た。この川に沿って下ればキャンプ場に出るのかもしれないが、道が付いているか分からない。三叉路迄引き返したが、左側の道はどうしても自信ない。結局安全を取って、来た道を引き返した。キャンプサイトには、宿泊棟の様な建物もあったが、開いている店はなかった。食べ物を携帯していたので助かった。

図（3-34）渓流歩き

午後は、朝来た道を少し引き返し、谷間の渓流に沿って歩いた。自然石の間をぬける結構タフなハイキングである。引率者のガイドが足早に進むので、付いていくのが大変だった。両側から崖が迫る谷合を溯ることおよそ三〇分、川は大小二筋に分かれた。小さい方は何とか渡れたが、二番目の五メートルほどの川を、靴をぬらさずに飛び石伝いに渡るのが難しい。川の中ほどでガイドが一人ひとりに手を貸していたが、ゴム底を履いている私は諦めた。対岸からさらに狭い山間を入った所に滝があったことは後で知った。

一五時過ぎ、往路に過ぎたセリャラントスフォス滝を見物するため三〇分の停車。幅はないがこの滝は、六二メートルの高さがあり、絶壁から一気に落下している。滝の後ろは洞窟になっていて、道がついている。私は滝を背後からも見た。

一八時半、レイキャヴィークに戻る。手持ちのISKが少なくなったので、インフォメーションで少額両替した。隣接するスーパーにも立ち寄り、今夜のデザート用に、覚えたばかりのヨーグルトSKYRを買った。バニラ味、チョコレート味などSKYRにもいろいろ種類があった。適度の甘さで旨かった。

ユースに戻ると、「一九日のベッドも一つ空きが出ました」と受付の女性がいう。これで残りのレイキャヴィーク滞在中、移動を心配しなくて済む。夜二三時、妻に電話を入れた。

## 九、ブルー・ラグーン

レイキャヴィークからの最も手軽な行楽地は、巨大な温泉プール「ブルー・ラグーン」だろう。首都の南西五〇キロ、車で小一時間ほどの距離にある人気スポットなので、少なくとも毎時一本の送迎バスが出ている。ツーリスト・インフォメーションで、一〇時発のIEバスを予約してもらった。ラグーンの入場料込みで往復八九〇〇ISK、現地の滞在時間は自由で、適当な帰りのバスを拾ってレイキャヴィークに戻ることができる。水着とタオルだけ用意して、バスに乗り込んだ。近くのスーパー銭湯に出掛ける気分である。

浅間山の鬼押出しの様な火山流の堆積物に囲まれた中に、ブルー・ラグーンはあった（10頁　図3—35

参照）。一番奥の水面から湯煙りが上がっていた。秋田県の乳頭温泉で見たような乳白色の温水が、直径一〇〇メートルほどの不規則な円形空間のなかに拡がっていた。むろんスケールの点では乳頭温泉とは比較にならない。日本のどこにも、このように大きな露天プールはないだろう。地熱発電に利用されたあとの温水を導いているのである。青みがかって見えるのは、太陽光の反射によるのだろう。

ロッカーの鍵を腕に巻いて二階の更衣室で着替えを済ませた。シャワールームを通り抜けて、階下の温泉プールに降りてゆく。このあたりの水深は一メートルほど、温度は三七、八度か。沖の湯煙りが立っているあたりは、もっと温度が高いのかもしれない。九歳未満の子供には、係員が浮き袋を装着させていた。白濁しているから、溺れた人の発見が遅れる恐れがある。ラグーンの隅には、サウナやマッサージの設備もあった。

プール脇に売店があり、買ったアイスキャンデーを水中で口にくわえている子供や若者がいた。支払をどうするのか見ていると、腕輪に支払額を記憶させている。ラグーン内の経費を出口の係り員がチェックして、清算するのだった。ラグーンの入浴を済ませて、食堂で軽食をとった。ほかにレストランや会議室もある。ブルー・ラグーンのパンフレットに、「温泉プールはアイスランドにいくらでもあり、ブルー・ラグーンもその一つに過ぎません。ただ、レイキャヴィークに来てブルー・ラグーンを訪ねずに去ると、何か忘れ物をした感じが残りますよ」とあった。確かにこのラグーンはそのような場所だった。一四時のバスで首都に戻った。午後から黒雲が低く垂れていたが、バスが動き出すや夕立がきた。しかしレイキャヴィークに近づくと、雨は上がり陽射しが出てきた。

ツーリスト・インフォーメーションで、肉スープを提供するレストランを教えてもらい、夕方議事堂前広場の一角にある「アイスランド・バー兼旅籠」に出掛けた。戸外の席でビールなどを手にしている客に交じって、シチューのように肉や野菜がたっぷり入ったアイスランド風スープをパンと合わせて食べた。近くのスーパーで、昨日と違う種類のSKYRを買う。バナナなど果実類は、安くない。

## 一〇、アイスランドとの別れ

アイスランド滞在も、残り一日になった。今朝は、一一度と滞在中気温が最も下がっている。夏季休暇でもとったのか、ここ二日間トーマスさんの姿が見えない。朝食後、まだ人気が少ない議事堂前広場やチョルトニン湖を散歩し、再度二、三スケッチに纏める。議事堂前の花壇や湖対岸に並ぶ色とりどりのマンションは、よい画題だと気にとめていたのである。前にも見かけた女性が、今日も湖の周辺をジョギングしていた。この畔に立つと、鴨などの水鳥が餌を期待して多数集まってくる。バック・パックを肩に掛けた女性が立ち止まって、スケッチを覗き込む。台湾から来たと自己紹介し、「スケッチしている姿の写真を撮らせて頂けますか」といった。

少しからだが冷えたのでユースに戻り、離れのキッチンでコーヒーを沸かす。フロントで明日の空港行きバスの予約と四時半の迎えを依頼した上、目覚まし時計を借りた。

午後、湖の南にある国立博物館を訪ねた。これまでこの国で見聞したことを整理しておきたいと思った。このあたりにはアイスランド大学のキャンパスや図書館もある。博物館で時代順に、ノルウェイからの移民、一〇世紀のシンクヴェトリルの議会、一二世紀のサガやエッダの成立などの資料を見学。しかしそれより前は資料が不足しているのか展示物が貧弱であった。一五世紀になるとイギリスの漁船団が大挙してやってくる。地元の漁民との間に、タラの水揚げを巡る紛争もおきている。続いてドイツ人も。この後は、既に記述したように近代アイスランドの歴史時代になる。

午後初めてダウンタウンの北側、港湾地区を歩いた。レイキャヴィークの入り江は懐が深い。アイスランドにはヴィークという語尾を持つ地名が多いが、「湾」を意味している。このヴィークは、ほとんど氷河の痕跡フィヨルドで、海底が深いのである。港には巨大なクルージング・ボートが停泊していた。港に突き出て、会議場やコンサート・ホールを収容するおおきなコンベンション・コンプレックスの建物があった。その前の工事現場では、地中が深く抉り取られ、パワーシャベルが忙しく動いている。新しくホテルが建設されるらしい。

「待合い広場」に戻り、セントラル・プラザ・ホテル前のベンチでコーヒーを摂り一服する。レイキャヴィークに滞在中朝な夕なに通り抜け馴染みになった場所だ。目の前の通りを車が最徐行で移動する。周りのレストランやスタンドは、いつも観光客で込んでいる。ただこの広場にやってくるのは、親子連れや老人など地元のひとたちらしい。街中のささやかな憩いのスペース。日が落ちることのない北国の美しい首都の小景。角のインフォメーション前の左にカーブした緩やかな坂を数分上れば、ユースの前に出る。もしレイキャヴィークのなかで後日繰り返し記憶に甦ってくる場所があるとすれば、このダウンタウンの名もない小さな空間かもしれない。

……親愛なるトーマスさんや同僚のみなさん、

一昨日、無事日本に戻りました。アイスランド滞在中は、大変お世話になりました。ダウンタウン・ユースは、とても居心地がよく、結局レイキャヴィーク滞在の殆どをユースに留まったことになります。毎朝のマンゴー・ジュース、とても美味しかったですよ。

場所的にも恵まれ、アイスランド各地への充実した観光を楽しみました。エッダやサガなどアイスランドの文学を読んでいたら、もっとこの国を理解できたかもしれませんが。

アイスランドと日本は、ともに島国、火山、温泉、滝、地震など自然環境の点で共通するものがあります。しかし、日本がエネルギーの大半を、石油や石炭などの化石燃料や原子力に頼っているのに比べ、アイスランドは一〇〇％水力と地熱などクリーン・エネルギーを活用しています。

日本は、二〇一一年大地震と津波に見舞われ、原子力発電所も深甚な被害を受けました。原子力に依存することの危険さを身をもって経験したのです。しかし産業界や政界は、依然原子力発電に拘っています。仮にアイスランドの例を挙げても、経済規模の差を持ち出して、原子力利用の継続を主張するでしょう。しかし、問題は経済規模や人口の多寡ではなく、意思決定だと私は思っています。意志さえあれば日本は、アイスランドから多くのことを学べるはずです。

一〇日間滞在したレイキャヴィークは今や私にとって、世界でもっとも親しく懐かしい首都のひとつになりました。どうもありがとうございました。

二〇一二年七月二三日

（二〇一二年八月二四日、記）

# 第4章　ルーマニア、ブルガリア周遊

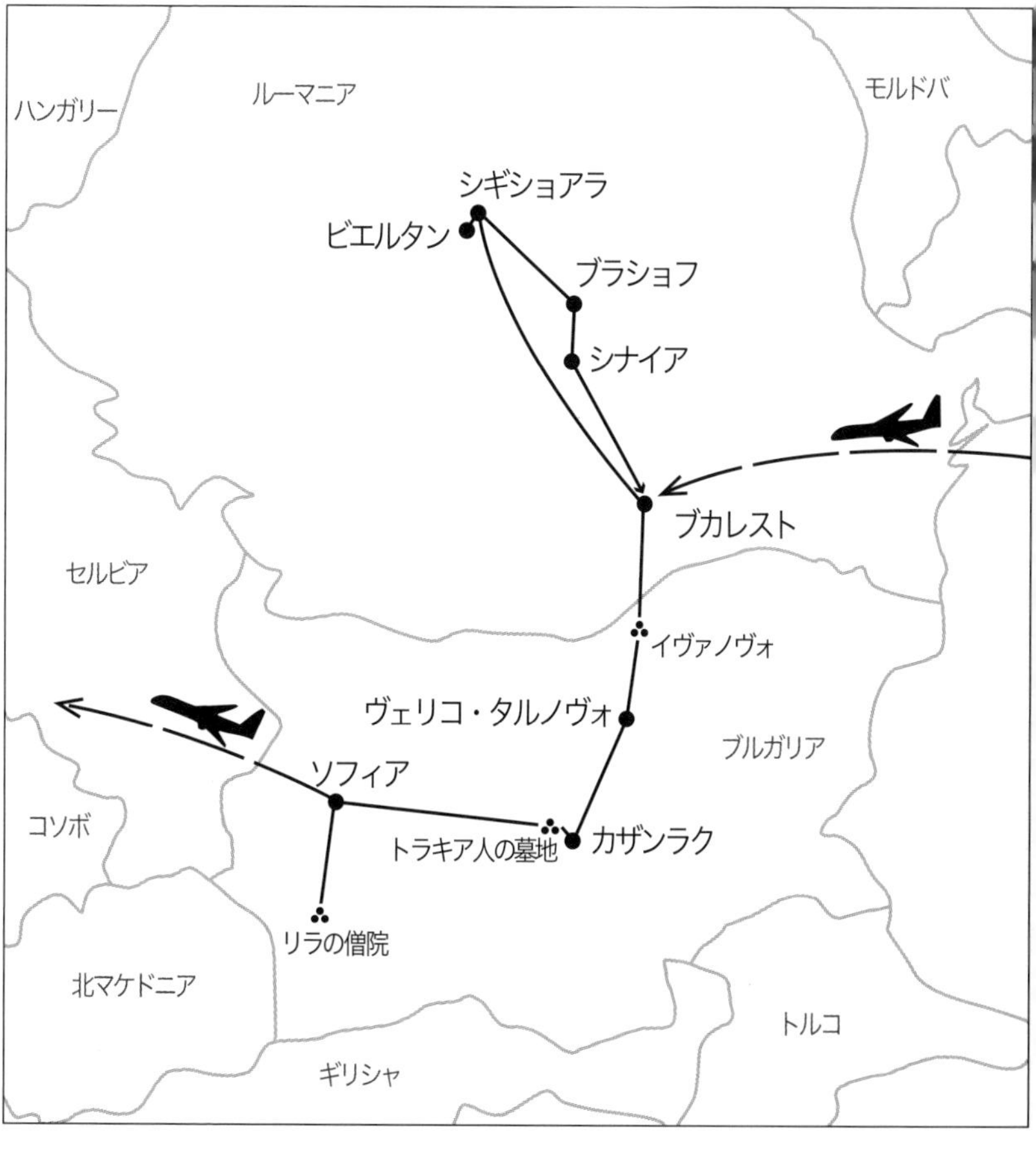

図（4-1）ドーハ空港の小熊のプーさん

## 一、ドーハ経由ルーマニアへ

二〇一四年六月二日、現地時間の三時一五分にカタールのドーハ空港に着いた。この空港を利用するのは三度目だが、来るたびに拡張されている感じだ。四日前に改装を終えたばかりで、添乗員の百合氏も勝手が分からず少し戸惑っている。空港内には、東欧や中東へ向かう日本からの四つのツアー客が右往左往していた。C社主催のルーマニア、ブルガリア一〇日間の旅に参加している私たちは、ブカレスト行きに乗り継ぐためここで四時間ほど待ち合わせることになっている。AからEまであるターミナルの分岐点にくまのプーさんを模した黄色の大きな坐像があった。ここで七時に再集合することで、ひとまず自由時間が与えられた。

空港内の店を冷やかしているうちに、夜が明けた。滑走路の背後に、林立する高層ビルの一部が見える。以前ドーハの町歩きでビル建設ラッシュの現場に立ち会ったのは、シリアやヨルダンを訪問する途上だった。六年前のことだから、その後さらに多くのビルが建っているのだろう。

八時二〇分、ブカレスト行きカタール二一九便が離陸。機内のテレビで飛行ルートを見ると、当機はペルシャ湾を越え、イランのザグロス山脈に沿って北西に進み、トルコを縦断し、黒海上空を飛んでルーマニアに入ることになっている。期待していたように、一〇時三〇分大きな湖の上空に来た。東トルコのヴァン湖に違いない。明確な輪郭を示す湖岸線や湖中の島を見て、妻と一年前ヴァン湖に沿ってバスで走った旅を思い返していた。

ヴァン湖上空を過ぎたころから急に雲海が深くなり、トルコの北岸や黒海は全く見えない。ランチを済ませてまもなく、着陸態勢に入るとの機内放送があった。着陸寸前に、大河を見た。ドナウ河であろう。一三時ちょうど、ブカレストのアンリ・コアンダ国際空港に着いた。国際空港といっても、小ぶりで日本のローカル空港のようだ。審査用フォームの記入も不要で、パスポートの提示だけでルーマニアに入国してしまう。空港内で、一行一九名の殆んどの人がルーマニア通貨レウ（複数はレイ）に換金した。八〇ドルが二五四レイだった。

空港の建物を出たところで、ガイドのオリビエラさんと運転手のジジー氏の出迎えを受けた。一四時過ぎ、本日の宿泊地、北のブラショフに向けてバスが走りだす。約一七〇キロの行程である。

この国は、日本の本州ほどの国土に約二〇〇〇万の人が住んでいる。ルーマニアの地図を見ると、東西と南北ほぼ同じ広がりを持つ国土の北東部にカルパチア山脈が走り、中央部にトランシルヴァニア山脈が国土を二分するように東西に連なっている。この二つの山脈によりルーマニアは、東のモルドヴァ地方（隣国のモルドヴァ共和国とは別）、西のトランシルヴァニア地方、トランシルヴァニア山脈以南のワラキア地方に大別される。

この国をもっとも特徴付けているのは、スラブ系人種の国々に囲まれた東ヨーロッパに位置しながら、ラテン系が多数を占めていることである。言語もイタリア語に極めて近い。かつてダキアと呼ばれていたこの地域は、古代ローマ帝国の東の最前線としてローマの属州に編入された。ダキア人もローマ社会に同化され、ローマ人との混血が進んだ。かくて「ローマ」という呼称が、そのまま現在の国名として残ったのである。東ローマ帝国が一四五三年、オスマン・トルコに滅ぼされると、今度はこの地方がオスマン・トルコに対抗するハンガリアなどヨーロッパ側の最前線になった。歴史的背景については、これからの訪問先でさらに触れることになろう。

バスは、平屋か二階建ての農家が散在する平野部を走っている。やがて左手に火力発電所、右手に石油採掘場が見えてきた。この国は石油産出国なのだが、現在九〇％は輸入に頼っているという。一部は原子力により電力を得ている。

遥か前方に見えていたトランシルヴァニアの山並みが、近付いてきた。一五時過ぎ、プラホヴァ川沿いの渓谷に入る。バスは、川筋に従って左右に曲がりながら次第に高度を上げた。アカシアの林、美しい民家が集まった集落。このあたりはハチミツやクルミ・ジャムの産地という。刺繍でも知られた地域らしい。左手に岩肌がむき出しの絶壁が迫った。

一六時、山岳リゾートのシナイアを通り抜ける。信州の白馬村を思い出させるような瀟洒なホテルや民家が集まっている。ここは帰途に立ち寄る予定だ。サワークリームが名物という。南の隣国ブルガリアのヨーグルトに対し、この国はサワークリームが特産である。プレダールという町の近くで、石油を積んだ長い貨物列車と併走した。

トランシルヴァニア山脈を越えて平野部に出る。一七時少し前ブラショフの市街地に入り、今宵から三連泊する中規模のキュービック・ホテルにチェック・インした。地階のレストランで、大東市から来られた藤原夫妻と同席した。毎朝太極拳に励んでいる小柄な奥さんに対し大柄なご主人は、膝に水が溜まるようになり好きなスポーツが出来なくなったと嘆いた。今回は六組も夫婦参加者がいるので、妻も会話を楽しみにしているようだ。食後近くのスーパーで、チョコレートやチーズを買った。

## 二、ザクセン人の集落、世界遺産シギショアラの旧市街、串刺し公ドラクル伯の伝説、ビエルタンの要塞教会

六月三日、六時に起きて散歩する。少し涼しい。ホテル前には広い空き地があり、その向こうに二つのスーパーが見える。市街の地図がないので分からないが、現在地は都心から南に離れているらしい。本通に出ると、横長で一〇階建てのマンションがいくつも並んでいた。チャウシェスク時代に建設された巨大と頑強さを誇示したマンションだが、老朽化が目立っている。二両連結のトロリーが、バス停で次々に通勤客を拾って走り去った。

八時にホテルを出て、ブラショフの北方一三〇キロにある世界遺産の町シギショアラに向かう。市域北端のブラショフ駅の前を過ぎて、バスは郊外に出た。トランシルヴァニアの平原が広がっている。トランシルヴァニアとは、「森の彼方の国」を意味する。ただしこのあたりはドイツ系住民が多く住み、ドイツ語でジーベンブルゲン（七つの城郭都市）とも呼ばれていた。タタール人やトルコ人の侵攻が激しくなった一二世紀、時の支配者ハンガリー王は、防衛のため多数のザクセン人（実際の出自は、現在のルクセンブルクだったらしい）の兵士をこの地に移住させた。そのためこの地方にはドイツ風の人家が多く、ザクセン人が建設した多くの要塞教会が残っている。このうち五つが世界遺産に指定されているのである。これから訊ねるシギショアラの内城もドイツ風の要塞だという。

ドイツの有名な物語『ハーメルンの笛吹き男』により連れ去られた子供たちの行き先はブラショフだっ

たともいわれている。多数のザクセン人移住が伝説化された物語らしい。かつて当地のザクセン人が集団で、出身地とされるルクセンブルクを訪ねたことがあった。彼等が使う言葉が標本のようにトランシルヴァニアに残っていた一二世紀の古語だったので、現代のルクセンブルク人が驚いたらしい。「例えてみれば、江戸のお侍が現代の銀座に現れて、『かたじけない』などと話すようなものですかね」、オリビエラさんの巧い説明にみんなが笑った。父親の仕事の関係で、幼い頃日本で暮らしていたとのことだった。四〇代と思われる彼女の日本語は全く訛りがなく、声だけ聞けば日本人の会話と区別がつかない。この人は、旅行社の社長で今回は特別にガイドを引き受けたらしい。少し前に日本のテレビで放送されたルーマニア紹介の番組を監修したのもオリビエラさんである。再三訪ねているから、日本のこともきわめて詳しいのである。

彼女が、ビザンチンの東方正教の影響を受けたルーマニア正教の話をした。ルーマニア人の八〇%が正教徒である。丸屋根の上に十字架が載っているのが正教会の目印になる。教会内部の特徴は、座席がなくオルガン演奏もない。煉獄の概念がなく、人間は天国に行くか地獄に落ちるだけという。六週間の断食があり、この期間は結婚が認められない。歳入に対する税金が免除された教会は、マクドナルドより高い収益をあげて裕福である、など。これはどこの国でも同じかもしれない。

八時半、広い麦畑の中を走っている。時々、赤いケシの群落が現れる。ケシは、当地ではお菓子の原料によく使われるらしい。小高い岡の上に高い城壁で囲まれた時計塔が目立つ教会が見える。ザクセン人の家屋も高い壁が廻らされている。松の木立がある。ザクセン人は、松を好んだ。松林があれば、ザクセン人の集落だと見当がつくという。これに比べ町外れの貧相な小屋は、ジプシーの住居である。

社会主義時代に建てられた長細いコルホーズ集団農場の建物が残っている。八時四五分、再びトランシ

図（4-2）シギショアラの民衆広場

ルヴァニアの森に入り、九十九折れの山道を行く。二〇分のトイレ休憩のあと、右手丘上に要塞教会のひとつが見えてきた。羊や牛が草を食む農場。花を求めて移動中のミツバチの箱を積んだ小型トラックとすれ違う。このあたりには、アピモンディア（国際養蜂協会連合）の本部がある。白いアカシアの花が咲いていると思ったら、一面黄色の菜の花畑に変わった。

九時五〇分、ムレシュ県に入る。ドイツ人の町並みで知られるサスキズ村を通り過ぎた。広い門構えに茶褐色の屋根瓦、ハート・マークの破風に特徴がある。青—黄—赤のルーマニア三色旗が軒先にはためいていた。

一〇時半、シギショアラに着いた。旧市街の城壁は、一二四一年タタール・モンゴルに対する防衛のため建設されたのである。分厚い城門を潜り旧市街を少し歩くと、中心、民衆広場に出た。町の重要なイベントは、全てここで行われたのである。トランシルヴァニア公国の行事も、祭りも、死刑執行も。南側はすぐ右手にドラキュラ伯ヴラド・ツェペシュが生まれたとされる黄色い「ヴラド・ドラクルの家」があり、現在レストランを営業している。その先の緩やかな上り坂がなかなか好いのである。「これはよい画題になる」ということで珍しく妻と意見が合った。

東には、建物の間から高い尖塔を天空に伸ばしている一六世紀に建てられた時計塔が見えた。元は市庁舎として使わ

図（4-3）時計塔（歴史博物館）

れていたが、今は歴史博物館になっている。私たちは螺旋階段を上りながら、各階の展示品を見て回った。特に興味を惹かれたのは、三階の中世ギルド（同業組合）に関わる展示物である。

ザクセン人移住者がドイツの組織を当地に持ち込み、一九世紀の中ごろまで維持していたのだった。四年間の見習い期間プラス四年の徒弟時代を終了した者は、さらに諸国遍歴の旅に出る。最後に卒業制作が認められた者だけが親方マスターとしてギルドの会員に選ばれたのだった。このシステムは、ゲーテによるヴィルヘルム・マイスターの『修行時代』および『遍歴時代』に詳しい。この地方では、服屋のギルド、金属製品のギルド、靴屋のギルドが尊重されていた。彼等が使用したブーツ、インクつぼ、紋章などがあった。

四階には、今も住民に時間を知らせている複雑な振り子時計があった。複雑なのは、時刻に合わせて、仕掛け人形が踊り出すからである。こちらは、昼食後に地上から眺めることができた。最後に時計塔の最上部五階にある展望所を一周しながら町の全景を見下ろす（11頁　図4—4参照）。入り組んだ市街地の屋根はいずれも傾斜が急で、この地方の積雪の多さが想像されるのだった。展望台の手摺に並んだ妻とオリビエラさんの記念写真を撮った（11頁　図4—5参照）。

時計台の東にはさらに小高い丘が迫っており、丘上にはプロテスタントの教会が建っている。屋根で覆われた一九〇段の木製階段を登って、その山上教会を訪ねた。階段に屋根があるのは、積雪期でも丘上にある高校に通う生徒たちの便宜のためであろう。教会のパイプオルガンや食料貯蔵庫を見学した。石組みの頑強な建物だったが、教会自体の印象はあまり残っていない。

一二時半、ドラクルの家レストランで枚方市の松山夫妻と同じテーブルでランチを摂った。煮込みサラダに「ドラキュラの心臓」と称するピーマンにひき肉を詰め、赤いソースに白いチーズを溶かしこんだメインが供された。「あ、ドラキュラの血だ」松山氏が嬉しそうに大きな声を上げて、夫人にたしなめられた。彼につられて、私も「ドラキュラの心臓」の写真を撮る（11頁　図4―6参照）。格別の味でもないが、シギショアラに来た記念にはなるだろう。

シギショアラは、ドラキュラ伯ヴラド・ツェペシュの生誕地というだけで、他に遺構があるわけでもない。父ヴラド・ドラクルが、ワラキア公位に就く前シギショアラに居住していたときに、たまたまヴラド・ツェペシュが当地で生まれたに過ぎないのである。ヴラド三世が、串刺し公（ツェペシュ）として恐れられるようになったのは、一四六二年の対オスマントルコ戦に勝利し、大勢の捕虜を串刺し刑に処してからである。彼は父親の勇名ドラクル（竜）の子という意味でドラキュラと自称していたようだ。このヴラド三世の伝承をもとに、アイルランドの作家ストーカーが『吸血鬼ドラキュラ』を発表したため、ヴラド公は一躍ルーマニアで最も知られる人物の一人になった。確かに今日から見れば串刺し刑はきわめて残忍だが、一五世紀ではごくありふれた処刑法に過ぎなかった。むしろ、罰が厳しかったため悪事をする人も少なく、民衆は安心して生活ができたという。現在では、同時代のアルバニアのスカンデルベックと共にオスマン・トルコ軍のヨーロッパ侵攻を食い止めた厳格にして勇猛な英雄とする見方も多いのである。街角の屋台で、菩提樹にドラキュラ伯を彫った壁掛けや時計台を模したマグネットを手に入れた。

午後の訪問先は、シギショアラの西三〇キロにあるビエルタンの要塞教会である。ビエルタンは、一二八〇年、ザクセン人がこの地方で始めて入植した村といわれる。要塞教会とは、非常時村人を外敵から守るため高い防壁を廻らせ、内部に食料や水を備蓄して要塞機能を備えた教会である。この地方に多い要塞教会の中でもビエルタンは有名で、一九九三年世界遺産に指定された。門の横に頑強な四角い塔が聳えている。内部には、この地方最大の聖壇があり、巨大なフレスコ画が掛かっていた。宝物室の鍵は、一六のロックからなる複雑なもので重くて抱えることができない。中庭から眺めた山腹の葡萄の段々畑が印象的だった。一八時、キュウビック・ホテルに戻る。

夕食前、昨日も訪ねた近くのスーパー内の専門店でブラショフのクラブチームの公式ユニフォームを一三〇レイ（約四〇〇〇円）で手に入れた。昨夜と同じ地階のレストランで夕食を摂った。相席は、住吉区に住む沢さんと阿倍野区から来た古谷さんの女性二人連れ、沢さんは透明水彩をされ画具一式携帯しているという。私も一応用意しているがスケッチの余裕がない。

## 三、プレジュメル要塞教会、ヴラド・ツェペシュのブラン城

六月四日六時起床、霧が深い。七時朝食、九時出発の予定だったが、全員が集まったので一〇分以上も早い出発になった。同行者はみな行動が素早そうなので、遅刻しないよう用心しようと思った。

九時半、ブラショフ市東北二〇キロにある本日最初の訪問地プレジュメルに着いた。昨日に続き世界遺産の要塞教会訪問である。ただ、当地の要塞教会のほうが保存がよく古い遺構の様子が良く分かるのだった。要塞教会共通の構造はまず敷地を囲む高い防御壁である。防御壁に穿たれた銃眼からは、回転式の銃で連続的に射撃ができた。トイレ用の穴もあり、排泄物は要塞外部に放出された。その内部の兵士たちが生活し活動する空間を歩いてまわる。更に内側には緊急時に避難してくる住民の居住空間や食物貯蔵庫がある。芝生を敷き詰めた中庭から見上げると、避難民の居住区は四階建てで部屋ごとに大きな窓とドアがあり、外部ベランダが通路になっていた。鉄製の梯子で上下のベランダが連結しているのである。

図（4-7）プレジュメル要塞教会（外）

図（4-8）プレジュメル要塞教会（内）

プレジュメル要塞教会は、一二四〇年ゴシック様式で建てられ、二七〇室、一六〇〇人が収容できた。家畜も収容でき、猫が出入りする小さな穴までついている。中庭の中心に建つ教会には、一四五〇年からの祭壇が残っていた。

次に訪ねたのは、逆にブラショフ市の南西にあるブラン城。一三七七年オスマン・トルコの進入に備えてザクセン人が建て、一四世紀の末ワラキア公ヴラド一世の居城になった。その孫が、串刺し公ヴラド三世だ。つまりこの城こそ、『吸血鬼ドラキュラ』のモデルというわけで、観光客を集めているのである。伝説はさておき、ブラン城自体訪ねる価値のある美しい城郭だった。

城は、低い丘に囲まれた小さな町の中にある岩山の上に聳えていた。土産物屋が並ぶ通りを抜け、石畳の坂道を五分ほど登れば、石やレンガを重ねた頑強な本丸の城門に出る。内部は広くもない敷地内に、ベンガラ瓦に白壁の円錐状の塔や居館が建ち並んでいた。私たちは狭い急階段を上り下りしながら、小さく分けられた部屋部屋を見て回った。この城が一九世紀にハプスブルク家の手に渡ってからの遺品が展示されていた。民族レース編みの衣装、美しいタイルで飾られた暖炉、甲冑や刀剣類など。一時期ドイツのホーエンツォレルン家のカルロス一世が居住したこともある。ヨーロッパの有力家と結びつくことで、この町はトルコからの脅威に対抗したらしい。

図（4-9）ブラン城①

図（4-10）ブラン城②

坂道を下りて土産物店を見て回った。ガイドから教わった「クトウ　コスタ？（いくらですか）」を使ってみる。しかし、これに続けるべき「まけてくれませんか」を習わなかったことに気づいた。あとで質問しなければならない。

一二時半から一四時まで、城下のレストランでのランチ・タイム、西宮の田中夫妻や神戸市長田の澤田夫妻とご一緒した。自然に阪神大震災が話題になった。白ひげの田中氏と銀縁の眼鏡を掛けたおしゃれな夫人はどちらも快活な人、いっぽう澤田夫人は話し好きだがご主人は無口で、妻が「何を考えているかからない人」と評していた。このときも澤田夫人が、震災に遭った自宅のあるマンションの話を夫の分を補うように一人で喋っていた。ところが、マンションの立替計画や再建に話が及ぶと、だんまりを決め込んでいた亭主が身を乗り出してきた。この人は一級建築士で、マンション全体の再建プランのまとめ役をしたのだった。

食後はブラショフに戻り、市内を歩いて観光した。先ず丘上の白い塔に登り市街地の全貌を頭に入れてから、市の中心にあるスファトゥルイ広場から歩きはじめる。広場の一角には、後期ゴシック様式の黒の教会が建つ。ここには立ち寄らず、南のシュケイ地区にある聖ニコラ教会に向かった。途中にヨーロッパ

図（4-11）ブラショフの市庁舎

でもっとも狭い路地があるとの説明があったが、早足のオリビエラさんの後を付けることに気をとられて、後で「狭い路地、見た？」と妻に訊かれるまで忘れていた。

聖ニコラ教会に入り、重厚な祭壇やイコンを見た。スファトゥルイ広場に戻ると、旧市庁舎で現在歴史博物館になっている時計塔のある建物の前で、槍や軍旗を持ち中世の兵士に仮装した五人の男たちが立っていた。

一度ホテルに戻り、ヒルシュというルーマニア料理の有名レストランで夕食になった。パンの耳を入れた緑色のポタージュ、レタス、ニンジンを飾ったサラダ、メインのポーク。相席者は、ランチ時と同じく田中夫妻と澤田夫妻で、これまでの旅の経験を語り合った。例によって黙秘を続けた澤田氏は、話がバルセロナのサグラダ・ファミリアに及ぶと突然口を開いて、

「建設には日本人技師も参加しているが、彼等は基盤に鉄筋コンクリートを使用している」と批判した。「いずれひび割れができるから、完成前に崩壊するでしょう」という。事実かどうかしらない。ただ他の話題には全く関与しない澤田氏が、建築のことになると特異な反応を示すことだけは分かった。

## 四、シナイアの町、ペレシュ城とドラキュラ伝説、チャウシェスクと国民の館

六月五日、三泊したキュウビック・ホテルを八時チェックアウトし、数日前と逆にトランシルヴァニア山脈を南に抜ける。針葉樹林の梢は、霧に蔽われている。この山地の山懐に、避暑地として知られるシナイアの町があった。駐車場から緩やかに湾曲している石畳の坂を一〇分ほど登って、九時ペレシュ城の

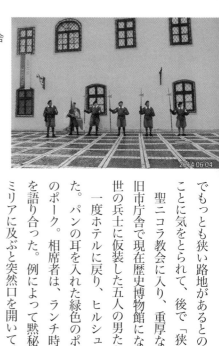

図（4-12）ペレシュ城

入り口に着いた。観光客で込み合う前に一番乗りをするためだった。中央に巨大な時計台、右方に高い鐘楼を備えた後期ゴシックの建物である。城というより豪華な居館だった。しかし定時になっても入り口は閉まっている。次第に訪問客が集まってきた九時二〇分になって、ようやく入り口の扉が開いた。「これがルーマニア時間です」とオリビエラさんが言う。

　一八七七年の露土戦争で勝ったロシア側についたルーマニアは戦後のベルリン条約で独立が認められ、一八八一年ジークマリンゲン生まれのホーエンツォレルン家のカール一世を迎えて王国になった。カールは、このペレシュ城を夏の離宮にしたのである。正面の赤絨毯を上がって二階へ。カールの執務室、図書館、ステンド・グラスの音楽室、大理石の暖炉、鏡の間など華やかな部屋や豪華な調度を見て回る。つづいて、同じシナイアにある新旧二つのシナイア修道院に立ち寄った。どちらも規模は小さいが、静かな環境に溶け込んだ落ち着いた建物だった。

　この後、一気に首都ブカレストまで走る。一三時半、ブカレストの人気レストラン「カルク・ベレ」でヴァイオリン演奏を楽しみながら、ルーマニア風ハンバーグ（ミティミティ）を食する。なかなか洒落た店だった。

　午後は、ルーマニアの首都見物。ブカレストは人口二〇〇万を超える大都会、二〇世紀初頭にはバルカンの小パリと讃えられる美しい都会だった。それが社会主義時代に巨大なだけで無機質な建造物に建て替えられ、古い面影を伝える旧市街地は殆んど残っていない。特にチャウシェスク大統領時代の都市改造がひどかったとオリビエラさんは手厳しい。その代表例が、私たちが最初に向かった「国民の館」である。

図（4-13）国民の館

図（4-14）統一大通り

国民の館は、とにかく馬鹿でかい。地上一〇階地下四階、地上部分の床面積三三万平方メートル、部屋数三〇〇〇を越え、総大理石の大会議場、一二〇〇人収容できるクザ・ホール、反響効果が良いレセプション・ホール、チャウシェスクだけ特大のいすを準備した円卓会議場、ギャラリー、食堂、回廊などがあった。現在二万人が、館の中で働いているという。世界の官公庁の中では、米国国防省ペンタゴンにつぐ広さといわれる。「二〇〇一年のテロでペンタゴンが襲撃破壊されたおかげで、国民の館がナンバーワンになった」というブラック・ジョークが生まれたらしい。内部装飾も金をふんだんに使い贅を尽くしたものである。現在一部は立法府が利用している。そのため参観者は、ガイドの案内に従い限られたスペースだけしか見学できないのである。チャウシェスクの野心を具現化した館だったが、彼はこの館で実際に執務することが出来なかった。完成直前に起こった一九八九年の革命で、処刑されたからである。

「二〇〇年も経てば、この館も世界遺産に登録されるかもしれませんね」とオリビエラさんの反応を試したら、「それは無理でしょう。統一された様式も思想もなく、時々の思いつきで建て増しされた建造物ですから」と彼女が答えた。これがチャウシェスクに対する現在のルーマニア人の一般的反応かもしれないと思った。しかし人民の館の東側バルコニーに立って眺めた現代のブカレストは、それなりに大都会の風格を感じさせた。突き当りの統一広場までビルが整然と連なり、その中央を幅広い統一大通りが直線的に延びている。

この後は、革命広場や共和国広場で小休止して写真を撮り、凱旋門や旧共産党本部前をバスの車窓から眺めた。全体の地理が分からないので、都会としてのブカレストの印象は少し散漫である。旧共産党本部は、左右の別棟の奥に少し高い中央ビルが建ち、その屋上に国旗がはためいていた。一九八九年一二月、このビルのバルコニーでチャウシェスクが演説している最中に聴衆から怒声が湧き上がり、暴動、革命へと発展したのである。緊急事態を覚ったチャウシェスクは、屋上からヘリで脱出した。このときのチャウシェスクの様子を写した日本でのテレビ報道が、私の脳裏に焼きついている。それまで自信満々で演説していた独裁者が、訝り顔で突然演説を止め、次に恐怖にゆがんだ表情を浮かべたのを。

図（4-15）旧共産党本部

クラウン・ホテルにチェック・インした後一休みして、一九時二〇分、レストラン「ミュゼウム」で、トマト、キュウリ、サーモンのサラダにトウモロコシ粉でまぶしたスズキの揚げ物などの郷土料理を食べた。合い席した吹田ニュー・タウンからの寺田夫妻は、既に一〇月まで毎月海外旅行の予定が詰まっているらしい。

「旅行のためにも、日ごろ二人そろってジムに通って体を鍛えています」という。

## 五、ドナウ河を渡ってブルガリアへ、岩窟教会、アルバナシ村の瀟洒な屋敷、ヤントラ川が流れる古都ヴェリコ・タルノヴォ

六月六日、八時にホテルを出た。ルーマニア滞在中お世話になったオリビエラさんとはホテル前でお別れ、代わりの若いエカテリーナさんがブルガリア国境まで添乗した。勝利広場から共和国宮殿前を通り、大学広場、ドイツ広場とブカレスト市街地を南に抜ける。ドイツ広場の付近は、一九八〇年代の大型マンションが並んでいる。このあたりのマンションの家賃はおよそ二〇〇ユーロ、いっぽう平均月収は四〇〇ユーロ程度だから家計は楽ではない。そのため季節労働者としてイタリー、スペイン、ハンガリーに出掛けるルーマニア人も少なくないという。街中でよく見かけるのは、ルノーと提携している国産車ダーチャである。

九時一五分、私たちはワラキア地方の麦畑の真只中にいた。バスは、片側二斜線の国道をひた走る。一〇時一〇分、ジョルジュという町でガイドと運転手が交代、ルーマニアの運転手ジジ氏ともお別れだ。ブルガリアのガイドは、二七歳のソフィア大学の院生プラメラさん、夏休み中のこの時期、専攻している日本語を使ってアルバイトをしているのだった。

「少し緊張しています。まだ専属のガイドではありませんが、一生懸命頑張ります」、と挨拶した。大阪外大（現大阪大学箕面キャンパス）にも一年ほど通ったそうで、来年再び修士課程に入学する予定という。ドナウ河を渡って一一時過ぎブルガリア側の町ルセに着いた。

ブルガリアは東西五二〇キロ、南北三五〇キロあり、日本の三分の一ほどの国土に約七三〇万の人が住んでいる。国の中央部を東西にバルカン山脈が走る。古代ローマ時代、この地方はトラキア人が住み、辺境の属州だった。アジア系遊牧民ブルガール人が東ローマ帝国を破り、ＡＤ六八一年第一次ブルガリア帝国を建設した。全盛期には現在のルーマニア、ハンガリー、バルカン全域まで領土を拡大している。キリスト教を国教とし、キリル文字を採用した。第一次ブルガリア帝国は、一〇一八年東ローマ帝国に滅ばされるが、一一八七年、タルノヴォ（現在のヴェリコ・タルノヴォ）の領主アッセンが東ローマの勢力を駆逐し第二次ブルガリア帝国を建て、これが約二〇〇年続いた。その後、五〇〇年にも及びオスマン・トルコの支配下に置かれたが、露土戦争後に解放される。ソフィアが首都になった。一九八九年のソビエト連邦崩壊に伴い、共和国として完全独立を果たした。二〇〇七年EUに加盟している。これが最小限に圧縮したブルガリアの歴史である。領土の伸縮や人種の出入りなど大国に囲まれたこの国の歴史も一筋縄にはいかないのである。

一一時半、イヴァノヴォの岩窟教会の麓に着いた。鬱蒼と茂る樹林の上五〇メートルほどのところにむき出した絶壁の頂が見えている。私たちは、ジグザグに手すりが付けられた道を、頂近くまで歩いた。ちょっとした登山気分になる。あまり広くもないスペースの一角に岩窟が掘られ、礼拝堂になっていた。その奥行きのある壁面や天井全体が、色鮮やかな聖人像や最後の晩餐のフレスコ画で覆われている。一三世紀の第二次ブルガリア王国時代にこの地域に数百建てられた渓谷に建てられた聖堂のひとつという。多くはオスマン・トルコ時代に放置され朽ちてしまった。イヴァノヴォの岩窟教会は、保存状態がよくフレスコの色彩も鮮やかなので世界遺産に登録されたのである。

一四時半、古都ヴェリコ・タルノヴォの北四キロにあるアルバナシ村の民家を改造したレストランで遅いランチ・タイムになった（11頁　図4—16参照）。この村は、オスマン・トルコのスルタンの縁者が税制上の保護を受けて世襲し裕福になったという。八〇軒ほど残る古い屋敷のうち半数が国の文化財に指定されている。広い庭に建つ赤い屋根に石壁や化粧タイル壁を持つ大きな民家が、屋根を載せた石積の垣根

図（4-18）ヴェリコ・タルノヴォの
チャルシャ通り

越しに見えた。私たちは、築地塀の間の折れ曲がった路地を辿りながら、隠れキリシタンの教会や墓地、古いミシン、機織り機、ベッドなどを展示した小さな民族博物館を訪ねた。日本の片田舎にもうまく再生できれば、このように旅人を誘うような村がいくつも隠れているのではないかと思う。

再び移動を始めて一〇分ほどで、北からヴェリコ・タルノヴォに入った（11頁　図4—17参照）。この都会はバルカン山脈の東端に位置している。高所に掛かる橋の上で暫時下車し、森に囲まれた小丘の谷間に立体的に広がる市街地の展望をカメラに収めた。ヤントラ川は、この地に来て極端に蛇行し、市街地を二重に包むように流れている。上流の橋を渡り低所に降りてきた人は、そこに流れる川を別の川と錯覚するかもしれない。実際は、同じ川が市街地の外れでUターンして戻ってきているのだった。

「ソフィアが日本の東京に相当するとすれば、ヴェリコ・タルノヴォは京都のような古都です。私は、ソフィアの大学に入りましたが、ヴェリコ・タルノヴォで学生生活を過ごさなかったのが少し心残りです」とプラメラさんがいう。

一八時三〇分、ヴェリコ・タルノヴォのメリディアン・ボルヤルスキ・ホテルにチェック・インした。このホテルは、Uターンしてきた下手のヤントラ川を見下ろす絶壁の上に建っていた。正面玄関は、旧市街の中心（ステファン・）スタンポロフ通りに面している。レセプションの〇階を中心に客室は、上階と地階に分かれていた。私は地下五階の部屋が割り当てられたが、どの階の部屋も崖にそっているので、展望はすこぶるよい。一休みしてから、みんなで町を散歩する。表のスタンポロフ通りから一筋北に入ったサモヴォドスカタ・チャルシャ通りが、観光客があつまる人気スポットらしい。チャルシャとは市場の意味で、古くから営業している陶器、織物、革製品、木彫り、金銀細工などの工房を兼ねた小店が連なり、この地方の祭に使われる鬼の面、刺繍、絵、皿、マグネットなど手軽な土産物も売られているのだった。

地下一階で一九時半から夕食。窓外のヤントラ川は、上手からホテルの崖下まで近づき、ここで向きを変えて下手に流れ去る。上手下手の双方にそれぞれ一本の橋が見えた。「あの下手の橋のところまで行きたい」と妻がいうので、レセプションで地図をもらい食後の散策に出かけた。スタンポロフ通りを西に五分ほど歩くと、郵便局の建物があり、長距離バス・ターミナルのある「ブルガリアの母広場」に出る。インフォメーションの目印が立つ横の急な坂道をしばらく下ると目的の橋のところに着いた。対岸には美術館があり、その前に第二次ブルガリア帝国の建設者アセン王のモニュメントが建つ。

「少し歩けば、さっき上流に見えていたもう一つの橋を渡ってホテルに戻れるかもしれない」と少し名残惜しそうに妻が言ったが、夕暮れが迫っていることを考え来た道を引き返す。慣れない町で方向感覚を過信すればとんでもない場所に迷い込むことを、私は幾度か経験しているのである。ホテルに戻って、レセプション奥のテラスのチェアーに座り、樹々のあいだに陰ったヤントラ川や先ほど訪ねたばかりの下手の橋を再度見下ろす。市街地は樹林帯越しに残照を受けて広がっている。立体的で、変化に富んだ町並みである。上手の橋のあたりは既に日が翳って夕闇が迫っていた。この静穏な古都のたたずまいは、私のこれまでの旅の中でも最も美しい情景の一つとしていつまでも記憶に残るだろうと思った。

## 六、バルカン山脈を越えてカザンラクへ、バラ摘みバラ祭り、トラキア人の墓

図（4-19）カザンラクのバラ祭り

翌朝、五時にモーニング・コールがあり、五時四〇分地下一階のレストランに上がっていく。今日は行程が長いらしい。みな集まりが早いので、予定の六時半前にホテルを出た。すぐにバルカン山脈越えが始まった。最高地点は三〇〇〇メートルに近いが、山脈の東端にあるこの辺りは急峻な山もない。トイレ休憩を一度挟んで、バスは山脈の南側、スレドナ・ゴラ山脈との間のトラキア盆地にあるバラの谷と呼ばれる地方に下りてきた。バルカン山脈の北に比べ、温暖な地方である。

九時二〇分、バラの谷で一番大きな町カザンラクに着いた。カザンラクとは、バラを加工する際に用いる「銅の釜」を意味する。つまり当地のバラは、観賞用ではなく香料の原料なのである。日本では、ヨーグルトの国として知られるブルガリアであるが、香水に使われるバラの香料は世界の七割がブルガリア産という。町の入口付近で、地元の人から四隅に黄色い紐がついた一辺三〇センチほどの赤いエプロンとビニール製のブーツ・カヴァーが配られた。赤いエプロンは、摘んだバラを入れるため、ブーツ・カヴァーは畑地で靴を汚さないためである。そのような準備をした私たちは、町はずれのバラの畑に降り立った。

いきなり、賑やかな笛やアコーデオンの器楽演奏が始まった。白シャツに黒ズボン刺繍の帯など民族衣装を着けた男性の楽師たちによる歓迎である。刺繍入りの長いピンクのスカートに黒い上かけを纏った女性の踊り子達が、バラの花を入れた小篭を手にしていた。私たちは、プラメラさんや添乗員百合氏の案内で、胸丈ほどの周りのバラの茂みの中にてんでに分け入った。香料用のバラの花弁は、小ぶりで地味なピンク色をしていてそこらの野草のようだ。ただ観賞用のバラと違い鋭い棘がないから、指を傷つける心配もない。三〇分ほどで、二合ほどのバラの花ビラが集まった。そのうえ、踊り子のひとりから、ビニール袋に入ったバラまで貰った。さて、これをどうするのか。

「小さな容器に入れておけば、皆さんが日本に戻られる頃には乾燥して、とってもとっても強い香りを放つようになります。当分芳香がお部屋に溢れるでしょう」とプラメラさん。

バラの収穫期は五月半ばからの約一か月間、特に六月の第一週は、バラ祭りが開催される。近隣諸国の舞踊団も参加する音楽祭が開かれるので、この小さな町に私たちのような観光客が世界中から集まってくるのである。地元の高校生の中からバラの女王が選ばれ、作文の優勝者とともに日本の広島市に派遣されるという。なぜ広島かは、聞き漏らしてしまった。

バラを摘み終わって一息ついたところで再び器楽演奏が始まり、空き地に待機していた若い女の踊り子達が輪を作って踊りだした。バラの花冠が三つ編みの頭髪の上で揺れている。地元の女の子もいる。民族衣装を着けた男性も。観光客も一人二人と輪に割って入り、手をつないで踊りながら左に移動した。国際色豊かな、踊りの輪だ。こういうことが大好きな妻も早速加わった。首から提げた赤いバラ受けのエプロンが、胸の前で揺れている（12頁　図4—20参照）。週に三度ほどスポーツ・クラブに通っているから、このような動作は日常的だろう。しかし、緑滴る屋外で、好天のもとに踊るのはやはり特別なことにちがいない。二周ほど回ったところで音楽は終わり、輪がバラバラになった。踊り子や楽師と記念写真を撮る。

この後バラ博物館で、香水作成の工程を見学した。幾度も蒸留を繰り返した末、四トンのバラの花弁からわずか一キロリットルの液が取れるに過ぎないという。付設の売店では、香油やリキュール、バラのジャムなどが販売されていた。私は、サービスで提供された餅菓子を摘まんだ。少しバラの香りがしたが、昔トルコ土産に買った餅菓子に味も形も似ているのかもしれない。相互に影響しているのかもしれない。

高低差のある広い敷地を持つ野外バーベキュー・レストランで、一二時から一時間のランチ・タイムになった。再び、澤田夫妻、田中夫妻と相席する。そのうち一行の誰かが、「向こうの低い所にある席で、日本の俳優Sと女優Kを見かけた」と言って戻ってきた。それを聞いた数人が、席を立った。日頃は落ち着いた田中夫人も、みんなの後についていく。やがて戻ってきた一人が、「あんまり近くから写真を撮ろうとして、付け人に注意された」と苦笑いした。私自身は、SとかKとか言われても分からないから何の関心もない。ただ、日本から遥かなブルガリアに来てもプライバシーがない著名人やタレントには、少し同情する。食事が終わったころ、下手の空間でダンスのショウが始まった。このレストランもバラ祭り会場の一つなのだった。

食後は、バラ博物館からほど近い樹木に覆われた小丘にある、古代トラキア人の墓地を訪ねた。一九四四年、防空壕を掘っていた兵士により発見されたといわれる。前方後円墳で紀元前三世紀のトラキア貴族のものと推定され、男女、馬の骨、銅器が見つかった。ギリシャの影響が認められるという。ただし、世界遺産に指定されている本物の墳墓は現在見学ができない。代わってすぐ近くに観光客のための精巧なレプリカ墳墓がセットされている。イヴァノヴォの岩窟教会の壁画同様、石室の壁は美しいフレスコ画で飾られていた。紀元前二世紀以後になると、この地方へのローマ人の侵攻が激しくなりトラキア人の反乱が起きた。トラキア人奴隷スパルタクスの反乱が特に有名である。

一五時、バルカン山脈の南麓沿いに、二一〇キロ西のソフィアに向かって移動を再開する。バルカン山脈は、麓に近づくにつれ草地から樹林帯に代わるが、全体が緩やかな斜面を見せる穏やかな山容である。

図（4-21）ヴィトシャ山

平野部には、農家が点在する。レスキー村、イワノウ村等、この国の詩人や革命家の名前を冠した村が、車窓を過ぎた。一八時過ぎ、ソフィア郊外に入る。ブカレスト同様、共産政権時代の八階建てのマンションが並んでいる。一八時半、今夜から二連泊するソフィアのパーク・イン・ホテルに着いた。

## 七、ブルガリア正教会のフレスコ画、コウノトリの巣、リラの僧院、ソフィアの町歩き

六月八日の朝、七時の朝食から出発まで一時間半もあるので、ホテルの近辺を散歩した。広い敷地を持つオフィス風の建物が多い。市街地図を持たないのでよくわからないが、ホテルの場所はソフィアの南郊のようだ。南方にヴィトシャ山系の山並みが見える。ソフィアは、この山系の裾野、標高五〇〇メートルの高原にある人口一五〇万の都会である。

本日は、このヴィトシャ山の近くの二つの世界文化遺産を訪問する。まず、ソフィアからほど近いボヤナ村にある一一世紀建立のブルガリア正教会である。一三世紀と一九世紀に一部修復されている。漆喰の壁の上にナマコ壁風の飾りが施された瀟洒な建物である。周りの木立の間をリスが素早く動いた。この教会も、建物自体より、内部のフレスコ画が重要な遺物だった。狭いのでグループを一〇人ずつ三組に分け、交代で入場した。フレスコ画のうち有名なのは最後の晩餐図で、ルネッサンス期以後多く描かれた晩餐図の先駆けともいえる作品である。ボヤナ教会の晩餐図の特徴は、左端に座り横顔で描かれるキリストに対し、画面の手前と奥の席それぞれに六人の弟子たちが横並びしていることである。ブルガリアに来て、イヴァノヴォの岩窟教会、ト

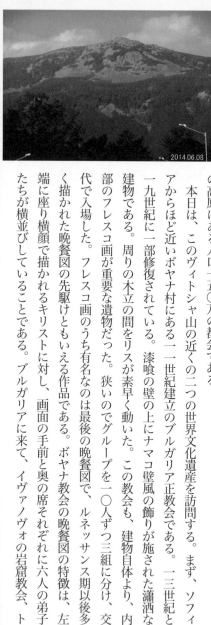

図（4-22）ボヤナ教会

ラキア人の墳墓、ボヤナ教会と続けて三つの世界遺産に指定されたフレスコ画を見たことになる。いずれも鮮やかな色彩が残っていた。フレスコ画はヨーロッパ世界に広く分布していると思うが、トラキア人の時代からこの地域には、特に色調の優れたフレスコの伝統があるのだろうか。

この日二番目に訪ねた世界遺産は、ソフィアの南東六五キロにあるリラ山中の僧院である。途中のコチエリノヴォ村で、コウノトリ観察のため、暫時停車した。コウノトリは日本ではもともと生息数が限られていたが、ヨーロッパでは家屋の煙突に巣を作り日常的に見られる鳥である。この村でも煙突の天辺に小枝を積み重ねた大きなコウノトリの巣がいくつもあった。ペアが、雛に餌を与える様子もカメラのファインダーで見ることができた（12頁　図4―23参照）。

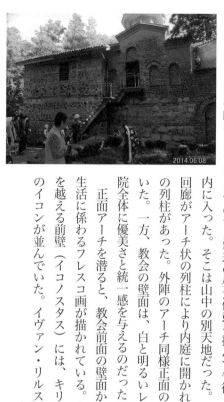

田舎町のレストランでのマス料理の昼食休憩を挟んで午後、私たちはバスで山道を登りリラの僧院の境内に入った。そこは山中の別天地だった。四階建ての外陣は三層の回廊からなり、各回廊がアーチ状の列柱により内庭に開かれている。庭の正面中央には、聖母生誕教会の列柱があった。外陣のアーチ同様正面のアーチ状列柱は、白黒の横縞模様がついていた。一方、教会の壁面は、白と明るいレンガ色の横縞である。この横縞模様が、僧院全体に優美さと統一感を与えるのだった（12頁　図4―24参照）。

正面アーチを潜ると、教会前面の壁面から天井にかけて、聖書の場面やこの地域の生活に係わるフレスコ画が描かれている。さらに内陣にある聖所の横幅一〇メートルを越える前壁（イコノスタス）には、キリスト図、母子像、聖イヴァン・リルスキ等のイコンが並んでいた。イヴァン・リルスキは、ギリシャのテッサロニキにある有名な聖山アトスで修行した隠者で、一〇世紀にリラ山中で隠遁生活を送った。彼の隠遁所が、リラの僧院の起源とされるのである。一四世紀国王の庇護のもと、リラの僧院はほぼ現在の規模に発展した。その後約五〇〇年間にわたるオスマン・トルコの時代でも、この僧院だけは正教の寺院として存続が認められてきた。ただし、一八三三年の大火で、本堂左後方に聳えるフレリョの塔を除いて、全ての堂宇は破壊されてしまった。現在私たちが目にするのは、その後再建されたものだ。世界遺産に登録され、この国でもっとも人気がある観光地になっている。

ソフィアに戻って、ハージ・ドラガーノの家レストランで夕食を摂る（12頁　図4—25及び図4—26参照）。元豪商の館で、大きな客間が印象に残った。

翌六月九日、ブルガリア滞在最後の日になった。午前中首都ソフィアの中心部を歩く。九時、市内でもっとも大きなネフスキー寺院に入場し、正面、左右三つの祭壇やイコンを見学、折から鐘楼の鐘が鳴り始めた。三〇キロさきまで届くという余韻のある鐘声だ。

寺院前の広場を横切り、聖ソフィア教会や聖ニコライ教会の前を過ぎ、ドンドウコフ大通りを西に歩いた。ブルガリア中央銀行の先の大統領官邸の前には二人の正装をした衛兵が直立不動で立っている。このような場所が好きな妻を入れて写真を撮った。鉄道の地下通路には、半ば掘り起こされた一四世紀の聖ペトカ地下教会があった。

最後に、少し市街地を離れた国立博物館を訪ねた。ここでは、ブレスレット、首飾り、ワイン容器リュトン等、北ブルガリアのトラキア王族の古墳から発見された精緻な金属製品が目を引いた。紀元前五世紀に遡るという。博物館の訪問で、今回の旅のスケジュールはほぼ終わった。今夕、ブカレスト、ドーハ経由で帰国の旅につく。

このたび訪問したルーマニア、ブルガリアは、古代ローマの時代から辺境の土地だった。現代でも中央ヨーロッパや西ヨーロッパから見れば、依然中軸から少し外れた地域なのかも知れない。日本人の関心も高いとはいえないだろう。少なくとも観光地としてそれほど派手な国々とはいえない。しかし今回の旅は私にとっては、春風のように心地よく、心和むものだった。旅程を追って慌しく移動するのではなく、時間が緩やかに流れていた。

この二国は、欧米先進国に比べると、経済的には中進国といえるだろう。二度の大戦中も冷戦時代も、大国の狭間で苦難の歴史を刻んできた国々である。おそらく現在でも、その後遺症は底流に残っているにちがいない。一介の旅人には、本当の事情は分からない。ただ、シギショアラの華麗な町並みや要塞教会、トランシルヴァニアの美しい城砦、瀟洒なアルバナシ村の民家、古都ヴェリコ・タルノヴォを俯瞰したホテルのテラス、バラ祭りの日にピンク色の冠りに赤い刺繍入りの民族衣装で踊ってくれたカザンラクの若い娘たちの笑顔、白いアカシアの林に黄色い菜の花畑や赤いケシ、穏やかなバルカンの山並み、リラの僧院等を、心静かに今思い出すのである。


（二〇一四年一〇月一日、記）

# 第5章　ヨーロッパ西端の国
# ポルトガルへ

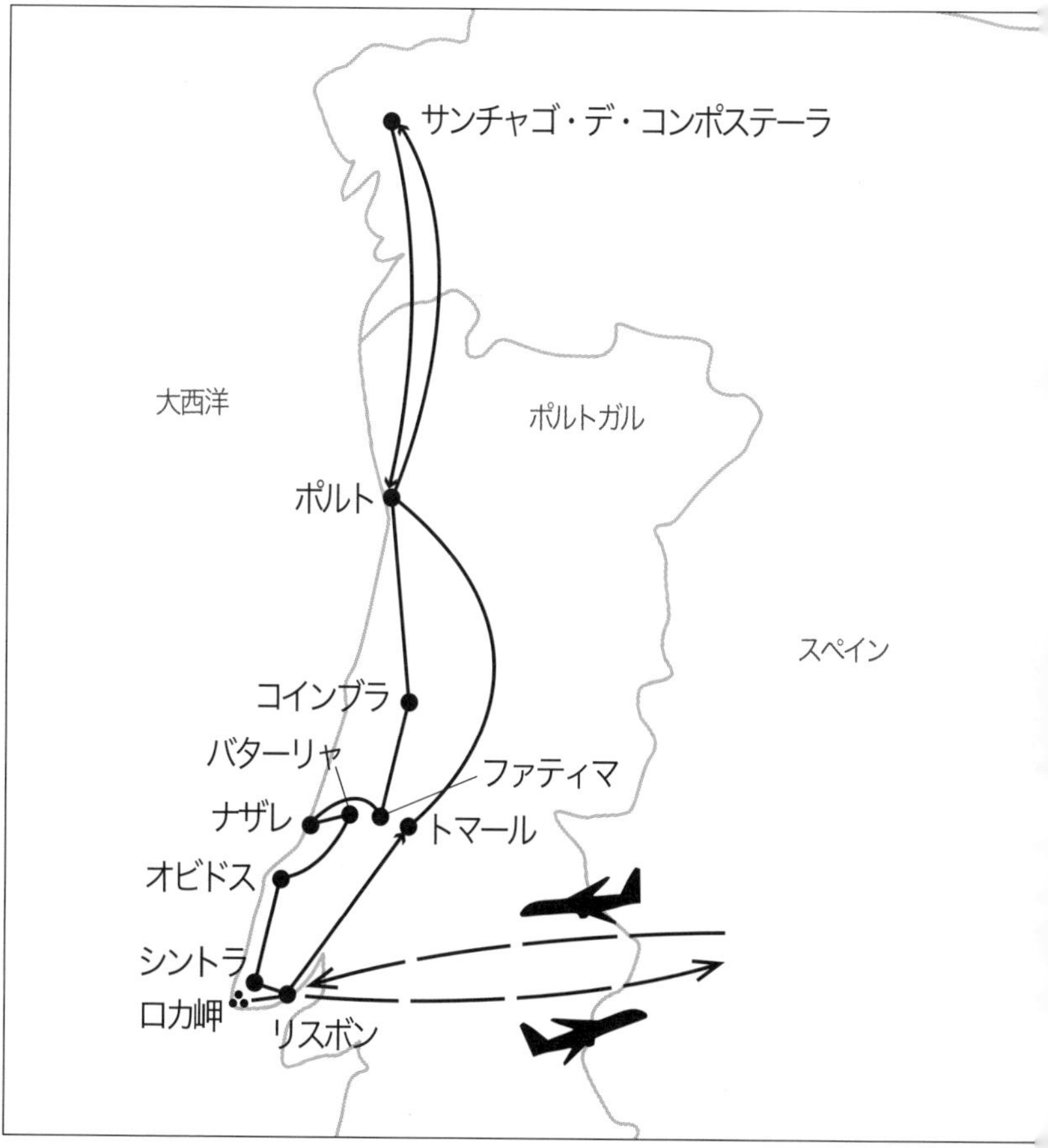

## 一、リスボンからトマールのキリスト騎士団修道院を経てポルトへ

二〇一四年一二月七日、六時半、モーニング・コールで目覚めた。昨夜遅くリスボンの空港近くのホテルにチェック・インしたときには、既に午前〇時を過ぎていた。それから入浴を済ませベッドに入ったので、四時間ほどしか眠っていない。西ヨーロッパの中でもイベリア半島のスペインやポルトガルは日本からの直行便がないから、けっこう時間がかかるのである。今回利用したＫＬＭオランダ航空は、アムステルダムのスキポール空港で乗り継ぎ便まで六時間も待たされた。

八時半の出発に合わせて、急いで身支度と朝食を済ませ、地上階までスーツケースを運ぶ。Ｈ社主催の格安の旅だから、何事も各自でやらなければならない。参加者も三九人と、最近のツアーでは経験したことがない人数である。修学旅行のようだ。集合や点呼、トイレ休憩、荷物の出し入れが大変だと覚悟した。

一二月にヨーロッパを旅するのは、久しぶりである。ただ、妻とは六月のルーマニア／ブルガリア以来今年二度目の外国行きだった。ヨーロッパの中では周辺に位置する国々の訪問が続いている。八時四〇分、テージョ川を渡った。スペインのトレドを流れているタホ川の下流にあたる。九時過ぎ、赤レンガの屋根に白壁の家が目立っている。緩やかな起伏と農場のサイロ、ブドウ畑、コルクの木、イチジク。ザクロは、九世紀にイスラム教徒がアフリカから持ち込んだものという。

九時二〇分から二〇分間のトイレ休憩、さらにしばらく走って一〇時一〇分、本日の目的地北のポルトまでの中間点トマールの市街地に入った。人口一万人ほどの小邑だが、この国で最大級のキリスト騎士団の修道院がある。元は、対イスラム教徒戦に功績があったテンプル騎士団の拠点だった。一三一二年にフ

図（5-1）トマールのキリスト騎士団修道院

ランス王によりヨーロッパ全土のテンプル騎士団が禁止された後、時のポルトガル王ディニス一世がキリスト教騎士団を創設し、この修道院を継承させた。坂道を登りアーチを潜り、右手の高い外壁に沿って広い参道を歩く。正面に頑強なドームが聳えている。左手の糸杉並木の彼方に麓の民家が散在し、ミカン畑が広がっていた。

入り口の右手が墓の回廊と呼ばれ、中庭には実をつけたオレンジの木が茂っている。回廊の壁の一部は、白地に青色の絵を施したタイル（アズレージョ）になっているが、これは後から付加されたものである。テンプル騎士団時代からの本堂は一六角形で壁厚のロマネスク様式のもの、その中心にある八角形の内陣には、金を使ったキリストやマリアのレリーフが彫られていた。緊急出陣の際、騎士達は、騎乗のまま内陣を回ったという。

図（5-2）マヌエル様式の明かり取り

つづいて、イスラムの影響を受けたムデハル様式の長細いキリスト教騎士団の聖堂、その西側の大きな明かり取りは、一五、六世紀のマヌエル様式の窓という。マヌエルは当時のポルトガル王の名に由来するが、窓枠にロープ様の模様やドラゴンの装飾など海洋デザインとイスラム様式をあわせたのが特徴とされる。さらに、食堂や竈、沐浴場、寝室などの部屋を通り抜けて、最後にミシャと呼ばれる大きな回廊に出た。周囲には、キリスト教に関わる品物、レリーフ、書物、カード、土産物、スナックなどの小店が出ていた。出口付近に白いマントを羽織り、十字の先端が太くなった赤い騎士団十字架入りの盾を手に騎士に扮した二人の男が立って、客の記念写真に応じていた。妻も早速その間に立って、写真に収まる（13頁　図5―3参照）。そのうちに、今度は器楽の演奏が始まり、たちまち踊りの輪が広がる。この踊りにも真っ先に妻が参加した。お祭りの雰囲気が大好きなのである。かくて、世界遺産キリスト教騎士団修道院の、二時間足らずの訪問が終わった。

丘の麓を流れるナバオン川の岸辺は水車が回り、樹木が茂る小公園になっている。川沿いのレストランで、干しダラ入りの焼き飯を食べた。芦屋の林夫妻や香川県観音寺市から来られた大西夫妻と合い席になる。今回は六組の夫婦連れが参加していた。

「外国では中国に興味がありますが、尖閣問題で今はタイミングがよくないですね」と大西氏。仕事の関係で日本各地を転居したが、博多が最も住み易く楽しかったと彼は回顧した。

一三時、再び北上を開始する。添乗員三谷さんから、ホテル内での盗難についての注意があった。物品を室内に放置しないこと、特に電気製品には気をつけること。貴重品預けの場合にも一筆書くことになっているという。

「私のパンツも、失くなったことがあります。いったい誰が使うのでしょうね」と小太り気味の彼女は笑った。

一五時四〇分、ポルト市に近付いた。坂を下りドウロ川に架かるインファンテ橋を渡って世界遺産に登録されている旧市街の歴史地区に入る。

まず、ドウロ川近くに建つサン・フランシスコ教会を訪ねた。一四世紀に創建された古い教会だが、現

図（5-5）サンデマンのワイナリー

在目にするのは一七世紀にバロック様式に改築されたものである。柱、壁、天井の一面は金泥で花鳥や天使などが描かれている。このような豪華絢爛な金泥細工（ターリャ・ドウラーダ）は、メキシコ共和国の、たとえばプエブラ市の寺院でも見かけたことがある。スペイン同様ポルトガルも、植民地から大量の黄金を収奪したことを裏書している。本堂後背のバラのステンド・グラスが美しい。この教会には、長崎で殉教した二六人が聖人として祀られている。

裏手のボルサ宮（旧証券取引所）前の広場には、エンリケ航海王子の像が立っている。彼はポルトで生まれたといわれる。すぐ近くのアーチ状をした美しいドン・ルイス一世橋を南に渡り、三〇ほどのポート・ワインのワイナリーが集まっているヴィラ・ノヴァ・デ・ガイア地区に入った（13頁　図5—4参照）。私たちが訪ねたのはそのひとつ、サンデマンのワイナリーだ。ポート・ワインは、アルト・ドウロ（古いドウロ）と呼ばれるドウロ川上流域で収穫される葡萄から製造されるのである。閉館の時間まであまりないのでワイン製造の説明も簡単に切り上げ、試飲と販売の話になった。液体をスーツケースに入れるのは気が進まなかったが、妻はワインの小瓶五本とワイン入りのチョコレートを買った。

バスが待機している場所まで、黄昏が迫るドウロ川の岸辺を歩く。魚網を立て掛けた釣り船が数艘、此岸近くに舫われていた。この南岸はすでに日が翳っている。いっぽう、人家が密集した北岸旧市街の丘は残照で輝いた。最後に立ち寄ったのは、旧市街の中心部にあるサン・ベント駅である。待合室の三面の壁全体が、見事なアズレージョの絵で飾られているのだった（13頁　図5—6参照）。一二世紀、アルファンソ一世がカスティリャ軍を破り独立を勝ち取った戦い、戦の先頭に立つエンリケ王子、葡萄を収穫する農民……などを描いた縦横四メートルに五メートルの大画面である。駅の構内を覗くと、黄色の車体をした列車が待機していた。

一九時、インペリアル・ホテルにチェック・インした。今宵は、各自自由に食事を摂ることになっている。外出が面倒なので携帯食で済ませた。

## 二、スペイン領サンチャゴ・デ・コンポステーラへの日帰りの旅

本日だけは北スペインに入り、聖地サンチャゴ詣でをする予定になっている。北ポルトガルまできたら、サンチャゴのカテドラル訪問を希望する人が多いのだろう。

八時三〇分の出発後まもなく、前日に引き続き今日は朝から三谷さんが当地にゆかりの歌謡を披露する。まず、「ポルトガルの洗濯女」をサンバ調で、続けてロドリゲスの「暗いはしけ」を。歌うといっても歌詞ではなく「タンタンタン、タタ、タンタン…」と擬音を使うのだから、いくらでも続けられるのである。まったく悪びれることもなく。これからの行く先々で聞かされることになる彼女の歌の始まりだった。

「あまりうまくないところがご愛嬌ね」と妻が笑った。

つづいて、キリスト一二使徒の話を始めた。聖ヤコブ（サンチャゴ）の話への導入のためかもしれない。各使徒について特徴やエピソードなどの短い紹介があった。トーマスは剣を持ち、ペテロは天国への鍵を手にし、マタイは徴税吏、ガリラヤ湖の漁師でペテロの弟アンデレ、杖を持つヤコブ、ヨハネ福音書の著者ヨハネ、鋸で切られたシモン、棍棒で打ち殺されたバーソロミュー……ここまで来て、三谷さんは説明

を止めた。一二使徒についてあまり考えたことも無かったので、私は残りの五人の話も聴きたいと思っていたのだが、車内で朝から転寝している人が多いのである。時差の故かもしれない。

バスは渓谷の間を走っている。山の中腹に霧が流れる。針葉樹の林、小枝はカットされ下草はきれいに刈り取られていた。

「日本の雑木林に比べると、手入れが行き届いている」と妻が言う。

たしかに私たちが住む近所の里山でも、最近は雑木のため足を踏み入れるのが難しい。先日、滋賀県のある登山口までマイクロ・バスで分け入ったが、廃屋や廃村が目立ち、山林の荒廃が顕著だった。依然日本の自然は美しいと信じている人も多いが、それは一部の景観の話で、国土全体の実態は違ってきていると思う。

自然だけではない。日本の市街地や個々の家屋も決して美麗とはいえない。過日、アベノハルカスに登ってきた妻は、「大阪の市街地は、汚い」と批判していた。ヨーロッパの町に来る度に、私も同じ感想を抱くのである。町並みも、彩りの点でも。数世紀にわたって代々引き継がれ、文化的遺産として大切に守られてきた石造りの家屋や重層な歴史背景を持つ西欧の都市景観と、スクラップ・アンド・ビルトで無計画に建設された日本の都会を比較するのは、もともと無理かもしれない。都市計画の段階から美観を重視する発想が、官民双方に希薄なのである。

九時五〇分、ミーニョ川を越えてスペイン領に入った。バスは出入りの多いヴィーゴ湾沿いに走る。ムール貝養殖のための木枠が湾内に広がっていた。一〇時過ぎ、シモンという村で短い休憩。移動を開始して一時間ほどでサンチャゴに近付いた。

私たちは、まずカテドラルから東に数キロ離れた歓喜の丘に向かった。小高い丘の上には、左手に長い杖を持ち、右手を高く指し伸べた二人の巡礼の像が立っている。彼等が見据える視線の先には、カテドラルの三つの尖塔が遠望できるはずである。ただ今日は霧に覆われて見えない。数百キロ離れたフランスからピレネー山脈を越えてこの地に到達した巡礼者たちが初めてカテドラルを目にするのが、この歓喜の丘なのである。

図（5-7）サンチャゴ・デ・コンポステーラのカテドラル

西暦七七八年、フランク軍がバスク族に敗れた（有名な『ローランの歌』の主題）。このとき、白馬に乗ったヤコブが現れ、後にシャルルマーニュ（チャールズ大帝）と呼ばれたフランクのリーダーたちを救援した。西暦八一三年、ガリシア地方のモンテ・ヴェルデという場所で、このヤコブの遺骨が発見されたことから、サンチャゴの歴史は始まる。この場所に墳墓が建てられ、やがてロマネスク様式の大聖堂に発展した。一一世紀から一二世紀にかけてが、サンチャゴ巡礼の第一次全盛期だった。その後サンチャゴ人気は衰えていたが、第二次大戦後巡礼が再び盛んになったという。現在、サンチャゴ・デ・コンポステーラ（コンポステーラは「星の原」の意）は、人口一三万で、ガリシア州の州都である。

町の南西端にあるアラメダ公園の坂からカテドラルの全景をカメラに収めてから、市街地の中のレストランで、牛肉と馬鈴薯のランチを摂った。中心部は狭い路地に商店がひしめき、両側の二階の軒先から金属細工の看板が伸びていた。

「この町はいずれ訪ねたいと思っていましたが、ポルトガル旅行のついでに立ち寄ることになろうとは」

図（5-8）サンチャゴ市内

合い席した松山市の南、松前町で農業を営んでいる岡井夫妻に話しかける。「やはり、少しでも巡礼の道を歩いてきた方が、喜びが大きいでしょう」

「しかし私たちも、お金をかけた長い空の旅路の末に辿りついたのですから、ご利益に預かる資格はあると思いますよ」と岡井夫人が答えた。

商店街を抜けて、カテドラルの裏手のキンターナ広場に下りていく。カテドラルの裏にある免罪の門は、通常は閉じられているので正面のオブラドイロ広場側に回った。中央の尖塔の左右に建つさらに高い二つの塔は全面が金属製の足場で囲まれているので、残念ながらカテドラル全体の威容を見ることはできない。ただ、内部のスケールの大きさには圧倒された。入り口は三つのアーチからなる栄光の門、その中央の柱の上に聖ヤコブの像がある。正面通路の最奥には重厚豪華な祭壇があり、聖ヤコブ像が鎮座していた。長い旅路の末にたどり着いた巡礼者たちは、神々しい輝きをそこに認めたであろう。残念ながら異教徒である私は、巨大な美術品として感嘆するだけである。

三谷さんの後について、左手の地下礼拝堂（クリプト）への階段を下りて聖ヤコブの棺を拝む。つづいて訪問者の長い行列に並んで祭壇の右横にある狭いらせん階段を登り、聖ヤコブ像の背後に回ってヤコブの頭を撫でた。キリスト教徒でないものにご利益があるかどうかはわからない。カテドラルの売店で、ホタテの貝殻に赤い聖ヤコブ十字が入ったマグネットを買う。これで、聖地サンチャゴへの私たちの日帰り巡礼は終わった。

帰途は、午前来た道を一路ポルトに引き返す。参加者を退屈させないため、三谷さんがマイクで駄弁った。「添乗員になったのは、ヨーロッパの人のように目鼻立ちの整った顔立ちになりたかったからでした」彼女は目をいっそう細めて笑った。「いつも彼等と接していれば、少しは似てくるかもしれないと」実際は顔立ちのほうは理想のようにならず、洋食過多の故かヨーロッパ人のように贅肉だけ付けてしまいました……というのがこの話のオチだった。

三谷さんは、アコーデオンを弾くらしい。直接には見えない鍵盤を指先で操るのが難しいという。旅先で手に入れた中国製の愛器は、なんと二〇キロの重さである。これではレッスンに通うのも大変だ。得意の歌詞なしのメロディーは、アコーデオンの練習で憶えたのだろう。

一旦、ポルトのホテルに戻り、一九時から外のレストラン「ロルシオス」で海鮮料理の夕食を摂った。

**三、大学都市コインブラ、ファドの生演奏、原産地のコンペイトウを買う、秘蹟の町ファティマ**

一二月九日六時半起床、七時階下の食堂に一番乗りした。隣席に座った加古川市からの伊藤夫妻と初めて会話を交わす。伊藤氏はまだ現役の会社員である。出発までホテル周辺を歩いてみたが、見るべきものがない。市の中心部から離れているようだ。

九時にホテルをチェック・アウト、この二日間と逆に南に向かう。よく整備された針葉樹林帯の中の片側三車線の広い道をバスが走る。一〇時過ぎ、コインブラの市街に入った。南北に長いポルトガルの中央部、大学町として知られる人口一〇万の、この国三位の都会である。ポルトガル最初の大学がリスボンで創設されたのは一二九〇年で、一三〇八年コインブラに移設された。パリ、イタリアのボローニヤ、スペインのサラマンカと並ぶ歴史ある大学だ。山手から下町に広がるキャンパスが、二〇一三年世界遺産に指定された。

私たちは、町の最高所に建つ大学の新校舎の前でバスを降りる。チケット売り場の前を歩いて、鉄の門を潜り、旧大学校舎前の広場に出た。正面に鐘楼がある時計塔が見えた。入り口の床に、学術を司るミネルバ（アテネ）神のモザイクがある。右手の階段を登ってラテン回廊に至る。もともと王宮であったものが下賜され、大学薬学部として使われた由緒ある建物である。「帽子の間」と称する学位授与に使われた広間に入る。壁に歴代ポルトガル王の肖像画が掛かっていた。つづいて一六世紀のマヌエル様式で作られた王室チャペル、祭壇近くにパイプ・オルガンがあった。

図（5-9）コインブラ大学

図（5-10）コインブラの下町へ

時計塔につづく建物の左端には、ジョアニナ図書館がある。蔵書数三〇万という。豪華に表装された大型の書籍が、四面の壁に一〇段ほどの高さで天井まで積まれていた。蔵書よりも参観者が感嘆したのは、金泥細工を施された華麗な室内である。これも王宮の一部だったのだろう。

図書館前の広場からは、コインブラの市街地と街中を貫くモンデゴ川が見える。黒いマントを纏った二人の女子学生が、観光客と話したり写真を撮ったりしながら、大学構内の案内図を売っていた。寄付金になるのだという。鐘楼から一一時の刻を告げる

図（5-11）ファドの演奏

図（5-12）アルメディーナ門

鐘が響いた。旧大学裏の曲がりくねった石畳の路地を下る。古壁に囲まれた急坂だ。

坂を殆んど下りきった場所にあるレコードやCDを売る店の前で、三谷さんが足を止めた。店の主と何か話している。どうやら彼が、ファドを演奏してくれるらしい。店内の椅子に座って待っていると、黒服に着替えた店主がギターを手にして現れた。なかなかの好男子である。ファドは、リスボンの下町で発達した民衆の音曲である。ギターを弾きながら店主は、哀調の混じった数曲を唄ってくれた。このたびポルトガルに来るまで私はファドの名さえ知らなかったが、親しみやすい歌謡と思った。妻は、さっそく彼の演奏になるCDを手に入れサインを貰った。

古い城壁のアルメディーナ門を抜けて、市内一の繁華街フェレイラ・ボルジェス通りに出た。三谷さんの薦めで、妻はポルトガルの銘菓「金平糖」も買った。この菓子は、ポルトガル人によって「コンペイトウ」の名前のままで日本に齎されたのである。チキンと馬鈴薯のビール煮でランチ、高知の吉村夫妻と一緒だった。ご主人は元ゼネコンで全国を回っていた七一歳の人、百名山を終え現在二百名山を六〇ほど登頂したという。最近は百名山を完登した人に出会うことが多くなった。ただ、吉村夫妻の場合は、奥さんも完登されているのだった。

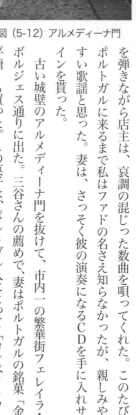

午後、理由は聞き漏らしたがマホメットの娘ファティマの名前を冠した聖地を訪ねた。周りに林が広がるバス停から数分歩くと、中央にキリスト像が立つ大きな広場に出た。一九一七年、この地で三人の子供がマリアのお告げを聞いたという奇蹟が起きた。その跡地に現在目にしている大きなバシリカ（ローマ会堂風の長方形の教会堂）が建てられた。そのお告げとは、

①死後の地獄の実在

②大戦争の終焉と勃発

さらに余りに恐ろしい内容だったためローマ教皇庁も公表していないのが③番目のお告げだったといわれる。近代の予言なので、異教徒の私などは出来事の信憑性さえ疑いたくなる。通常予言や神託などは、結果がどちらに転んでもはずれないように、必ず両義性を持たせてある。政治的意図を持った人物が、子供の発言を誘導したのではないかとさえ思う。暗殺未遂で助かったヨハネ・パウロ法王は、一九八一年この教会を訪問した。そのためか、③番目の予言は、法王暗殺計画に関わるのではないかとの風評がある。これまで見てきた重厚で歴史的な教会に比べ、ファティマのバシリカは斬新でシンプルな建物だった。

図（5-13）コンペイトウの店

一七時、今夜の宿泊地ナザレの町に入った。この町は大西洋に面した砂浜に沿って崖の上下に分かれている。私たちはまず崖上のシティオ地区にある広場でバスを降り、大きく湾曲しながら南に伸びている海岸線を見下ろした。町の中心ブライア地区は、赤屋根白壁で統一された人家が密集している。崖は絶壁になっていて、その崖にへばりつくように小さな礼拝堂があった。入り口にキリスト像が安置されていた。

私は外から覗いただけで、後は夕日を眺めたり、崖と反対側のナザレ教会の写真を撮った。かなり長く内部にいた妻は、

「きれいなマリア像見た？」と顔を出した。

礼拝堂の右側の階段を少し下ったところにある鉄格子の隙間から、幼子を抱きピンクの衣を纏った小さなマリア像の写真を撮っていたのだった（13頁　図5―15参照）。「撮り終わって振り返ったら、狭い空間に人が列を作って待っていた」と彼女は笑った。

城主を乗せた馬が崖から落ちかけたのを、マリアに救われたという秘蹟の場所に建てられた礼拝堂だった。もともとイスラエルからの旅の僧がナザレのマリア像を齎したという伝承が、この町の名の由来である。その後マリアの秘蹟が起こったため、この地が巡礼者で賑うようになった。現在は、夏の避暑地として観光客を集めている。海岸から程近いブライア地区のナザレ・ホテルに、一八時丁度にチェック・インした。

図（5-14）ナザレの海岸

## 四、ナザレの海岸、世界遺産バターリャの修道院、「谷間の真珠」オビドスの町歩き、ヨーロッパ最西端の岬

翌一二月一〇日、ホテル四階のレストランで、海岸を眺めながらの朝食。食後、民家が建て込んだ細い石畳の道を、手書きの地図を頼りに五〇〇メートルほど離れた市場まで妻と散歩した。雨天体育館のような市場は、青果、野菜、乾物などの台が、店開きをしていた。旅仲間数人と出会う。帰途は海岸通りを歩いた。波打ち際まで五、六〇メートル程、あいだに小さな砂丘ができている。大西洋の海水に触れてくる

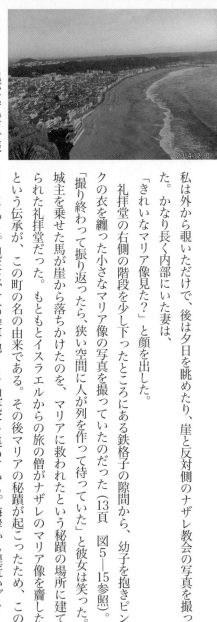

図（5-16）バターリャの修道院

といって、妻は砂山の向こうに消えた。靴に砂が入るのがいやで、私は通りで待つことにする。砂山で、数羽のカモメが羽を休めていた。

九時にホテルをチェック・アウト。先ず昨日南下した道を少し北に戻ってバターリャの修道院を訪ねた。バターリャとはポルトガル語で「戦争」を意味し、この修道院の正式名称は「勝利の聖母マリア修道院」である。一三八五年死去したポルトガル王の領地継承権を主張して攻め込んだ隣国カステリア軍三万をジョアン一世率いるポルトガル軍六〇〇〇が撃破した。日本で言えば信長が今川義元を破った桶狭間の戦いのような逆転劇である。以後、ジョアン一世を始祖とするアヴィス王朝の下で、ポルトガルは海洋国家として二〇〇年にわたる発展の時代を迎えた。

ジョアン一世は、戦勝を祈願した聖母マリアのために一三八八年からバターリャ修道院建設に着手した。以後、一六世紀初頭まで増改築が続いたのである。この修道院は、ポルトガルを代表するゴシックとマヌエル様式の建築として一九八三年世界遺産に指定されている。たしかに多くの尖塔を備えたバターリャ修道院は、規模が大きく外観も美しい。しかし修道院の由来話については、私は内心異議を感じていた。ジョアン一世が戦った相手は異教徒でなく同じくカトリック国のカスティリアだから、同様に聖母マリアに戦勝を祈願したはずである。マリア様は、ポルトガルだけ加護するより双方の和平を望まれたのではなかろうか。

そのような個人的思惑はさておき、一行は修道院の西側のファサードに回った。教会入り口上部のエイヴァン（半円状の窪み）と左右の壁には、聖人達のレリーフがぎ

図（5-17）バターリャ修道院のエイヴァン

っしり彫りこまれている。エイヴァンを潜ったすぐ右手は、創設者ジョアン一世の礼拝堂で、一家の墓所になっている。まず中央にジョアン一世と王妃の大理石の棺が安置されている。棺の上に彫られたレリーフでは王の手が王妃の手の方に伸びていた。

「ポルトガルでは、棺もダブルベッドになっていますね」と三谷さんがいう。

左手の壁の窪み（ニッチ）には、航海王子として知られるエンリケの棺があった。エンリケは、ジュアン一世の王子の一人だった。礼拝堂最奥にあるピンクや青のステンドグラスは明るくて格別に美しい。たとえば、北イングランドのヨーク・ミンスターやダーラムにあるカテドラルのステンド・グラスを思い出させるものだった。

隣接するジョアン一世の回廊は、中庭側に開かれたアーチ間の狭間飾りの紋様が繊細で優美である。これまでこの国で何度か見てきたように、海を連想させるマヌエル様式だ。つづいて糸杉が茂る内庭を囲むアルフォンソ五世の長い回廊を歩く。最後に天井がない未完の礼拝堂に立ち寄って、バターリャ修道院の見学を終えた。

一時間ほど南下してオビドスという城壁に囲まれた町に立ち寄った（14頁　図5—18、5—19参照）。ローマ時代の砦に起源する人口八〇〇人ほどの小集落に過ぎないが、「谷間の真珠」と呼ばれる美しい町である。一三世紀に時の王が妃の領地に指定して以来、歴代の王妃により管理されてきたという。城門を潜って最奥のサンチャゴ教会まで、幾筋かに石畳の道が続いている。両側に土産物店やレストランが並ぶ

図（5-20）ロカ岬①

道幅五メートルほどの中心街ディレイタ通りを、ワイン店の試飲を楽しんだりしながら、行き止まりまで二〇分ほど歩いた。途中にサンタ・マリア広場と呼ばれる小公園がある。赤煉瓦の家並みの上に、枝全面に大柄のピンクの花を咲かせたブーゲンビリアが伸びていた。狭い急な石段を登り、城壁の上に出る。城壁の上は細い遊歩道がついている。ただ「手摺がないから、転落したら大怪我をします」という添乗員の警告に従って、城壁の外部に広がる畑地を眺めるだけで、城壁の散歩は諦めた。サンタ・マリア広場近くのレストランで、ランチにイワシ料理を食べる。大阪市中央区にお住まいの山本さんや有住さん母娘と合い席だった。山本さんは、オフィス勤め、海外には二年に一度ほどなので少し贅沢してビジネス・クラスを利用しているという。

午後、私たちのバスは次第に首都リスボンに近付いている。しかし本日は、その前に立ち寄る重要な場所があった。バスはリスボンの西方にあるシントラ山脈を迂回しながら、大西洋岸を走った。一五時四〇分、ロカ岬の駐車場でバスを降りて草原のなかの道を岬まで歩く。

ロカ岬には、連なる崖に沿って柵があり遊歩道がついている。ただし、特に突出した先端があるわけではない。高さ五メートルほどの石碑が建ち、CABO DA ROCA（ロカ岬）の文字が記されていた。この地点こそヨーロッパ大陸の最西端だ、と認識するだけである。風が強い。大西洋は、目の前の崖下から遮るものもなく広がっていた。

記念写真を撮った後、「も少し歩いてみる」という妻を残し、早々に駐車場に戻る（14頁　図5—21参照）。ロカ岬に立ったという満足感が満たされると、急に強風が気になり始めたのである。木々は内陸に向かって傾いでいた。恒常的に西風が吹いているのだろう。売店で、三本マストの帆船を描いたアズレージョを買った。

尚しばらく大西洋に沿って移動し、バスはテージョ川に沿った湾内に入る。リスボンは、湾の北側に拡がる。私たちが今走っている岸辺はエスタ・デル・ソルと呼ばれる高級住宅地である。第二次大戦時中立国であったポルトガルに、近隣国の富裕層が移住した。この地域もそのひとつなのだ。椰子の並木の間に、夕日が沈みかけている。

一八時、グラン・イリアスというレストランで、夕食になった。メインは、ロースト・ポーク、タコのリゾット、イカのフライの中からの選択になっている。イカ・タコ類が苦手な私は、迷わずポークを選んだ。難しいチョイスでもないのに、妻は最後まで迷っていた。

一九時半、リスボンのレーガル・パラシオ・ホテルに着いた。添乗員の三谷さんから、各自の氏名入りの「ロカ岬—到達証」が手渡される。岬の正確な位置は、北緯三八度四七分、西経九度三〇分である。

## 五、発見のモニュメント、エンリケ航海王子、ジェロニモス修道院、シントラへの半日旅行、バイシャ地区の街歩き

一二月一一日、六時二〇分起床、適宜朝食を済ませロビーに下りていく。ポルトガル観光最後の日になった。本日の午前中は、テージョ川沿いのリスボン市西部地区を訪ねた。まず、四層からなる立方体の白亜のベレンの塔。一六世紀初頭に建てられた要塞で、塔や川に向かって伸びたテラスに狭間が付いている。後代、税関や灯台として利用された。ただこの日は、休館で内部には入れなかった。

テージョ川沿いの程近くに建つのは、写真でよく見かける「発見のモニュメント」である。巨大な帆船

図（5-22）発見のモニュメント

を模した記念碑の舳先にエンリケ航海王子が立ち、大航海時代に活躍したポルトガルの冒険者たちが連なっている。インド航路を開いたヴァスコ・ダ・ガマ、世界周航を果たしたマゼラン、日本で宣教活動したザビエル、ブラジルに到達したカブラル、初めて喜望峰に着いたバルトロメオ・ディアスなど。ジョアン一世の王子の一人だが王位継承者ではなかったエンリケは、持てる情熱と財力の全てをポルトガルの海洋進出に賭けた。ただ、船酔いに弱かったエンリケ自身は航海できず、部下の活動を支援したという。王子が亡くなった一四六〇年から二〇年ほど経ってから、喜望峰経由のアジア航路が開発されていく。このモニュメントは、王子の五〇〇回忌に当たる一九六〇年に建設されたものである。モニュメント前の広場に、大理石のモザイクで描かれた世界地図があり、ポルトガル人が発見した国名と年代が記されている。日本は彼等によって、一五四一年に「発見」されたのだった。

　発見のモニュメントから直ぐ陸地寄りに、巨大な建造物が見える。エンリケ王子や偉大な航海者達の偉業を讃え航海の安全を祈願して、マヌエル一世により一五〇二年に礎石が刻まれたジェロニモス修道院である。これまで幾度か言及したマヌエル様式の代表的建築として世界遺産に指定されている。海岸通りから見ると、正面の南門を中心に修道院は左右に翼を広げたように伸びていた。

　私たちは二つのドームの間に開いた西門を潜り、サンタ・マリア教会に入った。すぐ左手の窪みにはヴァスコ・ダ・ガマの石棺が安置されている。逆側のニッチにはポルトガルの大詩人カモンイスの棺もおさめられていた。カモンイスは、ガマら先駆者の偉業を叙事詩として残している。

図（5-23）ヴァスコ・ダ・ガマの石棺

内陣奥のマヌエル王家の墓に詣で、広大な回廊を廻り、最後に聖書の翻訳者ヒエロニムスの肖像が掛かっている食堂を抜けて外に出た。

一二時、リスボン中心部の一角にあるロシオ広場でとりあえず解散になった。シントラ宮殿への食事つきオプショナル・ツアーも用意されていたが、参加者の半数は自由行動を選んだ。私も最後の半日は勝手に過ごそうと決めている。目的地シントラへの鉄道の駅舎のあるビルに急ぐ。そのビルの入り口で、リスボンの名門サッカー・チーム「ベンフィカ」の用具を販売している専門店を、妻が目ざとく見つけた。目玉の回転だけは、どうしてもこの女性に適わない。家で探し物をするときは、彼女に任せるのが一番だ。息子に頼まれていたポルトガルのクラブ・チームのユニフォームは、ポルトでもコインブラでも手に入らなかった。それが思いがけない場所で見つかった。八〇ユーロもした。外国に出掛けるたびにサッカー好きの息子からユニフォームを頼まれ、店を探すのが大変なのである。

シントラ行きの列車で、加古川から来た伊藤夫妻と出会った。約四〇分で終着駅シントラに着く。王宮やムーア人の城砦を廻る乗り降り自由なチケットを買い停留所でバス待ちしていると、芦屋市からの林夫人がどこからか現れた。

「うちの主人は昼間からビールを三杯も飲むので、怒って店を飛び出したところなの」と彼女は苦笑いした。口数の少ないご主人に比べ積極的に見える林夫人だが、あまり気取らないひとのようだ。私たちより早い列車でシントラに到着し既に食事を済ましていることからみて、結構旅なれたご夫妻かもしれない。シントラ王宮前で先を急ぐ伊藤夫妻と別れ、茶店で軽い昼食を摂る。王宮内部には入らず、周りの景色を楽しんだ。ここから見上げると、急峻な山の上に城の狭間のようなものが見えている。つぎに訪ねる予定のムーア人の城砦に違いない。

城砦バス停を降りると、いつの間に先回りしていたのか再び林夫妻と会う。さらに山道を登っていると、既に城の見学を終えた伊藤夫妻が降りてくるところだった。

「城砦の入り口まではもうすぐですが、そこから最高点まで一汗かきます」と伊藤氏がいう。

「私たちは、食事に時間を取り過ぎたようね」と妻が時計を見た。

「リスボンに戻るだけだから、時間はまだ十分あるさ」

途中見晴台に寄り道しながら、約三〇分かけて城壁の上を歩き最高所に立った。近くにいた若い地元の人からシャッターを押してもらう。ムーア人の城壁は、スケールは小さいが万里の長城のように尾根伝いに連なり、ところどころに見張りの塔が立つ。麓のシントラ・ヴィラから樹海の先にシントラの町が浮かんでいる。さらに遠方に光るのは、大西洋であろうか。

最後に立ち寄ったのは、城砦とは別の丘のさらに高所に建つペーナ宮殿である。最初麓から見たときは、大きなホテルかと思った。樹林公園の中に車も走れる大きな石畳の緩やかな坂道が宮殿まで登っている。私たちは、森林浴を楽しみながら宮殿のテラスからのシントラの遠望を再度楽しんだ（14頁　図5―24参照）。

たっぷりと日が暮れた頃、ロシオ駅に戻った。駅の構内でホテルに戻るルートを考えていると、再び林夫人が現れた。

「主人が期待しているレストランの開店まで、このあたりで時間待ちしているのです」彼女は目当てのレストランが載っているガイドブックの頁を開いた。このご夫妻は、シントラを早々に引き上げ、リスボンの中心部を歩き回っていたらしい。下調べが十分なのだろう。

「ケーブルで展望所にのぼり、リスボン市街を眺めて来ました」という。せっかく首都にいながら、リスボン中心部は殆んど見ていないと思う。以前は私もフット・ワークが良いほうだったが、最近は少し衰えている。特に妻同伴の旅では。

「私達もせめて夜の繁華街を少し歩いてから、地下鉄でホテルに戻ることにします」

自由行動をとる人には、添乗員からホテルへの帰路を描いた手書きの地図が渡されている。「でも、タクシーを利用した方が安全確実です」と三谷さんは注意していた。

だがタクシーで帰るのは面白くない。リスボンの地下鉄も一度使ってみたいと思った。私たちは、ロシオ駅がある一帯は、バイシャと呼ばれるリスボンで最も繁華な地区である。ロシオ広場から歩行者天国のアウグスタ通りに出た。両側には瀟洒なカフェーやレストラン、土産物店が軒を連ねる。けばけばしいネオンは少ないが、活気のある治安のよい通りである。人で溢れていた。数ブロック進み右に折れれば、地下鉄のバイシャ・シアード駅に出るはずだ。近くにホテルを見つけたので、受付の女性にメトロ駅の所在を確認する。ホテルの従業員に尋ねれば間違いない。

バイシャ・シアード駅から四駅目ホテル最寄りのパルケ駅で降りる。ここから地上に出るまでが、肝心なのである。列車の進行方向から直角に左手に向かう階段を登り、途中で一八〇度向きを変えて階段をさらに登って駅の外に出た。地上の道の位置、地下鉄の進行方向などは既に頭の中で整理されている。そのため、添乗員手書きの地図を見ながら迷うことなくホテルまで戻れるのだ。亭主の思考経路をご存じない能天気な妻は、なんとなく無事にホテルに帰ってきたと思っているようだ。

「夕食の希望をされる方は、一九時にフロント前にお集まりください。近くの中華バイキング店にご案内します」と添乗員が約束していた。指定された時間より一〇分ほど遅れてレーガル・パラシオ・ホテルに帰りつく。地図を貰っていたので、中華料理店に出向いたら、外から仲間の女性二人と談笑している三谷さんの姿が見えた。他の同行者達は、市内のどこかでポルトガル最後の夜を楽しんでいるのかもしれない。この店は中華料理だけでなく、日本寿司のバイキングもやっていた。各種魚のにぎり、稲荷、鉄火などの味もよかった。後は、明日の帰国に備えて荷物を整理するだけである。


ポルトガルは日本の一〇分の一の国土、人口も一千万ほどの小国に過ぎない。同じイベリヤ半島の隣国スペインに比べ、日本での知名度や情報量も限られている。しかし、一五世紀から一六世紀にかけては、そのスペインと覇権を競った世界的海洋国家だった。フランシスコ・ザビエルの布教活動など日本との関わりも深い。日本文化の一部になっているため日常的には日本人の意識に上らない多くの文化事象や言語が、実はポルトガル由来であることも少なくない。

一国の盛衰は、その地政学的条件に大きく左右される。ポルトガルは、ヨーロッパの西端に位置しアフリカ大陸の北端に近接していたため、いち早く喜望峰周りのアジア・ルートを開拓したのである。しかし、交通手段や経済発展の推移と共に、交易の中心が中央から東ヨーロッパ、あるいは新大陸に拡大する中で、ポルトガルはヨーロッパの辺境と化していく。

ポルトガルについての現在の日本での関心の薄さは、この辺境性と関わるのだろう。著名な歴史上の人物を輩出した大航海時代を除けば、ポルトガルの近現代史が語られることも少ない。しかし、この国の世界遺産を訪ね歴史的景観に触れると、古い伝統がその後も継承され発展したことを感じる。派手さはないが、歴史の重みをもつ多くの都市や修道院がこの国にある。歴史を研究しているものにとって、ポルトガルは世界史の大きな流れと変遷を実感させる国である。

(二〇一五年一月一一日、記)

# 第６章　バルト三国の旅

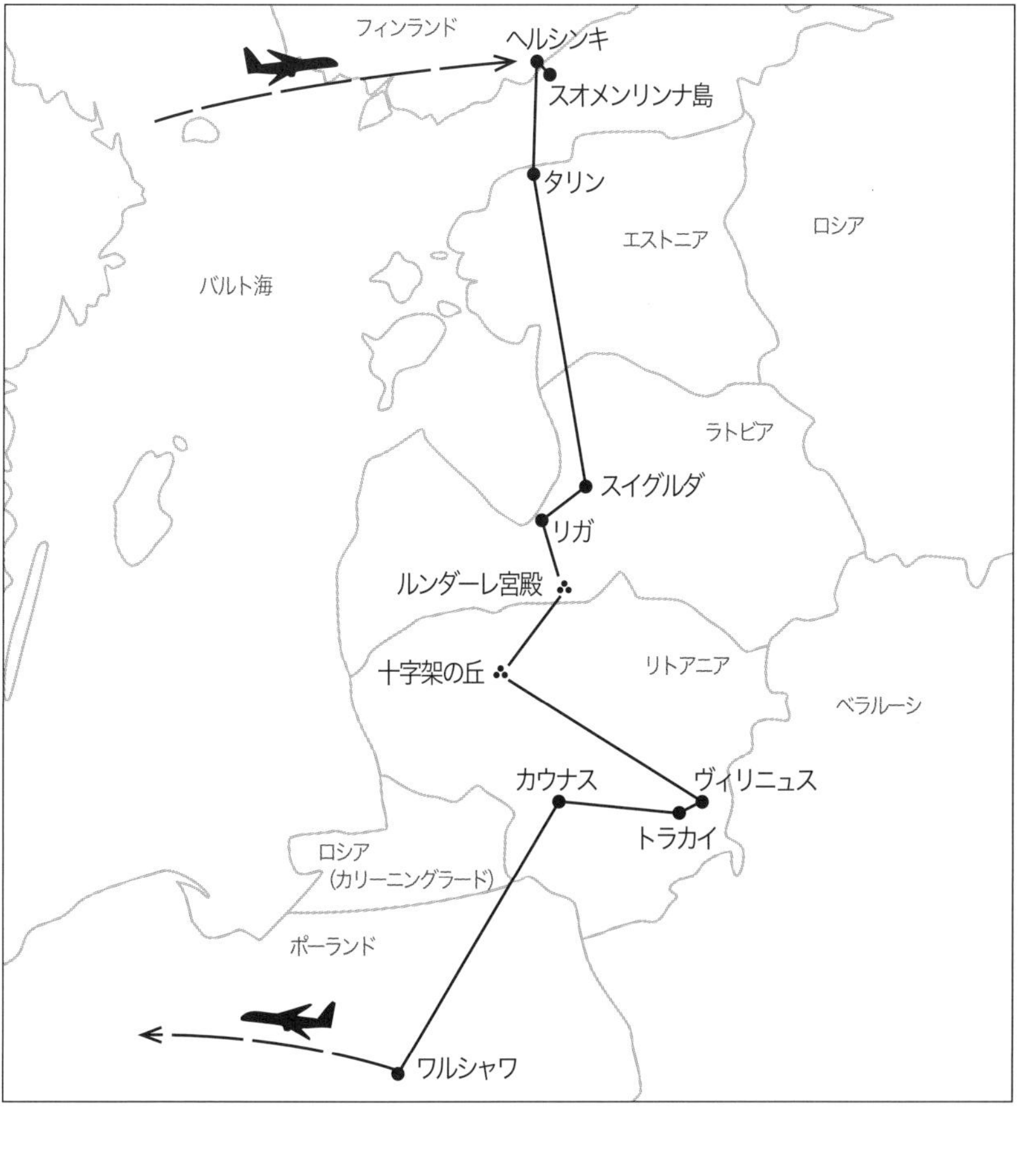

フィンランド
ヘルシンキ
スオメンリンナ島
タリン
エストニア
ロシア
バルト海
ラトビア
スイグルダ
リガ
ルンダーレ宮殿
十字架の丘
リトアニア
ベラルーシ
カウナス
ヴィリニュス
トラカイ
ロシア
(カリーニングラード)
ポーランド
ワルシャワ

## 一、フランクフルト経由ヘルシンキへ

市の中心レーマー広場に着いときは一七時半になっていた。一時間しか自由時間がない。昔当地で数日過ごしたことがある私は慌しく見て回る気もないが、妻に近くのゲーテ・ハウスだけは見せたいと思った。添乗員の足立氏と別れて、数人の同行者と共に五分ほど歩いてゲーテの生家に向かったが、一七時半以後は入場できないという。空港で荷物チェックのカウンター付近で見つかった不審な放置物のため一部の乗客が足止めされたり、同行者の一人が置き忘れた上着を取りに引き返したりと思わぬ時間を消費したのが響いたのである。

仕方なくゲーテ・ハウスの前で記念写真を撮っただけでレーマー広場に戻り、近くの大聖堂を訪ねた。ここで出会った足立氏が、直ぐ近くのマイン川の横手にあるレストラン「カフェー・ド・ストーチ」を薦めてくれた。若いゲーテもよく通ったという。ここでコーヒーを注文して時間を過ごすことにする。屋外のテーブル席では、多くの男女の学生が談笑していた。

定刻にフランクフルトを発ち、現地時間二三時にヘルシンキに到着した。一時間時計の針を進めた。午前零時半、市内のホリデイ・インにチェック・イン。急いでシャワーを浴びて二時に就寝した。

## 二、ヘルシンキの街歩き、バルト海を渡ってエストニアのタリン市へ

二〇一五年六月一日、五時間ほど眠って七時に起床、一階のレストランに下りていく。すでに同行の仲間も朝食を始めていた。氏名はまだ分からないが、グループの人たちの顔の識別はできる。九時に、バス

図（6-1）ヌルミ像

で市内見物に出発した。一九人のグループだから、各自が二座席を占めてゆとりがある。ガイドは、ヘルシンキ在住の日本人女性である。

本日のヘルシンキとタリンは、一九九八年イギリスに留学したおりの夏休みに訪ねたことがあった。妻には初めての都市だが、私には昔訪ねた場所を復習する気分だ。まず一九五二年に開催されたヘルシンキ・オリンピックのメイン・スタジアムに立ち寄った。このオリンピックは、第二次大戦後日本が復帰した大会で、水泳の古橋や橋爪選手が参加している。この大会の花形は、マラソンをはじめ長距離で複数個の金メダルを取得したチェコのザトペックだった。スタジアム前に、フィンランドが誇る往年の名選手ヌルミの走り姿の銅像が建っている。同行者でもヌルミの名を知らない人が多かったが、私は父からたびたび聞かされていた。オリンピックの中距離で九個の金メダルに輝いた大スターだった。米国のルイスが同じ九個の金メダルを得たのは、半世紀近くも後のことである。

菩提樹の並木道を通り抜けて、シベリウス公園に向かった。園内で目立つのはパイプオルガンを模した記念碑である。パイプの中は、鳩たちの格好の棲み家になっている。近くの人工壁に今回初めて目にする金属製のシベリウスの顔が掛かっていた。デスマスクを見るようだ。北欧ではノルウェーのグリークと並び最も知られた作曲家であろう。私は限られた曲を記憶しているに過ぎないが、北国の清冽な自然を想起させる豊かな奥深い楽想に満ちていると思う。たとえば「フィンランディア」や「トゥオネラの白鳥」、組曲「クオレマ」など。

少し南下して、これも二度目になるテンペリアウキオ教会を訪ねた。岩盤を刳り貫いた半地下にある教会で歴史的な建物ではないが、特異な構造から観光客を集めているようだ。大きなパイプオルガンや、白樺で作った椅子が印象に残った。続いて市の中心部にある大きな土産物店に寄る。カジュアルな衣類、Tシャツ、人形、壁掛け、マグネット、絵葉書など手ごろな値段の商品が並んでいる。ヘルシンキが発祥の地であるムーミン一家の人形があった。父母兄弟姉妹と色調衣服で区別されているらしいが私には識別ができないので、売り子に選んで貰った真っ白な小さいムーミン像を一八・三ユーロで買う。

図（6-2）テンペリアウキオ教会のパイプオルガン

海岸通りを東のウスペンスキー寺院まで歩く。岸壁横の空間には露天の店が並び、ざるに盛られた魚介や野菜や果物などが所狭しとばかり棚一面に拡げられている。妻は、早速一盛のイチゴを手に入れ、歩きながら味見をした（15頁　図6—3参照）。波止場の他端には昔の帆船が係留され、その背後に観覧車が緩やかに動いている。ウスペンスキー寺院は、大小さまざまな尖塔が聳え立つ複雑な外観をしている。赤褐色の煉瓦壁の上に、明るいコバルトグリーンの尖塔の屋根が浮き上がっているのだった。いっぽう、ここから一キロほど隔てた大聖堂は、白亜の壁に紺青の大きなドームを載せた端麗な建造物である。ウスペンスキー寺院のほうが歴史は古いらしい。ただ内部についての印象はどちらの寺院もあまり残っていない。何処に行っても、小中学の生徒の姿が目立った。

「今日から、八月の半ばまで夏休みなのです。彼等は学校をサボっているのではありません」と現地の女性ガイドがいう。大人も六月八日から四〇日間の休暇に入る。国営放送や民報もこの期間は大幅にプログラムを削減する。国全体が、システムとして休暇体制をとるのである。日本のように上からの掛け声だけで労働時間の短縮を唱えても、社会の仕組みがこれに呼応して変わるのでなければ、実現は難しい。政府や産業界は、建前だけで時短に本腰を入れているようには見えない。Ｇ７に参加して世界の一流国と伍しているように見えるが、日本社会はゆとりがなく日本人は幸福とはいえないだろう。

一二時から、レストラン「ウエブスタイナー」で魚料理の昼食休憩、西宮からの坂本夫妻や大阪市旭区からの櫛部夫妻とご一緒した。数日前に実施された「大阪都構想」の賛否を問う大阪市住民投票に触れると、櫛部氏は俄然張り切って反対論を主張した。経費節減を理由に、どうしても高齢者の福祉が削減されるという。「そうなれば、私のような年金生活者が外国旅行を楽しむゆとりも少なくなりますわ」

「ことの賛否はともかく、大阪で明確なヴィジョンを持つ人物が市長に選ばれたことは、画期的でしたね」と坂本氏がいう。

「かつて、どうしようもないお笑いタレントが府知事になったこともある土地柄ですから」、私も同意した。

「しかし、選挙後の記者会見で、引退を示唆した橋下氏が『楽しい市長在職期間でした』と回顧したのはいただけない。趣味でやっているのではありませんから。『残念、無念。今後も大阪都構想の実現を目指して一層支持が広がるよう努力したい』といった発言が欲しかった」

午後は、一六時半まで自由時間である。かねての予定通り私たちは、ヘルシンキの沖合いにある世界文化遺産の島スオメンリンナ行きの渡船に乗るため、先ほど歩いた露天市場近くの埠頭に急いだ。埠頭の切符売り場で、同じ目的の生駒市から来られた山野夫妻と出会う。島までは一五分ほど。船室で、夫妻と談笑した。山野氏は京都市にお勤めの公務員、夫人はピアノを教えていて、帰国間もなく弟子たちの発表会

図（6-4）スオメンリンナの要塞

図（6-5）スオメンリンナの砲台

を控えているという。そこに二人連れの若い日本男性が話しかけてきた。三ケ月のピース・ボートの旅で、今は地中海からバルト海沿岸を周航している途中という。私たちの若い頃は想像もできなかった、良い時代に生まれた幸せな人たちだ。

一四時半、スオメンリンナの中央埠頭に着いた。スオメンリンナは上島と下島に分かれていて、間の細い水道に掛かる橋で繋がっている。橋の袂の上島側に上陸した。近くの観光案内所で、地図入りの島のパンフレットを貰う。スオメンリンナ島には、フィンランドがスウェーデン王国の一部であった一七四八年に初めて建設された要塞がある。その後ロシア帝国の海軍基地になったこともあるが、自治領フィンランドの防衛基地として砲台などの設備が順次補強された。長期間に拡張された島中に散在する軍事史跡が、一九九一年、ユネスコの文化遺産に登録されたのである。私たちは特に下島に散在する要塞跡を訪ねながら二キロほど歩き、南端のキングズ・ゲイト埠頭一六時発の船でヘルシンキに戻ることにした。水道の辺りには、屋敷風の家屋や高い煙突が見える。橋を渡った左手水道に沿って、外部に窓穴を開いた長い外壁が続いている。その内部は多くの部屋に仕切られ、一部の天井が欠落していた。ここは兵舎跡らしい。坂道を上がっていくと、埠頭間を結ぶ主要道路に出た。各遺跡の方向を示す表示板が立っている。島の起伏に沿って、小道が枝分かれし点在する建造物に通じているのが判る。遺跡を総めぐりしたらかなり時間が掛かるだろう。私たちは、南の船着場を目指して主要道路を歩いた。右手に砲台跡への分岐を示す標識があった。外洋に面した高台には、数基の砲台が海岸線に向けて並んでいた。一九世紀末、ロシア軍により建設された稜堡である。砲台下の低地には草に覆われた塹壕がいくつも見られた。

もとの道に戻りしばらく進むと、池の畔に出た。アヒルの親子が泳いでいる。この小さな島には真水が湧いているのだった。間もなく頑強な分厚い石造の門のところに出た。門の外の下り坂の先に小さな船着場が見える。この門がキングズ・ゲイトであろう。出発予定の一六時まではまだ一〇分以上もある。しかし辺りに人影もなく渡船も見えないので、「本当に、ここで大丈夫？」と妻が心配顔をした。

念のため、船着場の先を少し歩いてみる。水鳥が泳ぐ入り江があり、対岸に瀟洒な屋敷が二軒建っていた。構図がなかなか好いので数枚の写真を撮った。しかし他に埠頭もゲイトも見当たらないので引き返す。少し雨粒が落ちてきた。先ほどのゲイトの中が少し混んでいた。山野夫妻の顔もあった。これがキングズ・ゲイトであることに間違いはない。やがて待望の渡船が、岬を回って近付いて来る。ヘルシンキの埠頭に戻り、数ブロック西のストックマン・デパート前の集合場所に着いたのは、丁度一六時半だった。この頃から雨脚が激しくなった。

市内のレストランで夕食を摂ってから、タリン行き客船の埠頭に向かう。タラップに連結する二〇〇メートルはある長い廊下を、トランクを引き摺りながら歩いた。以前、ヘルシンキからタリンに日帰り旅行をしたときは、小型の快速艇だった。当時、まだEUに加盟していなかったエストニアを訪ねるにはビザが必要だった。ただしヘルシンキからの日帰り旅行者に限り、ビザなしに入国が認められたのである。今回は中型の客船で船室も広く乗客も多くないので、一行は船内に散って気侭に二時間の船旅を楽しんだ。

二一時タリン港に接岸。出迎えのバスで三〇分ほど移動し、新市街のホテル・スシに二二時チェック・インした。

## 三、タリンの旧市街、カタリーナの小道、ラエコヤ広場

六月二日六時半起床、地上階の食堂でビュッフェ朝食を済ませ、八時半ホテルをチェック・アウトした。タリンのガイドは、早稲田大学に一年留学したというエリーさん。

この国の人口一三二万人、その七〇%がエストニア人、残りがロシア人である。この小国の歴史は、他国による支配の歴史といえる。一三世紀のデンマークに始まり、ドイツ、スウェーデン、ロシアの支配が続いた。第一次大戦後ラトビアやリトアニアと共に初めてバルト三国の独立が認められたが、一九四〇年再びロシアの占領下に置かれた。ソ連の崩壊により一九九一年独立を果たす。独立前の一九八九年、バルト三国の民衆がタリンから南のリトアニアの首都ヴィリニュスまで手を繋いで抗議の意思を表明した。独立への道を開いた行動として、人々に記憶されている事件である。

私達は、旧市街の山手地区トームペアから歩き始めた。この地区には城や貴族の館や大聖堂など往時の支配層の建物が集中している。南西の角には、高い円柱形の塔が聳え、その頂に青黒白の横縞が入ったエストニア国旗が靡いていた。「のっぽのヘルマン」の愛称で市民に親しまれているトームペア城の城壁の一部だ。城壁につづく赤い屋根にピンクの壁を持つ建物は、城というより領主の館か宮殿のようだ。赤いドームの屋根を載せたロシア正教のアレクサンドル・ネフスキー寺院、この国で最も古い寺院である大聖堂の前を通って展望台に行く。ここから三〇メートルほどの崖下に広がる下町地区が一望できるのだ。下

図（6-7）タリンのラエコヤ広場

町は山手より数倍も広く、昔から庶民の居住区だった。

トームペアと下町の境にも高い城壁がある。城門を潜って振り返ると、城壁の上に木造の屋根がついた回廊や直方体の壁の上に赤い三角屋根を載せた「乙女の塔」が聳える（15頁　図6―6参照）。現在はレストランや博物館に利用されている。この城壁の曲線がなかなか優美なのである。その前の広場から下町に通じる二つの通りのひとつ「短い足通り（リュヒケ・ヤルク）」と呼ばれる歩行者用の石段を下りていった。別に、昔の馬車道「長い足通り」があるらしい。歩いているうちに、十数年前に来たときの記憶が全く欠損していることに気付いた。あの時は北欧周遊の折たまたまヘルシンキで、ビザを必用としないタリン往復のボートのことを知ったに過ぎない。タリンの予備知識も全くなく、ただエストニアに一歩を記したことだけで満足していたのだろう。漠然と過ごした時間は、そのまま忘却されてしまう。

図（6-8）ヴィル門

下町の中心ラエコヤ広場に出る。数階建て切妻の中世風な建物の中で、尖塔を持ち分厚い壁のゴシック風旧市庁舎が目立った。広場の周囲には、レストランの前にテーブルを並べたオープン・カフェーが店を出し、観光客が行き交う。トイレ希望者が続出したので東のヴィル門まで歩き、ここで一五分の休憩になった。石畳の道は、慣れないと歩き辛い。ヴィル門は円錐状の赤屋根を載せた二つの円筒から成り、旧市街と新市街を分ける市壁の一部である。市壁外の新市街側は、色とりどりの花を売る屋台が並んでいた。

再び散策を始めた。市壁の内側に沿って衣服商の店が並ぶ。建物の下の通り抜けから、「カタリーナの小道」に入った（15頁　図6—9参照）。片側が高い壁面、他方が石造の家屋が並ぶ趣ある路地である。これはよい画題になると妻の方を見るが、反応は今ひとつ。一つぐらいは絵をものにしようとの出発前の約束を、この女性は全く忘れてしまったようだ。いつものことだが。ラエコヤ広場に戻って、三〇分の自由時間になった。私はカタリーナの小道に引き返し、雰囲気を頭に入れながらさらに数枚の写真を撮った。

昼食休憩を挟んで一三時、三〇〇キロ南のラトビアの首都リガに向けてバスが動きだした。市街地を離れると一面に畑地が広がり、小丘も見えない平らな平野が続く。時々農家が車窓を過ぎてゆく。一五時過ぎ、関門もなくラトビア領に入る。白樺や赤松の林、ライラックの花。時々、リンゴの花も認められる。

一六時半、リーガ市のベル・ビュー・パーク・ホテルにチェック・インした。一九時、レストランでのスペアリブの夕食、岡山県の倉敷市や矢掛町からの女性四人連れや神戸市垂水区からの光武夫妻とご一緒した。女性たちは、福祉施設の看護士仲間のようだ。光武氏は、K製綱の副社長を務めた人である。現役時代契約交渉のため一〇〇回を越える外国出張をしたが、いずれも飛行場と相手方の事務所間を往復するだけで、旅を楽しむようになったのは近年のことという。今夜から二連泊なので、ゆっくり入浴し、下着や靴下の洗濯をした。

## 四、静かなリゾート地スイグルダ、リガの街歩き

六月三日六時に起床して、ホテル裏手を妻と散歩した。旅も四日目、気分的に少し余裕がでてきた。こ

の辺りは閑静な住宅地らしい。広い宅地の中に大きな家屋が建っている。木立の茂みの中に小道が婉曲しているので、遠くまでは見通せない。公園の中を通り抜けている感じである。朝の空気は爽やかで気持ちが良い。妻が時間を気にしだしたので、いくつか小道を曲がったところでホテルに戻ることにした。私は、いつも方向を意識しながら歩いている。ところが、漫然と散歩している妻は方向が分からないらしく、あさっての方向に足を向けようとした。

地上階のレストランで旅の仲間と朝の挨拶をする。昨夜、添乗員の足立氏に附いてダウンタウンに出掛けた人がいたようだ。このホテルは旧市街からダウガヴァ川を隔てて西岸にあるが、ホテル前の停留所でバスに乗れば五分でダウンタウンに行けるらしい。八時にホテルを出発したバスは、直ぐにそのダウガヴァ川の橋を旧市街側に渡る。ダウンタウンの南にあるリガ駅の前を通ったバスは、東北に向きを変え市街地を通り抜けた。本日の午前中は、リガ市の東北三〇キロにあるラトヴィアのスイスと呼ばれる景勝地スィグルダを訪ねるのである。

一〇時に、目的地の駐車場に着いた。小丘陵に囲まれた盆地の中に見所が点在しているらしい。私たちは、丘の麓に沿った小道を五分ほど歩いて、まずグートゥマニャ洞窟を訪ねた。途中、リンゴに似た白い花をつけた木が数本立っている。東屋風の建物もあった。洞窟は、高さ一〇メートル、奥行きは二〇メートルほど、兵庫県城崎近くの玄武洞とあまり変わらない。ただし玄武洞は水性の柱状節理の岩を売り物にしているのに比べ、グートゥマニャは火山性の赤い岩肌で日本ならいくらでもありそうな平凡な洞窟に過ぎない。高山のないこの国だから珍しいのかもしれない。彫刻の落書きが岩一面にある。洞窟の奥には、真水が湧いていた。来た道を引き返し、トゥライダ城に向かう。道の脇に大きな額縁のようなものが地面に立ち、同行者がその裏に回って写真を撮っている。私たちも真似て、緑の木立をバックに入れた額縁入りの記念写真に収まる。

スィグルダはもともとリーブ族が居住した地域だった。一三世紀初頭ドイツのブレーメンの大司教の甥アルベルトが、このあたりリボニア地方の大司教に任じられ、リガ大司教区の要塞を築き、帯剣騎士団を組織してこの地を治めた。ガウヤ川を挟んで西側にアルベルトの城、東側に騎士団の城が築かれた。アルベルトが建てた創建時の面影を残すトゥライダ城を訪ねた（15頁　図6—10参照）。黄色、紫、白の花がとりどりに咲く花壇を通って緩やかな傾斜の道を進むと、木立の向こうに赤レンガの円塔が見えている。塔と並んで太い円筒状の武器庫が建ち、城の中庭には日時計があった。同じく赤レンガでできた本丸は地上三階地下一階で、城壁のように横に伸び、物見櫓もついている。現在は博物館として使われ、甲冑や武器など城主の所有物が展示されていた。

バスで二キロほど移動しガウヤ川の対岸に渡って、新しいスィグルダ城に行く。その裏手跳ね橋の向こうに、壁に赤い十字のマークが彫られた石造の建造物がある。騎士団が実際に使ったスィグルダ城址だが今回は外観を眺めるだけで、昼食の場所である近くのスィグルダ・ホテルに急いだ。相席者は、和歌山県橋本市から来られた松山夫妻。松山氏は一見ボヘミアン風だが気さくな人、夫よりやや丈がある夫人は、ときどき金髪のように光る長い白髪をリボンで結い、おしゃれな長いスカートを履いている。

「絵とか陶芸などの創作家ですか」つい訊ねたところ、

「平凡な田舎の住人です」という答えが返ってきた。親から相続した広い敷地内で松山氏だけは母屋で独居しながら子供、孫の三世代で住んでいる、という羨ましい生活だった。私は、有吉佐和子の『紀ノ川』

冒頭に出てくる橋本市の慈尊院や真田氏ゆかりの九度山を話題に出した。和歌山県の出身者ときけば妻は、相手構わず貴志川線の三毛猫たま駅長の話を持ち出す。

「長らく会っていませんから、そろそろ訪ねなくては」（残念ながら、この願いは適わなかった。帰国後一ヵ月も経たないうちに、たまの訃報がテレビで伝えられたのである）。

一四時過ぎ、リガ市内に戻る。この都市は、一三世紀ハンザ同盟に加盟して発展の基礎が築かれ、帝政時代のロシア第三の大都会に伸張する。ソ連の崩壊によりラトヴィア共和国の首都になった。現在人口七二万、その旧市街区が世界文化遺産に指定されている。同じ世界遺産の旧市街でも徒歩で回れる範囲にまとまったエストニアのタリン市に比べると、リガは市域が広く道幅も広いので大都会の風格がある。

先ず新市街南端にある蒲鉾形鉄筋の屋根で覆われた巨大な市場を訪ねた。一九三〇年代に建てられたというから、かれこれ一世紀も経っている。生鮮野菜、肉、魚、ソーセイジ、その他の食品など何処にでもある食料品が山のように積まれている。市場に入ると急に活性化する妻だが、私は価格の方に関心がある。たとえば、サクランボ一キログラム／五ユーロ、イチゴ一キログラム／一・八ユーロ、チーズ一キログラム／六〜一〇ユーロなどと念のためメモした。日本とあまり違わないだろう。テントが広がる連接地は、衣類市場だった。市場の外は、少し風が立っている。

市場から市街地の中を右往左往しつつバスで北上し、要所で下車しては観光を続けた。まず、ブラックヘッドのギルド会館の建物。上階から地上階まで海老茶色を基調に白く縁取りされたファサードは、巨大でありながら優美さで観る人を引き付ける。最上部中央の尖塔の下には、日時や月令を表示する丸い時計がはめ込まれている。時計の下のニッチには、バルト海沿岸地方を代表する四つのハンザ同盟都市、リ

図（6-11）ブラックヘッドのギルド会館

ガ、ブレーメン、リューベック、ハンブルクの紋章とギリシャ神話の女神の彫像が刻まれていた。本来の大統領官邸であるリガ城が改築中であるため、ラトヴィア大統領は現在この建物で執務しているということである。その先に、聖ペテロ教会の高い尖塔が見えている。裏手に、ブレーメンの音楽隊の四匹の動物像があった。リガは、ハンザ同盟都市であるブレーメンと姉妹都市なのである。続いて、リヒァルト・ワグナーが一八三七年から二年ほど住んでいたというワーグネラ通りを抜けた。再びバスに乗り、市街地を南北に分けるブリーヴィバス大通りを、東の緑地まで移動した。その通りの中央に高さ五〇メートルを越える台座に女性像を載せた自由記念碑がある。第一次大戦後の第一期独立時代に建てられたもので、ソ連時代も破壊を免れて残った。自由を求め続けてきたこの国の人たちの希望を象徴する碑であろう。

　ここから先は徒歩で、旧市街北部の見所を回る。緑地を流れる小運河の畔では、ベンチで寛ぐ年配者や家族連れ、学生たちが見られた。なんのまじないか大木の幹に色とりどりの紙レースが巻かれている。旧市街北部の緑地リーブ広場に出た。その先に、「猫の家」と称する屋上に尻尾を立てた猫の像を載せた家がある（16頁　図6―12参照）。もっともらしい解説があったが、目立つ標識で後代の人が適当に因縁話しを創作したに過ぎないから適当に聞き流す。赤褐色の大きな円柱の上にとんがり屋根が載っている建造物は昔の火薬庫で、現在軍事博物館として使われている。三〇メートルほどの高さの壁一面に美しい緑の蔦が這っていた。

図（6-13）ユーゲントシュティールの市街

さらに市壁に沿ってしばらく歩いて、スウェーデン門のある路地に出た。昔の城壁にあった門のうちで唯一残存したものというが、現在は建物の下の通り抜けになっている。一七世紀、この辺りにスウェーデン兵士の宿舎があったらしい。石畳の路地やふんだんに花で飾った戸外のカフェー店の雰囲気がよかった。ついで国会議事堂と聖ヤコブ教会の間の道を辿って、「三人兄弟の家」と称する薄緑、黄土、ベージュと正面の壁の色は異なるが良く似た形の五階建ての前に出た。建築時代に差異はあるが、外見が似ているのでこのようなあだ名が付けられた。最も古いのは一五世紀のものという。石造りの街は、戦火さえなければ長くもつのである。

リガ市見物の最後に、バスで市域の北にある二〇世紀初頭に建造されたユーゲントシュティールの町並みを訊ねた。ユーゲントシュティールといわれてもピンとこなかったが、アール・ヌーボー（新芸術）のドイツ語訳である。アルベルタ通りを中心に、ユダヤ系ロシア人ミハイル・エイゼンシュテイン設計による五、六階建てのビルが七、八戸並んでいる。ギリシャ神話に題材をとった彫像を壁や柱に嵌めるなど装飾性が高い建物である。これでリーガ市街の見物を終えて、一七時半ホテルに戻った。

図（6-14）スウェーデン門

ホテル内のレストランの夕食には、大阪市平野区からの前田夫妻と相席になる。今回のツアーは、夫婦連れが多いのである。日焼けした前田氏は、大峰山系の山伏で儀式の先達を勤めているとか。

一人前の山伏になるまで数十年もかかるという。簡易に僧侶の得度を受けた年配者に以前旅先で出会ったことがあるが、山伏の資格を得るのは難しそうだ。一瞬気が向いた山伏修行を諦める。

いっぽう前田夫人は、フラダンスに凝っているという。「毎年の発表会やハワイ旅行が楽しみです」最近フラダンスを始めた妻が、少し身を乗り出した。「でも衣装代など、けっこうな物入りがあります」「発表会を見物しましたが、全員が厚化粧の上に太い睫毛を附けているため、家内が何処で踊っているのか見分けられなかった」と前田氏は笑った。

妻の方は発表会の話もないし、衣装を見たことも無い。スポーツ教室のプログラムのひとつとして、フラフラやっているのだろう。

## 五、食卓での席の取り方、ルンダーレ宮殿、リトアニア共和国へ、丘に林立する十字架

六月四日六時起床、各自朝食を済ませ、八時にチェック・アウト。市街地を出ると一面の菜の花畑が拡がっている。一路、リトアニアの国境に向けて南下した。間を保つためか足立氏が旅の思い出話をしている。彼が添乗したツアーで最小人数だったのは「デラックス・イタリア八日間の旅」だったという。「催行確約のツアーに応募者が二人しか集まらず、そのうちの一人が直前にキャンセルしたため、お客様ひとりに添乗員、運転手、現地ガイドが付き添うという、文字どおりデラックスなツアーになりました」

いくらデラックスでも仲間がいない旅は物足りないだろう。ツアーの楽しみの一つは各地から来た同行者との出会いにある。あまり多過ぎず、名前を覚えられる程度の適当な数の参加者があるほうが望ましい。できるだけ多くのツアー仲間と歓談するには、食事ごとに異なる人と相席することである。これが案外難

しい。席に集まる人々の動きをよく観察し、タイミングよく狙いをつけた人の座席に割り込まなければならないのだ。妻との呼吸合わせも重要だ。

一〇時二〇分、リトアニアとの国境に近いバウスカの街に入った。バウスカ自体は、小さな田舎町に過ぎないが、その郊外にある「バルトのヴェルサイユ」と讃えられるルンダーレ宮殿が見所である。ロシア帝国の大公ビロンの夏の別荘として一七六八年に完成した。外観はバロック様式だが、内部はロココ風の繊細な装飾が施されているという。中断があったため、完成までに数十年の期間を要し、様式が変遷したのである。

ヨーロッパの貴族が贅を尽くした宮殿はこれまでいくつも見てきた。その場では壮麗さに感嘆しても、その印象の多くは直ぐに薄れやがて忘却してしまう。記憶のよすがにするため今回は別料金を払って内部の写真を撮ったが、これは正解だった。漆喰の上に金箔を載せた「黄金の間」（16頁　図6―15参照）、現在は長い通路になっている宴会の間、白い壁紙で統一されたダンスパーティの間、壁の四辺のニッチに立体的に納められた柿右衛門の花瓶類、オランダ絵画の部屋、家族の肖像が並んだ赤壁の間、ビリヤードの間、大公の寝室、贅沢な金属食器を並べた家族の食卓、ポツダムのサンスーシ宮殿を連想させる青地にピンクのバラの紋様を施したロココ調の「バラの間」など。一時間ほど時間を掛けて見学を終え、左右対称の広大なフランス風庭園を抜けて、バスの駐車場に戻った。

一二時半、バルト三国の三番目の国リトアニアに入った。緑の平野や林の中に時折、輝くばかりに黄色い菜の花畑が現れる。一三時、シャウレイの街に近い「十字架の丘」の駐車場に着いた。草地の中に約五メートル幅でタイルを敷き詰めた一筋の直線の小道を歩く。遠くに見えていた小さな盛り土の輪郭が、次第に明確になる。五〇〇メートルほど進んで、有名な十字架の丘の麓に来た。

　遠方から木立の茂みのように見えていたのは、最高所が二〇メートルほどの小丘の斜面一面に突き立てられた無数の十字架だった。その大きさも高さも様々。高いものは一〇メートル近くもある。短いのは一〇センチそこそこで足元に転がっている。こちらは近くの売店で手に入れた参拝者が残したものだろう。よく見ると十字架の形状もいろいろある。たとえば、アイルランド十字架に似た丸に十字の入ったもの、ユダヤ教のダヴィデの星型マークがついたものなど。十字架の丘の中央に付けられた木製の階段を登った。途中いくつか分岐点もあった。

　一八三一年、ロシアの圧制に蜂起し処刑された人々への祈祷のために建てられたのが、十字架の丘の起源らしい。以後、外国人による抑圧、圧制に対する抵抗のシンボルとして、十字架の丘は拡張を続けてきた。ソ連時代も繰り返し破壊されたが、十字架の丘を消滅させることはできなかった。現在十字架の数は、三万を超えるといわれ、毎年さらに増え続けている。キリスト教徒の執念や信仰のエネルギーを感じさせるが、私のような異教徒にはなかなか理解することが難しい。十字架の丘は墓地ではないから、死体は埋められていない。そのため昼間は気楽に観光しているのだが、仮に真夜中に一人でこの丘に立ったなら、身の毛がよだつに違いない。

　駐車場近くのレストランで、ランチ・タイム。リュートの生演奏を聴きながら、チキンとポテト、パイを食す。レストランは農場らしい緑地の中にあり、横に溜池があった。午後は、首都ヴィリニュスを目指して二〇〇キロの道のりを一気に南下した。一八時、ヴィリニュスのレストランで、当地の名物「ツェペリナイ」を食べた。ひき肉を澱粉粉で飛行船ツェッペリン号のように長太く包んだものである。一九時半ホテル・エコテルにチェック・イン。近くのスーパーまで添乗員の足立氏に案内してもらい、地元の菓子を買った。

## 六、ヴィリニュスの街歩き、湖水に映えるトラカイ城、カウナスへ

六月五日五時起床、六時半地階のレストランでビュッフェ朝食を済ませてから、ホテル周辺を少し散歩した。一戸建てから四、五階建てのマンションが並ぶ樹木に囲まれた住宅地だ。スペースも広いので、適当にマイカーが停めてある。

九時にホテルをチェック・アウト、市内を東西に貫流するネリス川を南の旧市街側に渡り、大聖堂裏手にあるゲディミナス塔の丘展望台からベンガラ色の瓦屋根が目立つ市街地を一望した。市域は広大だ。

図（6-16）ヴィリニュスの町歩き

図（6-17）大統領官邸

一〇時、カテドラルの前でバスを降りる。隣接する王宮正面にゲディミナス大公の狩猟姿の像が建つ。この大公はポーランドの皇女と結婚した。リトアニアとポーランドは、一四世紀から一八世紀には同君連合を形成して、東欧の大国になった。やがて東のロシアや西のプロシアの侵攻を受けて苦難の歴史を辿ることになる。第二次大戦中、ソ連軍とナチス軍双方による争奪が繰り返され、シベリア流刑やユダヤ人の虐殺など住民は深刻な被害を蒙っている。そ

の後ソ連邦の解体により一九九〇年、共和国として独立を果たした。二〇〇四年、ＥＵに加盟し、通貨もユーロを採用している。

三色旗が翻る白亜の大統領官邸は、ロシア侵攻のときナポレオンが宿泊したという。現在の官邸の主は、女性である。このあと路地の一角にある琥珀博物館に立ち寄る。小さな博物館だが、館内は訪問客で混み合っていた。特に地階にある高価な琥珀の展示室は、しばらく入場を待たねばならなかった。じっくり琥珀を眺めたこともなかったが改めて観察すると、色合いや縞目、大小の形状なども様々である。五〇〇〇万年前に、松脂の中に閉じ込められた植物や昆虫などがそのまま凝固したもので、顕微鏡で見るとなかなか面白い。岩石から採取したり海底の琥珀を網で掬い上げる作業等の図解がある。リトアニアは、三色旗の一番上が琥珀色の横縞になっているほどの琥珀の産地である。

図（6-19）トラカイ

「露天の店で売られているサソリなどが入った琥珀は、全て模造品ですから手を出してはいけません」、と足立氏が注意した。この店なら大丈夫との添乗員のお墨付きを得た妻は、早速琥珀の指輪を探し始めた。

このあと、左右二つの丸屋根の鐘楼や堂々たるファサードを見せる聖ミカエル教会、大小の尖塔を天空に突き出したゴシック様式の聖アンナ教会、ベンガラ瓦が目立つ巨大なベルナルディン教会、内部彫刻が見事な聖ペテロ・パウロ教会など旧市街地の中心部に密集した個性ある建物を見て回った。これだけ多くの教会を一度に見物すると、たちまち記憶が混乱してしまいそうだ。京都のように、とにかく立派な建造物が詰まったヴィリニュスである。一二時、サクア（財布）というレストランでランチ・タイム。

図（6-20）カウナスの街歩き①
ライスヴェス通り

メインはリトアニア風の小ぶりの水ギョウザ、ここまで足立氏が大切に携帯してきたタレが役立った。

午後は、ヴィリニュス西三〇キロにある湖水地方トラカイの城を訪ねた。トラカイは、ヴィリニュスに移る前、リトアニアの首都であった。一四世紀後半、ドイツ騎士団侵攻の防衛のために建てられたのが、トラカイ城である（16頁　図6—18参照）。二つの湖水に挟まれたトラカイ市街の先端、中の島に赤い甍を並べた城が、湖水に美しく影を落としていた。城内へは、土産物店や博物館などが並ぶ湖岸から、二つの橋を渡って行く。円錐状の赤い丸屋根を載せた数個の物見櫓とこれを連結する城壁の内部は、広い中庭や本丸に相当する君主の館があった。ドイツ騎士団に勝利した絵画の掛かる広間、会議室、武器庫、複雑な鍵で閉じられた金庫などをみてまわる。銃眼、壁に隠されたラセン階段、堀に架かる跳ね橋など優美だが実戦的な城郭であったことがわかる。現在は、湖水に遊覧ボートを浮かべるヴィリニュス市民が日帰りで楽しめるリゾート地である。

一五時半トラカイを去り、さらに西八〇キロに位置するリトアニア第二の都会カウナスに向かう。一八時、カウナスのイビス・カウナス・センターにチェック・インした。

### 七、杉原千畝記念館、カウナスの街歩き、ポーランドのワルシャワへ、添乗員の旅の思い出話

六月六日、朝食を済ませ、八時から四〇分ほど妻と二人で散歩した。家にいるときは床離れが悪いこの女性も、外国のホテルでは目覚めが早い。ホテル前のヴィタウト大通りに沿って北に向かい、白亜の聖ミカエ

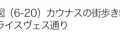

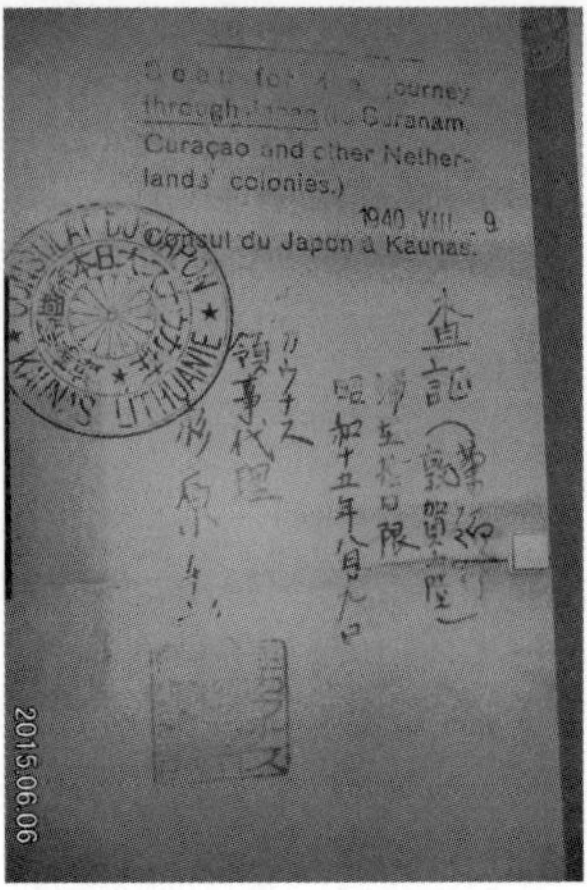


図（6-23）杉原が発行した査証

ル教会がある独立広場まで往復した。街路樹が日陰を落とす、静かな町並みである。帰途そのままホテルに戻る妻と別れて、市街地の南部を流れるネムナス川畔に出た。対岸の丘の木立の合間に点在する民家の屋根が、朝日を受けて光っている。

九時半、ホテルをチェック・アウトし、先刻散歩したヴィタウト大通りから右の山手に折れ、杉原千畝が第二次大戦中領事代理を務めていた旧日本領事館を訪ねた。周りの住宅地とあまり変わらない簡素な二階建ての旧領事館は、現在千畝記念館および日本文化研究センターとして使われている。

当時ポーランドに占領されていた首都ヴィリニュスに代わり、カウナスが臨時のリトアニアの首都であった。一九四〇年七月、突然大勢の人たちがこの領事館前に群れ集まったのである。ナチスに追われ、シベリア鉄道経由で日本に渡り北米に逃れようとするユダヤ人だった。千畝の度重なる要請に関わらず日本の外務省は、ユダヤ人へのビザの発行を認めなかった。ナチス・ドイツと結んでいた日独防共協定を配慮していたからである。やむを得ず千畝は、本国からの訓令を無視してビザの発行を決意した。その後、日本領事館が閉鎖されるまでの一ヵ月間、ビザの発行を続けた千畝の苦闘は既に周知の事実で、改めて書く必要もないだろう。六〇〇〇人を超える人達が、新大陸に逃れることができたといわれる。

階下の記念館は、中央通路を挟んで右手に千畝の執務室、奥のバス・トイレ、左側には手前から受付、応接室、映写室が並んでいる。映写室で当時の情況を伝えるビデオを見てから、私たちは執務室に入り、交互に執務机に座って記念写真を撮った（16頁　図6—21参照）。木製の机の上には、タイプライター、受話器、ペンたて、緑の傘のスタンドなどが当時のままに置かれ、千畝がサインしたビザのコピーがあった。背後の壁に日章旗が掛けてある。表側に面した窓のところにも、簡素な机と椅子がある。押しかけたユダヤ人たちは、この窓からビザを受け取ったのだろう。

杉原千畝は、一九〇〇年岐阜県上有知町（現美濃市）生まれの人。敗戦後外務省を退いて民間の会社に勤め、八六歳で亡くなっている。その言にあるように、「樫のようには固まらず、草のようにしなやかに」生きた人であった。

カウナスの旧市街は、北西から流れてきたネリス川と南東からのネムナス川が合流する三角地帯にある（16頁　図6―22参照）。バスを降りた私たちは、ネリス川沿いに二〇〇メートルほど歩き、カウナス城に入った。一四世紀にドイツ騎士団が建てた要塞が起源となっているが、右手に本丸、左手に円錐状の櫓がいずれも赤色の甍を連ねて、広い草地の中に優雅なたたずまいをみせている。中庭の片隅で、四人の少女たちが黙って固まっている。何をしているのかと見ていたら、同行の坂本夫人が、「あら、静かなママごとね」と微笑んだ。よく見ると少し年嵩の女の子が、赤ん坊を抱いていた。この子供たちの親はどこにいるのだろう。

一ブロック先の広場には、「白鳥」と呼ばれる白亜の市庁舎が高い時計台を首のように天空に伸ばして凛とした姿を見せている。これと対峙するように、リトアニアの司教座教会、今回の旅で繰り返し出てきた聖ペテロ・パウロ大聖堂が建つ。この国もカトリック教徒が大多数を占めるのである。内部の巨大なパイプオルガンが印象に残った。ここで三〇分ほどの自由時間、各自カフェーに寄ったり、土産物を探したりして過ごす。

一三時過ぎ、午後の移動を開始して間もなくポーランドとの国境に着いた。同じEU国なので出入国の手続きは要らないが、大きな屋根がついた旧管理事務所が残っていて、両替、売店、トイレ等がある。とりあえず、三〇ユーロを一二三ズルチーのポーランド通貨に換えた。ポーランドは、ユーロの通貨同盟には加わっていない。

とある田舎町での昼食休憩を挟み、あとは一路ポーランドの首都ワルシャワへの四〇〇キロの道のりを走った。添乗員の足立氏が、自分の旅の経験を思い出すままに話している。彼は添乗員としてだけでなく、個人的な旅も多いようだ。

……漫画や映画で『テルマエ・ロマエ（ローマ浴場）』で日本と古代ローマの温泉が話題になったが、温泉なら、モンゴル、イギリス、フィンランド、スウェーデン、ハンガリー、ニュージーランド、イスラエルでも経験したという。河口慧海の著作にあるチベットの聖なる場所にある温泉にも浸かったが、夏用のシュラフで寝た夜は寒かった。カイラス山近くのゲル（テント）に泊まったときのこと、最初ゲルから怖い顔で飛び出してきた犬が、一夜を過ごした翌朝にはとても優しい表情を見せた。一方スウェーデンでは、オゴト鉄道に乗ってダンネモラに行き、氷のホテルで厚いシュラフに包まって寝た。フィンランドのサウナ小屋、ロヴァニエミのサンタクロース村、トナカイが鼻血を出しながら橇を牽いていた。中国の天山南路を旅してカシュガルの招待所に泊まったら、官憲が来て罰金を取られた。当時この都市はまだ外国人に対し未開放の地区にあったからである。粘って罰金額をまけて貰った。オーロラ・ツアーは、むろん季節、天候、運などに左右される。さらに大切なのは、夜半でも観察しようという執念だと思う。三日間の滞在期間があれば、九六％の確立でオーロラを観ることができるだろう。旅先では、時々テレビで見知った有名人にも出会う。ベルギーのアントワープで大橋巨泉氏、パリのコンコルド広場で大宅映子さん。等々……

ワルシャワ市内のレストランで夕食を済ませてから、二一時半、空港に隣接したマリオット・ホテルにチェック・インした。ここに連泊する。

## 八、ワルシャワ再訪、フォークロアの夕べ

六月七日七時起床。九時、ワルシャワ市内観光に出発した。一五年ほど前に数日滞在したことがあるので、この市街の地図は頭に入っている。市街地の南に少し離れたワジェンキ公園内のショパン像に立ち寄ってから、中央駅前に聳える三七階建ての文化科学宮殿の巨大な建物に向かう。第二次世界大戦の戦火で徹底的に破壊されたワルシャワ市に、戦後スターリンの贈り物として建てられたというが、市街の雰囲気に合わないとして市民にはあまり評判がよくないらしい。ワルシャワ旧市街の繊細さとは程遠い、ソ連風に頑強で無機的な建造物なのだ。内部には、科学アカデミー、コンヴェンションやコンサート用のホール、劇場、科学博物館などの施設がある。私たちは、三〇階にある展望台に登って、四辺に広がるポーランドの首都ワルシャワ市街の大きさを堪能した。東側に光る一筋の線は、ヴィスワ川であろうか。

次に、第二次大戦末期の一九四四年、ドイツ占領軍に対し決起し犠牲になった市民二〇万人を悼む蜂起記念碑の前でバスを降りて、旧市街の周囲を散策した。密集した三、四階建ての家が並ぶ家のひとつがキ

ュリー夫人の生家である。前回来たときには内部を拝観できたが現在は閉ざされ、道を挟んだ向かい側にキュリー博物館ができている。少し南に下ると、バルバカンと呼ばれる半円形の古い城砦の一部がある。これから先が、ワルシャワの旧市街地。戦後廃墟の中から殆んど昔のままに復元され、世界文化遺産に指定された地域になる。四辺をレストランやオープン・カフェーで囲まれた市内で最も賑やかな旧市街市場広場に出た。中央に剣を手にした勇ましい人魚像が立っている。

続いて王宮前広場、ジギスムンド三世像が高い台座の上に立っていた。この国王は、一六世紀末、首都を南のクラカウから移した人物である。ここで、午後のオプショナル・ツアーに参加するグループと自由行動をとるグループに分かれる。妻はランチ付きでショパン博物館見学やショパン・コンサートが組まれたツアーに参加した。昔ショパンの生家ジェラゾヴァ・ヴォラでの演奏を経験している私は、とりあえず市場広場の天幕下に座席を設けたレストランで前田夫妻や松山夫妻等と昼食を済ませ、あとは市内を一人で散策した。大統領官邸を過ぎワルシャワ大学の辺りまで旧市街を南下し、大学と道を挟んで対峙する聖十字架教会に入る。昔訪ねた教会だが記憶が薄れていた。改めて本堂手前の柱に刻まれたショパンの墓碑銘とその下の心臓形のマークを見る。一八四九年、パリで客死したショパンの心臓が、ここに収められているのである。

次に、以前ワルシャワに滞在した際三泊したホテル・ワルシャワを訪ねた。文化科学宮殿近くにあり、宮殿に似て飾り気のない頑強な、しかし少し老朽化した高層ビルだった。地図を片手に見当をつけた場所に行くと、記憶にあるビルが聳えていた。ただし、その周囲には柵がめぐらされ工事現場になっていて、内部に立ち入ることができない。修復か、あるいは解体されるのかもしれない。空港行きの市バスで、マリオット・ホテルに戻る。

今回の旅行の最後の夜は、オプショナルの「フォークロアの夕べ」で過ごす。ツアー仲間の殆んどが参加した。フルート、アコーデオン、打楽器、ベースの演奏にあわせて、四組の民族衣装の男女がペアになり数曲を踊る。そのあと観客参加のダンスやゲーム。妻は踊り子とのペア・ダンスに参加し、私は「鞭鳴らし」競技に加わった。馬を駆り立てる大きな鞭を空中で振るって、「ピシリ」と鋭い音を立てたものが勝ち。慣れないと「プシュー」と空気が抜けたような音しか出ない。三人の男性が参加し最も良い音を出したのは、山伏の前田氏だった。

今回のスケジュールは、これで殆んど終わった。移動距離も限られていたから、あまり無理のない楽しい旅だったと思う。バルト三国は日本ではあまり知られていない東ヨーロッパの小国である。ロシア等の大国に近接した地政学的位置のため、苦難の歴史的経験を共有している。同時に、各国は独自の言語や文化、個性ある景観を創生してきた。EUの中では経済レベルで、中進国といえるだろう。日本に比べればGDPでは下位にある。しかし、生活の基盤である住居や労働時間、生活のゆとりなどでは、どちらが豊かであろうか。外国を旅するたびに感じる私の疑問は、解けることがない。

（二〇一五年七月一四日、記）

図（7-3）マーチャーシュ教会

図（7-4）国会議事堂

図（7-11）早駆け

図（7-12）向日葵畑

図（7-13）ホッロークー村

図（7-16）エステルハージ宮殿の天井画

図（7-19）パンノンハルマの修道院

図（7-23）バラトン湖

図（7-25）ジョルナイ博物館の展示物

図（7-29）エゲルの城址から

図（7-36）スピシュスキー城

図（7-46）トレンチーン城への坂道（著者自筆）

図（7-39）ホテル・ククーティカ

図（7-54）ブダペストの夜景

図（7-56）ヴィシュグラードの
展望所から見たドナウ

図（7-58）国会議事堂裏

図（7-61）リスト像

図（7-63）テレーゼと
ヨゼフィーネ姉妹

図（8-2）エルミタージュ美術館

図（8-6）サウナ小屋（著者自筆）

図（8-4）エカテリーナ二世の玉座

図（8-10）キリロ・ベロゼルスキー
修道院前の白樺並木

図（8-15）コストロマを流れるヴォルガ河

図（8-27）レーニン一家の居宅

図（8-33）ママエフの丘の女神像

図（8-31）サラトフの歩行者天国キーロフ通り

図（8-35）ドン河の釣り人

図（9-5）ローテンブルグの市壁
（著者自筆）

図（9-8）市庁舎「黄金の間」の天井画

図（9-10）ノイッシュヴァンシュタイン城

図（9-11）ヴィース教会

図（9-14）ケールシュタイン・ハウスや
バイエルンの山々

図（9-20）シュトゥットガルトの
ケーニヒ通り

図（9-24）ヘッセの郷里カルプ
（著者自筆）

図（9-28）カール・テオドール橋

図（9-22）チュービンゲンの市庁舎

図（9-34）ハノーファーの市庁舎

図（9-36）ブレーメンの音楽隊

図（9-38）ハーメルン博物館

図（9-43）ヴィルヘルムスヘーエ公園
一遠景にヘラクレス像

図（9-48）バイロイト祝祭歌劇場

図（9-45）ハン・ミュンデン市庁舎のからくり人形

図（9-49）職人広場

図（9-55）ベートーヴェン・ハウス

図（9-58）多色刷りの『グーテンベルグ聖書』

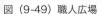

図（10-1）モン・ブラン山

## 第10章　その1

図（10-3）ツェルマット

図（10-5）マッターホルン

図（10-10）カジノ内部

図（10-13）シャトー・ディフ

図（10-15）サント・ヴィクトワール山

図（10-19）サン・ベネゼ橋の上から

図（10-21）カルカッソンヌのナルボンヌ門

図（10-25）ドンムの石造りの民家
（著者自筆）

図（10-29）サン・リヨンで出会った
フランス人家族

第10章　その2

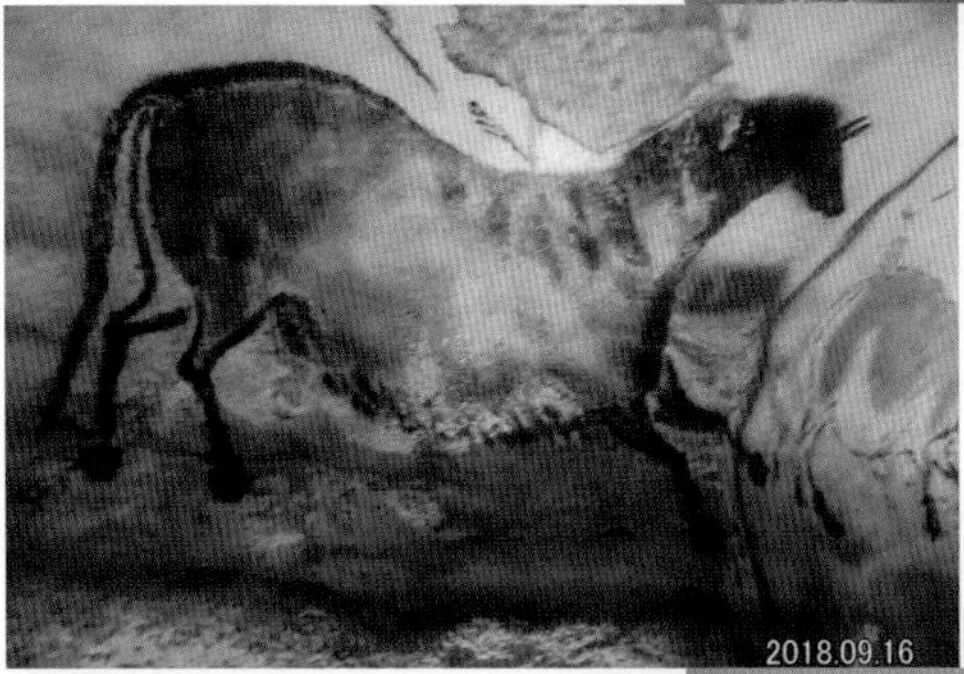

図（10-30）ラスコーⅣの複製壁画

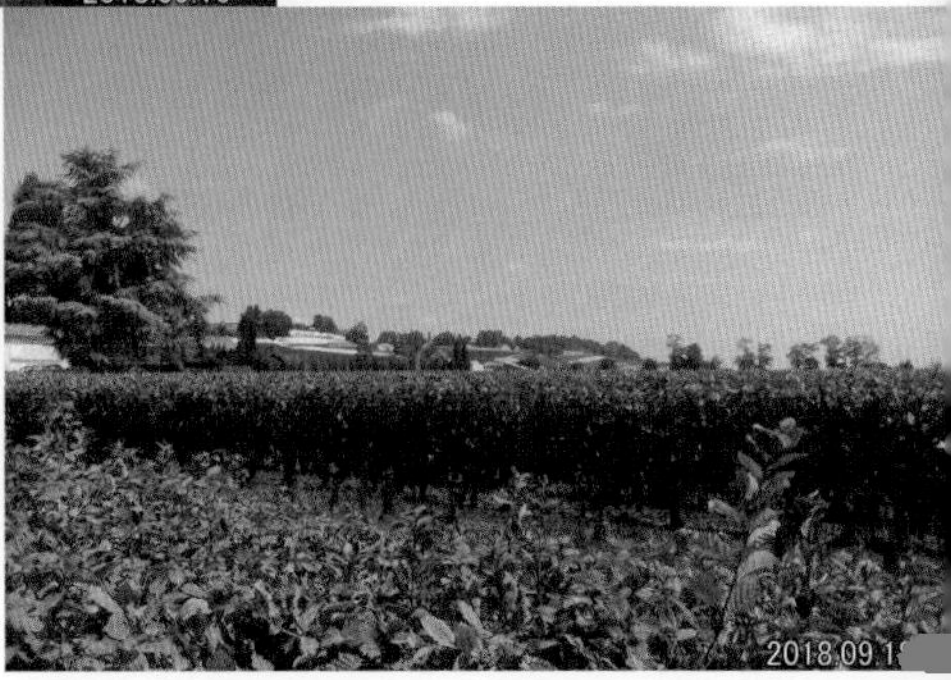

図（10-34）サン・テミリオンへ

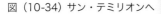

図（10-37）カンペール南ホテル
のレセプショニストと一緒に

図（10-38）カンペールの大聖堂

図（10-45）ジヴェルニーのモネの邸宅

図（10-46）モネの蓮池

図（10-48）モーリス・ルブランの別荘

図（11-5）ビスカヤ橋

図（11-7）ピンチョス

図（11-2）ブルゴス大聖堂の主祭壇

図（11-13）ローソクの行列

図（11-15）ピレネー山脈

図（11-17）カヴァルニー渓谷

図（11-21）ルルドのサン・ミッシェル橋
(著者自筆)

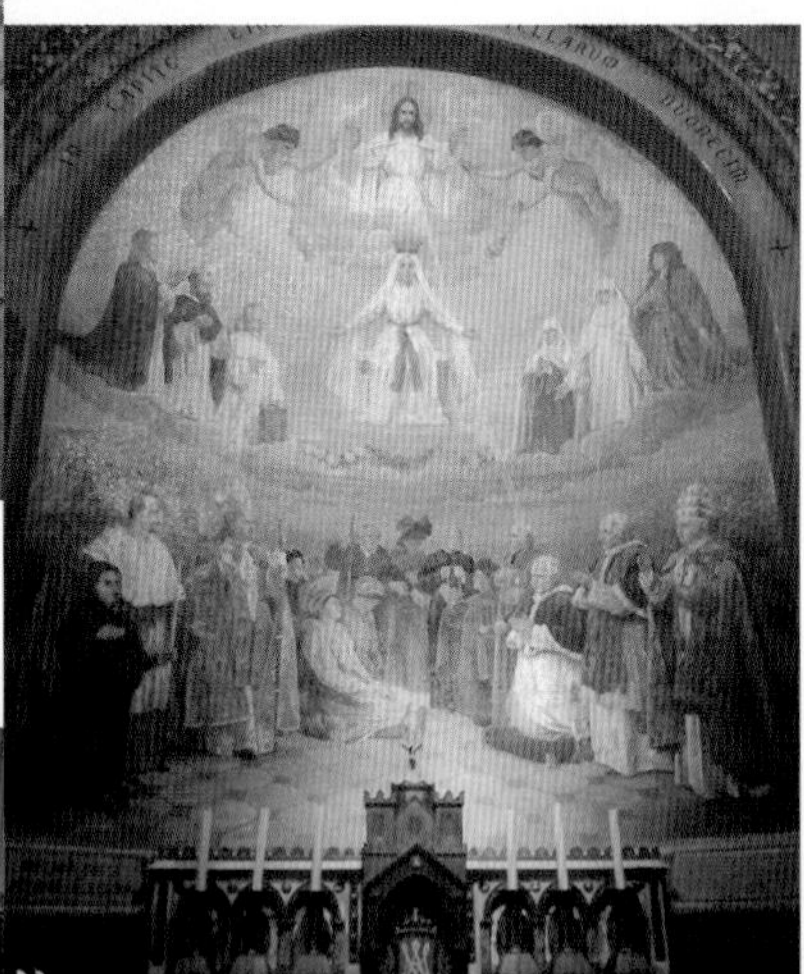


図（11-19）ロザリオ大聖堂のモザイク画

図（11-24）サン・クレメンテ教会

# 第7章　ハンガリー、スロヴァキア周遊

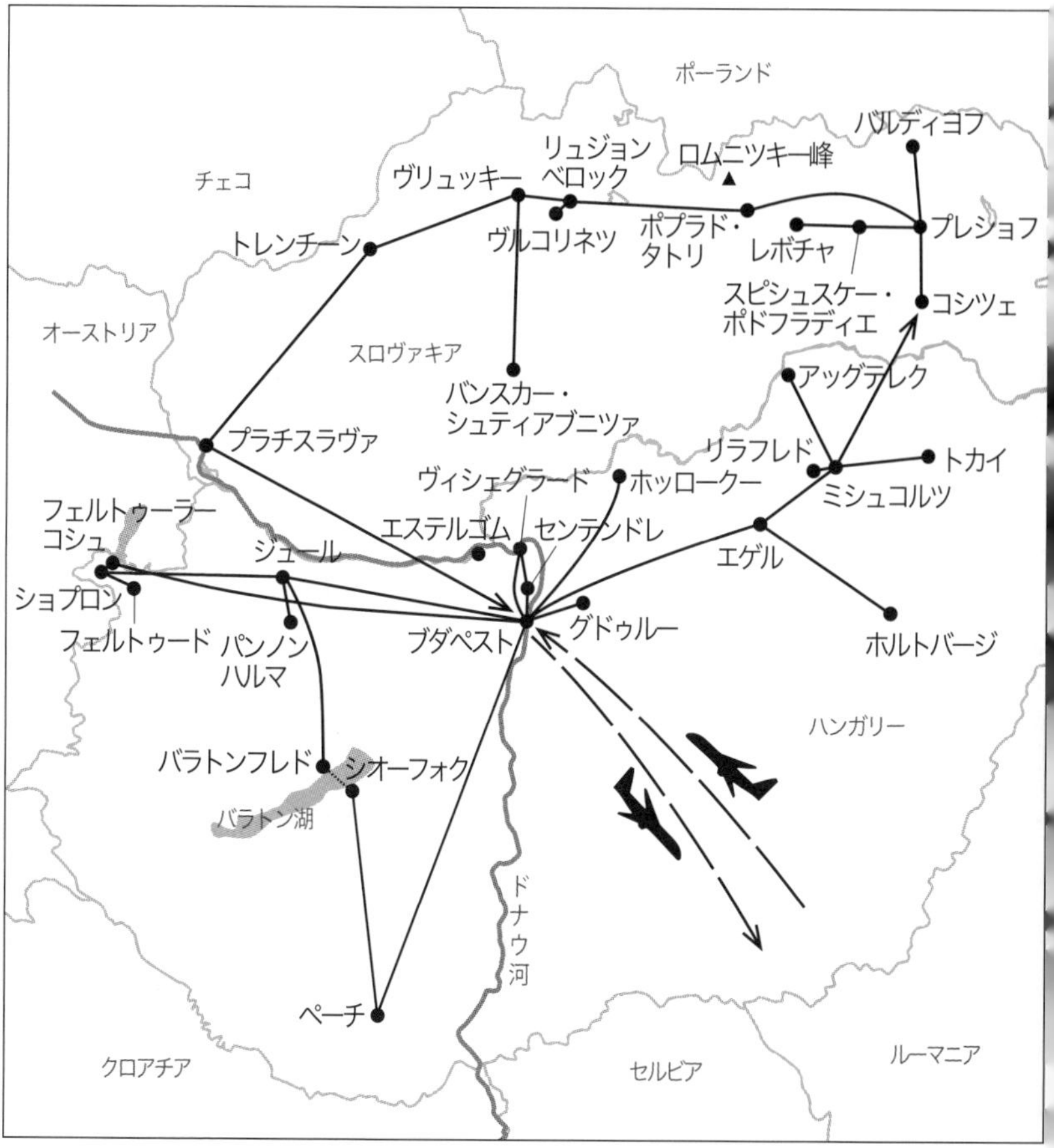

## （その一　ハンガリーの旅）

二〇一五年七月一四日、台風一一号が接近しつつある日本列島を脱出し、少し長い旅に出た。エミュレーツ三一七便では、偶々窓側三席が空いていたので体を伸ばして熟睡する。早朝、現地の四時一五分ドバイ着、気温摂氏三六度日本との時差が五時間ある。最近ヨーロッパ方面への旅は、ドーハやドバイを経由することが多くなっている。九時ドバイ空港を離陸、ブダペストまでの五時間の空の旅の間に、朝食軽食の二食がでた。現地時間一二時二〇分、ブダペストのリスト・フェレンツ空港に着いた。時計の針を更に二時間戻す。日本との時差は、七時間である。

相乗りのミニ・シャトル・バスを利用して、ブダペスト中心部に行く。このバスは、タクシーより安い定額料金で客が指定する番地まで運んでくれるから、慣れない都市では便利な乗り物だ。ただ予定していたホステルが当分閉鎖していた。近隣のホステルを二、三当たって、ギンゴー・ホステルをハンガリーでの最初の四日の宿に決めた。立地が良くメトロ（地下鉄）の駅に近い。素泊まり一泊三〇〇〇フォリント（約一五〇〇円）である。日本のユース・ホステル同様に一室に二段ベッドがいくつか並んでいるが、男女共用だった。近隣のスーパーで食料を買い込み、共用の集会室で夕食を摂る。近くのテーブルを囲んで、若い男女が自己紹介をしたりゲームを楽しんでいる。日本の男性も混じっていた。宿泊ホテル名を携帯電話のメールで連絡すると、妻から「眠たい。では気をつけて」の文字が戻ってきた。時差や料金を考慮して電話でなくメールを発信しているのに、彼女は受話器の電源をオンのままにしているらしい。二〇時ベッドに転がっていたら、そのまま寝込んでしまった。

## 一、鎖橋と美しく青いドナウ、アンドラーシ通り、リスト・フェレンツ博物館、フットボールのユニフォーム

七月一六日二時ごろ目覚めその後眠りが浅く、結局六時にベッドを離れた。一般に、ホステルの住民は夜更かしが多く、朝が遅い。静かな集会室で独り食事を済ませ、八時半にホステルを出る。今日一日、まずはブダペストの中心部を歩いてみようと思った。そのため都心のホステルを選んだのである。一〇分ほどで、デアーク広場に来た。その一角にあるデアーク・フェレンツ広場駅は、市内を三線走っているメトロが全て集まっている交通の結節点である。デアーク広場に隣接する緑地帯エルジェーベト広場では、観覧車が朝からゆっくり回っていた。

図（7-1）鎖橋

さらに一〇分ほど歩いて、ドナウ河の岸辺に出た。南ドイツを源とするこの河は、ブダペストではまだ中流域だが、満々とした水を湛えた幅四〇〇メートルを越える大河である。ドナウの両岸を繋ぐ最も歴史ある橋である鎖橋を、東のペスト側から対岸のブダ地区に渡った。橋の途中に建つ三個の立派な橋脚を繋ぐケーブル線ゆえに鎖橋と呼ばれる。端の両端には、それぞれ一対のライオン像が座している。ブダ側には、「王宮の丘」と称する高さ一〇〇メートルほどの台地がある。鎖橋を渡った正面に急角度でケーブルカーが延びていたが、私は右手の車道沿いに丘上を目指した。最後に近道の石段を一気に登ると、展望所である「漁夫の砦」の、横に出た。五層からなる美しい尖塔を持つマーチャーシュ教会と砦に囲まれた三位一体広場にイシュトヴァーン王の騎馬像が立っていた。この王は、AD一〇〇〇年マジャール人国家統一を成し遂げたハンガリー王国

図（7-2）イシュトヴァーン王騎馬像

の初代国王である。マジャール人の出自は、ウラル山脈の麓とされている。その後、ナポリのアンジュー家が、ハンガリー王国を継承した。一六世紀から、約一〇〇年のあいだオスマン・トルコの支配を受けた。やがてオーストリアのハプスブルク家が、ハンガリーを治めるようになる。

いっぽうマーチャーシュ教会（289頁　図7―3参照）は、歴代のハンガリー王が戴冠し、オーストリアのハプスブルク家の皇帝も、オーストリア・ハンガリー同君連合帝国としてこの地域を支配するようになると、この教会で改めて国王の戴冠式を行ったのである。この広場は、ハンガリーを象徴するような場所だった。

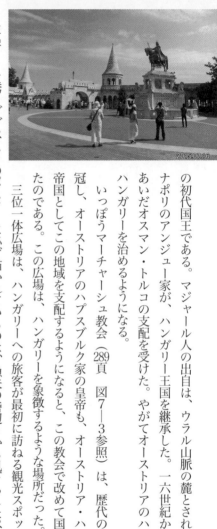

三位一体広場は、ハンガリーへの旅客が最初に訪ねる観光スポットといえる。旅人を誘うブダペストのポスターに必ず描かれているのは、漁夫の砦辺りから見下ろしたペスト側の景観である。そこには、河面に浮かぶ客船や鎖橋の上を忙しく行き交う車の流れがある。その中でも一際目立つのは、多くの尖塔を天空に突き出した巨大な建造物の中央にピンクのドームを冠った国会議事堂である（289頁　図7―4参照）。

私はこれまでヨーロッパ諸国で美しい景観を持つ首都を幾つも見てきた。その中でも印象深いのは、パリでありロンドンである。いずれも市街地の中心部を大きな川が流れている。川は都会に潤いを齎し、硬質な建造物に和らぎを与える。川辺の緑地は人々の憩いの場所になる。ウイーンは美しい古都だが、ウインナ・ワルツで讃えられる青きドナウは、残念ながら旧市街の中心を外れて流れている。東ヨーロッパで河川に恵まれた首都といえば、モルダウ川畔のチェコの首都プラハとこのブダペストが双璧といえるだろう。都会の美観と大河の流れ、これに架かる歴史的橋梁、その何れを比べてもプラハとブダペストは甲乙を付けることが難しい。あえて言えば、ブダ側の丘とペストの低地のコントラストによるブダペストの立体的景観のすばらしさであろうか。

三位一体広場には、多くの観光客の中に日本人の姿もあった。彼らは、オーストリア、チェコ、ハンガリーの首都廻りをしているのだった。しかしこの後、ブダペストを離れて周遊しているあいだに、日本人に出会う機会は殆んどなかった。ハンガリーやスロヴァキアは、大方の日本人にとってまだ関心が希薄な国々なのであろう。

王宮の丘の南半分が、かつての王宮の建物が残る地域である。その幾つかは国立美術館や博物館として利用されている。ここまで足を運ぶ観光客は少ない。私は写真を撮りながら王宮前の坂を下り、鎖橋を渡ってペスト地区に戻った。デアーク広場の近くにあるインフォメーションで、調べたいことがあった。ひとつは、ハンガリーの代表的景観プスタ（大平原）の中心地ホルトバージや同じく世界遺産の村ホッロークーへの日帰りツアーの有無だった。何れも交通手段が限られる地方なので、多少値段が高くてもブダペストから日帰りができれば、と思ったのである。ホルトバージへのツアーは見付からなかったが、現地同様の「馬術ショウ」なら近隣のグドゥルー宮殿訪問と組み合わせた日帰りツアーがあるという。ホッロークーへは一日一往復のバスがあった。とりあえず、明日のグドゥルー宮殿と馬術ショウの日帰りツアーを申し込んだ。もうひとつの質問は、息子に依頼された地元サッカー・チームの公式ユニフォームを売っている店の所在だった。こちらは、アンドラーシ通りにあるという。

アンドラーシ通りは、デアーク広場近くから東北に伸びるブダペスト一の目抜き通りで、王宮の丘や鎖

図（7-5）アンドラーシ通り

図（7-6）リスト・フェレンツ博物館

橋周辺と共にユネスコの世界文化遺産に指定された区域にある。メトロ一号線がその真下を走っていた。疲れたら適宜メトロを利用することにして、アンドラーシ通りを歩き始めた。全てを歩き通しても三キロほど、大阪の御堂筋を歩くのと大差ないだろう。中央の車道の両側に分離帯の並木が影を落とし、暑い日照を遮っている。

アンドラーシ通りを歩き始めてまもなく左手に、ギリシャの神殿のようにファサードに八本の列柱を並べた西洋美術館が見えてきた。ここから二ブロックほど先に、リスト・フェレンツ博物館があるはずだ。だが目的の博物館が見当らない。同じようなビルの前を行きつ戻りつを繰り返す。何人かの歩行者に尋ねて、ようやく所在を知っている女性が見付かった。彼女は横道に逸れ、とあるビルの入り口まで連れて行ってくれる。ドアの上にある目立たない金属製のプレートにリスト・フェレンツの名が記されていた。博物館は、このビルの二階にあった。

リスト・フェレンツ、それは名ピアニストにして大作曲家フランツ・リストのハンガリー表記だ。ハンガリー語では、姓名の順序が日本と同じである。受付に手荷物を預けて館内に入った。中央と左右の三室があった。中央の食堂に使われていた部屋には、グランド・ピアノが一台。右手の一間は、中央にテーブル、窓際にベッドとベートーヴェンの肖像画、手前の壁近くに小さなピアノと本箱、机などが並ぶ。左手の部屋はリストの仕事場で、縦型ピアノ三台と一台のグランド・ピアノ、壁にはいくつかの油絵が掛かっている。一八七九年、リストはここで音楽学校を開き、実際に居住していた。

リストについては、古い思い出がある。医師であった父の赴任地満州国新京市（現在の中国長春市）で、私の記憶にある最初の住宅にはグランド・ピアノがあった。現在と違い、ピアノがある家庭が稀だった頃の話である。趣味人の父が外地で最初に購入した大型の家具が、グランド・ピアノだった。そのピアノでよく弾いていたのが、リストの「ハンガリー狂詩曲」である。むろん当時は作曲者も曲の名も分からなかった。後に私自身がクラシックに興味を持つようになったときに昔の記憶が甦ったのである。当時父が好んで弾いていたのは軽快な狂詩曲第五番だが、私の気分に適ったのは第二番の方だった。霧の中から突然輪郭が浮かび上がる風景に似て、荘重で力強い弦の響きで始まる狂詩曲第二番、これを受けて加速度的にテンポを速める軽快な旋律。それは私にとっての音楽的原風景である。その後多くの音楽に親しみ、バッハ、モーツァルト、ベートーヴェン、ブラームス、ショパン、チャイコフスキー、ドボルジャーク、ベルリオーズ、ドビュッシー、ラヴェルと好みの対象は広がったが、その原点がリストであることには変わりがない。

ハンガリー入国早々耳にしたのが、リスト・フェレンツ国際空港だった。一般に、空港などの公共施設には、その国を代表する政治家の名前を冠することが多い。ニューヨークのジョン・エフ・ケネディ空港、パリのシャルル・ド・ゴール空港など。一方芸術家の名前で呼ばれる首都の空港は、ローマのレオナルド・ダ・ヴィンチ空港を除けば残念ながら他に思いつかない。この一事だけでも、ハンガリーはすばらしい国だと思った。

アンドラーシ通りをさらに二ブロック歩いて、インフォメーションで教えて貰ったスポーツ店「フットボール・ファクトリー」の前に来た。コピーならいろいろなチームのユニフォームがあったが、私は八〇〇〇フォリントでハンガリー・ナショナル・チームのオリジナルを選んだ。早々に依頼の品を手に入れたので、以後土産物を気にせず旅ができる。

アンドラーシ通りでは、リストやバルトークと並びハンガリーの大作曲家であるコダーイの博物館にも立ち寄る予定だったが、気付かないうちに通りの行き止まり英雄広場まで来てしまった。中央の高い塔を中心に、ハンガリー史上の英雄たちの彫像が並んでいる。木陰がないので日照が厳しい。裏手の湖に架かる橋をわたり、緑地帯が拡がる市民公園に急いだ。奥に尖塔があるヴィダフニャド城が、湖に優美な影を落とす。湖上に突き出たレストランで寛いでいる人たちの姿が見える。ボートが数艘岸に係留されていた。一七時、ホステルに戻る。

図（7-7）市民公園

## 二、二つの日帰りの旅——グドゥルー宮殿と馬術ショウ、ホッロークー村訪問

七月一七日八時半、迎えの車が来た。鎖橋袂のツアー会社の集合場所でアメリカ人夫妻が加わり、運転手兼ガイドの男性を含めた四人で、本日のツアーがスタートした。車は昨日歩いたばかりのアンドラーシ通りを抜け、東に向きを変えた。ガイド氏は、ブダペストを見舞った一八三八年の大洪水に触れた。ブダ地区は高台にあるため被害が少なく、すべて数百年を経た建物である。いっぽうペスト地区の建造物は、多くがその後の建設で歴史が浅い。第二次大戦初期の一九四〇年ブダ地区に陣取ったドイツ軍は、鎖橋を

図（7-8）グドゥルー宮殿

含めペスト地区の多くの建造物を破壊した。

一〇時、グドゥルー宮殿に着いた。オーストリア・ハンガリー帝国の王妃エルジェーベトが愛し、しばしば長期滞在した場所である。彼女は、同君連合王国の君主フランツ・ヨゼフ一世と、一八六七年マーチャーシュ教会で結婚式を挙げた。そのとき、純ハンガリー風の衣装で式に臨んだため、ハンガリー人の人気を集めたという。陽気な風土バイエルン州の出身であるエルジェーベトは、堅苦しいウイーンの宮廷に馴染めなかった。夫フランツ・ヨゼフは、謹厳実直で政務に精励した君主であったが、彼女に居心地よい場所を与えることができない。ウイーンの宮廷を離れたエルジェーベトは、愛するハンガリーで多くの時間を過ごすことになる。彼女は、自分の美貌や美しい肢体を意識し、生涯運動や節制を怠らなかった。だがその最後はあっけなかった。警護もなしに散策していたスイスのジュネーブ湖畔で、無政府主義の青年により刺殺されたのである。フランツ・ヨゼフ王との間に、皇子一人皇女三人が生まれたが、皇子は自殺している。

ブダペスト市内には、エルジェーベトの名を冠した場所が多い。たとえばエルジェーベト橋、エルジェーベト通り、エルジェーベト展望台。彼女は「シシー」という愛称で、今でもハンガリー人に愛されている。ハンガリーの人々にとってシシーは、例えればアルゼンチンのペロン大統領夫人エバ（愛称エビータ）やイギリスの皇太子妃ダイアナのような存在だったのかもしれない。

「残念ながら、宮殿内の大部分がオリジナルの調度ではありません」とガイド氏が申し訳なさそうに言う。エルジェーベトの死後、この宮殿は殆んど見捨てられ、主家の

図（7-9）通し矢

図（7-10）女性騎手

ハプスブルクも第一次大戦で消滅した。第二次大戦後は、ソ連軍の宿舎や老人ホームに使用されたこともあり、荒廃が進んだ。近年の修復で、昔の姿がある程度復元されたのだった。宮殿内の教会だけは、オリジナルのものという。武器の展示室、ダンスの間、エルジェーベトの写真が掛けてあるレセプション・ルーム。マリア・テレジアの肖像画がある部屋は、ハプスブルク家全盛期のこの女帝が宮殿に滞在した時の寝室である。各部屋には大きな暖炉が備わっている。しかし焚き口が見当たらないので訊いてみる。

「それは良い質問です。目障りなものは、人目に触れぬところに配置されているのです」

ガイド氏は、反対の部屋の隠れた空間を開いて見せた。「トイレも同様です」

内部の見学が終わって、芝生を敷き詰めた内庭を一回りした。芝の周りには、クレーン車があり、紫や白の草花が、雑多に咲き乱れていた。まだ修復工事が進行中なのであろう。

一二時、宮殿から二〇分ほどのところにあるプラザ・ラザール・ファームを訪ねた。ウエルカム・ドリンク、ついで農場の動物小屋見物。豚、ふさふさとした黒毛のハンガリー犬、四角い目をした羊など。農場の馬場に戻って、馬術ショウの開始を待った。やがて五頭立ての馬車を先頭に、騎乗の三人の大人と一人の少年が顔見せのため入場する。騎手は、紺のワンピースを黒い帯で締め、大きなツバのある丸い毛皮の帽子を被っている。先ず疾駆する馬上から向こうの的を標的にした通し矢、馬の鼻先でムチ音を高くひびかせるムチ鳴らし、馬の膝たて座り、伏せや横転。続いて、赤い帽子、白ブラウスに赤いスカートを着けた女性が静々と登場し、女性乗りの姿勢で馬の様々な歩行を演じた。これは、乗馬が得意であったシシーを模しているのかもしれない。機敏な馬と対照的に、角先が曲がり白毛のハンガリー牛数頭が、牛車を引きながら堂々と入場した。最後は、前に三頭、騎手自ら跨ったうしろの二頭、合計五頭の馬を操りながら、砂煙上げて猛烈な速さで馬場を駆け回るこのショウのハイライトが待っていた(289頁 図7―11参照)。これでショウが終了、出演者全員が赤、白、緑の横縞入りのハンガリー国旗を掲げて整列し観衆に挨拶した。

ショウが終わって、私たちは幌馬車に乗って広いファームを一周した。このファームは、世界遺産に指定されているハンガリーの平原(プスタ)からは離れているが、ブダペストから日帰りで楽しめるため人気を集めているのだった。

一五時、ホステルに戻った。レセプションの女性にホッロークー村往復のバスの時刻をインターネットで検索して貰う。直行便は、メトロ三番のスタディオン長距離バス・ターミナル八時半発しかないから、明朝は早めに起きなければならない。

夜中の三時に腹具合がおかしくなり目覚めた。原因ははっきりしている。昨夜、ミニ・スーパーで買ったミルクをがぶ飲みしたためである。胃腸薬を飲み再度眠る。

七月一八日六時に起床し、七時ホステルを出た。定刻八時半にスタディオン長距離バス・ターミナルから動き出したバスは、片側二車線の高速道路に入った。あたりは、樹木が茂る丘陵地帯に変わる。九時二〇分、麦刈りを終えた畑地、円柱状に固めた稲藁が其処ここに転がっている。九時四〇分、これまで幹線道路を東に向かっていたバスは、支線の道路に入り向きを北東に変えた。ホッロークー村は、北部スロヴァキア国境に近い丘陵地帯にある。一面の向日葵《ひまわり》畑。一〇時一〇分、地方のバス・ターミナルで七、八人の乗客があり、バスがほぼ満席になった。緩やかな起伏が続き、斜面全体が華やかな向日葵に輝いている（289頁　図7―12参照）。一〇時半、アリ・レサリオと表示したバス停で一〇人ほどが降りた。小さな湖がある。入り口に男女二対の神像が立つ次のゴザラド村で、殆んどの人がバスを去った。いよいよ終点かと思っていたら、バスは山道を登り始めた。約一〇分、開けた土地に降りてきた。ここが、ホッロークー村だった（289頁　図7―13参照）。運転手に帰りのバスが、一六時発であることを確認する。

バス停の前は小公園になり、ベンチと水道の蛇口がある。ここで道が二手に分かれていて、右手のコッシュート通りが村のメイン・ストリートである。道幅一〇メートルほどの石畳道、両側に白壁に鱗のように丸い赤瓦をぎっしり敷き詰めたホッロークー様式と呼ばれる民家が並んでいる。木造の骨格に泥と藁で作った下地を張り石灰で白く固めた壁なので、火災に弱い。これまで幾度も大火に見舞われたらしい。現在の家屋は、一九〇九年の大火以後に再建されたものである。一九八七年ユネスコの世界文化遺産に登録された。ホッロークー村の住民の出自は、カスピ海沿岸に住んでいたトルコ系といわれている。一三世紀のモンゴルの来寇を逃れてこの土地に移住した人々の末裔である。

村中に入るとコッシュート通りは、緩やかな下り坂になっている。直ぐ右手に軒から花瓶を吊るした陶芸工房がある。その奥は、レストランらしい。道は少し左にカーブし、小さな木造教会の尖がり屋根が見えてきた。教会を挟み道は再び左右に分かれている。しかしどちらの道を辿っても、村はずれで再び一本道になる。バス停から村の外れまで、せいぜい六〇〇メートルほど、一〇分も歩けば、四、五〇軒ほどの

図（7-14）陶芸の家

家並みは尽きてしまう。その中に、木彫りの家、衣装展示館、村の博物館、人形博物館、機織の家、陶芸の家、村役場、レストラン、宿泊施設などがあった。この土地に来たからにはなんとか上手い絵の構図を見つけようと、私は小さな村の中を行きつ戻りつを繰り返した。村全体が御伽の国のようだからどのようにでも描けそうだが、私の力量では結構難しいのだった。

地図を見ると村の裏手に三六五メートルの小山があり、山頂に城がある。人形博物館の先にある石段を登ると一五分ほどで、城跡に達するらしい。時間も十分あるので城跡まで登ることにした。ところが石段道への入り口を見逃し、村道を直進してしまった。道は人影のない山道になり傾斜が急になる。しかし道は城址方向に進んでいるので、そのまま歩きつづけた。三〇分ほど歩くと右手に登山道が延び、そこから下山してくる家族と出会った。彼らはそのまま石段道のほうに降りていった。私は大回りして、城址の前に立ったのだった。城址には柵が廻らされ、内部に入ることはできない。木陰にいくつかベンチとテーブルが置かれている。そのひとつを家族連れが占め、弁当を開いていた。私も持参したサンドイッチで昼食休憩をとる。

ベンチの横からさらに二、三〇メートル高い丘に登ってみる。周りの樹林帯の中でこの小山だけは草山だから見晴らしが良い。城址も少し下に見える。周辺には丘陵の樹海が幾重にも広がっていた。一時半に下山した。まだ帰りのバスまで二時間以上もある。さてどうするか。私は午前中の散策の折、教会近くの道から少し外れたところにあった「陶芸の家」を思い出した。中庭の木陰にはベンチがあった。時たま客が立ち寄るが、比較的静かな空間だ。入り口や庭には、人形や鉢や玩具などの陶芸品が無造作に配置されていた。あの場所なら、周囲に煩わされずに時間を過ごせるだろう。

黒毛のハンガリー犬が、陶芸の家と向こう側の民家の間の庭で、自由気侭に暮している。どちらの家に飼われているのか分からない。上半身裸体の民家の主人が家作のため出入りする度に、体を摺り寄せていく。と思うと、此方の陶芸の家に出入りし、その入り口に座り込んだ。しばらく車の下で転がってから再び立ち上がって、一頻り背中を掻く。民家から出てきた夫人に続いて今度は三毛猫が現れた。ハンガリー犬の存在を気にする様子もなくその辺りに寝そべる。木陰のベンチには風が渡ってきて、心地よい。暫時、まどろんだ気がする。このようにして時間を過ごし、一六時のバスでホッロークーを去る。一九時、ホステルに戻った。

## 三、エステルハージ宮殿とショプロンの旧市街、フェルトゥーラーコシュ、パンノンハルマの修道院、ジュールの町並み

七月一九日六時起床、七時過ぎ四泊したギンゴー・ホステルをチェック・アウトした。ブダペストは、まだ一部しか歩いていないが、旅の終盤に戻ってきてゆっくり過ごすつもりである。まずはハンガリーの地方都市やスロヴァキアの周遊をスタートした。メトロ二号線のアストリア駅から二つ目ケレティ駅で下車、隣接するブダペスト東駅へ急ぐ。一〇時一〇分発のインターシティ（都市間を結ぶ特急列車）でブダペストの西一五〇キロにあるこの国第三の都市ジュールまでの切符を買った。ジュール郊外のパンノンハルマ修道院を訪ねるためである。しかし待ち時間の間に、修道院が日曜に休館していることに気付いた。いっぽう明日（月）訪問予定のショプロン郊外のフェルトゥードにあるエステルハージ宮殿は、月曜が休

館日である。これでは訪問順序を逆にしなければならない。かくて本日は、ジュールから更に西方一〇〇キロ、オーストリア国境に近いショプロンまで、インターシティで移動することに急遽変更した。

定刻に発車したインターシティは、おおむね平原の中を走った。今日も一面に広がる向日葵畑を見る。スペインのようにこの国も向日葵栽培が盛んらしい。一二時四二分ショプロン着、駅のインフォメーションでフェルトゥード行きのバス乗り場を教えて貰う。駅から五分ほどの近所にあった。ただ私が予想していた大きなバス・ターミナルでなく、単なるバス停である。時刻表の立て札が横に建っているが、これは地元の人しか判読できないだろう。行き先別に記載されているため、どれが目的のバスか分からない。また注記がやたら多い。曜日によりあるいは経由地により時刻が異なるのかもしれない。全てハンガリー語表記なのでお手上げである。

偶々若い二人組みの男性がやってきたので、訊ねてみる。幸いその一人は英語ができた。立て札を見ながら、フェルトゥードを経由するバスは一三時三四分だと教えてくれた。あと一〇分でやってくる。

「白い車体の郊外バスですよ。今、走ってきたような黄色の市内バスではありません」

彼らも、別のバス待ちである。英語が通じる人が近くにいてくれれば心強い。ところが定刻が五分過ぎても目的のバスが来ない。私の不安そうな様子を察して、若い男性は時刻の立て札を見直した。

「すみません。先ほどは平日の時刻を見ていました。今日は日曜ですから、次のバスは一四時二〇分までありません」

やがて来たバスで二人の男性は去った。更に三〇分ほど待って、ようやく目的のバスがきた。行き先を運転手に示して確認を得てから、運転席横の最前列に陣取る。目的地に着いたら運転手が教えてくれるだろう。地方のバスを利用するのは、結構気疲れなものである。

市街地を離れたバスは、国道を離れ生垣が連なる田舎道に分け入った。防風林で仕切られた畑地や林の中を走る。一五時、ようやくフェルトゥードに着く。予期していたよりも僻地の町だった。ハンガリーを代表する名家エステルハージの宮殿は、現代からみればこのような辺地に膨大な領地を所有していたのである。宮殿は、バス停の前にあった。

図（7-15）エステルハージ宮殿

なぜエステルハージ宮殿を目指したのか。もちろんこの有名な宮殿を一目見たかったからである。だがそれだけではない。フランツ・リストに係わりがあるからだ。父は、リストがエステルハージ宮殿の執事の子息だったと話していた。恵まれた経済的環境の中で、自由に才能を花咲かせたと考えていたのだろう。事実は、少し違う。リストの父親は、モーツァルト家同様に宮廷音楽家だった。若年時から卓越した音楽的才能を認められた点でも二人は共通する。しかし無理を重ねて若死にしたモーツァルトと違い、リストはその才能を年齢と共に成熟させた。両者の性格の差だけでなく生まれた時代の違いもあるだろう。ベートーヴェン以後の音楽家は、貴族の遊興の単なるお相手ではなく独立した芸術家として地位を高めたのである。ただ若くしてこの地を去り、ヨーロッパ各地で音楽活動したリストの痕跡は、この宮殿には殆んど見当たらなかった。

偶々一五時一五分から、宮殿内の見学ツアーが始まるという。ガイドはハンガリー語で話すので、私には各部屋についての英文説明書が手渡された。参加者は二〇人ほど。まず上階から、賑やかな食器を並べたサロン、ウインザー宮殿を真似たサロン「ヴィクトリアの間」、美しい四壁の絵と神話的天井画で飾ら

図（7-17）ショプロンの旧市街

れた儀式の間（290頁　図7―16参照）、マリア・テレジアが泊まったという隅の間、その娘マリア・クリスティーナのサロンなど、基本はバロック様式である。漆喰の上に金箔を重ねた中国の間、同じく山水画で飾られた中国風サロンなどポツダムのサンスーシ宮殿を思わせる部屋もあった。これが、ベルサイユ宮殿に比較されるエステルハージ宮殿の一部である。

一六時二一分のバスで、フェルトゥードを離れた。ショプロンのバス・ターミナルから二〇分ほど歩いて城壁で囲まれた石畳の旧市街に入り、当てにしていたパラチナス・ホテルに泊まることができた。シングル一泊朝食付きで一万三五〇フォリント（約五〇〇〇円）、この辺りが一応バック・パッカーとして容認できる上限と考えている。

城壁内の北に正門があり、三層からなる見事な火の見櫓が聳えている。その前に中央広場、広場を囲んで、市庁舎、博物館、三位一体像等が建つ。これが、ハンガリーで最も人気のある街のひとつショプロンの旧市街だった。周りのレストランの屋外テーブルでは観光客が、寛いでいた。私もその中に加わり、フロートを載せた冷たいフルーツスープにパンを注文する。ブダペストで試食し旨かったからである。これは前菜に過ぎないから給仕の女性が、「それだけですか？」という表情を見せた。旅に出て昼間飲料を取り過ぎているから、食欲はあまりおきない。二三時半、就寝。

七月二〇日明け方の四時半一度目覚め、再度起きたときは七時を回っていた。冷房もなく暑いので窓を開けたままで寝た。七時半地上階の食堂でビュッフェ朝食を摂る。果実が多いのが良かった。一人旅をしていると野菜や果物を摂る機会が減り、ビタミンが不足がちになる。

八時半のバスでフェルトゥーラーコシュに向かった。終点は町並みが尽きたところにある。ここまで来てなにをするのか、実は分かっていないのだった。ガイドブックによれば、ハンガリーとオーストリア国境地帯に塩水湖フェルトゥー湖があり野鳥が生息している。異文化が出会い独特の景観が見られる。湖畔の町フェルトゥーラーコシュはローマ時代の採石場が残っている。このような理由で文化的景観として二〇〇一年ユネスコの世界文化遺産に登録された、とある。

図（7-18）フェルトゥーラーコシュ

バスの終点付近の北側は茫漠とした草地や森林が広がっていた。その中に一本の車道が走っている。とりあえずこの車道に沿って、歩き始めた。所々に水溜りがあり野鳥の生息に良い環境というのは肯ける。しかし一〇分歩いても、二〇分歩いても、この茫漠とした景観は変わらない。時々自家用車が通り過ぎて行くだけである。塩湖の影も形もない。このままではオーストリア国境まで歩き続けなければならないかもしれない。予備知識がないので、予測が全くつかないのである。三〇分ほど歩いて、これは無謀な計画だと気付き、塩湖見物は諦めることにした。

フェルトゥーラーコシュは、バス道の両側に伸びる細長い集落である。小さいが歴史を刻んだような古びた教会がある。左右対称に伸びた二階建の大きな構えの建造物があった。地方領主の館であったかもしれない。赤屋根の上に突き出した二本の煙突のひとつにコウノトリが巣作りをしていた。町全体が、赤味の瓦屋根とベージュ色の壁で統一されている。二キロほどバス道を引き返したところに、ローマ時代のかなり大きな採石場があった。太古には、一帯が海底であったという。このような街歩きをしたところで、ショプロンに戻るバスの時刻になった。

今度の旅行を計画するに当たり重点を置いたのは、ハンガリーに八ケ所、スロヴァキアに四ケ所あるユネスコの世界遺産をできるだけ多く訪ねることだった。現地の交通事情が分からず、出たところ勝負になった場所も幾つかある。結果としては、なんとかこれらの世界遺産をすべて訪問することができたのだが、このフェルトゥーラーコシュだけは、本当に世界遺産を実見したといえるのか疑念を残すことになった。「この場所は自然遺産ではなく文化遺産なのだから、塩湖は見れなかったけれど、まあいいか」と自分を慰めている。

ショプロンのバス・ターミナルに一一時七分に戻った。ショプロン駅発一一時三七分の汽車に乗りたい。これを逃せば、ジュールに向かう列車は一三時までない。ただし鉄道駅は、パラチナス・ホテルのある旧市街を間に挟んでバス・ターミナルと反対側にある。二キロを少し越える。三〇分でこの距離を移動できるか。荷物を受け取りにホテルに戻った時には、既に一一時二〇分を回っていた。ここから鉄道駅までは、初めての道を行く。ホテルの従業員が、城壁外の駅へ通じる直線道路まで案内してくれた。あとは荷物を担いで、駆けるように道を急ぐ。日本での日常を外国で再現している感じだ。駅の近くに来て、昨日フェルトゥード行きのバスを待っていた場所に気付く。慌しく切符を購入し、地下道を駆け抜け、停車中のインターシティに乗り込む。汽車は定時に発車した。ハンガリーの列車の運行は、かなり正確である。

一二時五九分にジュール駅に着いた。ハンガリーの多くの都市がそうであるように、バス・ターミナルは鉄道駅に隣接していて何かと便利である。ショプロンの例は少数派といえる。一三時四五分のバスで、パンノンハルマの修道院に向かう。平野の中を走ることおよそ三〇分で、左手の丘上に青いドームを中心

図（7-20）修道院の古文書館

に左右に白い翼を広げたような赤瓦屋根の修道院が見えてきた（290頁　図7—19参照）。幾度も写真で見ているから間違うことはない。やはりバック・パッカーらしい白人の若者が、私に肯いて見せた。バスを降りて丘に通じる斜面を登り始める。

「距離はしれているが、急坂なので気をつけて」と若者が言った。「僕は、まずホテルで荷物を解いてから、出掛けます。修道院でまたお会いできるかも」

二〇分ほど車道を登ると、左手にインフォメーションを兼ねた料金所のビルがあった。ここに荷物を預け、イヤホーンの付いた修道院内部を説明する英語版の音声ガイドを借りる。ビルの三階に上がり、車道を跨いで僧院に通じる陸橋を渡った。ここから僧院まで急な石段道が続いている。僧院の入り口は、広大な敷地をさらに右回りに半周した反対側にあった。

内部に入ると、中庭を囲む回廊があった。回廊には半円状の柱頭で上階を支える列柱が並び、明るい中庭を額縁のように切り取っていた。この回廊と中庭が、おそらく修道院の特色だろう。修業僧が思索したり休息する場所である。フランスのモン・サン・ミッシェルでも、あるいはイタリアのパヴィアでも私は似たような回廊を見た。少し薄暗い回廊の中から見る内庭のコントラスト、私はそこに中世の光と影をいつも感じた。

回廊の奥に本堂があった。長方形の本堂は三段に分けられ、祭壇に近付くにつれ高くなっている。これは修業の階梯を示しているらしい。主祭壇は、華やかというより荘重だ。ここは一般の信者を集める場所ではない。あくまで僧侶たちの修業の場所である。音声ガイドは場所ごとに表示された番号に合わせてボタンを押す仕組みになっている。だが移動の順路の表示が不明確だった。本堂奥のクリプト（壁の窪み）の先何処に抜けるか分からず、まごまごした。何とか本堂を抜け出し、外庭から古文書館に向かう。

貴重な文書の蓄積で知られているパンノンハルマの古文書館は、さすがに見応えがあった。館は円形と直方形、つまり前方後円型の二室からなる。その長方形の主室には、長い蒲鉾形の天井があり、特大のフレスコ画が描かれていた。青空のなかに浮かぶ雲に乗った女神や天使のような姿が、周りのピンク色の壁から浮き出ている。横壁は上下二段に仕切られ、それぞれ一五列ほどの書棚には煌びやかな表紙の書物が詰め込まれていた。修道僧たちは、毎週一定量の指定された書物を読解することが課せられたため、必然的に書籍の数が増大したという。修道院は知識の保存場所であり、当時の最高学府だった。

一六時半のバスに乗り、ジュール市に戻る。今日はジュールに泊まる予定である。バス・ターミナルから一ブロック北側に、交通量の多い聖イシュトヴァーン通りが東西に走っていた。この辺りは、百貨店やホテルなどの大きなビルが並んでいる新市街の中心部である。特に目立つのは、アール・ヌーボー風に飾りの多い市庁舎だった。商店が並ぶバロッシュ・ガーボル通りをまっすぐ北に一五分ほど進むとそのまま大聖堂の塔が見える旧市街の中に入っていく。ショプロンと異なり新市街と旧市街が截然と分かれている街ではない。ジュールは、人口一四万のハンガリー第三位の産業都市であり、古い歴史のある町でもある。この街の特性は、このわずかな街歩きの間にも感じられるのだった。

通りの突き当たりで左に曲がり、ウイーン門広場に出た。南面に、黄色い壁のカルメール教会が建つ。直ぐ先のラーバ川に架かる橋に立って、城壁の向こうに見える大聖堂のキューポラ（尖塔）をカメラに収めた。ウイーン門のすぐ北にあるグローフ・チラーナ・バンズイホ・ホテルに泊まる。

## 四、夏のリゾートでの宿探し、バラトン湖のさざ波、ホテルのディナー

七月二一日六時起床、夜半に目覚めることもなく熟睡した。七時、地下レストランで朝食、八時前にチェック・アウト、昨日来た道を逆に鉄道駅南のバス・ターミナルに向かう。八時二〇分のバラトンフレド行きのバスに乗った。バラトンフレドはジュールから東南方向に位置するので、陽射しを避けるため右側西向きの席を選んだ。駅の南側にも市街地が広がっている。ジュールは結構広い都市だと思った。山林を切り開いた道を走っているので、延々と樹林が連なっている。たまに樹林が切れると広大な平原が顔をみせるのだった。途中のバス停から乗り込んでくる人たちでバスはほぼ満席になった。一〇時、ＡＪＫＡという町でかなりの人が下車して空席ができたと思ったら、再び新手が乗り込んできた。

一〇時半、バラトンフレドに着いた。鉄道駅と隣り合わせ、陽射しが強く早くも汗ばんでくる。案内書によるとバラトン湖の岸辺まで二キロ以上ありそうだ。同じバスできた行楽客らしいグループの後について、三〇分かけて湖畔まで歩いた。レストランや土産物店が集まった一角にインフォメーション・センターがあった。しかしデスクにいた女性たちはホテルの情況や価格について正確な情報を持たなかった。ただ現在ハイ・シーズンであるバラトン湖畔は、宿泊費がかなり割高という。手ごろなホテルは、かなり前に予約済みなのである。やむを得ずいくつかのホテルの所在だけ教えて貰って、自分で直接当たることにした。

手始めに、インフォメーションの少し上手にあるプラサ・ルイザ・ホテルに寄った。朝食つきシングル

一泊一万八〇〇〇フォリント（六〇ユーロ）という。ガイドブックでは、三八ユーロと書いてあるからかなり高値がついている。次にインフォメーションで教えて貰ったパノラマ・ホテルを訪ねることにした。しかしその所在がなかなか分からない。湖畔から少し離れた工事中の裏道に、古びたビルの中のホテルがあった。試しに受付で訊ねると現金払いで八〇〇〇フォリントと値段は手ごろだが、行楽地で過ごす宿としてはあまりぱっとしない。坂を下っていくと、小綺麗なペンション（民宿）が幾つか並ぶ通りに出た。ペンションならホテルよりも安いかと当たって見たが、何れも朝食付きシングルで二万フォリントの現金払いで、ホテルよりもむしろ割高である。近くの海水浴場の前に建つ二つの新しいホテルは何れも満室お断りとすげない応対を受けた。

海の家風の建物や観光客が集まっているレストランが並ぶ海岸通りを、一キロほど引き返した。少し山手のインフォメーションのあった通りに向かっていると、パノラマ・ホテルの看板が目に入った。値段を聞くとスタンダードのシングルは一万一〇〇〇フォリント、スペシャルのシングルは一万八〇〇〇フォリントだった。スタンダードとは、冷房設備がないことを意味する。この国では、冷房がないことが基準なのである。私は暑気のきつい日本でも冷房なしで睡眠しているから、日常を考えればスタンダードでよいはずである。ただショプロンのホテルで暑さのため睡眠が浅かったことを思い出した。旅先で睡眠が十分取れないと辛いことになる。結局もとのプラサ・ルイザ・ホテルに戻って、改めてチェック・インすることになった。バック・パッカーの基準を超えるが、庭にはみ出たレストランが気に入ったし、船着場近くにあり花壇の美しい広場も数分の距離にある立地を選んだのである。宿探しの話が少し長くなったが、ハンガリーの行楽地の情況を少しは読者に伝えることができたであろうか。私自身は二時間ほどロスしたことになるが、通常の旅客が歩かない裏通りを散策できたと思っている。

ひと休みして、近くの円形教会の横にある階段を降り湖岸に向かった。平屋の建物から器楽演奏の音が聞こえてくる。表札を見ると地域のコミュニティ・センターだった。開け放たれた窓から、簡易椅子に座った数十人の聴衆が、室内楽の演奏に聴き入っているのが見えた。無料で誰でも出入りできる地元のイベントらしい。その先に複数の噴水が地中から噴出している広場や花壇がある。水着の子供に大人も混じって噴水を浴びてはしゃいでいた。花壇の端から先刻訪ねた一キロ東の海水浴場まで、両岸に樹木が茂った一直線のタゴール遊歩道が続く。反対側には、アイスやドリンクを売る小店、レストラン、土産物店が軒を並べる。広場の片隅で人物画を並べた似顔絵描きが、客待ちしている。

図（7-21）タゴールの遊歩道

湖岸の入り江はヨット・ハーバーで、無数のヨットが繋留されていた。白鳥や鴨が餌を求めて岸辺に近寄ってくる。突堤の先に、湖岸の町を結ぶ連絡線の船着場と事務所、ベンチを置いた小公園がある。私自身、明日対岸のシオーフォクに渡るので、渡船の時刻を確認した。

私がバラトン湖の名を初めて知ったのは、テレビ・ドイツ語会話のテキストに載っていた「バラトン湖のさざ波」という短文だった。詩だったかも知れない。筋などは忘れてしまったが、何か茫洋とした感覚だけが残った。ハンガリーという国への好奇心、漠とした憧れを抱いた。

ハンガリーの中心部を南北に流れて国土を東西に二分しているのがドナウ河とすれば、バラトン湖はその西半分を更に二分して東北から南西に伸びている中央ヨーロッパでは最大級の湖である。対岸が遥かに望めるから湖幅は琵琶湖の北湖とあまり変わらないが、長さは一〇〇キロを越えるだろう。その周辺には有名なリゾート地が点在し、夏季にはヨーロッパ各国からの観光客が集まって来る。なかでも西岸の中央にあるバラトンフレドは、古くからの温泉地として最も人気がある夏のリゾートだ。私のような行きずりの旅人が、ホテル探しに苦労するのも当たり前の話である。

当地の温泉は湯浴みのためではなく、医薬のように鉱泉を飲みながら長期療養する湯治場である。プラサ・ルイザ・ホテルの東、徒歩で五分ほどのところにバラトン・パンテオンと呼ばれる昔の保養施設跡や訪れた著名人の記念碑が残っていた。その一角に「コッシュートの泉」と呼ばれる鉱泉の泉源がある。といっても、四角の屋根とこれを支える石柱で囲まれた石畳みを数段降りたところに水道の蛇口が出ているだけだ。その蛇口から通行人が自由にペットボトルなどに鉱泉を移している。口に含むと鉱水特有の苦味がした。心臓病に効き目があるらしい。かつてインドの詩人タゴールが治療のため滞在した。全快したお礼に彼が植樹したのが、現在海岸通りに残る並木道である。

図（7-22）「コッシュートの泉」

二〇時、まだ明るいプラサ・ルイザ・ホテルの中庭で、ディナーを摂った。バック・パッカーとして旅をしているときは食事時間も一定せず、食欲に合わせて適宜に摂っているだけだからディナーなどはない。しかしこのホテルでは、晩餐と朝食込みの宿泊となっているから、今度の旅で初めてそしておそらく最後の晩餐になったのである。給仕がメニュウを持って来たので戸惑ったが、スープ類、メイン、デザートの中からそれぞれ一品を選べるのだという。私は、アイスクリームをフロートした冷たいラッツベリー・スープ、チーズ入りパスタ、メロン、スイカ、スモモのミックス・フルーツを選んだ。三つ星以上のホテルのレストランで摂るディナーは、粗食で通しているバック・パッカーを少しリッチな気分にしてくれる。

陽が落ちてからもう一度湖畔を歩いた。噴水の廻りの水遊びは依然として続いていた。どのレストランも行楽客で混み合っている。明かりの灯った華やかな湖畔の賑わいは、まだ始まったばかりのようだ。

## 五、バラトン湖の横断、シオーフォク、人懐こい雀、ペーチの町歩き、ジョルナイ陶器

七月二二日、夜半に一、二度目覚め、結局八時までベッドに転がっていた。九時、仮屋根を庭に伸ばしたホテルの食堂で、ビュッフェ朝食を摂った。軒から数本草花の鉢が吊るされている。庭には、大きな鉢に植えた夾竹桃の花が開いていた。背後に見える茶色の小さな建物は、納屋のようだ。ホテルの従業員が時々出入りしている。更にその奥に隣家の赤い瓦屋根が覗いていた。纏まりが良いのでこの構図をカメラに収める。

一〇時過ぎチェック・アウト、昨日確認した突堤にある連絡船のオフィスで、湖の東岸シオーフォク行きフェリーのチケットを手に入れる。日陰のベンチで休んでいると隣に家族が座ってドイツ語で会話を始めた。出身地を尋ねると、ドイツのハレ市だという。逆に私の出身国や旅先を質問された。

「ペーチは、静かでとてもよい町ですよ」本日予定している訪問先を彼は褒めた。「何度も立ち寄ったことがあります」

この家族は、シオーフォクで数日過ごすらしい。ＥＵ間では自国で過ごすのも外国へ出掛けるのも、費用的には大して変わらないのである。

一一時乗船、直ぐに出航。二〇〇人ほどの乗客の大部分は、外気が心地よい二階の甲板席に場所を取っている。この船は約一時間かけてバラトン湖で最も幅広い部分を横断する（290頁　図7—23参照）。昨日宿探しに動き回った点在する家並みやホテルの建物、湖岸線が、湖上からよく見えるのだった。バラトンフレドだけでなく、近隣のリゾートも湖岸に続いている。

一二時、シオーフォクの陸地内部に切り込んだ岸壁に接岸した。湖岸の大きな緑地公園には湖水浴ができる場所もあったが、人影は疎らだった。むしろバラトン湖から少し離れ東側の駅に向かう道沿いのレストランやホテルに人が集まっていた。鉄道路線の更に東側、駅を中心とした中央通り一帯が、小さなシオーフォクの町の中心である。鉄道駅に隣接したバス・ターミナルで、ペーチ行きバスの時刻や乗り場を確認した。一四時発だから時間は十分ある。私は中央通りに面した給水塔が建つ広場まで歩き、その下のベンチで手持ちのサンドイッチを食べることにした。旅の間は、ミニ・スーパーなどで手に入れた野菜や卵などを挟んだサンドイッチを携帯し、適当な場所で食事を済ませるのである。給水塔は、給水タンクを保持するため、通天閣のように上部が広がっている。内部にエレベーターが昇降していた。給水塔が現在機能しているか分からないが、展望塔としては依然稼働しているようだ。

出発時間が近付いたのでバス・ターミナルに戻り、ペーチ行きが発車するはずの一二番プラットフォーム前のベンチに座った。すると雀が一羽二羽と足元に寄って来て、私の方を見上げた。明らかに、彼らはここで餌を貰うことに慣れている様子だ。私が熱心に雀を観察しているのを見た隣席の男は、手持ちのパンを千切って辺りに撒き始めた。さらに多くの雀が私たちの周りに集まった。日本の神社や寺の境内で鳩が集まるように。ただ日本の雀は警戒心が極度に強く、このように人の近くまで寄ってくることは決してない。この国では、子供でも雀を追い回すことがないのだろう。「雀がひとを恐れない国は、心やさしい国だ」と思った。

一四時定刻にペーチ行きのバスがスタートした。最初はガラ空きで動き出したが、次第に人が乗り込んできて立錐の余地もないほど混んできた。汽車の路線と違い何処を走っているかよく分からないが、南東に向かっているのは間違いない。一五時五〇分大きなバス・ターミナルに停まり、乗客の大半が下車した。標識を見るとカポシュヴァールとある。手持ちの地図をみてバスのルートが少し分かった。さらに一時間ほど走って、一七時に本日の目的地ペーチのバス・ターミナルに着いた。ハンガリーの西北ジュールからバラトン湖を渡り南東のペーチまで、二日をかけて国土の西半分を斜めに横切ってきたのである。南のセルビアとの国境まではまだ距離があるが、ペーチが今回の私の旅の南限になる。

南の新市街と旧市街地の間にあるバス・ターミナルから、ガイドブックを片手にバイツイ・シリンスキー通りに沿って北に向かう。途中のデパート、シナゴーグ、市庁舎など目立つ建物を一つ一つ確認しながらセーチェニ広場に出た。北面に一際目立つエメラルド・グリーンのドームを戴くカーズイ・カシム・パシャ・モスク（旧モスク）があった。予定しているフェニックス・ホテルは、その右手後方の三叉路近くにあるはずだ。入り口探しに少し手間取ったが、呼び鈴を押すと直ぐ上の窓から若い感じのよい女性が首を出した。スタンダードの朝食付きシングル七〇〇〇フォリント、スペシャル一万一八九〇フォリント。リゾート地のバラトンフレドに比べて割安感がある。ビザ・カードが効くのでスペシャルを選び、本日はすんなり宿に収まった。近くのミニ・スーパーで惣菜などを仕入れ、夕食を済ませる。

七月二三日九時、荷物をホテルに預けて町の散策に出た。先ずは近くの旧モスクを訪ねた。一六世紀に

図（7-24）初期キリスト教の礼拝堂跡

建てられたハンガリー最大のトルコ建築で、その名残が前面の説教壇を囲む半円状の座席である。教会に改造されたときに後方の方形部分が増設されたため、複雑な構造になっている。なんといっても市庁舎前の広大なセーチェニ広場に輝くエメラルドのドームは、ペーチのシンボルといえる。後背の丘の上にテレビ塔が見えた。

旧モスクの北側一帯は、大聖堂、博物館などが並ぶ静かな住宅地だった。その中にある初期キリスト教の遺跡群が、二〇〇〇年に世界文化遺産に指定されたのである。ペーチに来た目的のひとつが、この遺跡群だった。私は美しいレリーフを見せる大聖堂の側壁や本堂の重厚な祭壇や天井を見学してから、直ぐ南の緑地の中にある初期キリスト教の礼拝堂跡に行った。ただし説明札ひとつないので、石で囲まれた浴槽を見たという印象しか残らない。すぐ横に口を空けている地下道を降りてみると、小室内に管理人がいた。入場料を徴収するわけでもない。説明のパンフレットも置いてない。ここはローマ時代のカタコンベ跡で、壁面や安置されている石棺にフレスコ画が残っていた。他に地下墳墓群も残っている筈だが、近隣を探しても結局場所が分からなかった。世界遺産に指定されているにもかかわらず、整備が十分でないと思った。

各国で指定される世界遺産の数が毎年増えている。その中にはスケールの大きなものから、小振りでも文化的に貴重なものもあるだろう。ただ国内的に価値があるものと、世界史的に重要なものとが混同されていると感じることが多い。最近の日本での世界遺産ブームがそうである。観光客を集めようという商魂が透けて見える。ローカルなものはローカルとして大切に守ればよい。世界遺産に指定されなくても、遺産自体の価値が変わるわけではない。今回は、世界遺産を中心に旅程を組んでいるが、私の旅の目的はその国の歴史を背景に文化を考えることにある。

大聖堂の東の小さな美術館や博物館が集まる地域で、ひとつだけ特に興味を惹かれたジョルナイ博物館に立ち寄る。日ごろ陶芸に格別の関心を持っているわけではないが、各国の代表的焼き物は見ておきたい。ハンガリーでは、バラトン湖地方にあるヴェスプレームのヘレンド焼きと並んで、ペーチのジョルナイ陶器が知られている。ペーチには、町外れにジョルナイの工房があるが、博物館で代表的作品を鑑賞しようと思った。館内は、一〇ほどの部屋に仕切られ、多様な作品が展示されている(290頁　図7—25参照)。花瓶、水差し、人形、壁掛け、動物や人物、花鳥画、野菜や果物の静物画など題材が変化に富んでいる。題材に応じて色彩も豊かである。緑、赤、黄色、茶色、有田風橙色、ポルトガルのアズレージョを思わせる濃紺。題材の多様さと自在な色彩が、ジョルナイの特徴といえる。

## 六、ペーチからエゲルへ、駅の紛らわしい電光時刻表、やっとありついた宿

一一時半、フェニックス・ホテルに戻りチェック・アウト、昨日歩いた道を辿って鉄道駅に向かう。昨日と逆に今度は緩やかな下り坂である。セーチェニ広場から改めて眺めるペーチは、なかなか良い町だと思った。ペーチ駅は、全体が改修中で切符売り場を見つけるのに手間取った。

最初の計画では、ペーチから東北にあるエゲルまで国土の東半分をバスで斜断する予定だった。そうなると途中のケチケメート辺りで一泊する必要がある。私は、ハンガリー東部にある町に早く移動したいと思った。ハンガリーの鉄道は主にブダペストを軸に四方に分かれていて、地方都市間を繋ぐ路線は希薄に

図（7-26）ブダペスト東駅

なる。むしろ一旦首都に戻ったほうが便宜なのである。というわけで本日は、ペーチ／ブダペスト／エゲルとインターシティを乗り継ぐことに予定を変更したのだった。一三時一四分の列車で、ペーチを発った。丁度三時間経った一六時一四分、既に勝手知ったるブダペスト東駅に到着。途端に、駅舎の屋根を機関銃の音のように立て続けに打ちつける凄まじい夕立が来た。一〇分ほどで、雨は止んだ。旅客は大きな電光時刻表を見上げている。予定の列車の到着プラットホームを探しているのだ。東駅のようにスイッチバック方式で各路線がプラットホームの端で行き止まりになっている場合、列車到着寸前にならなければ乗車ホームが決まらない。列車はホームで前後が入れ替わり、入線と逆の車列で駅を出て行くのである。

電光時刻表を見ていて奇妙なことに気付いた。時刻表の左右に、エゲールを表示した同時刻の列車が出ているのである。早速構内のインフォメーションで訊ねたところ、時刻表左側がエゲル行き列車の出発時間、右半分は列車の始発駅とブダペスト到着時間を表示したものという。前記の例では、エゲルから当駅に到着した列車がただちにエゲルに引き返す、ということらしい。ハンガリー語が分からない旅人にとっては、紛らわしいことである。到着時間を表示する必要性がよく分からない。

定刻五分前になって到着ホームが三番線との表示が出た。表示板を近くで見ていた一〇名ほどの人達が、一斉にホームの前方に動き出す。一番から三番までのプラットホームは、五〇メートルほど先の引き込んだ場所に並んでいるのだった。なんとか無事に、一七時定刻発のエゲル行きインターシティに乗り込む。一九時二〇分エゲル着。エゲル駅は、町外れの閑散とした場所にあった。駅前の茶店で寛いでいた男性に、ダウンタウンへの道を尋ねた。幸い英語が判る相手は、「タクシーを利用するのか？」と訊ね、「徒歩なら二〇分ほどかかります」と道順を示した。「あそこに見える曲がり角を右折し、とにかくこの方角を目指しなさい」

彼は、ダウンタウンの方向を指し示す。

ダウンタウンまでは、緩やかながらずっと上り坂だった。およそ二〇分歩くと、ダウンタウンの入り口にある大聖堂の屋根が見えてきた。その前の広場を横切り、セーチェニ・イシュトヴァーン通りに入る。エゲル市の繁華街のひとつで、レストランのテーブルや椅子が路上にはみ出していて終日歩行者天国になっている。予定しているセント・ヤーノシュ・ホテルは、この通りのマクドナルド店の先を右に入って直ぐにあるはずだ。ハンガリーで最も多いレストランは、おそらくマクドナルドであろう。これまで訪ねた町々で、既に幾度も目にしている。目立つ黄色のMマークを目印にすると一番分かり安いのである。

さて入り口のドアを開きまっすぐに上階に上がると、受付に若い男が座っていた。しかし彼は、「今夜は満室で、シングルはありません」と無愛想に言う。さて困った。インフォメーションは既に閉まっているし、これから一人で探すのは大変だ。夕暮れが迫っているこの時刻になって、この近隣で適当な宿の心当たりがない。

「空きがないなら、近くのホテルを教えてください」と頼んでも、「知らない」の一点張り。当惑顔をしてその場でしばらく立ち尽くしていると、「冷房なしの部屋なら、ひとつ残っているけど」とこの男がポツリとつぶやいた。

（なに考えてるんだ、この男は）と内心思ったが、「それで十分です。助かった」と握手の手を差し出したら、彼は初めて白い歯を見せた。どうやらこの宿直は、アルバイト職員に過ぎないようだ。手間をかけて新客の応接をする必要もない。無事一晩が過ぎればいいと思っているのだろう。結局朝食付シングル一泊七七五〇フォリントで、二泊することになった。家宅にメールを発信すると、またしても「今何時と思っているの。眠たい。では気をつけて」の返事。凝りもせず、電源をオンにしたままのようだ。

## 七、大平原プスタ、老御者と老馬、ホルトバージの農場めぐり、エゲルの夕景、ミシュコルツへ、リラフレドと森林鉄道

七月二四日。エゲルに来た目的のひとつは、ハンガリーの大平原（プスタ）の中心地ホルトバージへのバスの便宜がよいかも知れないと考えたからである。馬術ショウはブダペスト近郊で見たが、やはりバラトン湖と並んでハンガリーを代表する景観であり、世界自然遺産に指定されているプスタを実見したい。朝食前近くにある長距離バス・ターミナルで調べてみると毎日一〇本ほどホルトバージを経由するバスがあり、目的地まで二時間で行けることが分かった。十分日帰りができる。ホテルに戻ってビュッフェ朝食を済ませ、一〇時一五分発のバスでホルトバージに向かった。

一二時一八分ホルトバージのバス停で降りる。直ぐ近くにインフォメーションがある。次の農場見学と馬術ショウは一四時から始まるとのこと、ただし農場は鉄道駅の北側にあり、ショートカットの道を急いでも二キロ、三〇分ほど掛かるという。あるいは一三時に出発する馬車タクシーを使う方法もある。乗り合い馬車と思って、気軽に馬車タクシーの方を選んでしまった。現れたのは、老馬に老御者だった。客は私一人。馬車タクシーは六キロほどの迂廻路を回る。国内で石橋として最長で九つのアーチを持つポピュ

図（7-27）ホルトバージの農場①

図（7-28）ホルトバージの農場②

ラーな橋で川を渡り、北に折れて鉄路を越え農場に入るのである。老馬は、首先を少し左に曲げたまま、のろのろと走る。御者が「おうおう」と声を出しムチ音を鳴らすと、しばらく速度をあげるが、直ぐにのろのろ運転に戻った。動き出してから三〇分経っても、まだ農場に着かない。見学ツアーが始まる直前に、何とか農場事務所に辿りつく。御者はチケット売り場についてきて、事務所の女性を通じて、見学とショウが終わるまで待機していると言う。帰途は、ショートカットを戻るつもりだから、馬車タクシーは要らない。「オウオウ」というような音声だけで全く意志疎通ができなかった老御者に料金を払い、哀れな老馬とここで別れた。

プスタは、地平まで草地が広がっている殆んど平らな大地である。その中で、なにか物体のようなものが見えるとしたら、近付いてみると家畜の群れと彼らが居住する小舎と分かるのだった。見物客は、夫々約一〇人の四グループに分けられ、四台の幌馬車に乗って広い農場内を案内される。うち二台は、ハンガリー人観光客、残りの二台には外国からの旅行者が乗った。こちらには、英語やドイツ語が話せるガイドが付き添うのである。御者たちは、先日の馬術ショウと同じく黒いフェルトの丸い帽子に水色のワンピースを腰帯で締めたプスタ特有の正装を纏っていた。

先ず大きな水溜り、ここは水牛たちのヌタ場だった。続いて、先方に待ち構えていたのは、数台の台車に繋がれた大きな角先が内側に曲がったこの国固有の白牛たち。背後の横長の牛舎前では、更に数十匹の牛の群れが草を食んでいた。次に四頭の馬に騎乗した三人の大人と一人の少年御者が現れた。彼らは一斉に空中でムチを振るい高い音を立てて振り下ろした。そして辺りを闊歩し、途中で馬を土の上に反転させ、その上に跨るポーズを取る。このあと希望者は、御者が誘導する馬に試乗した。馬上でおずおずと、しかし嬉しそうにはにかむ女の子がいた。

さらに羊小屋では、ラッカと呼ばれる角が丸くねじれた羊が身を寄せ合って、闖入者の方を見た。騎馬民族であるマジャール人は、いろいろ固有な家畜を育成してきたらしい。最後に本部前の馬場に戻り、馬術のハイライト、五頭の馬を自在に制御して疾駆する馬術ショウが披露された。始めは緩やかに、次第に加速度をつけて馬場を周回する。後ろの二頭の尻の辺りに両足を広げて踏ん張っている御者の足元を見ると、厚めのゴム草鞋に似た履物だった。あれで疾駆する馬からよく滑り落ちないものだと思った。馬術ショウはブダペストのツアーで見たものとあまり変わらなかったが、樹木もないただ茫漠と広がる大地を売り物にしている、ホルトバージ国立公園に立てたことに満足した。

約一時間半の農場見物とショウが終わると見物人は忽ちどこかに散っていった。路線バスで来た人は殆んどいなかったから、自家用車かツアー参加者かも知れない。チケット売り場の女性にバス停までの近道を教えて貰う。馬場近くにあるホテルの裏手から草地の中に農道が伸びていた。やがて農道は二股に分かれていたが、迷わず直線の道を選ぶ。小川に掛かる木の橋を渡ると鉄道路線に出た。路線の向こう側に無人駅がある。これから先は人家が連なり、間もなくバス停前のインフォメーションに着いた。このあたりには、牧畜博物館や、土産物店が並ぶ屋台村があり、観光客で賑わっていた。

一七時過ぎのバスに乗り、一八時四五分エゲルに戻った。この町に来た表敬の印に、バス・ターミナル隣の大聖堂に立ち寄る。丁度ミサの最中だった。ペーチの大聖堂に劣らず重厚で立派な内陣である。まだ明るいので、市域を一回りすることにした。

エゲルは、市庁舎のあるイシュトバーン広場を中心に西の高台に大聖堂、東の丘上にエゲル城が建っている。ドボー・イシュトバーン広場、この先のホテルやレストランが連なる歩行者天国一帯が、この町の最も賑やかな場所であろう。道にせり出したテーブルを囲んで、人々が杯を交わし談笑している。更に坂を登って城内に入る。内部には司教館と聖堂跡があるが城館は残っていない。石段を上下し、城壁の上にある物見の櫓跡に立つ。スケールが大きな実戦的な城だったことが分かる。一六世紀この城の城主ドボー・イシュトバーンは、この城を囲んだオスマン・トルコ軍を一度は撃退し救国の英雄となった。物見台から見下ろすエゲルの町は、ミナレットや広場や大聖堂が立体的なシルエットを見せている（290頁 図7―29参照）。昨夜は少し蒸し暑かったので、扇風機を借りた。二三時、風に当たってベッドに転がっていたら明方の五時まで電灯をつけたまま眠ってしまった。

七月二五日七時に最終的に起きる。九時過ぎのバスでエゲルを離れ、一〇時四〇分ミシュコルツのバス・ターミナルに着いた。最初に訪ねたい場所は、ダウンタウンにあるツーリスト・インフォメーションだ。手元のガイドブックに手ごろなホテルが見付からないので、先ず宿泊先を探さなければならない。初めての町に降り立ったときは、最初の一歩をどの方向に踏み出すかが重要になる。たいていは周囲の建物や太陽の向きとガイドブックの略図から、ダウンタウンの方向の見当がつく。しかしミシュコルツのバス・ターミナルは、周囲がビルに囲まれているうえ曇天なので市街地の方角がよく分からない。ターミナル前の車道を横切り、緑地帯に車を停めていた男性に略地図を示した。「ちょっと待って」といって彼は車に戻り、眼鏡をかけて私の地図を見直した。「あ、こっちの方向です。トラム（路面電車）も走っているし」

私はお礼を言って、彼の指示した方角に歩き出す。少しカーブしている道なりに二ブロック進むと、トラムが走る道に出た。左に向かえば鉄道駅、トラムに沿って右に曲がるとダウンタウンに着くはずだ。これでミシュコルツの市街地の概念が頭に描けた。もう迷う心配はない。トラムに沿って歩いていると、向こうからアイスクリームのコーンを手にした数人の子供がやってきた。その先でもアイスクリームを舐めながら歩いている大人や子供に次々に出会う。年配者も、男も女の人も。アイスクリーム店が幾つもあった。このような現象を見て「この町の人は皆、アイスクリームが好きなんだ」と思ってしまう。

三つ目のトラム駅近くで、ようやくツーリスト・インフォメーションを見つけた。このインフォメーションの窓口の男性が、非常に親切で、私の多くの質問に丁寧に答えてくれた。直ぐ近くにある手ごろなホテルへの予約、近郊の訪問予定地への交通の便宜、スロヴァキアに移動する鉄道のルートと列車の時刻など。特にスロヴァキアに向かう国際列車がミシュコルツを経由していることが確認でき、今後の旅の計画にゆとりが持てたことが大きい。予約して貰ったドルセ・ヴィタ・ホテルは、インフォメーションから五分ほど、トラム道から入った横丁にあった。入り口の内部に、屋外の洒落たレストランと受付がある。

これでこの町での居場所が定まったので、本日午後の過ごし方を考えた。郊外には、モンゴルに備えた城跡がある。本来アジア系の遊牧民であるマジャール人もハンガリー定着後は、モンゴルやオスマン・トルコらと同じくアジア系の強力な外敵の侵攻を再三受けたのである。洞窟温泉も近い。その中で本日の午後は、手軽に行ける市民の行楽地リラフレドを訪ねることにした。トラムナンバー1で終点まで行き、バ

図（7-30）リラフレドの森林鉄道

スでリラフレド渓谷に向かった。渓谷沿いの林の中に、ペンションやレストランが点在している。渓谷入り口には、ネオルネッサンス様式の美しいホテルがあり、その前で記念写真を撮る人々の姿が見られた。直ぐ前のハーモリ瑚では、ボート遊びをしている家族がいた。このような行楽地は日本の都市近郊にもいくらでもありそうだ。帰途は、森林鉄道ＬＥＡＶを利用する。トロッコより大きな木の車両を七、八輛連結している。もとは木材の運搬に用いられたものだろう。緑陰の中薫風を切って走る、大人も楽しめる御伽の国の乗り物だ。三〇分ほどでミシュコルツ市街に戻った。

## 八、二つの世界遺産を訪ねる……アッグテレク国立公園と貴腐ワインの町トカイ

七月二六日六時に目覚め近隣を散歩した。市街地の中心でトラムが走る通りから一ブロック裏手に過ぎないのに、丈高い樹木に覆われた閑静な住宅地だ。ホテル近くのマジャール正教会では、日曜のミサが始まっていた。今日はスロヴァキア国境にまたがるカルスト台地の一部アッグテレク国立公園のバラドラ洞窟を訪ねる予定である。九時のバスに乗るため、バス・ターミナルまで歩いた。バラドラ洞窟への直行便はなく、途中カツインチャルシックで乗り換えねばならない。地方のターミナルでの乗換えが、結構厄介なのである。九時のバスで同乗していた女性が、カツインチャルシックで別れ際、「三番乗り場に一〇時発アッグテレク行きが来ますから、見逃さないように」と念を押した。ところがターミナルの電光掲示板を見ていると、アッグテレク行きは、一〇時半と出ている。そのため三番乗り場に来たバスをベンチからぼんやり眺めていた。そこに先ほどの女性が現れ「あそこにアッグテレク行きのバスが停まっているじゃ

図（7-31）パンドラ洞窟

ないの」と注意した。このバスはアッグテレクを経由してさらに先まで行くので電光掲示板の終着別の表示には出なかったのである。

一〇時半、目的地のバス停を下りてバラドラ洞窟の入り口まで一〇分ほど歩いた。少し小雨がぱらついたので、この旅で初めて傘を開いた。洞窟前では、丁度一一時発の、洞窟ツアーが出発しようとしていた。英文の説明書を読みながら、ハンガリー語のガイドの後に続いた。かくて約一時間、スロヴァキア側とあわせてヨーロッパ一といわれる世界自然遺産の鍾乳洞を見て回った。石筍、石柱など、鍾乳洞の内部は何処でもあまり変わらない。途中一箇所観客席を並べた広い空間があった。私たちはそこに座り、録音されたワグナーの楽劇の一部を聴いた。さすがに音響効果は見事で、壮大な音色が天井から足元まで共鳴したのである。入り口と反対側に出てきたので、公園内を半周して来た道に戻った。一四時ミシュコルツに戻る。

明日スロヴァキアに越境する予定だから、ハンガリー東部の滞在は今日が最後だ。ミシュコルツの東に、世界文化遺産に指定されるワインの町トカイがある。特に、カビによって変質した葡萄を原材料にした貴腐ワインで名高い。ハンガリーの世界遺産のうちまだ訪ねていない最後のひとつである。全くの下戸である私向きの場所とはいえないが、実見だけはしておきたい。本来トカイまで直通の列車では四〇分で行けるはずだが、現在スレンチェから先がバスによる代行運転となっている。そのため予想以上に時間が掛かり、トカイに着いたときには一七時を過ぎていた。ティサ川に沿った小さな町だから端まで歩いても、三〇分と掛からない。その中には、ラコーツィ・ピンツェやヒメス・ウドヴァルという世界的に知られたワインケラーがある。結局私

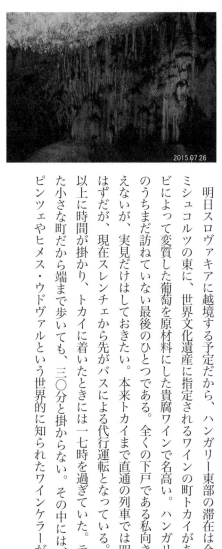

図（7-32）ワインの町トカイ

はワインの試飲ひとつしなかった代わりに、ワインケラーが軒を連ねる瀟洒なトカイの落ち着いた文化的景観を味わったのだった。ワイン好きの人から見れば、あきれた旅人かもしれないが。町の裏手に迫る三角形の小山の斜面に沿って、葡萄畑が拡がっていた。

二つの世界遺産を訪ねる慌しい一日を過ごし、ホテルに戻って荷物の整理をした。明日からユーロが通用するスロヴァキアの旅が始まる。

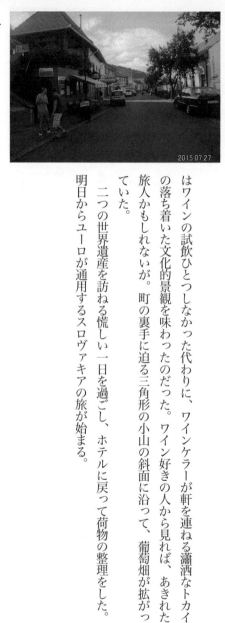

## （その二、スロヴァキア、そして再びハンガリーへ）

### 九、雨に煙るバルディヨフ、天空のスピシュスキー城と物寂しいカピトゥラ地区、城郭都市レヴォチャ

七月二七日、七時前に起きてホテル周辺を散策、屋根を含め全て茶色の板からなる文字通り板張り教会や十字架の代わりに屋根の上に雄鳥の像が載る雄鳥教会を回った。二日間ミシュコルツに宿をとりながら、旧市街を殆んど歩かなかったことに気付いた。八時にホテルをチェック・アウトし、トラムで鉄道駅に向かった。およそ二〇分遅れて九時に発車、どこで国境を越えたか分からないうちにスロヴァキアに入っていた。遅れを回復できないまま一〇時半、スロヴァキア第二の都市コシツェに着いた。当初の予定を変更しこの町は素通りして、今日は北のプレショフまで移動する。一一時三一分発、途中キーサックで、別のプラットホームに待機していたプレショフ行き列車に乗り換える。この辺りから車窓の景色は一変し、山岳地帯に入った。平原が多いハンガリーに比べ、スロヴァキアは丘陵に富む国土である。一二時三〇分プレショフ着。迷うところもない駅からの一本道を聖ミクラーシュ教会の高さ六〇メートルもある尖塔を目印に一キロほど歩き、旧市街の中ほどにあるインフォメーションを訪ねた。プレショフで二日滞在するための手ごろなホテルの紹介と訪問予定地への交通の便の情報を得る。フラドビイ・ホテルは、旧市街の中央フラヴナー大通りに面したビルの下を潜った中庭にレセプションや別棟のペンションへの入り口が並んでいるのだった。

図（7-33）フラヴナー大通り

自室に落ち着く間もなく、今度はトラムに乗って鉄道駅と本通りを隔てて隣あわせ

図（7-34）フラドビイ・ホテル

のバス・ターミナルに急ぐ。プレショフ周辺には、スロヴァキアを代表する景観や世界文化遺産の町が集中していて、のんびり過ごす暇がない。この国で四つある世界文化遺産のひとつ、バルディヨフの城壁都市をこれから訪ねるのである。目的地はプレショフの北三〇キロ、ポーランドとの国境に近い。一五時一〇分のバルディヨフ行きのバスに何とか間に合った。

一六時過ぎバルディヨフ着、ターミナルから城壁の一部が既に見えている。小雨が降り出した。少し坂を登って北側から城内に入った。石畳の広い空間を囲んで、石の家屋が並んでいる。広場の中央に市庁舎だけが孤立しているのが、なぜか印象的である。この町は、北のポーランドと南のハンガリーを結ぶ交易路上にあり、一四世紀に建てられた城壁と要塞が残る都市として知られている。ただ、いくつかある博物館や市庁舎内の展示場は、月曜で休館していた。一目見ようと思っていた一七メートルもある聖壇を持つ聖エギディウス教会も閉まっている。

インフォメーションの女性が「明日は、みな開いてますから」といったが、むろん再度来る余裕はない。ただし、逐一細部を探り歩くのが意図ではない。石畳を打つ雨音、雨天のため少し煙る古い町並み、重なり合う屋根と屋根、そのようなイメージが脳裏に残ればよい。人々の息吹き、土地の香り、歴史が堆積した街の佇まい、人間の労苦や諦念や憧憬が生み出した景観を少しでも感触すること、これが私の旅の本来の目的なのだから。二時間ほどの短いバルディヨフ滞在を終えて、一九時二〇分プレショフに戻った。

七月二八日朝、近くの聖ミクラーシュ教会やシナゴーグの辺りを散策した。本日最初に訪問する予定のスピシュスケー・ポドフラディエ行きのバスが一一時頃までないので、ホテルでゆっくり過ごす。

プレショフから西に三五キロ離れた目的地のバス停に、一一時五〇分に着いた。バス停の付近だけ家屋が集まっていて方向が分からなかったが、すぐに教会や銀行が建つ小さな広場に出た。その一角にあるインフォメーションで、何れもユネスコの世界文化遺産に指定されているスピシュスキー城や（スピシュースカ・）カピトゥラ地区への道を確認し、地域の略地図を貰った。小高い丘上にあるお城の方は遠くから見えているが、登り口が分からなかったのである。広場から小川に掛かる橋を渡り三〇〇メートルほど車道を歩いてから、左手の小道に曲がる。この道がそのまま、城山への登山道に通じていた。標高は二〇〇メートルほどであろうか、全体が草山である。その中を、一筋の道が初めは緩やかに次第に傾斜を増して伸びている。蟻の行列のように、見物人が連なって登って行く。家族連れも、子供も、相当な年配者も。そしてスピシュスキー廃城は、例えば昔訪ねた旅順の二〇三高地のように、樹木に遮られることもなく巨大で奇怪なそして美しい勇姿を中天に突き出していた（291頁　図7―36参照）。

図（7-35）城壁都市バルディヨフ

大手の城門は、城の外壁を右手に半周まわった所にあった。大手門の先に受付や荷物預かり所、音声ガイド貸借所、茶店、土産物店などが並んでいる。私は、英語の音声ガイドを首に下げて先に進んだ。要所の立て札の番号に合わせて音声ガイドのボタンを押すと、その場所の説明が返ってくるのだった。ホールや礼拝堂、領主の間、武器庫、牢獄など多くの部屋に分かれている。この城は、一三世紀にモンゴル・タタールの来寇を受けたらしい。城内の女性と包囲軍兵士との悲恋のレジェンド。その後城

図（7-37）カピトゥラ地区

図（7-38）レヴォチャの市庁舎

主も替わり改築ごとに新たな様式が取り入れられ、複雑な構造になった。円筒状の塔上に向かう螺旋状の急な外階段があった。吹き上げる風に煽られて帽子を飛ばしそうになるが、塔頂から見下ろす麓のスピシュスケー・ポドフラディエの遠景は素晴らしかった。波のようにうねって起伏する大地の中に、赤褐色の甍を並べた市街地が浮んでいた。

街中に戻り、今度は城と反対方向にあるカピトゥラ地区を訪ねる。緩やかな登り道をおよそ一〇分歩いた。城壁に囲まれたカピトゥラ地区は、幅一〇メートルほどの石畳道の両側に歳月を重ねた建物が並んでいる。一〇〇メートルほど奥の正面突き当たりに二本の塔を立てた聖マルティン教会、これに向い合って一八世紀に改修されたバロック様式の大司教館がある。この小さな区画は、成熟というより老成し静穏だが少し寂しげな余生を思わせる佇まいだった。城と合わせて世界文化遺産に登録されているカピトゥラ地区であるが、この界隈にまで足を伸ばす旅客は少ない。

バス停に戻り、さらに西一〇キロほどに位置するレヴォチャに向かう。運転手に何度も念を押していたにもかかわらず終点のバス・ターミナルまで連行され、一〇分ほど歩いて正門であるコシツカー門まで引き返す。レヴォチャも、一三世紀のモンゴル侵攻に備えて建設された城砦を起源とする。モンゴル軍は、ポーランドやチェコ方面から東ヨーロッパに進入した。現在のスロヴァキア各地に残る城址や城壁は、その防衛拠点だったのである。レヴォチャの城内は、昨日訪ねた同じく城壁都市バルディヨフより遥かに規模が大きい。道も縦横に走り、高い建造物が目立った。その中でもアーチ状に壁を開いた二層の長いベランダや骨太の時計塔を備えた壮麗な市庁舎が際立っていた。

市庁舎の直ぐ南にある聖ヤコブ教会は、三〇分間隔で入場者を制限して参観を認めている。私が興味を持っていたのは、高さ一八メートルもある世界最大の木彫りの祭壇である。釘一本も使わぬ菩提樹の一刀彫、上から聖母マリア、キリスト、最後の晩餐図の三段に分かれた彫刻が、通常の祭壇の場所に壁のように立っていた。

スペシュスケー・ポドフラディエを経由して、一八時半プレショフに帰還。

## 一〇、タトリの高峰ロムニツキー、四つ星ホテルに泊まる、山中の伝統的集落、セニヨールに変身、支線から支線へ

七月二九日七時起床、散歩をしようとペンションのドアを開いたら雨が降っていた。そのままレセプション棟に行き、朝食を摂る。八時一〇分、ホテルをチェック・アウトし、トラムで駅に向かう。九時五五分、二泊したプレショフを去った。ケイザックまでは三日前走った路線である。丘陵地帯の散村風景が、車窓を掠めていく。空き地に古車の残骸が小山のように堆積されている。五つ目のケイザックで、幹線を走るインターシティに乗り換え、一〇時三二分スロヴァキアとポーランド国境に聳えるタトリ山脈への玄関口であるポプラド・タトリに着いた。奇妙なことに日本のガイドブックには、この山岳国立公園についての説明が殆んどないのである。インターネットで調べれば具体的情報が得られたであろうが怠っていた

ので、出たとこ勝負の気持ちで駅頭に立った。

幸い、駅の発券窓口の端にインフォメーション・デスクがあり、担当女性が相談に応じてくれた。ポプラド・タトリから山岳リゾートのタトランスカまでは、電車を乗り継いで三〇分ほどで行ける。現地には、三〇ユーロで泊まれるホテルもあるという。この情報に力を得て、タトランスカまでは順調に移動した。

ところが終着駅のタトランスカは旅客で混み合っているが、駅舎もなく駅員の姿も見当たらない。周りに幾つもペンションがあるが、インフォメーションは何処だろうか。ポプラド・タトリのインフォメーションでメモしたモラヴァ・ホテルは？　適当に歩き回っているうちに、駅から離れた人通りの少ない場所に来てしまった。整然と区画された道ではなく、地形に合わせて作られた緑地や町や道路だから、迷いやすいのである。せっかくのリゾート地なのだから、やはり賑やかなところがよい。そう考えて駅近くに引き返し、近くの瀟洒なペンションに当たることにした。

しかしどのペンションもホテルも予約客で満室だった。バラトンフレドで既に経験したように。最後に、天窓を幾つも開いた複雑な屋根と明るい黄色の壁を持つリゾートらしい豪華なホテル・ククーティカの前に来た。このホテルは、いくらで泊まれるだろうか、それを確かめる程度の気持ちでフロントに近付く。

……シングル一泊食事なしで一〇二ユーロ！

バック・パッカーの旅に相応しいホテルではないと一瞬戸惑ったが、直ぐにOKと肯いてしまった。いくつも宿探しに失敗した後では、ここで踏ん張るエネルギーが切れていた。かくて四つ星ホテル・ククーティカがタトランスカでの私の宿になった（291頁　図7―39参照）。

さて、タトリの国立公園で人気のスポットは、ホテル裏から見えるロムニツキー峰（二六六三・九メートル）の頂きからの展望である。現在山頂は雲で覆われて見えないが、リフトとゴンドラを乗り継げば三〇分ほどで行ける。この最後のゴンドラが、支柱もなくロープ一本が頼りのスリリングなものらしい。このような話を、リフト乗り場にいた職員から聴いた。話している間にも、家族連れなどが次々にリフトに乗り込んでいる。途中にある湖まで行くのかもしれない。明日晴れていたら、山頂に向かってもよいと思った。

ホテルに戻り洗濯と入浴を済ませた。ふと窓から外を見ると雲が切れ、タトリ山脈の突骨としたシルエットが夕日の中に浮き上がっている。一番左手の尖った頂が、ロムニツキー峰であろう。頂き付近に小さく盛り上がっている部分は、ゴンドラの山頂駅かもしれない。カメラを片手に、急いで外に出る。

図（7-40）ロムニツキー峰

夕食は、近くのミニ・スーパーで仕入れた飲食料で済ませた。偶々四つ星ホテルに泊まったとはいえ、バック・パッカー本来のスタイルを変えてはいけない。携帯電話で宿泊ホテル名を報せるメールを妻宛てに入れたら、またしても、「今何時と思っている？　眠い、眠い。では気をつけて」という返事が戻ってきた。依然携帯電話の電源を切らずに寝ているらしい。

七月三〇日七時に起床、タトリの群峰は昨日より深い雲に覆われている。今日は全く見込みがない。昨日、ロムニツキーの勇姿を見ることはできたし、リゾート地タトランスカの雰囲気も分かったのだから、当地の訪問はこれでよしとしよう。

列車が一〇分遅延していたため、一〇時三四分ポプラド・タトリ発車予定のインターシティに間に合い、リュジョンベロックに向かった。リュジョンベロックは、駅前広場にバス・ターミナルやタクシー乗り場

図（7-41）ヴルコリネツ集落

が接続していて、結構人口が多い町のようだ。この町で途中下車したのは、郊外にある世界遺産ヴルコリネツの伝統集落を訪ねるためである。ポプラド・タトリのインフォメーションやホテル・ククーティカで調べて貰ったが、どうしても判明しなかったのが、ヴルコリネツを訪ねるための公共の交通手段だった。バス・ターミナルの窓口で訊ねると、「バスで二キロ先まで行けますが、そこからの四キロは歩くことになります」という。バスの利用価値が少ない。これまで調べても分からなかったはずである。六キロほど駅から離れていることだけは確かだ。

客待ちしていたタクシー運転手に訊くと片道二〇ユーロという答えで、予想したより高い。往復すれば四〇ユーロで割引はない。ただし、「現地で写真を撮るのに必要な三〇分は、無料で待っててくれる」という。大半がボディランゲージによる会話だ。他に選択肢がないのだから、この条件を飲むしかない。タクシーは国道の一本道を二キロほど走ってから住宅地に入り、谷合の田舎道を一〇分ばかり進んだ。勾配を増し小山の中腹まで登ったところにある空き地で、車が停まった。他にも七、八台の車が駐車している。この少し先に、トーテムポールのような三メートルほどの高さの木彫りの彫刻が立っていた。丸い帽子に民族衣装を纏った人間の像で、ヴルコリネツ集落の入り口を示す標識である。

集落の中の唯一のメインストリート、緩やかに傾斜した八メートルほどの砂利道を歩く。その両側におよそ五〇軒ほど中世からの家屋が集まっているのである。その特徴は、土台となる大きな石の上に丸太を組み、木板の壁を立て、その上にヒノキやマキで葺いた屋根を載せる。壁は、赤、黄、緑、コバルトブルーなど、鮮やかにペンキで上塗りされていた。中には、木製の素材をむき出しにしたままの家屋もあった。建築中なのか見本なのか分からない。すべて入母屋式平屋造りである。木造の鐘楼や小さな聖堂まであった。村はずれの小川で、水車がゆっくり回転していた。ヴルコとはスロヴァキア語で「狼」を意味するらしい。ヴルコリネツは、狼を狩猟していた猟師達が作った集落ではないかといわれている。日本でいえば、さしずめ秋田県のマタギ達の村に相当するのであろうか。

駅に戻って約束の料金を支払うと、運転手は笑顔で自ら握手を求め、車を駆って去った。私は上客だったのかもしれない。短時間に得た酒手としては、四〇ユーロはまずまずだったのだろう。私の方は、まだ本日の予定が残っている。これから支線に入るので、列車の接続が上手くいくか気になっていたのである。窓口で私の行き先、(バンスカー・)シュティアヴニツァを示すと、年配の女性がハンガリー語で何事か質問した。「パスポート」と言ったような気がする。(鉄道駅でなんのために?)私の疑念の表情を見た女性は、「五〇、六〇、七〇?」と書いた紙切れを示した。よく分からないままに、パスポートを取り出して見せた。

「おお、セニヨール」そういった彼女は、「〇・四ユーロ」と記した電光料金板を示した。私もやっと気付いた。セニヨール(高齢者)に対してこの国での公共料金は割引率が高いのである。シュティアヴニツァまでの通常の料金は、少なくとも一〇ユーロを超えるはずだ。しかしセニヨールに対しては、名目的額しか徴収しないのだった。これまで幾度も汽車の切符を購入してきたにも関わらず、高齢者割り引きを指摘してくれた親切な駅職員はいなかった。この国のセニヨールが、六〇からか、六五以上か、あるいは七〇超かは確認していない。日常的に私は高齢者扱いされることを好まない。バスや電車でも優先座席を利用することに抵抗を感じている。しかしお金の問題が絡むと、高踏派的に振舞ってばかりもいられない。この日以後の旅行中私は高齢者に早変わりして、駅や博物館などの窓口では、「セニョール」を連発した。「臨機応変」も私のモットーのひとつである。

リュジョンベロック発一四時三四分、次のヴリュッキーで乗り換え。言葉の通じ難い国での列車の乗り換えは、細心の注意が要る。仮に三番ホームと指摘されても、ホームの概念が少し違っていて、プラットホーム上には、構内の線路の番号で表示されていることが多いのである。さらにホームが引込み線にあり気付き難い事もある。ヴリュッキーの場合がそうだった。この駅から路線は、トンネルが多い丘陵地帯を南下した。フロンスカ・デューブラヴァ着一七時七分、この調子なら目的地の宿に早めにチェック・インできそうだと楽観していた。しかし切符を見直していると、シュティアヴニツァ行きの次の列車は一九時一七分発となっている。支線からさらに便数が少ない盲腸路線に入るのである。何もない田舎の汽車駅で二時間以上も待たなければならない。幸い駅舎の片隅に、飲み物や軽食を提供する小店があった。中年の目鼻立ちのはっきりした恰幅のよい女が、カウンターの内に立っている。数人の男が、テーブルを囲みビールを飲みながら大声で談笑していた。時々、同意を求めるようにカウンター内の女に話しかけ、彼女が応じている。そこに新手のカップルも加わり、少し賑やかになる。旅客ではなく、みな顔見知りの地元の人たちだ。散歩がてらに立ち寄ったらしい。近くにカフェーやバーがないのかもしれない。その片隅で私は、スプライト一杯を注文して二時間近くも粘ったのだった。

列車の出発時間が近付いたので、ホームに出た。同じ小店から出てきた男が私に手を振りながら駅前の土手を登り、上手の住宅地の方に消えた。一車両だけの汽車が向い側の線路に停まっていた。どうやらシュ

図（7-42）グランド・マティ・ホテル

ティアヴニツァ行きの車両らしい。近くに立っていた女性の車掌が、出発が一〇分ほど遅れるが、車両に乗り込んで待っていてもよいという。私以外に乗客がいない。だが私と逆方向から来た列車からの客が乗り込んできて、車内が賑やかになった。シュティアヴニツァ行きは、この列車の到着を待っていたのだった。

二〇時少し前、終着のシュティアヴニツァ駅に着いた。駅の近くには倉庫のような建物が一、二見えるだけで、人家は殆んどない。旧市街までは直進路を歩いて一五分くらいの距離だという。実は旧市街と逆の方向にバス・ターミナルがあり、バスは新市街の中を巡回して旧市街に向かうのだったが、土地勘がない私は事情が分からない。日が暮れぬうちにとにかく旧市街に行き着こうと、やたらに道を急いだ。私の他にもう一人徒歩で旧市街に向かっている男性がいた。一〇分ほど歩いてどうやら市街地のはずれに来た。大きなスーパーと駐車場がある。その男性に釣られてスーパーの方に曲がろうとしたら、「旧市街はあっちだ」と彼は方向を指し示した。

やがて旧市街らしい石畳の坂道に変わった。心当てにしているグランド・マティ・ホテルは、道の右側にあるはずだが、なかなか見付からない。とあるレストランの女性に尋ねると、彼女はホテルまで五分ほど私に付き添ってくれた。

「あそこに、ホテルの標識が出ているでしょう」彼女は石段の上にある頑丈な門柱を指差した。その門柱の内側にある瀟洒なガーデンの奥に、レセプションがあった。受付の女性は電話中で、暫時待たされる。夕闇が迫る中、少し気が急いた。田舎町では高級なホテルらしくシングル一泊四九ユーロ、予想していたより少し高く、バック・パッカーとして許容できる上限である。三階まではエレベーターで上がれたが、シングルは四階に限られていて、さらに一階分登らなければならない。屋根裏部屋で天井が傾斜し、そこに天窓が開いている。ともかく日没直前にチェック・インできて、一息ついた。「眠いよ」の返事を貰うのも億劫なので、今夜はメールを家に送らず、二三時に就寝した。

図（7-43）ペスト記念柱

## 一一、城と鉱山の町、とんでもない途中下車、プラットホームで出会った親子連れ

七月三一日六時に起床して、旧市街地の突き当たりを左手に曲がる坂道を登ったところに建つ新城まで散歩した。城というより地方豪族の館である。これを旧城と勘違いしたことから、あとで道に迷うことになった。この田舎町に新旧二つの城館があるからややこしい。かつてシュティアヴニツァは、オスマン・トルコに対する防衛のための城砦都市であった。緑の屋根の市庁舎、向かい合って聖カタリナ教会、直ぐ北側に三位一体広場があり、この辺りが旧市街の核心部である。広場の中央に建つ四本の列柱の上に十字架を載せた奇妙な石碑は、ペスト記念柱という。ヨーロッパの都市では、一四世紀以後しばしば猛威を振るったペストを思い出させる記念碑に時々遭遇する。

ホテルで朝食を済ませ、この町の目玉である野外鉱山博物館を目指した。略地図によると、新城から一キロ先にあると書いてある。その新城は何処にあるのか。

図（7-44）野外鉱山博物館

街の人に尋ねて、今朝散歩したばかりの館がそれであったと気がついた。一〇時の野外博物館内ツアーにぎりぎりで間に合った。

シュティアヴニツァは、一二世紀に遡る鉱山町であるが、一五世紀にはハンガリー王国の最も重要な鉱山として知られていた。金、銀、銅が大量に発掘されたのである。一八世紀が鉱山都市としてのシュティアヴニツァの全盛期で、その後衰退に向かう。ハンマーとノミに頼った手掘り時代には一年間に一〇メートル掘り進むスピードだったのが、一九世紀にダイナマイトが発明されるやたちまち鉱物が枯渇してしまったのである。歴史的な新旧の城や旧市街地と鉱山跡が、一九九三年世界文化遺産に登録された。

入場後、ホールで先ず当鉱山の概要をビデオで学習してから参観者は別室に案内され、身の丈に合った厚めの防水コート、黄色のヘルメット、カンテラを選んだ。木道の階段を五〇メートルほど下り、旧坑道の入り口に立った。ガイドのハンガリー語が分からぬ人には、英語の説明文が配られたが、薄暗い坑道内では読んでいる暇がない。

構内には縦横にトロッコのレール跡が残っている。ひんやりとする坑道にはところどころ水溜りがあり、天井から水滴が落ちてきた。図面で見ると、採掘は横穴式に進められたが、鉱物は竪穴を通して吊り上げられたようである。採掘が終わった穴は、岩石のバラストで埋められていく。坑夫たちの休憩所、一九世紀に使われた掘削機なども残っている。

約一時間の坑道見学を終えて、ホテルに戻った。一二時ホテルをチェック・アウト、今度はバスを利用して、駅に向かう。旧市街は直線的に駅に通じていたが、新市街は丘陵地の間に展開しているためバスは大きく回り道し、一三時の汽車発車間際にようやく駅に着いた。短い滞在だったがシュティアヴニツァは、自らの古い歴史を反芻しているような印象的な街だった。内外の観光客で混雑するリゾートにない静穏と懐旧が、そこにあった。

昨日利用した鉄道ルートを逆にヴリュッキーまで戻り、ここから幹線を走るインターシティで今日の目的地トレンチーンに向かう。ヴリュッキー近くになって、隣席の女性が話しかけてきた。早口だが分かり易い英語である。彼女は、コシツェ近郊に住んでいるという。

「残念ながら、コシツェは素通りしてしまいました」。

私はこれまで立ち寄った東のプレショフやポプラド・タトリ、今朝訪問したばかりの鉱山の町のことを話す。「シュティアヴニツァには、まだ出かけたことがありません」と彼女は答えた。

「けっこう不便な所ですから」

ヴリュッキー駅で、私たちは東西に別れた。彼女は東のコシツェ行きのインターシティに、私は西のトレンチーン経由のプラチスラヴァ行き列車に。一〇分ほど汽車が遅延しているとアナウンスがある。そのためか到着ホームが二番から三番に直前に変わり、少し慌てた。西の首都プラチスラヴァから東のコシツェ間は特急のインターシティが結ぶスロヴァキアの幹線路線である。乗客には、ペットボトルの水が配られるし、車内販売のワゴンが回ってくる。沿線は平野部が増えた。一八時三三分本来のトレンチーン到着予定の時間に近付いたが、一〇分の遅れがあるはずと落ち着いて構えていた。ところが、「トレンチーン到着」の車内アナウンスが聞こえた。慌てて荷物をまとめ、下車した。

ガイドブックによると、駅舎を出ると直ぐに公園の入り口がある。本通り沿いでもよいが、公園を抜けると近道になる、とあった。しばらく車道を歩いてこの記載を思い出したが、そのまま車道を進んだ。一キロほど歩くと道は左右に分かれていた。右に行けば公園からの近道と合流し旧市街に入り、丘の上に聳えるトレンチーン城が見えるはずである。しかし、市街地は左の道沿いにあり、右の道は畑が広がる田舎道になった。少し変だ。近くの小店に立ち寄り、トレンチーン城の所在を確かめる。出てきた中年の男は、あきれた表情で大げさに首を振った。やがて二人の若者も店の中から出てきた。彼らは揃って、トレンチーン城は非常に遠いと示唆しているようだ。しかしハンガリー語なので内容に確信が持てない。そのうち中年の男が、「あんたドイツ語ができるか?」と訊ねた。ハンガリーやスロヴァキアでは、英語よりドイツ語が優勢である。私は改めてドイツ語で、

「トレンチーン駅から歩いてここまで来ました。トレンチーン城のある旧市街を探しているのですが」手元にあるトレンチーンの略図を示す。

「トレンチーンはここから九マイルも離れている。そこまで歩いて行く気かね」と彼は笑った。「あんたが降りた駅は、トレンチーンスカヤの方だ」

これで、全てが氷解した。予想より早くトレンチーンに着いたと思ったが、それはアナウンスの聞き違えで、実際のトレンチーンはまだ先だったのである。道理で公園を抜ける近道も気付かなかったし、トレンチーン城が聳える丘も見当たらないわけだ。それにしてもトレンチーンスカヤという紛らわし名前の駅が手前にあるとは。私は、来た道を急いで引き返した。

「二〇時一二分に各駅停車が来ます。トレンチーンは三つ目の駅ですよ」と駅員が教えてくれた。まだ一時間もある。やれやれ、今日も日暮れ間際にホテルを探すことになるのか。人気のないプラットフォームのベンチに座る。幹線とはいえ、日本の東海道線のようにひっきりなしに列車が行き交っているわけでは

ない。インターシティは、昼間でも一時間に一本以下、夜間になると二時間に一本に減ってしまう。それでも今回は本線上の駅で起こったことだから、まだしもである。支線の駅に取り残されたとしたら、途方に暮れていただろう。

二〇時前、ホームに男の子と両親の三人連れがやってきた。父親が大きなトランクを引いている。なんとなく人恋しさを感じていた私は、母親に話しかけた。

「トレンチーンに行くつもりが、間違ってこの駅で降りてしまって」

「それは、お疲れ様でした」彼女はきれいな英語で答えた。「次の列車は少し遅れているようですね。でもこのプラットホームに間違いありません。トレンチーンは、とてもいい街ですよ」

「スロヴァキアの方ですか？」

「ええ、この後に来るインターシティで、私の実家があるプラチスラヴァに戻ります。あなたは？」

「日本から来ました」

「夫は商用で幾度か日本を訪ねています。私はまだですけど」、彼女は少し離れて立っている夫の方を見た。

「彼は、ペテルスブルグ出身のロシア人です」

「ペテルスブルグなら、九月に妻と訪問する予定です」

「それでは、ペテルスブルグの私たちの住所をお知らせしましょうか。なにかのお役に立つかもしれませんん」彼女はメモ用紙を探した。「実は、私はあの町でガイドの仕事をしているのです」

ちょうどその時、遅れていた各駅停車がホームに入ってきて、少し離れたところで停まった。夫も急いで紙切れをポケットから取り出そうとする。しかし、停車時間は短いだろう。もはや一刻も待てない。私は先頭の車輌目がけて走り出した。乗車直前振り返って、親子三人に手を振って別れを告げた。彼らも手を挙げている。短時間の会話を交わしたに過ぎないが、とても好ましい人たちだった。結びかけていた糸が、ここでぷっつりと切れてしまう。永久に。

二〇時半、今度は正真正銘のトレンチーン駅で下車した。ガイドブックにあるように、公園の中の近道を五分で通り抜ける。そこが旧市街の入り口で、左手丘上にトレンチーン城が見えている。街に明かりが灯り始めた。最初に訪ねたペンションは閉館していた。次のペンションは、入り口付近に若者が屯して雰囲気がいまひとつ。通りかかった人が、「何を探しているのか?」と訊ねた。

「この近くなら、グランド・ホテルがある」、彼は少し先のビルを指した。名前からして高級ホテルのようだ。広い入り口から、階段を少し上がった中二階にレセプションの大きなデスクがある。料金表を見るとシングルで六九、八〇、九〇ユーロの数字が並んでいた。つい、ため息が出る。ところが受付の女性は、「今夜でしたら、朝食付きシングルが五六ユーロでお泊りいただけます」といった。これで、決まりだ。このところ宿泊費が予算を上回っているが、仕方がない。近くの売店でサンドイッチやドリンクを買って、夕食にした。

## 一二、イベントで賑わうトレンチーン城、プラチスラヴァ城とデヴィーン城、スロヴァキアの小さな首都

今日から八月になった。七時間熟睡し六時に起床、旧市街を散歩する。グランド・ホテルの裏手に市庁舎が建つミエロヴェーム広場があり、朝市が立つ。この辺りが旧市街の中心である。これに続いて、新しいデパートやモール、スーパー、高層マンションが並ぶ。旧市街の中に新しい市街地が入り混んでいる。

図（7-45）トレンチーン城

図（7-47）止まり木の鷹たち

九時半ホテルを出て、トレンチーン城を目指した。石畳の坂道（291頁　図7―46参照）を途中一度折り返して、城が建つ広い草地の高台に立った。一帯に屋台の店が並び、市街地を見下ろせる側には観覧席と舞台がセットされていた。数匹の鷹が止まり木に繋がれていて、女性の鷹匠の合図を待っている。続々と行楽客が上がってくる。八月最初の週末で、イベントとか祭りが催されるのかもしれない。

一〇時一五分の城内ツアーに加わった。例によって、ハンガリー語が分からない外人客には、英語やドイツ語のパンフレットが手渡された。もともとこの辺りは、古代ローマ軍団最前線の基地があった。二世紀のマルクス・アウレリウス帝の名前を刻んだ石碑が残り、当時の墳墓も見つかっている。一二世紀頃から城砦が形成され、一三世紀マチウス家により城郭が拡張した。モンゴル・タタール軍は、この地にも侵攻した。ハンガリー王の支配下に置かれたこともある。規模や山城という点では先日訊ねたスピシュスキー城に似ているが、トレンーチン城は廃墟ではなく内部がよく保存されている。内部は上下二層に分かれ、下層は牢獄になっている。上層には、城内で最も古い城主の間、鹿の角や動物の毛皮が敷かれた狩猟の間、鉄砲や刀剣などの武器を飾った部屋などがあった。円塔（ロタンダ）内の螺旋階段を上がり、天守台からトレンチーンの市街地を鳥瞰する。旧市街は城の真下だけで、ヴァーフ川を越えた北側に新市街地が展開していた。汽車の鉄橋が見える。トレンチーンは、

図（7-48）トレンチーンの新市街

図（7-49）トレンチーン駅

けっこう大きな町だ。先ほど見た舞台では、昔の衣装を身に着けた兵士たちが太刀合わせの最中である。華やかな衣装を纏った音楽隊が、賑やかな音曲を奏でながら城門からの坂道を登ってきた。

一二時、グランド・ホテルをチェック・アウトし、一二時半発のインターシティに間に合うよう公園の近道を抜けた。ところが、「セニヨール」と大声で伝えても、窓口の女性は簡単には割引チケットを発券しない。プラチスラヴァまで七・五ユーロだと主張する。どうやら堅物のようだ。パスポートの生年月日の頁を彼女の目の前に押し付けると、しぶしぶ納得して〇・四ユーロの切符を出した。

二〇分の遅延で首都プラチスラヴァに一四時四〇分到着した。首都の本駅といってもコンパクトで、トラムもバスもすべて駅前の小広場から出ている。構内に机と椅子を置いただけの案内所の男性に、ホテル情報を訊ねると、街の中心部にあるインフォメーションで相談するようにと、日本語の地図を手渡して行き方を教えてくれた。

街中にあるインフォメーションで予約して貰ったシティ・ホステルは、近くのトラムが走るプラチスラヴァの中心部にある。表通りに面したビルの下を潜ると中庭になり、その突き当りがホステルの入り口だった。シングル一泊三〇ユーロ、ペンションだから朝食は付かない。久しぶりでバック・パッカー向きの

図（7-50）丘上のプラスチラヴァ城

図（7-51）デヴィーン城

宿に泊まる。またもや最上四階の天窓の付いた屋根裏部屋。まだ明るい一六時にチェック・インできたので、とりあえず洗濯、携帯電話やカメラの充電、妻へのメールを済ませた。この後は、休養だ。

八月二日七時に起床、九時ホステルを出てしばらく歩いたところで雨が降り出したので、傘を取りに引き返す。一〇時に旧市街の西端にあるプラチスラヴァ城の丘まで登った。プラチスラヴァ城は長方形の建物の屋根の四隅に、物見のような塔を突き出している。そのため「ひっくり返したテーブル」と揶揄されるような特異な外観を見せる。例の「セニョール」で入場無料、内部写真撮影のための二ユーロだけ払って入館したが、写真を撮るほどの対象は見付からなかった。外観と眼下に流れるドナウ河を楽しめば十分だ。

城の麓のバス・ターミナルから、西一〇キロの郊外にあるデヴィーン城まで足を伸ばす。バス・ターミナルから城址にかけて、レストランやカフェーが並び、客で賑わっている。プラチスラヴァからの手軽な行楽地らしい。城内で道は、本丸と出城に別れて伸びているが、本丸跡は猿山のように崩壊した岩の堆積物に過ぎず、柵で塞がれて内部には立ち入れない。出城の上から、モラヴァ川がドナウ河に合流する地点を写真に撮った。これで、スロヴァキアの主要な城址を一通り訪ねたことになるだろう。この後はプラチスラヴァに戻り、市内見物の予定だ。旧市街地だけなら端から端まで歩いてもたかがしれている。

先ずドナウ河沿いに建つ二つの展示館、「国立ギャラリー」と「国立博物館」。日曜日なので、「セニヨール」を持ち出さなくても入館無料である。ギャラリーでは、一九世紀前半に流行ったビーダーマイヤー風絵画の特別展示が行われていた。博物館の方は、自然史博物館で各種大型動物の剥製があったが格別の珍獣はなかった。一階から二階の踊り場にかけて、大型キリンの剥製が立っているのには、驚くよりいささか呆れた。この辺りの道路は工事中で通行止めが多く、適当に歩いているうちに道に迷ってしまう。

図（7-52）ミハエル門

一旦ホステルに戻り、明日の出立のため駅行きのバス停の場所を確認するため再度外出した。地下道を出た大統領官邸の前に、目的の九三番バスが発車する停留所があった。其の足で、街の楽師達が通行人を引き止めている古い城門のひとつミハエル門に回り、首都随一の繁華街フラヴネー広場に出た。通り一帯が歩行者天国になっていて、路上にはみ出たカフェーは休日の行楽客で溢れていた。これが短いプラチスラヴァ滞在中で実見したスロヴァキアの小さな首都の情景である。

## 一三、ハンガリーに戻る、日本人経営のホステル、ウプサラに住む山本医師、ブダペストの夜景、ドナウベントの町エステルゴムとヴィシェグラード

八月三日九時間も熟睡し、七時に目覚めた。少し疲労が蓄積していたのかもしれない。天窓を打つ雨の音がする。天窓に掛かるカーテンを開いてみると、雨水が走っていた。出発までに止んでくれればよいが。

第一次大戦後の一九一八年、オーストリア・ハンガリー帝国から独立して誕生したチェコスロヴァキア共和国は、いずれも西スラブ民族に属するチェコとスロヴァキアが民族自決の旗印の下に創設した国家である。チェコはオーストリアの支配から、スロヴァキアはハンガリーの支配から分離した。

第二次世界大戦後は、ソ連邦に属する社会主義共和国チェコスロヴァキアとして存続する。一九八九年ソ連邦が解体したときも、チェコとスロヴァキアはハベル大統領の下、連邦共和国として再生した。しかし四年後の一九九三年、チェコとスロヴァキアは「ビロード離婚」と称される合意により、平和裏に分離している。チェコがハプスブルク家のオーストリア時代から工業的に発達した地域であったのに比べ、一〇世紀以来ハンガリーに支配され農業地帯であったスロヴァキアは、経済的に遅れていた。この格差がチェコとスロヴァキア連邦解体の原因である。私がチェコを訪ねた二〇〇二年頃は、スロヴァキアへの入国はまだ難しかった。今回の私の訪問は、一〇年来の宿願を果たしたことになる。

昨夜から今後の旅の計画をいろいろ考えてみたが、ハンガリーに戻ったらブダペストに腰を据えて、その近郊を日帰りで訪ねることに決めた。ハンガリー国内を西から東に、次いで北のスロヴァキアに越境し今度は東から西に移動した。二ケ国合わせて、反時計回りに周遊したことになる。当初の予定より三日早く、ブダペストに帰還する。

当初は、プラチスラヴァからブダペストまで連絡船でドナウを下る予定だった。しかし現在この区間の連絡船は運航を止めていると言う。私は「ドナウの旅人」にはなれなかった。九時、プラチスラヴァ発の列車に乗る。「セニヨール」の呪文は、EU間の国際路線には通用せず、一六・五ユーロを支払った。汽車は樹木がまばらに生えた平原を走る。プスタに似た風景である。一二時、右手に湖が見えた。林で見え隠れしながら湖面が続いている。長細い湖だ、と思っていたら蒸気船が浮んでいた。湖と見ていたのはドナウ河だったのである。一二時五〇分、ヴァーツという少し大きな駅に停まった。ドナウ河が東向きから南方向に転じる「ドナウベント」（ドナウ河の迂曲点）と呼ばれる地方の都市である。汽車は、既にハンガリーを走っているのだった。

一二時半、ブダペストの東（ケレティ）駅に着いた。二度目のブダペストだから、既に土地勘がある。デアーク・フェレンツ広場駅でメトロ三号線から一号線に乗り換え、三つ目のオクトゴン駅で降りた。アンドラーシ通りとケルテス通りが交差する場所だから、ブダペストを散策した最初の日に、既に歩いたはずである。ケルテス通りの一筋裏手は、中央の並木の両側が一ブロック全て、レストランの野外テーブルで占められていた。飲食している客の間を通り抜けると、リスト音楽院があった。その次のブロックで、目当てのアンダンテ・ホステルを探す。予約をしていないから空きがあるか否か分からない。半月前のブダペスト滞在時と異なり、アンダンテ・ホステルは日本人の経営だった。当然日本人旅行者が集まってくるから、旅の情報が得易いだろうと思った。

図（7-53）アンダンテ・ホステル

ところが所定の通りに来てもホステルの所在が分からず、同じ通りを行きつ戻りつした。そのうちに、最初にブダペストで滞在したホステルが、ビルの内部二重ドアの奥にある中庭に入り口を開いていたことを思い出した。そこで各ビルの窪んだドアの横壁に並んだ住居者の名前を丹念に調べてみると、とあるビルの三六番の住居表示に、アンダンテ・ホステルの名前が見付かった。ブダペスト市内のビルの多くは雑居ビルで、

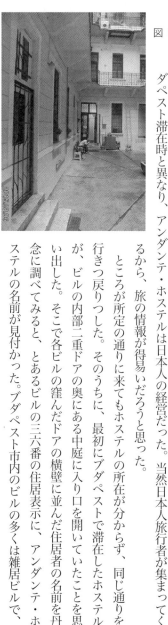

簡単に部外者がアクセスできないのである。

　インターホンのボタンで三六番を押すと応答があり、ドアの施錠が外れた。二つ目のドアを開けて中庭に入ると、奥の入り口に立つ女性が手招きしている。現在の管理者の一人有村さんだった。幸い二段ベッド四台ある男性用ドーミトリー室で、六日間ベッドに空きがあるという。共用のキッチン、冷蔵庫、談話室兼食堂、共用シャワーにトイレ。食事無しで一人一日四〇〇〇フォリント（約二〇〇〇円）、ただし五日以上の宿泊者には、三〇〇〇フォリント（約一五〇〇円）に割引される。結局六泊で一万八〇〇〇フォリントが、ホステルに支払った全てである。ビルに入るための二つの鍵、ホステル入り口の鍵、貴重品ボックスの鍵、合計四つの鍵を受け取った。ベッド・ルームは部屋の隅の下段、寝たいときに横たわり目が覚めれば起きればよい。隣の談話室には誰かがいる。食事をしていたり、パソコンを操作していたり、本を読んだり、話相手には事欠かない。ホステルの住民は、一般に夜遅くまで起きていて、朝寝坊である。飲食料は、近所に幾つもあるミニ・スーパーが便利だ。妻にメールを送ると、「え、六泊もブダペストに?」と返信がきた。

　談話室で早速知り合ったのは、スウェーデンのウプサラ市の病院に勤務している山本氏。阪大医学部を出てから、一〇年ほどになるという。歴史の研究者である私とは分野こそ違え、同窓生である。

「ウプサラには、ストックホルムから日帰りで訪ねたことがあります。落ち着いた静謐な大学都市という印象でした。分類学者など著名な学者を輩出しているし」

「リンネのことですね」

「そうそう、カール・リンネです。彼が仕事をした研究室にも立ち寄りました。ところで、いまは夏季休暇ですか」

「ええ。このホステルを中継地として、明日からセルビアに向かいます」

彼は、既にブダペストに何度も来ていて、市街地に精通しているのだった。

その夜、同僚の三木さんにホステルを任せた有村さんと山本氏に同行させて貰って、ゲッレールトの丘からのブダペストの夜景見物に出かけた。有村さんは、バイト募集に応じて二ケ月の契約で臨時の管理人としてホステルで働いていた。その期限が間もなく切れ、日本に帰国する日が近いらしい。山本氏の方が、むしろ今夜の案内役だった。バスでドナウ河に掛かるエルジェーベト橋をブダ側に渡り、王宮の丘の南にあるゲッレールトの丘への急斜面に付けられたジグザグ道を登った。

頂上の展望台の背後に立つ棕櫚の葉を掲げた白亜の高い女性像が、ライトアップされている。日が落ちるにつれ、点灯されたエルジェーベト橋やさらに上手の鎖橋が、眼下の暗い川面の上に浮き上がっている。大きなドームを見せる国会議事堂や大聖堂、さらに下手に目を転じれば自由橋の袂に煌々と輝く中央市場の一郭、ブダペストは昼間とは異なる顔を見せていた（291頁　図7―54参照）。山本氏が私のカメラの映像を見て、フラッシュが発しないように調整してくれた。お蔭で、光の輪郭が明確になる。山本氏が携帯していた懐中電気の助けで、帰途の石段や砂利道が続く急坂を下り終えた。二三時にホステルに戻る。

八月四日八時に起床、山本氏は既にセルビアに向け出発していた。九時にホステルを出て、ケルテス通りを北に一〇分ほど歩いて、西（ニュガティ）駅に来た。先ず同じ構内にあるメトロの窓口で、ブダペスト市内の鉄道、メトロ、バス共通で七日間有効なチケットを購入した。個別のチケットは、車内やメトロの構内にある計器でただちに乗車時間を打ちこまなければならない。この操作を怠っているのが見付かる

図（7-55）エステルゴムの大聖堂

と、無賃乗車の咎で即刻一万六〇〇〇フォリントの罰金が課されるのである。事情を知らない外国人が狙い打ちされるという。また乗り換えごとに切符を買う手間も煩わしい。このようなホステル仲間のアドバイスに従ったのである。

今日は、ドナウベントの代表的な三都市のうち、エステルゴムとヴィシェグラードを訪ねる予定である。エステルゴム行き列車が西駅から出るというガイドブックの説明でこの駅に来たのだが、現在はアールバード長距離バス・ターミナル発のバスに限られているという。メトロ三番線で、三つ目のアールバード橋駅に移動した。ここから一時間ほどバスに乗り、エステルゴムに着いた。

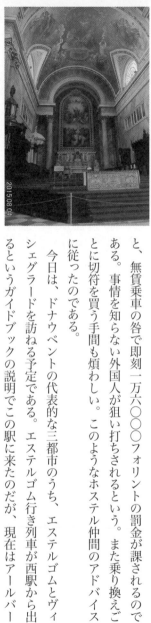

私が目指すのは大聖堂である。バス・ターミナルから街のメインストリートであるバイチ・ジリンスキー通り沿いに北に一〇分ほど歩くと、道は二股に分かれていた。どちらでも目的地にいけそうなので私は、左手の道を選んだ。やがて小川に沿った気持ちのよい木陰の遊歩道になる。客がレストランで寛いでいた。なおも進むと、高い石壁の上に、大聖堂のエメラルド・グリーンのドームが見えた。脇道に入り急坂を登り大聖堂裏の広い緑地に出た。一軒の茶屋があるが人影はない。私は、いわば搦め手から大聖堂と王宮が建つ丘に上って来たのだった。眼下にドナウが悠然と流れている。

ハンガリーの周遊中、私は既に多くのカテドラルを見てきた。しかしこの大聖堂こそ、国内最大で最高の格式を持つカトリックの総本山である。ハンガリーを象徴する建物として、この国の一万フォリント紙幣の図柄にもなっている。外観で目立つのは、すでに麓から見上げた高さ一〇〇メートル、直径五三・五メートルの大ドームである。この巨大ドームを、円陣を組んだ列柱が支えている。内部で目を引くのは、中央祭壇の背後の壁面全体に描かれたマリアの昇天図だった。ただこの大聖堂は創建時のオリジナルではない。オスマン・トルコにより一度破壊され一九世紀初頭に再建されたものである。リスト・フェレンツが再建祝賀の曲を献じている。

カテドラルの中で、私が特に興味を持っていたのは、祭壇右奥の螺旋階段を一階上がった宝物館である。中でも、歴代国王が戴冠式の際宣誓する十字架とはどんなものか。宝物館には王侯司祭が着けた豪華な衣装、法衣、宝石などが展示されているが、肝心の十字架がなかなか見付からない。係員に教えて貰って、入り口直ぐのガラスケースに収められている十字架をようやく目にした。カップのような金属製の台座の上にルビーなどの宝石をちりばめた縦三〇センチ、横二〇センチほどの小さな十字架だった。

螺旋階段をさらに登れば展望カフェーに出、さらに別料金でドームの最高点キューポラに到達できるはずだが、私はここで引き返した。昔、ヴァチカン宮殿の最高所まで登った気力は、今はない。大聖堂に向かい合って建つ王宮へも寄らず、緩やかな表参道を下った。カフェーが並ぶセーチェニ広場を抜け、バス・ターミナルに戻る。

一四時半のバスに乗り三〇分ほどで、ドナウベントの二番目の町ヴィシェグラードに着いた。といってもバス停付近にレストラン、土産物店、人家が散在する村に過ぎない。インフォメーションも見当たらないのでレストランの給仕に尋ねると、国道沿い四〇〇メートルほど進むと観光案内所があるという。この観光案内所で、近くの二〇〇メートルほどの高さの丘上に見えている要塞（ツィタデラ）への行き方を教えてもらう。日常なら容易に上れる小山に過ぎないが、旅先で登山道の情況も分からないから片道だけでもタクシーを使うことにする。閉館時間を考慮して、麓の王宮跡（王宮博物館）を先に訪ねた。

王宮博物館は、セニヨールゆえに入場無料。先ず別室で、一〇分ほどビデオによるこの王宮の歴史の解説がある。一〇世紀初頭に始まったハンガリーのアルバート朝が絶え、一四世紀にこれを継承したナポリのアンジュー家のカーロイ王がこの王宮を建設した。しかし一八世紀にオーストリアのハプスブルク家との抗争に破れ、ハンガリー王国は、宮殿もろともに消滅してしまう。衰退した宮殿の物語は、どこか物寂しい。二〇世紀になって遺跡の発掘が始まり、現在も続いている。王宮は少し小高い場所に残る宮殿の建物と、下手の中庭からなる。バラの花壇が、廃園にわずかな彩りを添えていた。一組の夫婦の姿以外に参観者を見なかった。

一六時半に迎えに来たミニ・タクシーで、山道を大回りして要塞の入り口まで登った。駐車場には、既に多くのマイ・カーが停まっていた。要塞こそ、王宮よりも遥かに多い訪問客を集めるドナウベントで最も人気のある展望所だった（292頁　図7―56参照）。ドナウ河がすぐこの先で、流れを南に転じるのである。向こうから「グート、グート」（とても素晴らしい）といいながらニコニコ顔の年配の男性が、こちらに向かって歩いてきた。「ヤー、ゼーア・グート」（そのとおり）とドイツ語で調子を合わせながら、彼にカメラのシャッターを押して貰う。彼は、少し危なっかしい外階段を登って上階の要塞博物館に消えた。運転手が保障してくれた立派な下山道を、三〇分ほどで麓まで下る。

ホステルの壁に、管理人募集中の張り紙があった。有村さんや三木さんもインターネットの広告に応募した期間限定の管理人なのである。三木さんは、まだ当分管理人を続けるらしい。その後、アフリカをバック・パックで旅する予定という。アフリカの一人旅までは、私も自信がない。昨日からホステルに滞在している山崎さんと三木さんが、中庭でヒッチ・ハイクの話をしていた。

「初めはおずおずと、でも次第に平気で車を停めることが出来るようになりました」山崎さんが握り拳で親指だけ上に突き上げる仕草をした。これがヒッチ・ハイカー共用の合図らしい。「日本と違いヨーロッパでは、車を停めてくれるドライバーが多いみたい」

「私も、常習のヒッチ・ハイカーです。時々とんでもないところに連れて行かれて、強姦されたという話も聞くけど」と三木さん。いささか剣呑な話になってきた。「アフリカでも、ヒッチ・ハイクをやってみたい」

「ケニアの首都ナイロビや南アフリカのヨハネスブルグなどは、市街地の中心部でも白昼から強盗が出没するほど治安が悪化していると聞いていますが」と私が口を挿む。事実、ヨハネスブルグ空港を出たところで二人組みに襲われ、トイレに連れ込まれて身包み剥がれたという男性に、かつて旅で出会ったのである。

「むろん危険地域は、用心して避けるつもりです」

このような女性たちの会話を親御さんが聞いたら吃驚仰天するかも知れない、と思うことが時々ある。

## 一四、バルトークの旧宅、ヤノーシュ山の子供鉄道、登山列車で会った祖母と孫、街のミュージシャン

八月五日、八時間たっぷり眠って、六時に起床する。九時ホテルを出た。メトロを一号線から二号線に乗り継いで、ドナウ河の西岸、王宮の丘の北側にあるセール・カールマーン駅で降りる。メトロから地上に出た広場一帯が工事現場になっていて、トラムやバス道が至るところで通行禁止になっている。五番バスの停留所を探すのに右往左往する。広場から多数の道路が分岐しているからだ。終点パシャレティ・プ

ラッツで下車、近くの薬局でバルトーク・ベーラの旧居への道を尋ねたら、薬剤師らしい女性が地図を描いて丁寧に教えてくれた。

「この坂を上がって最初の分岐点で、必ず左の小さな方の道を選ぶのですよ」

落ち着いた屋敷町の一郭、金網に囲まれた樹木の多い庭の奥に屋根が見えていた。門柱に「バルトーク・ベーラ記念館」の標識がある。これが、ハンガリーを代表する二〇世紀の大作曲家バルトークの旧宅だった。だが、幾度ブザーを押しても応答がない。火曜日のこの時間帯は開いているはずだが、臨時の休館なのだろうか。結局、館内に接触する手段もなく、入館を諦めた。帰途のバス待ちをしていると、先ほどの薬局の女性が通りかかった。

「記念館、分かりましたか？」

「どうもありがとう。でも休館のため入場出来ませんでした」

「何か事情を書いた張り紙でもありませんでしたか？」彼女は残念そうな表情をする。

セール・カールマーン広場に戻り、今度はトラム六一番の乗り場を探しまわる。広場の中央にある通常のトラム乗り場が工事のため分断され、五〇メートルも離れた臨時駅に移転していた。ようやく見つけた目的のトラムに乗り、二つ目の駅でヤーノシュ山（五二七ｍ）への登山電車に乗り換えた。路線の中央に歯車があり、かなりの急勾配を上っていく。二〇分ほどで、数百メートルの高台に着いた。「子供鉄道」駅まで五分ほど歩く。子供鉄道は、社会主義時代に生まれたシステムで、運転手以外は、ティーン・エイジャーが駅員や車掌を勤めている。赤や青の制帽に、青い制服を着た男女の子供達が、動き出す列車に敬礼する様子が可愛い。ただ、夏休み中の現在はいいが、学期が始まったらどうするのだろうかと思った。

汽車は、ヤーノシュ山の中腹を囲むように林の中を走った。別荘風の建物や農場がある。林間学校に多数の子供が集まっている。

ヤーノシュ・ヘギー駅で下車し、山道を二〇分登ると遊園地や休憩所がある空き地に出た。ここから一登りで、ヤーノシュ山頂に建つエルジェーベト展望台の前にきた。四層から成る立派な円形の建物で、上階ほど先細になっている。頂点に、ハンガリーの三色旗が翻っていた。

カメラを忘れたので子供駅員や山頂からの景色を写真に収める事は出来なかったが、澄んだ空気の中を快適に山歩きしたことに満足して帰路につく。下りの登山電車で日本語の声がした。向かい側の席に座った普段着の年配の婦人と男の子が会話しているのである。ブダペスト在住の人達かと思って話しかけた。

「自動車メーカーの仕事で二年前から娘の夫婦一家がブダペストに住んでいます。私は、孫に会うため七月初めに長野からやって来ましたが、そろそろ日本に帰ろうと思っています。外国暮らしは、なかなか馴染めません」彼女は答えた。「あなたは、ブダペストでお暮らしですか」

半パンで歩き回っている私を、地元の住民と勘違いしたらしい。

「気軽なバック・パッカーですよ。私もあと数日で日本に戻りますが」

麓の駅に着いた途端、凄まじい夕立が来た。住まいがこの近所らしく、二人は傘もささず小走りに去った。駅舎の大きなトタン屋根の下にいるから、濡れる心配はない。しかしその屋根がパンパンと打ち上げ花火のような音を立て始める。やがて地面に白い塊が飛び跳ね、転がり始めた。角砂糖より大きなこれまでに見たことも無い雹だ。これがなかなか止まない。山頂でこのような嵐に遭わなかったことはラッキーだった。三〇分も経ってようやく小降りになったので、トラムとバスを乗り継いでホステルに戻った。

図（7-57）ハンドパンと永沢氏

近くにある同じ日本人経営のレストラン「小町」で、ホステルで貰った五〇%割引券を使って夕食を摂った。「小町セット」は、カツカレー、ミニ・うどんに生鮮野菜サラダが付いている。久しぶりで、日本風な食事にありついた。ただし、シェフはハンガリー人の男性だった。

ホステルに戻ると、中庭のベンチにいた永沢氏が話しかけてきた。坊主頭に日焼けした顔。山本医師から私のことを聞いていたのだろう。かつてのイギリスと日本の植民地政策の違いなどについて、質問してくる。彼は、ハンドパンという大きな金たらいを二つ合わせたような楽器を演奏して、収入を得ているのだった。楽器の片面の円周に九個の円形の窪みがあり、ここで音階をとる。すなわち、ハンドパンは打楽器でありながらメロディを奏でることができる。他の片面は共鳴盤だった。響きのよい音色をしている。スイス起源の楽器らしい。オーストラリア、香港を拠点にしているが、ヨーロッパも毎夏に来ている。

「これから、ウイーンに行きます」

日本では、街頭のミュージシャンは乞食並に思われていて、商売にならないらしい。

……日本人は、均一度が高い社会の中で、自分たちのルールを守り細かに気配りしながら生活している。これは、他の国にはない日本人の長所だと思う。しかしこのような日本社会で長く暮すと、次第に息苦しくなる。だから現在のような気侭な生活が自分には合っている……

彼はこのようなことを、問わず語りに話した。

「私の両親は平凡だが善人で、私の好き勝手に任せてくれました。おかげで、これまで自由に生きてこられたと感謝しています。今では、何処にでも楽器だけで生活できるのです」と彼は言う。「まだ未熟者ですが、もはやゼロではなく一つの蓄積がある。これを続ければ一〇になり、やがて一〇〇にまで成長させることが出来るかもしれません」

「そのためには、平和な社会が前提でしょう。現在の日本政府が進めている政策の方向が心配ですね。日本の若い人の、保守化や内向きの姿勢、あるいはもっとも怖いのが、政治への無関心です」

永沢氏の発言に触発されて、日本社会に対する私の批判を言葉にした。ただし、普通の社会人である私には、永沢氏の生き方は理解しても同調はできない。若い体力や気力をいつまでも維持できるわけではないとの常識が、脳裏を掠めるからだ。そのことを悟ってか、あるいは無意識にか、

「貴方の歳になったとき、同じように私が他国を自由に歩き回っていられるかどうか。見習って頑張りたい」と永沢氏は真面目な顔で内心を打ち明けた。

## 一五、国会議事堂と王冠、センテンドレの町並み、リスト・フェレンツの画像、新顔の仲間

八月六日九時ホステルを出て、メトロでコッシュート・ラヨシュ駅まで行く。早めに着いたつもりだったが、国会議事堂見学のチケット売り場には既に長い行列が出来ていた。入場料五二〇〇フォリントは、国家施設への入場料としては異常に高い。セニヨールの声も、ここでは通用しなかった。一五分ごとに小刻みで、入場時間が決められている。外来の客には希望にしたがって、英語、ドイツ語、フランス語、ロシア語、イタリー語、スペイン語によるツアーを選択できる。毎日早朝からこれだけの入場者があるなら

図（7-59）議事堂の中央ドーム下

国庫収入も膨大になるだろう、とハンガリー政府の懐勘定もしたくなる。

入場待ちの間、長さ約三〇〇メートル、幅一〇〇メートルを超える議事堂を、東側の広場から改めて観察する（292頁　図7―58参照）。例えばフィレンツェの花のマリア大聖堂に似たルネッサンス様式の中央ドームや天空に突き出たいくつかのゴシック式尖塔、落ち着いた桃色の屋根瓦、複雑に入り組んだ壁や天窓、壁のニッチや窓枠の形状へのこだわり、全ては一九世紀に知られていた多くの様式を取り入れた折衷主義の集大成ともいえる。巨大にして繊細、重厚にして優美さを併せ持つブダペストを代表する建築だった。王宮の丘からもゲッレールトからの夜景で見た時にも国会議事堂は、ペスト側の市街地の中で際立っていた。

一〇時四五分一組三〇人ほどの参観者が入場、女性ガイドによる英語での案内で議事堂内のツアーが始まった。私達は、議員の入退場口から内部に入り、大統領や貴賓のための正面玄関の内側に立った。ここから正面奥に、ドーム下の広間があった。廊下からカーキ色の制服をつけた三人の衛士が登場し、ドーム真下に向かって直角に曲がった。衛兵の交代である。この先は写真撮影が禁じられている。中央に置かれたガラス・ケースの中に保管されているのは、一〇世紀のハンガリー王国初代のイシュトヴァーン王から代々引き継がれた王冠だった。赤い布地の縦縞の中にサファイヤなどの貴金属が散りばめられ、頂に金の十字架が載っている。よくも一〇〇〇年近くも保存できたと思った。第二次大戦中は、米国が管理していたという。

続いて上院である貴族院に案内された。国会は貴族院と庶民院の二院制である。貴族の色は青、庶民の

図（7-60）センテンドレ

色は赤、そのため貴族院の廊下や休憩室に敷かれた絨毯は全て、青地が基本になっている。最後に、上院の会議室の見学。中央の議長席を囲むように議員席が扇形に並んでいるのは、日本の国会と変わらない。各議員は、自分の机上に置かれた機器を通じて発言し賛否の投票をする。最後に、議事堂裏手の廊下を歩いた。ブダ側に通じる鎖橋や王宮の丘が指呼の間に見える。

午後はブダ地区のバチャーニ・テル駅から郊外電車で、二日前見残したドナウベントの人気観光地センテンドレを訪ねた。一三時過ぎ目的地の駅に着いた。旧市街の中央広場まで歩いて一〇分ほど、レストランや土産物店が軒を連ね、観光客で賑わっている。背後の坂の上には、大聖堂や「丘の上のカトリック教会」の塔が聳えているが、この町の主役ではない。この地域まで足を伸ばす客は少なく、閑静な裏通りになっている。市街地でよく目にするのは、むしろ美術館や画廊の方だ。自分の店の前で絵筆を振るっている画家がいた。二〇世紀の初頭からこの町は、アーチストのコロニーだった。たしかに、裏路地や教会に登る坂道など旧市街には、興趣ある画題に事欠かない。カメラアングルを考えながら、町の風景をいくつか切り取った。

この町のもうひとつの特色は、セルビア系の住民が多いことだという。一五世紀オスマン・トルコに追われたセルビア人がこの地に定住したため、その文化的影響が残っているらしい。一介の旅人にはよく分からないが、他の町とは一味違う雰囲気がどこかに漂っている。ただ、ドナウベントの町にしては、ドナウ河にあまり関心がなく、むしろ背を向けている感じがした。町のメインストリートの一筋東はドナウの岸辺だが、こちら側には商店もなく人影はまばらである。一時間の滞在でこの町を去った。

ブダペストに戻り、この日最後になる訪問先、自由橋近くの国立博物館に赴く。帰国の日が近付くにつれ、なにかと忙しい。ハンガリーを代表する博物館で時間をかけて閲覧すれば、この国の理解に役立つに違いない。しかし今回の私の関心は、よく知られるリスト・フェレンツ晩年の画像にある。その原画が、この博物館にあるはずだ。初めは二階の半分を占める古い時代の展示室で探していたため、どうしても所在が分からなかった。質問を受けた男性館員は、中央広間を挟んで反対側の展示室の奥に案内してくれた。リストは、博物館でも特別扱いだった。この絵のためだけに用意されたコーナーにあるガラスケースの中に、黒い僧衣を纏ったリストの立像を描いた特大の油絵が掛かっていた。右手をピアノの鍵盤の上に置き、精悍なまなざしを少し左に向けた凛々しく引き締まったリストの表情。嬉しいことに、写真撮影もOKという。かくて私のハンガリー旅行アルバムの末尾を、リストの画像で飾ることができたのだった（292頁 図7—61参照）。

一九時ホステルに戻り、有村さんに教えて貰った近所のレストラン「フレンチ・パパ」で、ハンガリーの名物「グヤーシュ」を夕食にする。スープというよりも、肉がこってり詰まったグヤーシュだった。

ホステルには、新しい宿泊者が増えていた。愛知県から来た快活な知多氏は小学校の先生、東京に住む日立製作所勤務の若い男性増田氏。パリ在住の中年の実業家西川氏は、現在ブダペストで新しい事業を立ち上げようとしていた。西川氏については、既に有村さんやミュージシャン永沢氏が何度か口にしていたから、名前だけは既に聞き及んでいた。ホステルの常連で、一目置かれている人物らしい。ここ四、五日、ブダペストの北にある村オゾラで開かれていた音楽祭に参加し、テント村に寝泊りしていたという。入村料が一三〇ユーロかかる「トランス・ミュージック」という非常に激しい音楽の世界的に知られたフェスティバルらしい。オゾラもトランス・ミュージックも私には初耳の呼称だ。新規なことが好きな私も、音楽については保守的である。次々に誕生するニュー・ミュージックには、耳がついてゆけない。

ブダペストにある温泉について知多氏が、西川氏に質問している。

「この国で是非やりたいのは温泉浴です。ブダペストでのご推奨は、どこでしょう？　たとえば、セーチェニ温泉とか」

私も聞き耳を立てている。ハンガリーも、温泉天国の国のようだ。ミシュコルツやエゲールにも知られた温泉があったが、旅の途中なので諦めてきた。最後は温泉に浸かって旅の汗を流すのも悪くない。

「セーチェニは、観光パンフレットで宣伝されているので、外国からの観光客が集まる場所です。大きな屋外プールと思えばいい」二人は、市内地図を広げて温泉談義を始めた。

「伝統的なトルコ風が良いか、新しい西洋スタイルを選ぶか」西川氏は市内にあるいくつかの温泉の名を挙げる。「オスマン・トルコ時代に出来たというルダッシュ温泉やキラーイ温泉は、中央ドームの下に大きな丸い浴槽を備えたトルコ風呂、ゲッレールト温泉は、ホテルの中にある近代的な温泉です。私が気楽に立ち寄るのは、少し古びていますが、キラーイです」

西川さんは、男性八人用の部屋から少し梯子を上った中二階をいわば独占し、そこにあるベッドで寝起きしていた。長期滞在者だから、携帯荷物や書類も多いのである。毎日部屋掃除をする有村さんや三木さんも、中二階にはあまり上がらないらしい。

## 一六、ブルンスヴィク伯の宮殿、ベートーヴェンの不滅の恋人、温泉で旅の汗を流す

八月七日八時起床、パンとヨーグルトで朝食を済ませ、九時にホステルを出た。七月一六日ブダペストを初めて歩いたときに見落としたアンドラーシ通りのコダーイの旧居である博物館を訪ねた。しかし入り口に、八月中は休館との張り紙があった。結局、ハンガリーを代表する作曲家のうち、その旧宅にある博物館を訪問できたのはリストだけで、バルトークもコダーイの旧宅も見学することが出来なかった。

メトロ一番でアンドラーシ通りの終点まで乗った。市民公園は二度目だが、今回は昨晩話題に出たセーチェニ温泉の様子を見に来たのである。メトロ駅を出たところにある大きな建物が目的の温泉会館だった。二階の発券所奥の窓から覗くと、広大な円形の屋外プールがあり、水着姿の大勢の男女がプールに浸かったり、周りで日光浴をしていた。室内温泉にはジャグジーやサウナなど種々な温泉施設があり、エステ・サロンやフィットネス・ルームもあるらしい。大レジャーランドだが、あまりに現代的でハンガリー特有の温泉とはいえないだろう。

メトロを乗り継ぎ、二番線の終点南駅で降りた。本日は、汽車でマルトンヴァーシャールにあるブルンスヴィク宮殿を訪ねるのである。ただマルトンヴァーシャールは途中駅なので、駅の表示板では何処行きの列車に乗ったらよいのか分からない。駅員に確認して、目的の列車に乗り込む。周りの乗客に再度確認しても、マルトンヴァーシャールを知っている人がいない。乗り慣れた路線でも、必要がなければ記憶に残らないらしい。目的地に近付いて車内のアナウンスを聞いて初めて、「あ、この駅だ」と彼らが私に合図を送った。一二時四〇分。

駅前の一本道を一〇分ほど歩く。右手に高い金網の柵が続いている。柵が切れたところで右手に入ると

図（7-62）ブルンスヴィク宮殿

小さな門があった。ブザーを押すが応答がない。これは通用門だった。さらに先に進むとようやく正門のところに出た。中に入ろうとすると守衛に止められる。一二時から一四時までは、職員の休憩時間という。一時間ほど待たなければならない。田舎町でレストランもスーパーも見当たらなかったが、テーブルを二机並べた小店でパンとコーヒーを注文して時間待ちした。

片田舎にある宮殿までわざわざ出向いたのは、ここがベートーヴェンゆかりの場所だからである。一四時入場、芝生が敷かれた広い庭の中の道を辿り、白亜の宮殿の片隅にあるベートーヴェン記念博物館に入る。ウイーンでブルンスヴィク伯爵と親しくなったベートーヴェンは、二人の姉妹テレーゼとヨゼフィーネのピアノ教師を委嘱され、一七九九年初めてこの地を訪れた。二九歳の時だった。彼は翌年の四月再度この宮殿を訪問し、七月まで滞在している。音楽史家が重視するのは、この姉妹あるいはこの屋敷に出入りしていた彼女らの従姉妹ジュリエッタのうちの誰かが、ベートーヴェンの書簡で何度も出てくる「不滅の恋人」ではないか推量されるからである。週刊誌のネタやゴシップ探しとは次元が違う。彼女たちが、偉大な作曲家の創作活動に大きな影響を与えたに違いないからだ。だが、仮に恋が芽生えたとしても、当時の封建的身分制度の下では、成就するはずもなかった。だからこそ不滅の恋人なのである。あるいは、不滅の恋人とは、ベートーヴェンの空想の中にのみ存在したのだろうか。

二室ある展示室の奥の間には、令嬢たちが使ったグランド・ピアノと令息フランツのバイオリンが置かれ、壁にテレーゼとヨゼフィーネが肩を並べた油絵が掛かっていた（292頁　図7―63参照）。手記を添えたジュリエッタの顔の小さな絵もある。入り

図（7-64）ベートーヴェン、リストが使ったグランド・ピアノ

図（7-65）キラーイ温泉

口近くの部屋には、ベートーヴェンの肖像画や小さなガラス・ケースに収められた彼の頭髪一筋、ベートーヴェンさらに後年にはリストも弾いたというグランド・ピアノを閲覧した。

博物館を出て、宮殿を囲む広大な庭園を散策した。ブルンスヴィク伯爵家は、ハプスブルク家が支配するハンガリーにあって、エステルハージ家と並ぶ大貴族だったのである。中心にコバルトブルーの尖塔が聳え、上部に城壁の狭間のような凹凸のある白亜の宮殿は、広大な庭園に囲まれている。その庭園の中に、湖水のように拡がる人工の池があった。演奏会でもあるのか池の畔に椅子が並べられ、拡声器が準備されていた。

ブダペストに戻り、メトロのバッチャーニ広場駅から少し北に歩いて、キラーイ温泉を訪ねた。前夜の西川／知多二人の温泉談義の中で、西川氏が自分の好みといった古びた温泉を選んだのである。くすんだ鶯色の地味な外壁のため、温泉館の建物をうっかり見過ごすところだった。一般二六〇〇フォリントのところ、念のため「セニヨール？」と声をかけると、窓口のお兄ちゃんが「何か年齢の証明になるものは？」という身振りをした。

「見たら分かるでしょ」と自分の顔を指差す。彼はあっさり了解し、一三〇〇フォリントにまけてくれた。ロッカーに荷物を入れ鍵付きの腕輪を貫い、海水パンツ姿で浴場に下りていく。ここはトルコ風である。

丸いドームの下に直径二〇メートルほどの丸い混浴の湯船があり、浴客は縁から花びらのように中心に向けて肢体を伸ばしていた。温度は三七―八度とぬるめである。他にジャグジー・バスや蒸気サウナがあった。中庭の芝生にある木製の安楽椅子で涼んでいるところに、同じホステルに昨夜から泊まっている若い男を伴った西川氏がやって来た。

「旅の疲れには、温泉が一番です」彼は向かい側の安楽椅子に気持ち良さそうに腰を下ろした。ブダペストについて私の知らなかった見所を幾つか教えて貰う。

帰途、ホステル仲間の一人が薦めていた国会と大聖堂の中間辺りのレストラン「ティクリ」に立ち寄って、昨夜に続きグヤーシュを注文する。こちらは間違いなくスープで、なかなか旨かった。

ホステルで今夜初めて見かけたのは、山谷夫妻である。何れも三〇前と見受けた。西岡氏の話を聞いて出かけたオゾラ・フェスティバルから戻ったところだという。

「ニュー・ミュージックは、少し激し過ぎて付いていけなかった」そうである。山谷氏は、しきりにタブレットを操作していた。次の行く先や、交通手段を検索しているのである。

「タブレットで探すと、格段に安い航空券が手に入ります。例えばブダペストからパリに飛んでも一万円も掛からないでしょう。汽車やバスより安く、早く目的地に着けるのです」、彼はタブレットに記憶させたガイドブックの頁を開いて見せた。

「この中に、『地球を歩く』二〇巻分の情報が記憶されています。重い本を持ち歩く必要がありません」

「著作権の問題は?」と取り越し苦労をしたが、データを配給する権利を持つ専門の業者がいるという。

この夫妻は共に仕事を辞めて、世界旅行をしているのだった。日本を出てから既に一年が過ぎているが、まだ二年ほど旅が続くらしい。

「タブレットで検索しながら旅をしているので、次の目的地はまだ決まっていません」と山谷夫人が口を挿んだ。これは全く新しい旅のスタイルだと思った。旅の目的地、ルート、ホテル、交通手段もすべてタブレットで探し予約し、場合によっては支払いを済ませる。私のように、現地のインフォメーションを頼りに交通手段を調べたり、予約なしにホテルの門を叩くといった、いわばオールド・スタイルの旅行者は、衰退する運命にあるのかもしれない。

知多氏が、ワインの一・五リットル瓶を抱えて上機嫌で戻ってきた。一五〇〇円くらいで手に入れたトカイ・ワインという。夏休み明けに小学校の教壇で、ブダペストの温泉や貴腐ワインの土産話をするのだろうか。

## 一七、恐怖の館、中央市場からヴァーツイ通りへ、フォアグラ・パーティ

八月八日ブダペスト見物最後の日になった。市内で見残した場所を尋ねながら、一日ゆっくり過ごしたいと思った。

ホステルから一〇分の所にある「恐怖の館」を、最初に訪ねた。この館の名はガイドブックに載っていたが、「お化け屋敷」と勝手に思い込んで見過ごしていた。昨日西川氏に指摘されて、立ち寄る気になった。ここは、第二次大戦中、ナチスの影響を受けたハンガリーの矢十字党の本部として、弾圧拷問が行われていた建物である。この党は、十字の端が矢先のように尖った記章を党旗に使っていた。戦後の共産主義政権下ではこの館は、秘密警察本部になった。驚くことに秘密警察の職員は、矢十字党からの転向者が多か

図（7-66）中央市場

ったといわれる。ソ連解体まで、恐怖の館は、陰惨な館であり続けたのだった。地上階には、矢十字党の制服や秘密警察の宣伝文など彼らの行動を記録した文書や映像が展示されている。いっぽう監獄として使われた地下の各室は、明り取りの小窓以外は何もない。下部に二つステップがある角柱から、縄が垂れている。これは絞首台である。殆んど抗弁の機会もなく多くの人命が、無造作に断たれたのである。一階の中庭に、特大のワゴンが展示されていた。後で西川氏に聞いたところでは、フルシチョフ第一書記が使っていた車という。彼は秘密警察の親玉ではなかったが、一九五六年のハンガリー動乱の鎮圧を命じた最高指導者として、恐怖の館のシンボルにされたのかもしれない。

陰鬱な恐怖の館の次に訪れたのは、対照的に陽気な自由橋袂の中央市場である。表通りに面した二階建ての建物自体が素晴らしい。およそ二〇日間に渡りハンガリー各地を周って来たが、特に印象深かったのは、建造物の素晴らしさだった。別に首都に限られたものでもないし、国や教会の建造物に限らない。市場にせよ、温泉にせよ、この国の建築技術の伝統が生かされているのである。おそらくハプスブルク家が支配したオーストリア・ハンガリー帝国時代に西欧世界をリードしたこの国の文化的蓄積によるのであろう。無論日本にも歴史的に優れた建造物が残っているが、朽ち易い木造建築が主流の日本はどうしても分が悪い。

市場は天井が高く明かり窓が大きく、とにかく敷地面積が広かった。一階は豊富な食料品売り場、二階の外枠は飲食店街になっている。西川氏によれば、広い駐車場を確保した新しいスーパー・マーケットに押され気味だそうだが、私には十分活気ある市場に見えた。

自由橋より二ブロックほど東から始まりドナウ河と平行に北に走るのが、ブダペスト一の繁華街ヴァーツイ通りである。アンドラーシ通りが少し気取った表通りとすれば、ヴァーツイ通りは下町の庶民の街といえる。たとえれば、東京の銀座に対する浅草、大阪の御堂筋に対する心斎橋通りといったところか。あらゆる種類の土産物店飲食店が軒を連ね、観光客が集まってくる。終日歩行者天国だ。ヴァーツイ通りをヴルシュマルティ広場まで歩いた。とある土産物店に立ち寄り、出たところで方向を間違え出発点に戻りかけた。

ヴルシュマルティ広場に面した北側にある一八五八年創業のカフェー「ジェルボー」で、一休みする。落ち着いた木製のドアや柱や椅子の背もたれ、洗練された斜め格子

図(7-67)カフェー「ジェルボー」

模様の壁に掛かる油絵、華やかなシャンデリア。この店は、エルジェーベトが、時々立ち寄ったという名門カフェーである。容姿体形に生涯細心の注意を払っていた彼女の弱みは、甘いお菓子が大好きだったことである。そのためか、歯並びだけはよくなかったらしい。大きなグラスに、アイスクリームとラズベリーをフロートした赤ワイン入りの「ラズベリー・スパーク・ワイン・サンデイ」を注文した。アルコール分は微量しか含まれていないはずだが、これだけでほろ酔い気分になった。

早めに、ホステルに戻った。今宵は、西川氏の指導によるフォアグラ・パーティに加えて貰うことになっている。キッチンでは、西川氏がフライパンをガス・コンロにかざし、フォアグラに火を通している最中だった。これに、野菜サラダやスープ、ご飯が付き、ビールで乾杯。日本でフォアグラは高くつくうえ調理が難しい。西川氏は何でもこなせる人らしく、ホステルの有村さんや三木さんたちに一目置かれてい

るのも頷ける。皆で記念の写真を撮った。

帰国して半月ほど経った八月末、ブダペスト東（クレティ）駅に大挙押しかけたシリア難民のことが報じられた。ハンガリー、オーストリア経由でドイツなど西ヨーロッパへの移住を希望する人々である。つい先日幾度か足を運んだメトロと鉄道東（クレティ）駅の間の広いスペースを思い浮かべる。一見平穏無事に見えた日常がいつ悪夢に変転するか、誰も予測することはできない。

近年私が訪ねた場所で、その直ぐ後にいつも事件が発生すると、一瞬思った。シリアのパルメラ遺跡やアレッポ付近で勢力を拡大させた「イスラミック・ステイト」、クリミヤ半島のロシアによる併合、チリのプエルトモンに近いカルブーコ山の大噴火などがそうだった。しかしことの大小はさておき、あまり注目されなくても地球上では絶えず人災天災が起こっているのだろう。何気なく見逃したり、日本から遠く離れているために報道されない事件も多いに違いない。偶々訪ねた場所で起きた事象が私に強い印象を与えているだけかもしれない。

今回訪問したハンガリー、スロヴァキアでは、優れた文化遺産や雄大な自然景観をいくつも楽しんだ。多くの歴史的街や遺跡、廃棄された城も見た。何れもある時代を生きた人間の懸命な努力の証しであり、あるいは誤った判断による空しい結末であったともいえよう。私は、過去の歴史や死者に冷徹な眼差しを投げつつも、人間の未来に何がしかの希望を求めて、今後も旅を続けたいと思っている。

（二〇一五年九月一二日、記）

# 第８章　ヴォルガ・ドン河、四〇〇〇キロの船旅

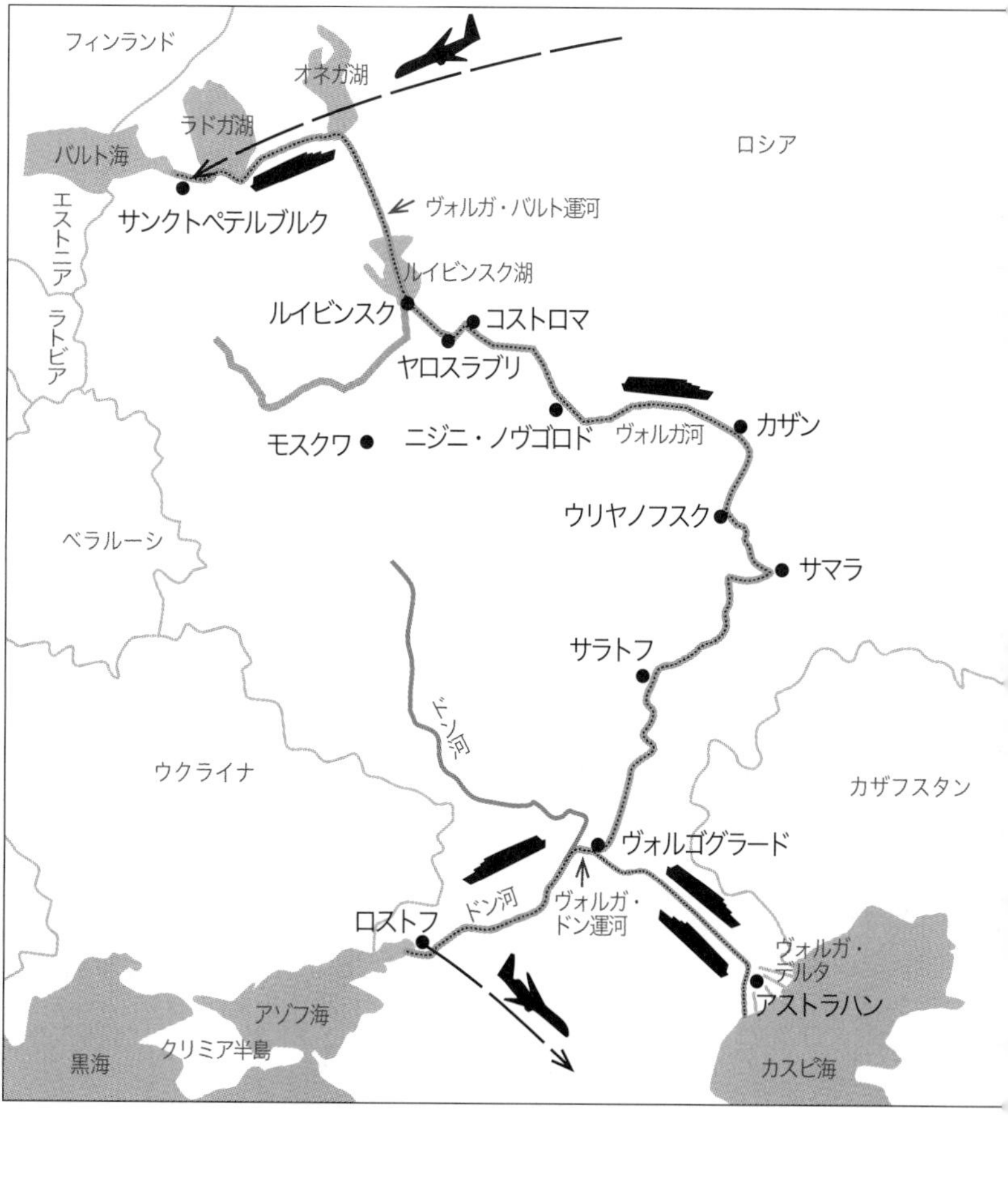

二〇一五年九月二三日一〇時、成田空港の団体受付カウンターでT社の添乗員水沢さんに会った。今回は妻と一緒に、同社主催の「名船チャイコフスキー号で行く、壮大四〇〇〇キロ、ヴォルガ・ドン河クルーズ二一日」に参加することになった。一二時半成田を離陸し、モスクワで乗り継いでサンクトペテルブルグ空港に同じ日の二〇時四〇分に着陸。日本との時差が五時間ある。ただちにバスで二〇分ほど市内を移動し、ネヴァ川の河口付近に停泊しているチャイコフスキー号に乗り込む。受付がある二階メイン・デッキの入り口に、赤いドレスを着た背の高いロシア美人が待ち受けていた。彼女が手にした丸いパンの塊をちぎり、食塩と共に口に含むのが乗船の儀式である。

私たちが案内された部屋は三階のアッパー・デッキの船首近くにあり、海側に窓が開けたゆとりあるスペースのジュニアスイートだった。ツイン・ベッドやシャワー・トイレのほか、一方の壁に広い書見机とテレビ、他方に数段の棚やロッカー、洋服掛けがある。部屋に落ち着いてすぐ、夕食の連絡があった。今夜は船での食事がないと聞いていたが、遅い到着の日本人客のため特別にレストランが営業時間を延長してくれたらしい。前菜、スープ、ビーフストロガノフにクリームとティが付いた。二三時に就寝。

## 一、ネフスキー通り、聖イサク寺院、ピョートル大帝騎馬像、エルミタージュ美術館

翌九月二四日七時、アッパー・デッキの長い通路を歩いて船尾にあるシンフォニー・レストランに向かった。以後航海中毎日三度繰り返されることになる初めての全員による会食である。朝食は隅のテーブルに並んでいる食材や飲料を各自が選択するビュッフェ形式、昼食と夕食はあらかじめ前日に選択していたセット・メニュウである。レストランへの入り口が二つあるため、朝食は食材を求める両方向からの人並

みが交錯する。この混乱は、以後毎朝繰り返された。

九時下船して、サンクトペテルブルグの観光に出発した。チャイコフスキー号の今回の乗客は、二〇〇人ほど、これが七組に分かれて別々のバスで移動する。一から四組はドイツからの旅行者、五組はアメリカその他の混成隊、六組はオランダ人、そして七組は私たち日本からの一四名だった。日本人客の世話をするロシアの総添乗員はオリガさん、日本語は少しぎこちないところもあるが、どっしりと構えたいかにもロシアの小母さんという感じの人である。さらに訪問先ごとに現地ガイドが付く。本日はユーリー氏が、市内を案内してくれた。

ネヴァ川に掛かる橋を渡って、川沿いに北上した。この川は、サンクトペテルブルグの中心部を包むように迂曲している。官庁や有名な美術館や寺院の殆んどはその内側に包摂されているのである。スターリン時代に建てられた大きな集合住宅が並んでいた。ネフスキー修道院の横を過ぎる。「修道院の脇に、ドストエフスキーやチャイコフスキーの墓があります」とユーリー氏。一〇時、モスクワ・ホテルに立ち寄って小額の円をルーブルに換えた。二円が、ほぼ一ルーブルに相当する。

さらにしばらく進んでバスは左手に折れ、市内を東西に走るネフスキー大通りを西に向かう。ユーリー氏の舌が滑らかになった。モスクワ駅、アニーチコフ宮殿、エカテリーナ二世像、カザン聖堂など次々に現れる建造物を説明する。どれも素晴らしい建物だが、カメラを向ける暇もなく車窓に過ぎていった。この通り自体が建造物の博物館なのである。古いモスクも残っていた。チャイコフスキーが最晩年を過ごしたビル二階の窓枠の下には、事績を刻んだ白いプレートが張ってある。

聖イサク大聖堂の前で、バスを降りた。正面に回ると、ギリシャ神殿のように八本の列中を並べたファ

図（8-1）ピョートル大帝騎馬像

サードの上に、巨大な黄金色のドームが輝いている。その前は元老院広場という緑地帯で、芝生の中に赤、黄、紫の三色すみれなどの草花を咲かせた円形の花壇が幾つか連なっていた。サンザシの大木が全面に実をつけている。その先に、ピョートル大帝の騎馬像があった。この像は青銅の騎士像と呼ばれる。ロマノフ朝のピョートルは、一代でロシアをヨーロッパの大国に導いた偉大な君主である。沼沢地だった場所にサンクトペテルブルグを建設し、首都をモスクワから当地に移した。今回旅するヴォルガ河の水門の建設を開始したのもピョートルの業績だった。バルト海交易の拡張や南の黒海にいたる水運を企図していたのであろう。

大ネヴァ河を西のヴァシリエフスキー島に渡り、島の北端ストレルカ岬にある旧証券取引所広場に立つ。ここで大小ふたつのネヴァ川が合流しているのだった。胴部に数本の腕をつけたような奇妙な燈色の灯台が建っていた。この辺りが、サンクトペテルブルグ市街の写真スポットらしい。小ネヴァ川の北岸にある高い黄色の塔が目立つペトロパヴロフスク要塞や造幣局を眺めた。振り返ると渡ってきたばかりの大ネヴァ川の宮殿橋を越えて新旧のエルミタージュ宮殿が広がっている。この宮殿内部に、これから訪ねるエルミタージュ美術館がある。風があり、ネヴァ川は少し波立っていた。下船時に受け取った弁当を広場のベンチで開いた。

エルミタージュ美術館への入り口は、ネヴァ川と反対側の参謀本部との間にある大きな宮殿広場に面している。入り口近くで、貴人用に仕立てた馬車やお仕着せを纏った御者や宮廷衣装の女性が、客待ちしていた。エルミタージュ美術館は、ロマノフ朝の冬宮に幾つかの建物を繋いだもので、横長の三階建てにな

図（8-3）美術館中央階段

っている（293頁　図8―2参照）。白地にコバルトブルーを被せた瀟洒な建物である。屋上中央に、ロシア国旗が翻る。

左右に分かれた大使の階段を登り、金色の装飾で輝くピョートル大帝の間に入った。壁に軍服姿の大帝の肖像画がかかっている。天井や床に天女を描いた部屋、天蓋、壁床を赤布で統一した中に置かれたエカテリーナ二世の玉座の間（293頁　図8―4参照）、黄金の孔雀時計のあるパヴィリオンの間、ヨーロッパ中世画の部屋、イタリアやスペイン絵画の間などを案内して貰う。ダ・ヴィンチの「リッタの聖母」、レンブラントの「放蕩息子の帰還」の原画を実見できた。ラファエロの回廊を抜けて地下のギリシャ、ローマの彫刻も見学する。一般観光ツアーの途中で、二時間もかけて美術を鑑賞できたのは幸運といえるだろう。今回のクルーズでサンクトペテルブルグ市内の散策はほんの序曲に過ぎないが、なかなか楽しい滑り出しになった。

スーパーで航海中のおやつなどを仕入れて、船に戻った。一七時、レストランでチキン・シュニッツェルを摂った。相席は、盛岡出身の東さんと福山市から来た八木さん。二二時、チャイコフスキー号は、サンクトペテルブルグを出航した。

## 二、ラドガ湖横断、最初の水門を抜ける、中継基地マンドラガでのバーベキュー、ウエルカム・パーティ

九月二五日、五時に目覚めた。窓外には茫洋とした水面が広がっている。船はヨーロッパ一の大湖ラドガを横断しているのだった。七時四五分、五階のデッキに出て乗組員の指導のもと二〇人ほどの客が朝の

体操をやる。このあとすぐにシンフォニー・レストランでの朝食になった。日本人客に割り当てられた三テーブルのひとつを適当に選んで腰をおろす。相席者は、埼玉県鴻巣市から来られた北田さん、札幌市の丹さん、大阪吹田市の高田さんの三人。今回の旅仲間で夫婦連れは私たちだけで、あとは全て一人参加だった。最初は少し当惑していた妻も直ぐに慣れて、誰彼となく喋っている。一四人のうち女性が一〇人と多数派で、旅なれた年配者が多いのである。

北田さんは、数年前入居した有料老人ホームで生活している。

「五〇人ほどの中規模のホームです。医者が経営しているので安心かと思って」

同年代の人が多いので、皆関心を持って聞いている。ただし、六四平米もあるゆとりのある個室で、供託金二〇〇〇万円に毎月二〇万円の居住費プラス食費がかかるそうで、誰もが求められるものではなさそうだ。

「子供たちは皆独立し夫に先立たれたので、話相手も欲しかったし。外出自由なので、こうして気侭に外国に出かけることができます」

大阪吹田市からの高田さんは、ロシア文学が好きだとおっしゃる。今度の旅の終わりには、ショーロホフの『静かなるドン』の舞台が待っている。彼女は八〇代の半ばで、おそらく同行者内の最年長者だ。歩行時には杖を携帯しているが、話し方記憶力は明快である。大学教授であった夫が亡くなられたあと、時々外国ツアーに単身参加するようになったという。

一二時三〇分避難訓練があり、各部屋備え付けのライフ・ジャケットを装着してみた。船はラドガ湖を抜けスヴィル川の最初の狭い水門に入った。この水門を皮切りに二、三日のうちに一〇本ほどの閘門を通過し、二五メートル近く水面を上げてヴォルガ河の水位に達するのである。私は中米のパナマ地峡で既に閘門式水門を経験しているが、初めての妻は興味深々の様子で上甲板に立っていた。船の両弦間近かに、五メートルを超える水門のコンクリート壁が迫っている。初めは徐々に途中から急速に水が閘門内に注入され一気に水門の上部まで満タンになった。そこで前方の水門が開かれ、新たな水面でチャイコフスキー号が航行を再開する。

このような水門の開設を命じたピョートルは、即位早々廷臣と共に当時の先進地域西ヨーロッパの視察に出掛けた。彼自身は身分を隠してオランダに滞在し、水門技術を実地で学んだといわれる。まずヴォルガ河とモスクワや新都サンクトペテルブルグを連結する運河や水門の建設が、一八世紀の初頭から始まった。最終的には、ヴォルガ河とドン河を繋ぎ、黒海やカスピ海に達するための運河や水門が企図されていたらしい。これが実現するのは一九三〇年代から五〇年代のスターリン時代だった。私たちは、今回その殆んど全ルートを辿るのである。

ひとつ水門を抜けて一息ついたところで一四時、マンドロガに到着した。町というよりクルーズ客のために造られた単なる中継基地である。港近くの林間に、木造の洒落た土産物店やカフェー・レストラン、水彩アトリエ、ペトルーシカ人形の絵付け工房などが点在していた。その中で最も大きな半ば屋外に開かれた木造のレストランで、チャイコフスキー号の乗客全員がロシア民謡を聴きながらバーベキュー・ランチを楽しんだ。

一六時に出港。夕食前、トップ・デッキにあるコンフェレンス・ルームで船長主催の歓迎パーティが開かれた。各国語グループごとの総添乗員、船内各部門の責任者、エンターテイナーの紹介と船長の挨拶があり、旅の無事を祈念して乾杯した。一きわ丈の高い船長は、あまり表情を変えない寡黙な人という印象だった。レストランに移動して、鴨のローストをメインとする夕食。千葉県稲毛市からの大島さんの誕生祝いがあった。

一八時、二つ目のスヴィル川の水門を通った。二〇時半からシアターで、男性のアコーデオンに合わせた赤いドレスの女性による民族舞踊ショウがあった。彼女は乗船のとき私たちにパンと食塩を手渡したひとだった。この二人は夫妻らしい。

## 三、雨の中のキジ島訪問、ヴォルガの航行と水深、水上のピアノ・コンサート

九月二六日早朝目覚めると、船は再び広大な湖上を走っていた。ラドガ湖に次いで広いオネガ湖を北上しているらしい。雨模様で雲が低く垂れ込め、幻想的な風景だ。

キジ島観光の関係で六時一五分からの早い朝食。七時、キジ島に近付いた。ポスターや写真で既に馴染みの木造建築が、岸辺近くに霧の中から浮き上がって見える。葱坊主を幾重にも重ねたような特異な教会の屋根。上下セパレーツの登山者用雨具に身を固め、雨傘を片手に上陸した。世界文化遺産に指定されている一群の木造建造物を目指し、草地の中に敷かれた砂利道を数百メートル歩いた。

建築群の中でも際立っているのは、プレオブラジェンスカヤ教会である。通称葱坊主といわれるロシア教会固有の大小の丸屋根が複雑に重ね合わされたその上に、さらに大きな葱坊主が載っている。ただその下半分が修復中のため、横手に建つ鐘楼と共に現在立ち入りが禁止されていた。葱坊主に使われる木材は、ヤマナラシの木である。なぜ葱坊主の形になったのかについてはいろいろ説があるようだが、積雪予防の

図（8-5）プレオブラジェンスカヤ教会

ためというのが私にも納得できる説明である。

教会の少し先に、「富農アシェフネフの家」と呼ばれる二階建ての大きな木造建築があった。一階が家畜小屋、二階が人間の居住空間になっている。文机や陶器に飾り物、揺り篭、サモワールを暖めているペチカ、小さな窓、その窓に聖母マリアのイコンが掛かっていた。当地のイコンは、通常の菩提樹ではなく糸杉の幹にテンペラで描かれている。ただ二階の多くのスペースは、糸車に織機あるいは農機具の保管場所になっていた。農機具を家畜に運ばせるため、二階に通じる緩い傾斜の外階段があった。農家の下手を湖岸近くまで降りたところにはバーニャと呼ばれる掘立小屋が建っている。これはサウナだった。冬の最中でも住民は、母屋を出てサウナで暖を取ったという（293頁　図8―6参照）。

風車の脇を通ってさらに一〇〇メートルほど歩くと、ミハエルのチャペルと呼ばれる鐘楼と礼拝堂からなる小さな木造建築があった。野辺に建つ小チャペル内のマリア像を見つめるシューベルトのシーンが、遥か昔に見た映画の末尾にあったことを思い出す。シューベルトの歌曲と共に。

図（8-7）ミハエルのチェペル

……野末にたつマリアよ。おお、われ等を見守り給え……

同じように可憐な礼拝堂だった。私たちの到来を待って鐘楼から小さな島に響き渡るような鐘の音が伝わってきた。

一〇時二五分、三七五キロ先のゴーリ

ツィを目指してキジ島を去る。一二時半、レストランでのランチタイムになった。サラダにカリフラワー・スープ、ロースト・ターキーと温野菜、デザートにスイカが付いた。大阪の長居から来た殿本氏から、スマートフォンで安いチケットの購入法を教えて貰った。仲間内では若い方だが、抜群の旅行者である。

一五時二〇分船首最上階の操舵室に集まり、一等航海士の説明を聴いた。大河ヴォルガも近年水位が下がり、航行できる期間が短くなっているようだ。私たちの船も当初は出港が危ぶまれていた。喫水線下の船の長さが三メートルで、これより四〇センチの余裕、つまり水深が三・四メートル以上であれば支障なく航行できるという。とはいえ私達のチャイコフスキー号は、まだヴォルガ河に入っていないのである。「いったいどこからがヴォルガなのか」仲間内でこんな会話が交わされた。このあと一七時から夜中の二三時にかけて、六ヶ所の水門を抜けることになった。

図（8-8）チャイコフスキー号

一八時から一時間、映画「皇帝の土地」第一部が、トップ・デッキ後部にあるコンフェレンス・ルームで上演された。ロシアの歴史についての興味深く分かり安い紹介フィルムである。一九時、夕食のためレストランに赴く。スライス・ビーフン入りサラダ、スープ、ナスのグラタンにチョコレート・サンデイ。この後再びシアターに出かけ、ミハエル・コズロフ氏の一回目のピアノ・コンサートを聴く。「バロック音楽の夕べ」ということで、バッハ、グルック、グノー、ドニゼッティの曲を楽しんだ。

## 四、ロシア語のレッスン、ゴーリツィの修道院、ヴォルガ河に入る、旅の写真

図（8-9）ロシア添乗員のオリガさん

九月二七日朝六時、船はベーロエ湖上にあるようだ。かつては皇帝達が魚釣りを楽しんだ場所という。七時に朝食、妻が少し遅れてやってきた。五階のトップ・デッキで毎朝実施されるストレッチングに律儀に参加しているのだ。相席の大島さんと清水さんは、私達の隣りのツインの船室を共用している。何れも夫に先立たれ現在千葉県稲毛区の同じ集合住宅にお住いだ。以前からの旅友という。清水さんは二階、大島さんは四階の住民だから、日常的に顔を合わせるわけではないが、近隣の散歩のときによく出会うらしい。清水さんは、話し出したら止まらなくなる饒舌家で愉快な人だ。彼女の舌にかかるとなんでもない出来事が面白く聞こえてしまう。

「夫は旧家の一人息子でした。なにも分からないうちにお見合い結婚。少し勉強でもしようかと思っているうちにお腹が大きくなり、九月目に長男が生まれました。お土産持参ではなかったかと疑われたこともあります。肝心の跡取りも、期待ほどでもなく」と彼女は笑った。

「夫婦の結びつきは、日本では家、ヨーロッパでは愛ですね」

現在では、なんともいえない。金かもしれない。

「その夫は随分昔に亡くなりましたので、今では面影もぼやけてしまいました」と彼女は話した。「どのくらいの背丈の人だったか。どんな声で話していたかさえも。優しくして貰った記憶は、あまりありません。でも夫が今まで生きていたとしたらどんな老人になっただろうかと、時々考えるのです」

一方の大島さんは、ピアノ教師だった。昨夜は、部屋のテレビでどこかのサッカーチームのシャンパンかけを見ながら、清水さんと酒を飲んでいたらしい。

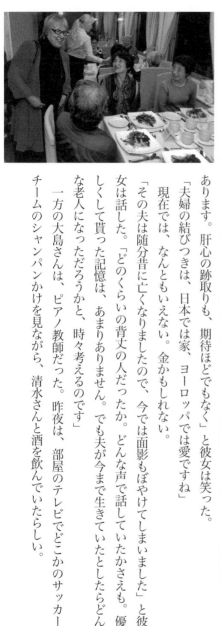

図（8-11）キリロ・ベロゼルスキー修道院

「外国ではシャンパン、日本はビールかけ。日本のほうが安上がりですね」と彼女は笑った。

九時、四階のボート・デッキにあるバーで、オリガさんによるロシア語講座。ロシア語アルファベット三三文字の発声から始まって、ドーブレー・ウートラ（お早う）、ドーブルイ・ジェーニ（今日は）、ドーブルイ・ヴェーチェル（今晩は）、スパシーバ（ありがとう）など日常的に使う単語を習った。戦後の満州で、子供のころよく耳にしていた単語である。

予定より一時間も早い一〇時過ぎ、ゴーリツィに着いた。バスの到着まで、港の周辺を勝手に散策する。桟橋を渡った先の道の両側に数軒の土産物店が並んでいた。これを過ぎると人家が散在する田舎道に入る。小さな入江があり、倉庫が建っている。スケッチによい風景だと思った。針葉樹と広葉樹が混じった雑木林、広葉樹は黄に色付いているが、ロシアでは紅葉する樹は少ないようだ。

一一時二五分、グループごとに出迎えのバスに分乗し、小さな丘を越えて九キロほど奥地にある一四世紀に建立されたキリロ・ベロゼルスキー修道院を訪ねた。和訳すれば「白ねずみのそばの修道院」という変わった名称であるが、その由来は分からない。正面の聖なる門に至る道の両側は、築地屋根を載せた白壁が続いている。その白壁も門も覆い尽くすように、黄色に染まった丈の高い白樺の並木が茂る（293頁　図8―10参照）。既に落葉が始まっていた。聖なる門は、入り口を開いた白亜の頑強な構造物の上にピンク色の丸屋根を載せた優美な建物である。

創設者キリウス師は、六〇歳でこの地に来て九〇歳で寂滅するまで、修道院の発展に尽くした。本堂の中は各種のイコンや金糸の刺繍で飾られている。境内には、他に

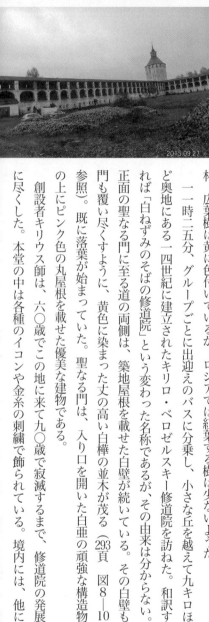

小博物館や司教の館、ウスペンスキー寺院などが建つ。高い壁の狭間を抜けて脇に逸れると広い草地があり、三層に列柱を連ねた長い回廊があった。これは修道僧達が修行し起居した館であろう。今は人影もなく廃墟のような佇まいである。ソ連時代に僧達が追放され、見捨てられたものか。境内を通り抜けて裏手にまわると小さなシベリスコエ湖の畔に出た。ここから修道院を顧みると全体が高い壁に囲まれた城郭のように見えた。円筒状の隅櫓もある。壁は分厚い煉瓦を重ねた上に、漆喰でかためられていた。ゴーリツィは、都会から離れた場所に飛び地のように生まれた聖地である。同時にロシアの田舎を表象する風景の中にあることを実感させる場所であった。

一四時、三九二キロ先にある次の停泊地ヤロスラーヴリに向けて港を出た。ただちにシンフォニー・レストランに出かけ、少し遅いランチになった。キャロットやリンゴ入りサラダ、ボルシチ・スープ、ロール・フィッシュとマッシュルームの串焼き風、バニラアイス・チェリー・ソースかけを食べる。盛岡の東さんや千葉県松戸市からの中山さんらと初めてご一緒する。東さんはご主人を留守番に残しての一人参加である。いろいろな話題に身を乗り出して興味を示す。恵まれた家庭の奥さんという感じの人だ。小柄な中山さんは、船縁の通路を散歩したり、アッパー・デッキの先端にある図書室で船上の時間を過ごしているようだ。また機会あるたびにヨーロッパからの船客を相手に会話を楽しんでいた。長い間、英語の教師をされていたのである。

船は、ルイビンスク貯水湖に入った。貯水湖とは水位を調整するための巨大な人工湖である。モスクワの北西約二五〇キロにあるヴァルダイ丘陵を水源とし、モスクワの北を東に向かったヴォルガ河は、この貯水湖に流れ込む。私達のヴォルガ・ドン河クルーズは、厳密にいえば本日から始まるのだった。

一八時半水門通過、一九時レストランに向かう通路の途中にある売店横で人だかりがある。壁一面に張られている写真を、皆真剣に見つめていた。船に同乗しているカメラマンが、これまでの寄港先や船内で撮った旅客の写真である。一葉三ユーロで購入することができる。この後クルーズが進むにつれて、壁面の写真も次第に増えていった。相席になった愛知県春日井市から来られた山脇氏が、

「本人が知らぬ間に撮られた写真は、客観的に自分を見直すよい機会ですな。若いつもりでいても、相応の老人に写っている」と笑った。とはいえ、彼は八〇歳前後にもかかわらず、血色もよく頭髪も豊かだ。

「一切、定期健診を受けたことはありません。どこか悪いところが見付かるのが怖いので」

私のように、規則正しく受診しているのと対象的である。受けなくても何の支障もないのであれば結構なことだ。晩餐は、チキン・パイナップルのサラダ、スープ、スズキの蒸し焼きにアプリコット・ケーキが付いた。

## 五、古都ヤロスラーヴリ、無名戦士の記念碑、ロストフ・ヴェリーキーのクレムリン

九月二八日六時起床、雨模様だ。まだ薄暗い靄の間に木立が迫っている。閘門の中に停泊しているのだった。水位が下がっていた。水門を出ると両岸が狭まっている。いまやチャイコフスキー号は、ヴォルガ河の流れを下っていた。六時二〇分、右舷にルビンスクの町が見えた。七時、朝食のためレストランに赴く。ドアが開くのを待ってレストランに一番乗りするのは、たいてい日本人である。山脇氏、清水さん、大島さんと同じテーブルについた。

「ヴォルガは、いったい何処から流れてくるのだろう」などと話している。この時点では、誰もヴォルガ

図（8-12）ウスペンスキー教会と無名兵士の記念碑

についての正確な知識がなかったのである。大きな天然湖や貯水湖、繰り返し抜ける水門のため、ロシアの水系についてのイメージが多少混乱していた。

八時四〇分、ツタイヤ市を過ぎた。教会の尖塔が目立つ町である。濃い緑の樅の林を背景にした黄色の白樺の葉が美しい。一〇時半、左舷にトーカの大修道院が見えた。一一時、コンフェレンス・ルームで、「皇帝の土地」第二部「エカテリーナ二世の時代」が上演された。

一一時、妻はボート・デッキのバーでのロシア料理の話を聴くために出かけた。一一時一〇分、船はヤロスラーヴリ沖に停泊したが、上陸はランチ・タイムが終わった一四時前になった。

ヴォルガ右岸のこの都市は、ヴォルガ沿岸で最も古い町の一つで、ヤロスラーヴリ公国の首都として一一世紀に建設された。一七世紀にモスクワ公国に併合されたが、歴史ある教会が幾つも残っている。まず世界文化遺産に指定されているベージュの壁にグレイの葱坊主を幾つも載せた預言者イリヤ教会、内陣の正面には金色に輝くイコンが天井まで張られていた。ここで、ドーム状屋根のある教会の素晴らしい音響効果を裏付けるような、男性歌手による聖歌の見事な四部合唱があった。

バスで市内を移動して、黄金色の丸屋根を持つウスペンスキー教会とその先にある無名戦士の記念碑に立ち寄る。今回の旅で繰り返し訪ねることになる第二次大戦の記念碑詣での最初になった。ヴォルガ沿岸までナチス・ドイツが侵攻したのである。展望台まで歩いて、支流のひとつコトロス川がヴォルガ河に合流する広大な風景を眺めた。ヤロスラーヴリで最後に向かったのは、スパソ・プレオブラジェンスキー・コン

図（8-13）コトロス川の合流点

図（8-14）ロストフ・ヴェリーキーのクレムリン内

プレックス。広い境内の中に多くの宗教施設が点在して、印象が纏まらなかった。何より雨脚が少し激しくなり、寒くなったのである。

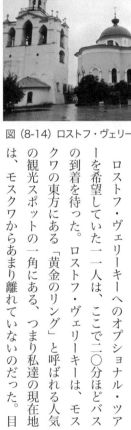

ロストフ・ヴェリーキーへのオプショナル・ツアーを希望していた一一人は、ここで二〇分ほどバスの到着を待った。ロストフ・ヴェリーキーは、モスクワの東方にある「黄金のリング」と呼ばれる人気の観光スポットの一角にある、つまり私達の現在地は、モスクワからあまり離れていないのだった。目的地まで、小一時間掛かった。ところどころ疎林が見られるほかは、草地が広がっていた。一七時目的地に到着。現在ロストフ・ヴェリーキーは小さな地方都市に過ぎないが、見どころが全てクレムリン（城砦）の中に収まっている。クレムリンは、モスクワのクレムリンの固有名詞のように思われているが、実はロシア各地に見られる城砦を表す普通名詞なのである。ロシアが拡大するにつれ、当時の辺境地帯に幾つも城砦が築かれた。周囲に高い城壁を廻らせ、内部に政庁や軍事、宗教施設を配置して地方の拠点にした。

この地のクレムリンは「黄金のリング」の中で最もスケールの大きなものとして知られている。アサンプション教会やスモレンスク教会という巨大なドーム、複雑に重ね合わせた数多くの葱坊主、大小の鐘を連ねた大きな鐘楼が、境内を埋め尽くしているのである。ただモスクワ公国の発展と共に一八世紀に司教座がヤロスラーヴリに移されたときに、地域の中心都市の役割を終えた。現在は、昔の栄耀を伝える博物館的都市として旅人を誘っている。

一九時、船に戻って早々レストランでの夕食に臨む。サラダ、ポテト入りスープ、チキンのグリルにズッキーニ、バナナパイ。二一時、次のコストロマに向かって出港した。

図（8-16）イパチェフスキー修道院内のレフェクトリー

## 六、ヴォルガ河に架かる長い橋、ロマノフ王朝発祥の地コストロマ、プリョスのレビタン美術館

九月二九日曇り、一時小雨、のち晴れ。六時起床、既にチャイコフスキー号は、ヴォルガ左岸のコストロマ港に停泊していた。朝食を終えて八時半に下船する（294頁　図8―15参照）。

まず、港に程近いスサーニン広場までバスで移動した。当地のクレムリン建設は一二世紀に遡るが、現在見られる市街地はほとんど一八世紀の大火以後に再建されたものである。広場にイワン・スサーニンの銅像があった。侵攻してきたポーランド軍を森の中に誘導し殲滅させた農民のリーダーという。広場から八本の通りが北東に向けて、扇状に拡がっていた。広場の一角に高い物見塔が建つ。近くの中央公園にはレーニン像が立ち、ヴォルガを一望できる高台があった。このあたりのヴォルガの河幅は一キロほど、下流に両岸を結ぶ長大な橋が架かっている。

バスで一〇分ほど北上し、支流コストロマ川に架かる橋を渡ってイパチェフスキー修道院コンプレックスを訪ねた。モスクワ大公国の簒奪者とも呼ばれるボリス・ゴドノフ王ゆかりの三位一体教会の内陣では、すばらしい木彫りのイコノスタシスが見られた。

同じ境内の一角にある二階建てのレフェクトリー（僧院ないし学院）は、ロマノフ朝発祥の場所とも言える建物である。この中にロマノフ・チャンバーというロマノフ一家が住んでいた部屋があった。ロマノフ家は、ゴドノフのライバルとして十数年にわたり追放されていた。ゴドノフ死後混乱していた治安を回復するため住民が多数押しかけ、ロマノフ家の一八歳の嫡子ミハエルに王位に就くよう嘆願した。かくて一六一三年、ロマノフ朝が生まれた。日本で徳川幕府が成立した時期である。三〇〇周年にあたる一九一三年、ロマノフ朝最後の皇帝ニコライ二世はこの家を訪れている。それから五年後のロシア革命のさなか、彼は東のエカテリンブルグで一家諸共処刑されてしまった。

図（8-17）露天のテーブル・クロス売り

バスの駐車場の脇で、布地を売っている露天の店が並んでいた。妻は、色とりどりの猫の背面を縦横に描いたテーブル・クロスを手に入れた。猫に係わるグッズときたら、直ぐに手を出してしまうのである。再び市の中心部に戻り、総合市場で三〇分ほどの自由時間が与えられた。駄菓子やイチゴを買う。一二時半出港、直ぐにレストランに向かう。ポテトやハム入りのロシア風サラダ、ポテト・スープ、ズッキーニのグラタン風を食べた。同席の東さんが、「国といっても、ロシア人の国意識と日本人のそれとでは、かなり違うのではありませんか？」と問い掛けてきた。「全く同感です。一般人の思考にも、政治家の発言にも、この違いが大きな影響を与えているでしょうね」と私は応じた。「海外で製作されたテレビを見ていると、日本についての知識の浅さが目に付きます」今度は福山からの八木さんがいう。「例えば忍者ものなどで」。

一五時、本日二つ目の寄港地プリョスに上陸した。海岸通りと背後の丘の間に教会や燻製品などの商店、マーケット、人家が集まっているだけの小邑である。しかし一九世紀には「ロシアのスイス」と讃えられ、貴族の別荘や画家のアトリエが集まる風光明媚な土地として知られていた。「ヴォルガの船曳き歌」などで憶えている往年の名バリトン歌手シャリアピンも別荘をもっていた。特に九月から一〇月初旬の現在は、「黄金のプリョス」と呼ばれる。

リトアニア生まれのレヴィタン（一八六〇―一九〇〇）は、この地を愛し優れた絵を残した。その作品を集めたレヴィタン美術館に立ち寄る。瀟洒な二階建てである。波が寄せるプリョスの河岸風景や、手前の小川に木橋が掛かり遠景の木立の上から教会の尖塔が覗いている景色を見た、構図がすばらしいので近くに実景があれば写真に撮っておこうと館員に訊いたところ、「おおよそは実景ですが、手前の木の橋はレヴィタンが実景に付加したもの」ということだった。レヴィタンの絵柄のマグネットを買った。二時間ほど散策して、プリョスを出港した。

図（8-18）レヴィタンが描いたプリョスの風景

一九時、シンフォニー・レストランで、イタリアン・サラダ、ビーフ入りスープ、サーモン、ベリー・ケーキを摂る。絵画教室に通っている妻が、レヴィタン美術館の印象を相席した大阪市長居の殿本氏と話している。初心者の域から抜け出せない彼女の絵画論に、殿本氏が大真面目に付き合っているのが面白いので、笑いをかみ殺して傍聴した。

二〇時、ボート・デッキのシアターで、「ロシア皇帝の土地」第三部―アレキサンダー一世まで、が上映された。

## 七、タレント・ショウのための練習、ゴリキーの家、ニジニ・ノヴゴロドとクレムリン、給仕タチヤーナ

八時間熟睡して六時に起床、船は昨夜から石炭運搬船や他の二艘のクルーズ船とともにゴリキー貯水湖に停泊していたらしい。夜明けと共に、四隻揃って水門に入る。八時にレストランに出かけた。相席の中山さんが、「毎日下船して歩き回っていると、訪ねた場所を混同してしまいます」という。横に座っていた山脇氏は、

「どうせ二度と来るあてのない場所だから、少しぐらい混同しても忘れてもかまわない」と答えた。

一一時、四階ボート・デッキのバーに集まり、オリガさんによる第二回ロシア語講座、引き続きロシア民謡「カチューシャ」や坂本九の「幸せなら手をたたこう」「上を向いて歩こう」の合唱練習、これはクルーズの終盤に開催されるタレント・ショウに出演するためだ。伴奏予定のピアニスト、ミハエル・コズロフ氏に出席して貰い、五線譜に曲を聴き写して貰った。日本人グループでは、殿本氏と日向氏の男性二人を除いて一二人が参加することになった。

一行の中での変り種は、埼玉県本庄市からの日向氏だった。「自分は、遊びではなく勉強のために来たのだから」といって、雑談に加わらないのである。そのためレストランの日本人客用の三テーブルのうち日向氏が座っている卓を敬遠しようとする人が増えたのだった。日向氏が不在の場で添乗員の水沢さんが、「済みませんが、日向さんの席にも座ってあげてください」と頼んだ。

一二時三〇分、一〇メートルほど垂直に切れ落ちた両岸のあいだを船が抜ける。一三時、レストランで、ギリシャ風サラダ、ミネストローネ・スープ、パプリカの挽肉詰めを食す。一四時半、オカ川が合流する

付近にあるヴォルガ河右岸のニジニ・ノヴゴロドの港に着き、一五時に下船した。港の直ぐ上の丘にクレムリンの赤レンガの城壁が見えている。

　先ず支流オカ川に架かる橋を見下ろす展望台に登った。ロシアで五番目の大都会ニジニ・ノヴゴロドは、当地生まれの作家ゴリキーにちなんでソ連時代にはゴリキー市と呼ばれていた。一二世紀以来、交易のセンターとして発展した町である。「ニジニ」とは下流のを「ノヴゴロド」は新市を、それぞれ意味する。すなわちモスクワの北にあるノヴゴロドと区別するために、ヴォルガ河下流にあるこの都市がニジニ・ノヴゴロドと命名されたのだった。展望台近くには、一七世紀初頭ポーランド軍を破ったミーニンとボジャルスキーの像があった。またこの都市を舞台にした『ミハイル・ストロゴフ』の作者ジュール・ベルヌの気球に乗った像も見られた。

図（8-19）オカ川がヴォルガ河に合流する地点

図（8-20）ゴリキーの家博物館

　展望台から少し歩いてミーニン・ボジャルスキー広場近くの二階建ての「ゴリキーの家博物館」を訪ねる。『どん底』や『母』などの作品で知られるゴリキー（一八六八―一九三六）は、一八七一年から一九〇一年までこの家に住み作家活動を続けた。夫人の書斎、トルストイやプーシキンの肖像画が掛かった食堂、子供部屋、作家の書斎と文机や寝室などを順次見て周る。

　最後に、港から俯瞰した広大なクレムリンに入場

図（8-21）ニジニ・ノヴゴロドのクレムリン

した。緑色の三角屋根を載せた頑強なドミトリイ門を潜った直ぐ左手の城壁に沿って、四五九型ロシア戦車が並んでいる。さらに進むと、市役所やオベリスクと無名戦士の墓などがあった。ドミトリイ門外に延びる賑やかな歩行者天国聖ミハエル通りを歩いて、一八時帰船した。

図（8-22）ウエイトレスのタチヤーナ

一九時、レストランで山脇氏や札幌の丹さんと相席した。かなりいける口の二人は酒談義を始めた。そこに米国ロングアイランドに永住している丹さんの長姉とそのご主人清水氏が現れた。彼らは、アメリカ人グループとしてこのツアーに参加している。予約時には分からなかったが、たまたま同じチャイコフスキー号に乗り合わせることになったという。毎食後、立ち話のため日本人グループのテーブルに回ってくる。

私達日本人のテーブルの世話をするウエイトレスは、丸顔で色白の、まだあどけなさの残るタチヤーナだ。はじめは、客扱いに慣れないのか表情が硬かった。しかし一週間も経つと打ち解けてきた。今宵は、彼女が差し出す料理のトレイを受け取ろうと手を伸ばしたら、逆にわざと引っ込めたりして客をからかった。食事が終わった妻は、タチヤーナと二人の記念写真を撮った。カメラを手にした私が、「この娘も二〇年後に船上で出会ったとしたら、丸々に肥満したおばさんになっていることだろう」などと話していることを知る由もないタチヤーナは、笑顔で写真に収まった。

二〇時、トップ・デッキのコンファレンス・ルームで、ミハエル・コズロフ氏の第二回ピアノ・コンサートがあった。今晩は「古典期の夕べ」と称して、ハイドン、モーツアルト、ベートーヴェンのソナタを五曲ほど聴く。

## 八、古都カザン、トルストイが学んだ大学やクレムリン、巨大な高層マンション・ブーム

一〇月一日六時目覚めると船は、クイビシェフ人造湖を横断していた。七時半、大きな水門に入る。朝食後は、特にすることもない。部屋で本を読んだり、テレビを見て過ごす。ヴォルガの両岸は、林と草地が果てしなく続いている。船首の図書室を覗いてみると、清水夫妻を含めてアメリカからのグループ一〇人ほどが今度のツアーに係わる勉強会を開いていた。真面目なグループで、毎日集まっているらしい。一二時、合唱練習のためボート・デッキのバーに行くと、オランダからのグループとかち合ってしまった。この部屋がダブル・ブッキングされていたのだろう。時間を少しずらすことになった。一三時からの昼食は、サラダ、野菜スープ、ポーク・シュニッツェル壷入りカザン風、ベリーのムースなど。

一四時四〇分、予定より早くカザンに到着し、市内観光も早まった。ヴォルガ左岸のカザン市は、人口一〇〇万を超えるロシア第八位の大都会で、タタールスタン共和国の首都である。その起源はモスクワより古く、ヴォルガ・ブルガールがこの地に最前線基地を築いたAD一〇〇〇年前後に遡る。一三世紀にはチンギス・ハーンの嫡子バツー率いるモンゴルがこの地に侵攻しキプチャク・ハーン国を建国した。モンゴル人の支配は一六世紀まで続いた。一五世紀の半ばこの地を支配していたのはタタール・モンゴルのカザン・ハーン国である。カザン・ハーン国の時代、モンゴル人はイスラム教を受け容れた。一五五二年、

モスクワ大公国のイワン四世（雷帝）がカザンの支配者になった。

このような歴史的経緯からカザン市は、人種や文化の点で東スラブ的要素とアジア的（ないしモンゴル的）要素が混交し、イスラム教の影響も強い特異な町である。教会とイスラムのモスクが街中に混在するのが目立つ。「タタール」はロシア語でモンゴルを意味し、「カザン」はタタール語のコーザン（調理鍋）に由来する。

私達のバスは、カザン大学のキャンパスが並ぶ大学通りを北に向かった。この大学は一八〇四年、ロシアで四番目に設立された名門校で、レフ・トルストイやレーニンもここで学んでいる。もっともレーニンの方は、政治活動を始めて早々に放校されたため卒業生ではない。

図（8-23）カザン大学

「モスクワ近郊の郷里ヤースナヤ・ポリャーナで生育したトルストイが、なぜカザンで学んだのですか」とその場でガイド氏に問うと、「トルストイ家の親戚がカザンに住んでいましたから」という返事がきた。

大学地区を過ぎてバスは左折し、クレムリンの正門に突き当たるクレムリョフスカヤ通りを進む。カザン市のクレムリンもニジニ・ノヴゴロドのものに劣らず広大である。ただ城壁は薄い灰色だった。初代クレムリンはモンゴル軍のバツーが破壊し、二代目クレムリンはイワン雷帝により破壊されたため、世界文化遺産に登録されている現在のクレムリンは三代目である。入り口にナチにより処刑されたタタールの詩人ムサ・ジャリルの像があった。

クレムリン内部にはウスペンスキー聖堂やイスラムのモスクがあったが、最も目立ったのは、エメラルド・ブルーのドームと四本のミナレットを持つクル・シャリフ・モスクだった。モスクの名は、イワン四

図（8-24）シュユンビケの塔

図（8-25）カザン郊外の集合住宅群

世（雷帝）の来寇に抵抗して倒れたカザン・ハーン国の指導者に因むという。ガイド氏に案内されて上階に上がり、スケールの大きさに感心した。しかし再建が二〇〇五年と分かり、興味を失ってしまった。あるいは彼はイスラム教徒で、新しいモスクを見せたかったのかもしれない。

　私には、クレムリンの北門の外にある赤レンガで組まれた、五層の先細りに天空に伸びたシュユンビケの塔の方が興味深かった。伝承によれば、イワン四世に結婚を迫られたタタールの女性シュユンビケが、七階建ての塔の建築が七日間で完成したら結婚すると承諾し、完成した。彼女は塔に登り帝の目前で投身自殺したという。イワン雷帝は有能果敢であったが、あだ名が示すように短気な暴君であった。

　帰途は旧市街を離れて、発展著しい新市街地を車窓から見物した。サッカー・スタジアム、国立劇場、巨大なスポーツ・センター、コンサート・ホール、人形劇場など最新の建造物を、ガイド氏は誇らしげに紹介した。しかし巨大な公共施設より、反対側の車窓に過ぎ行く新築の集合住宅群に気をとられていた。二〇階近くもある高層のマンションが幾重にも重なって、連なっている。数十、いな一〇〇を超えるマンションの大集団、これこそ躍進している現実のロシアを表象しているのではないかと思った。

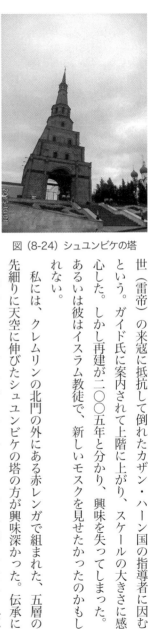

夕闇迫る賑やかな歩行者天国バウマン通りの散策を暫時楽しんだのち、一七時半チャイコフスキー号に戻った。二〇時から、シンフォニー・レストランにて、チキンやナス、チーズを合えたサラダ、ポテトと肉団子入りスープ、ポーク・シチュー、アイスクリームの夕食を摂る。船は既にカザン港を出ていた。二一時半から一時間、コンファレンス・ルームで、「皇帝の土地」第四部（最終回）――ニコライ一世、アレクサンドル二世、三世、ニコライ二世の時代――が上演された。

## 九、レーニンの郷里ウリヤノフスク、「ヴォルガの船曳き」、妻の誕生日

一〇月二日雨、七時二〇分にヴォルガ右岸人口約六五万のウリヤノフスクに着いた。八時からの朝食を終え九時半、私たちは雨の中を市内見物に出立した。港からミナエ通りを進み、オベリスクが立つ一角でゴンチャロフ通りに左折した。その先にゴンチャロフ博物館がある。ロシアの著名な作家ゴンチャロフが育った家だ。一七世紀に建設されシンビルスクと呼ばれていたこの町は、かつてロシア貴族の別荘が集まり、ツルゲーネフの作品の題名にあるような「貴族達の巣」と渾名された避暑地だった。ゴンチャロフの代表作の『オブローモフ』は、土地収益に依存し、気侭にかつ無目的な日常を送る貴族地主の人物像を創造した名作である。

しかし私たちはこの博物館を通過し、ヴォルガの岸辺に沿った細長い公園の前で下車して、並木や花壇の間をしばらく歩いた。この都市が生んだもう一人のさらに国際的に有名な人物の記念館に立ち寄るためである。彼の名にちなんで現在の市名に改称されたというウラジミール・イリイチ・ウリヤーノフ、つまり後のニコライ・レーニンその人の事績を記念した白亜の三階建ての建物だ。記念館の裏手に、彼の生家

と幼児期を過ごした小さな家が並んで残る。

館内二階の壁には、レーニンが生まれた一八七〇年頃のシンビルスクの町を描いた大きな油絵がかかっている。その横にウリヤーノフ一家の家族画があった。彼は次男で他に二人の姉妹がいたようだ。

「この一家は、当時のシンビルスク社会ではどのような階層にいたのでしょうか、つまりリッチな家庭か、貧しかったのか？」当地のガイド、二ナさんに訊く。

「金持ちではなく、といって困窮した家庭でもありません。後に父親は、中等学校の校長になっています」

しかし、レーニンの兄アレキサンダーは若年から過激思想を抱き、国家反逆罪で後に処刑されている。ウリヤーノフ家の男子達は、生まれつき反骨の遺伝形質を持っていたのかもしれない。レーニンは、中等学校時代から飛び抜けて記憶力がよく、抜群の秀才だったらしい。彼の革命の事績を示す写真やパネル、遺品が展示されている。レーニンの石像を配置した部屋、彼の後を継いだスターリンを初めとするソ連時代歴代の第一書記の写真やパネルなどもあった。スターリンの粗野さをレーニンは警戒していたといわれるが、スターリンは巧みにレーニンとの対決を避けた。

図（8-26）レーニン記念館と生家一後方奥左手

二階の広い部屋の片隅に、ウクライナ生まれの画家レーピンによる「ヴォルガの船曳き」が掛けてあった。このあたりの風光を写し取ったものといわれる。レヴィタン同様レーピンも、アカデミズムに拠らない集団「移動派」の風景画家で、ロシアの自然を愛しこれを画布の上に残した。ヴォルガ地方とそこに住む人々への深い共感が、彼らの絵画の根底にある。ただ、ヴォルガの船を曳いた人々の多くは農奴だったともいわれている。

バスで、ウリヤーノフ一家が後に住むようになった持ち家を訪問した（294頁　図8―27参照）。緑の屋根に橙色の壁のコントラストが印象的な二階建ての家屋である。階下には、倉庫、キッチン、食堂、父親の書斎やピアノを置いた母親の部屋、ベッド・ルーム、小間使いの間、二階にはオルガ、アンナ姉妹の夫々の個室、兄アレクサンドルの部屋、レーニンの部屋が並んでいた。何れも小さな部屋ながら、子供たちがみな個室で生活していた。裏にはテニス・コートが二面は取れるほどの大きな庭があり、茅葺の納屋や家畜小屋が建つ。大木には、梯子が掛けてあった。中級の家屋といっても広い国土のロシアの宅地は、日本の普通の住居とは比べられない広さである。かつてグルジア共和国のゴリ市にあるスターリンの生家を訪ねたことがあるが、こちらは対照的に平屋二室の内の一室に一家四人が居住するという極貧の家庭だった。

ロシア総添乗員のオリガさんは、仕事柄あまり自己の主張を表に出さないが、繰り返し「レーニンは、悪い人です」と断言するので、つい苦笑してしまう。「ただし、彼は歴史になりました」と彼女は付け加えた。オリガさんの家系は、曽祖父の時代までかなり裕福な階層に属していたらしい。だが、一九一七年のロシア革命で全てを失ったのである。

個人的事情はさておき、レーニンは革命家としても思想家としても超一流の人物だった。英国植民地史を研究している私にとって、レーニンの著作『帝国主義』（一九一六年）は、ホブスンの『帝国主義論』（一九〇二年）と共に、欧米列強が植民地獲得に血眼になった一九世紀末から二〇世紀の二度の世界大戦までの時代の分析に見逃せない古典的名著である。ソ連崩壊後ロシア各地のレーニン像が破壊され、レニングラード市も昔のサンクトペテルブルグに戻ったなかで、レーニンの生地ウリヤーノフだけは改名され

図（8-28）誕生日のプレゼントを受ける妻

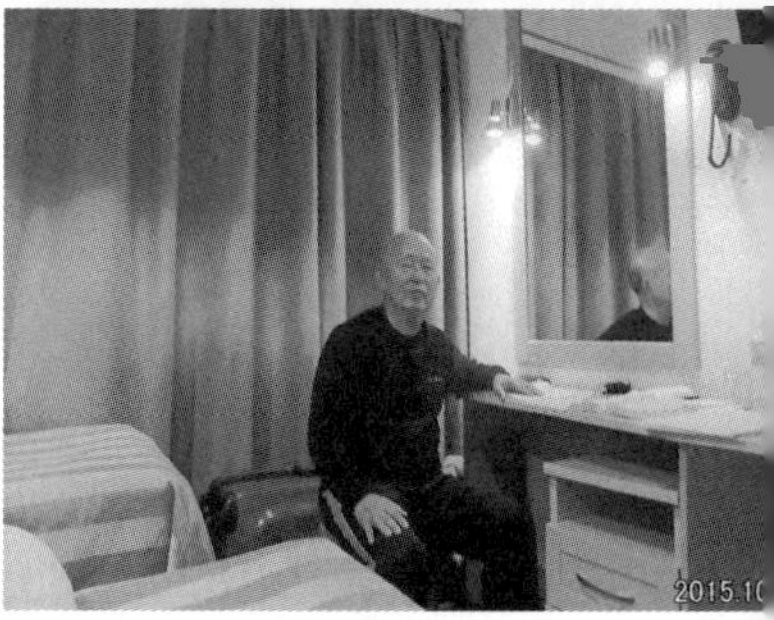
図（8-29）船室にて

ずに彼の名を残している。

帰船しレストランでサラダにスープ、野菜のピッツァ、バナナとホイップ・クリームのランチを済ませた。一五時半バーでの合唱の練習。船室に戻ると、妻の誕生日を祝う手紙と花束やシャンパンが添乗員から届けられていた。

一七時五分、チャイコフスキー号は二二〇キロ先のサマラに向けて出港した。二〇時、夕食のとき妻は、ハッピー・バースデイの歌と共に水沢さんとオリガさんから誕生日プレゼントでスプーンとマトリョーシカ人形を受ける。旅先で初めて誕生祝いをして貰った妻は、「この時期に、これから外国旅行をしようかしら」といった。アメリカ人グループと一緒の清水夫人が偶々同じ誕生日と分かり、二人揃った記念写真を撮る。

## 一〇、サマラの歩行者天国、宇宙飛行士ガガーリンの里、サラトフとドイツ人自治共和国、ロシアの土産物

一〇月三日六時起床、船は既にヴォルガ左岸のサマラ港に停泊していた。七時に朝食を済ませ、八時に市内観光に出かけた。サマラは、ロシアで第六位の人口を持つ一〇〇万都市である。カザンから南下してきたヴォルガ河は、ここから向きを南西に変える。歴史的には、ステンカ・ラージンやプガチョフらが暴

れ回った地域であり、ロシア革命のときには白軍の拠点になっている。現在は、ヴォルガ河岸での水浴や、近くのチガリ高原へのハイキングなど夏季の行楽地として人気ある都会らしい。ただし、私たちのような短時間の訪問者には、特に印象的な場所や建造物が少ない。

バスの車窓から、宇宙ロケットの記念碑、人馬の突撃姿の像が建つ戦争記念広場、海老茶色の洒落たゴリキー劇場、高層でひときわ目立つ中国系ビル「上海」等を見て周った。革命広場で下車して、三〇分のフリー・タイム、当地の名物チョコレート店で買物したり、近くの歩行者天国通りを散歩する。両側にカラフルな店が並び、中央分離帯の花壇が美しい。一三時、四三四キロ下流のサラトフに向けて出港した。

図（8-30）サマラの歩行者天国

シンフォニー・レストランでのランチは、ポテトとスライス・サラミのサラダ、カリフラワー入りスープ、スパゲッティ・カルボナーラ、ベリー入りアイスクリーム。一六時からバーで、ソヴィエト時代と現在のロシアについてオリガさんの話を聴いた。ソ連崩壊後のゴルバチョフ、エリツィン、プーチンら三人の最高指導者のうち、国際的には人気が高いゴルバチョフはロシア国内での評価が低く、逆にプーチンの人気がロシア国内で最も高いのは興味ある現象であろう。もちろん各時期のロシア経済の情況が、人気を左右しているに違いない。しかしより大きい要因は、ソ連時代からのロシア人の大国意識ではないだろうか。東ヨーロッパのEU化やNATOの存在に対し、CISを束ねてロシアの権益を守ろうとするプーチンの姿勢が国内的に支持されるのは自然の成り行きかも知れない。

一八時半、右舷にシズラニ市、一九時左舷にフリブルッ村を過ぎる。やがて人口三〇〇万のサラトフ州に入った。一七時、ポーク入りサラダ・モスクワ風、ほうれん草のクリーム・スープ、タラ、チョコレート・ケーキのディナー。二〇時半から、トップ・デッキのコンフェレンス・ルームで、第三回ミハエル・コズロフ氏によるピアノ・リサイタルを楽しむ。演奏曲目は、ベートーヴェンのソナタ「月光」、シューベルトの即興曲だった。

一〇月四日八時に春日井市からの山脇氏らと朝食、彼のもともとの出身地は新潟県の村上市である。「新潟県では今でも上杉謙信は人気がありますか?」と訊ねたら、

「新潟県は広い県で、直江津がある上越、新潟市を中心とした中越、村上市の下越に分かれます。謙信の出自である上越では、むろん今でも郷土が生んだ英雄でしょう」と山脇氏。彼も相当の旅行家で、合衆国には数十回旅し、全州くまなく足を延ばしていた。家族臭の希薄なことから、独身かもしれないと勝手に想像する。ただ、私自身、家庭の雑務を放棄しバック・パッカーとして一人外国を旅することがある。第三者的にはその私の姿も、単身孤独な放浪者に見えているかもしれない、と思った。

九時二五分、予定より早めにヴォルガ河の右岸サラトフに着いた。早速上陸し、観光をスタートする。バスで、一七世紀通り、モジネ広場、三位一体教会、アルメニア教会、市庁舎、宇宙飛行士通りを回る。宇宙飛行士通りには、一九六一年世界で初めて宇宙飛行に成功したロストフで学生時代を過ごしたガガーリンの銅像が立っている。ソ連が最も元気だった時代、ケネディの米国とフルシチョフのソ連の間でキューバ危機が起こった時代でもある。

高台にある戦勝記念公園までの緩やかな傾斜の幅広い参道を歩く。両側に、若いポプラ並木が続いていた。平和のシンボルである記念碑の鶴は、死者の魂を表象するという。ヴォルガ河対岸のエンゲリス市ま

で三キロを超える橋が延びていた。エンゲルス市は、かってポクロフスクと呼ばれ、ヴォルガ・ドイツ人自治共和国の首都であった。

ドイツ出身の女帝エカテリーナ二世は、一八世紀後半ドイツ人の移民を奨励し、サラトフ周辺に数万のドイツ人が移住した。一九一八年、新興のソビエト政府は、ドイツ人集団に自治州設立を認めた。一九二四年、さらに独立性の高いヴォルガ・ドイツ人自治ソビエト社会主義共和国に改名されている。ただ、ナチス・ドイツとの間に戦争が勃発すると、スターリンはドイツ人をカザフスタンやシベリアに強制移住させ、ロシア内のドイツ人の自治共和国は消滅した。

地元の市場で三〇分の自由時間、あらゆる食材が並んでいたが、多種のチーズや河魚の乾物が目を引いた。市場と向かい合っている華やかな建物は、サーカス小屋である。その間の空き地は子供の遊園地で、メリーゴーランドや子供列車、ポニー乗場で絶え間なく子供達の歓声が上がった。この後歩いたキーロフ通りは、私がこれまで経験した中でも最も美しい歩行者天国だった（294頁　図8—31参照）。タイル石を敷き詰めた広い通りの両側に、丈の高いポプラやアカシアの紅葉を増した並木がおよそ一キロ続いている。遥か彼方の木立の間に見えていた尖塔が次第に大きくなる。ウトリ・マイ・ペチャリ教会だった。地元出身の革命的民主主義者チェルヌイネフスキーの像が立つ同名の広場に出た。広場の周辺には、音楽院や農業大学があった。

一四時、三七五キロ下流のボルゴグラードに向けて出港した。レストランで、キュウリとトマトのサラダ、人参ポテト入りスープ、シーフード・リゾット、デザートにスイカを食べた。一五時少し前、ガガーリンが、宇宙から帰還した場所スミノウスカ村を過ぎる。一五時半から一時間、これまでのクルーズを収めたビデオ第二部が、コンフェレンス・ルームで上演された。

一六時半、船内売店のタチヤーナさんとネリさんから、ロシアの土産物の話をして貰った。民族衣装サラファンの着付け、漆塗りの箱シュカツールカ、マトリューシカ人形など。サラファンは「全てを包み込む」ことを意味する。出身、家族数で形状が変わるらしい。黄色い房に赤いサラファンは、結婚衣裳である。結婚後は耳や髪を隠す習慣があった。一方マトリューシカは、「マトラーマ（母）」の愛称という。一九〇〇年のパリ万博で展示された日本のこけしにヒントを得て製造されたという面白い由来を知った。

一九時、夕食のため再びレストランに出向き、パプリカ入りサラダ、卵入りスープ、メンチカツ等を食べる。二一時、イワン／クサーナ夫妻の第二回コンサート、ロシア音楽とジプシーのダンスがあった。

## 一一、スターリングラードの戦い、ママエフの丘と女神像、ロマノフ家の秘宝

一〇月五日晴天、八時に朝食を摂っているとき船は水門を抜けた。妻は食事前のトップ・デッキでの体操を続けている。九時四〇分、ヴォルガ右岸のヴォルゴグラードに着いた。ヴォルガはここで流路を東に取り、カスピ海に注ぐ。また西側のドン河とは、このあたりで最接近している。スターリンの時代両河は、ヴォルガ・ドン運河で結ばれ、船でモスクワからヴォルガ河、ドン河を経由して黒海に出ることが可能になった。ヴォルゴグラードは、この地域の交通の要衝である。

その対岸であるヴォルガ河の左岸（東岸）には、一三世紀から一四世紀にかけて、キプチャク・ハーンの都サライがあった。一三世紀に西進したタタール・モンゴル軍は、現在のウクライナ辺りまで侵攻したが、彼らの拠点は主にヴォルガ河の左岸である。歴史的に見ればヴォルガは、東スラブ人の河というより、も

とは先着したタタール人の河と言えるかもしれない。ヴォルゴグラードは、スターリン時代にはスターリングラードと呼ばれていたが、彼の死後現在の名称に改められた。私にはナチス・ドイツとソ連軍との最激戦地スターリングラードの名称のほうが馴染み深いのである。ナチとの戦いはロシアでは、「大祖国戦争」と呼ばれている。

一〇時上陸、急な石段を登り、英雄並木通りの先にある戦没兵士広場に向かった。二度の大戦の戦没者を悼むオベリスクと焼け残った一本のポプラの木がある。丁度、男女の兵士による衛兵の交代が行われていた。ここから北数ブロックのところには、赤レンガの外壁だけ残した製粉工場跡と、隣接するスターリングラード戦の凄まじさを追体験することが出来るパノラマ博物館があった。原発のドームのような異様な屋根を持つこの博物館は、実際はヴォルガ河口近くのアストラハンまで往復した数日後に訪ねたのだが、その印象をここで纏めておく。

図（8-32）パノラマ博物館

一九四二年六月二八日ナチス・ドイツ軍はこの地に侵攻して翌年の二月二日までソ連軍との死闘を繰り返し、市街地は灰燼に帰した。市民を巻き込み双方あわせて二〇〇万近くの死傷者を出したといわれる。当初劣勢だったソ連軍は、ヴォルガ河の左岸（東岸）から兵食弾薬を補給して体制を建て直し、ドイツ軍を包囲した。ソ連兵は、背後から味方の督戦隊に脅かされて退却路を断たれ突撃を続ける。一方ソ連軍に包囲されたことを察知したドイツ軍の総司令官パウルスは、ヒトラーに全軍の撤退を進言したが却下され、こちらも後退の道を断たれた。どのように正義の旗を掲げようと戦争になれば人間は、ペットや家畜ほどの価値もなくただの消耗品に過ぎない。ドイツ軍は一〇万の捕虜を後に残して敗退した。これが転機となりナチス・ドイツは敗戦に向かうのである。捕虜の中には、パウルス司令官をはじめ、シュミット、フダムらのドイツ軍の将軍が含まれる。後に彼らは、ロシアの軍事裁判でナチス批判を繰り返し、処刑を免れている。

博物館では、まず音響と映像で実戦の臨場感を演出した。ついで、円筒状の壁面全体に描かれた市街戦の情況を、壁に沿って周りながら閲覧する。回り階段で上階に上がった参観者は、天井近くまで埋め尽くされた死者と硝煙に包まれた殺し合いの画面に息を呑むことになる。火を噴く戦車、丘に駆け上がる兵士達。ここで初めて、異様なドーム状の屋根の理由や、パノラマと称する博物館の意図に誰もが気付くのだった。

私達のバスは、市の中心部から数キロ離れた高台にあるママエフの丘を目指した。「ママエフ」とは、かつてタタール・モンゴルがこの地を侵略したときの軍人・政治家の名前である。両側にポプラ並木が続く石畳の参道は、途中幾つかの石段で徐々に斜面を上り、最後は剣を頭上高く振りかざした女神像が立つ草山に至る。この丘は、ナチス・ドイツ軍とソ連軍が争奪を競った一〇二高地の跡である。子供の頃訪ねた日露戦争での旅順の二〇三高地を思い出す。ママエフは同じような戦略上重要な地点だった。参道の途中には、戦没者の慰霊堂、永遠の灯火、女神像を映し出すプールなどがあった。女神像は、死者を悼むにしては猛々し過ぎる。私には、戦争を繰り返す愚かな人間に対する怒りの女神のように見えた（294頁 図8―33参照）。同船しているドイツからの旅客も多数、ママエフの丘に来ている。彼らの感慨は私たちこの地に直接係わりのない日本人とは異なるものがあろう。そのことを顔見知りになったひとりに訊ねてみたが、「もう世代も変わったことですから」と軽くいなされてしまった。この丘の下りで山脇氏と大島さんが、人込みの中で一行からはぐれた。バスの駐車場が木立に遮られて見えなかったらしい。

当地のガイド氏によれば、高さ八三メートルの女神像は、世界一の像としてギネスに登録されているという。内心で私は、マンハッタン島の沖に立つ自由の女神像と比較していたのだった。台座の高さを加えると八五メートルになる自由の女神像のほうが高い。しかし女神像本体だけの高さならママエフの丘の女神が勝る、これが後に判った知見である。

一三時、チャイコフスキー号に戻ってのランチ・タイム。出港まで時間に余裕があるので、多少勝手知った港近くのスーパーまで妻と買物に出かけた。一部の乗客はヴォルゴグラードでチャイコフスキー号と別れ、下船した。一七時、五〇〇キロ下流のアストラハンに向けて出港した。

この後トップ・デッキのコンフェレンス・ルームで、「ロマノフ王朝の秘宝」という興味深いフィルムが上映された。一九世紀末から一九一六年までの間にニコライ二世は、母の誕生日のプレゼントとしてファベルジェという名工にイースター・エッグをテーマにした高価な細工を注文した。単なるエッグでなく、親鳥などと組み合わせた手の込んだものだった。最後に製作されたイースター・エッグは、ロシア革命の直前の一九一六年のものである。全部で、丁度五〇個が製造されたという。これに興味を持ったアメリカの富豪フォーブスは、二四個まで収集した。

ロシア革命時イギリスに亡命したニコライ二世の母后のもとに残った最後のエッグは、移住した二人の娘と息子と共にアメリカに渡った。現在孫娘がアメリカに住んでいるが、生活のためロマノフ家の遺産の多くは手放され、イースター・エッグも手元に残っていないという。

一九時、グリーンピースやライス入りのスペイン風サラダ、ソーセージ入りスープ、サーモン・シベリア風、ポテト・ケーキのディナーを楽しむ。二〇時半からボート・デッキのバーで、ドイツ語による地理学クイズの催しがあり、好奇心から顔を出した。ドイツ人のツアー・リーダーが司会者としてクイズを出し、各五人ほどのグループが相談して回答する。一人参加者も構わない。単純な問いから少しひねった問題まで、なかにはドイツ語自体が理解できない設問もあった。参加者は冗談を飛ばしたり、司会者に逆質問を返すなど和気藹々の雰囲気のなかで、五〇問が提起された。例えば「ヴォルガはヨーロッパ一の大河ですが、ロシア最大の河はどれでしょうか?」という設問。私はシベリアから北極海に注ぐオビ河かエニセイ河と思っていたが、正解は「わずかに長いオビ河」だった。この質問のポイントは、地理学的にウラル山脈の東がアジア・ロシアで、ウラルの西がヨーロッパ・ロシアと呼ばれることにあった。ロシア共和国とは、大陸の区分を超えた広大な概念である。

## 一二、極楽湯と夢判断、果てしない針葉樹林とヴォルガの流れ、ロシア式ティ・パーティやディナー

一〇月六日、寄港地もなく、カスピ海の河口付近まで専らヴォルガ河を下る一日である。六時に目覚めて少し読書した。朝食のため八時にシンフォニー・レストランに赴く。朝の体操を終えて食卓に加わった妻は、長井からの殿本氏と中国の三峡下りの経験を話していた。「長江ダムの完成で水面が上がった三峡の景観は、どのように変わったでしょうか」一〇年以上も前の旅の思い出である。

千葉市稲毛区の清水さんは、近所のスーパー銭湯「極楽湯」によく通うらしい。

「湯上りに転寝をしていると、目覚めたとき現在の時間も場所も一瞬判らなくなることがあります。これは至福の境地かもしれませんね」

「極楽湯なら大阪にも幾つかありますよ。私たちの町の隣の茨木市にも、淀川対岸の枚方市にも」と私が

口を挿んだ。「一月に一度くらいどこかのスーパー銭湯に妻と出かけて、散髪を済ませてお湯に浸かったり食事をします」

福山市から参加の八木さんは、誰とでもどのような会話にでも対応できる常識ある人のようだ。気が合った盛岡市の東さんと一緒に行動していることが多い。八木さんが姉で東さんが妹のように見える。その八木さんが、

「昔と変わらない若い頃の恋人に出会って自分だけ老けていた、という夢を見ることがあります」と思いがけないことを口にした。

昔、フロイト流精神分析に興味を持ち、その著作を読み漁ったことがある私は、夢には非常に関心がある。一方で、自分の夢を口外することは用心しているのだった。かつて友人が無邪気に語る夢を聞いて驚いたことがあった。殆んど同じ夢を語る患者を、フロイトが既に精神分析していたからである。フロイトのリビドー論によれば、神経を煩った人の夢には、抑圧された性的願望が隠れている。八木さんは落ち着いた常識人だが、彼女の見る夢には昔の満たされなかった思いがまだどこかに残っているのかもしれない、と密かに精神分析を試みた。

九時半、人口一万五〇〇〇のアストビースクを左舷に見送る。カスピ海の塩の取引の基地であったという。そろそろアストラハン州に入った。丘陵もなく両岸には樅や黄ばんだ白樺など針葉樹の林がどこまでも続く。船首の先には、遥かにヴォルガ河が延びていた。

一〇時からバーで、オリガさんを囲んでの雑談会や、折り紙の練習。ロシアの結婚式や葬儀の話が出たらしい。遅れて私がバーを覗いてみると、参加者は女性ばかりで折り紙製作の最中だった。数日後ヨーロ

ッパからの乗客を招いて折り紙教室を開くらしい。

一三時レストランで、チキンと野菜のサラダ、キャベツ・スープ、ポークとビーフの壷焼き、ストロベリーのアイスからなるランチ。山脇氏が、アフリカのスワジーランドでの若い女性の裸祭りの話をした。私はこれまで世界中を廻っている旅行者にしばしば出会っているが、この人も相当数の国を訪ねている一人ではないかと思った。おそらく百数十ケ国は足を踏み入れている。

一三時半から、コンファレンス・ルームで映画「チャイコフスキー」を観た。チャイコフスキーの妻は、陽気だが浅薄な女性で夫の音楽を全く理解できず、友達と遊びまわっている。本来内省的な人だったチャイコフスキーは、一層孤独を深め作曲に沈潜した。そしてロシア的憂愁とロマンの香り高い名曲を次々に生み出していく……そのようなストーリーだった。

一六時、シンフォニー・レストランでロシア式ティ・タイム。ドイツ人グループによる催しだったが、特別に参加させて貰ったのである。キャベツや挽肉入りの伝統的ピロシキに苔桃ジャムのタルト、イワン氏のアコーデオン伴奏によるクサーナさんの踊りなど楽しいパーティだった。

一九時からシンフォニー・レストランで「ロシアの夕べ」と称するディナー。乾杯用のウォッカがサーヴィスされ、ニシン・サラダ、スズキのスープ、ペリメニ（水餃子）、サワー・クリームとケーキが出た。水餃子は中国からロシアに入り、ロシア料理の一部になっているという。二〇時三〇分から、コンフェレンス・ルームでミハエル・コズロフ氏による第四回ピアノ・コンサート。ショパンのポロネーズや「別れの曲」、リストの「愛の夢」、グリーグの「ソルベージの歌」などを楽しんだ。バロック、古典期、ロマン派と幅広いピアノ曲を弾きこなすコズロフ氏は大変だ。

## 一三、ヨーロッパがアジアに出会う町、またもクレムリンへ、アストラハンのプロムナード、母なるヴォルガとシベリア鉄道のこと、暗闇の中のピアノ演奏

一〇月七日六時、窓外は濃霧が立ち込めてなにも見えなかった。船は停まったままで動かない。既にアストラハン港に着いているものと思ったが、単に霧が薄まるのを待っていたのだった。河船の移動にとって霧が最も厄介なのである。未明に到着予定だったアストラハンに接岸したのは、九時二〇分だった。この間に朝食を済ませた。山脇氏と中国各地の旅の話を交わす。北京、山海関、瀋陽、長春、ハルビン、満州里、松花江、岳陽楼、洞庭湖、仇江、赤壁、荊州、武漢、上海、西安、洛陽、玉門関など、お互いに共通の訪問地も、いっぽうがまだ訪れていない場所もあった。

九時半、市内観光に出発した。人口六五万の州都アストラハン、正確な地理的場所は分からないままにその名称だけは子供のころから聞き知っていた。その響きから漠然とシルクロードの町を想像していたような気がする。地理学的にはヨーロッパの東の果て、中央アジアのカザフスタン共和国に近い。アストラハンは、まさにヨーロッパがアジアと出会う町である。

ＡＤ七世紀から一〇世紀にかけてはユダヤ教を国教とするハザール国があり、一三世紀からはタタールのハーン達が治めた。現在東ヨーロッパに居住するユダヤ人アシュケナージは、ハザール国の末裔との説がある。一六世紀末にイワン雷帝がこの地にも侵攻した。一八世紀にはピョートル大帝もこの地をロシアの版図に組み込み、運河建設を構想している。去りし日には、インドからの茶商人も行き交ったシルク・ロードの町だった。雨量が少なく乾燥した地域のため、冬は零下三〇度、夏は逆に最高四〇度を超える厳

図（8-34）アストラハンのプロムナード

しい風土である。

バスの車窓から白鳥が浮ぶ文字通り「白鳥の湖」、運河、モスクなどを見てから、一六世紀末に建設された世界遺産クレムリンに入城する。入り口は、数層の楼閣を重ねた素晴らしい鐘楼の下にあった。砲列の庭、白壁の上に五、六本の灰色のドームを載せた三位一体教会、守備隊の詰め所、赤い門などを廻って、最後に鐘楼近くのウスペンスキー寺院に入った。寺院の屋根上には、明るいエメラルド・グリーンの五本のドームが、中天に浮き立つように並んでいる。北ロシアで見たような、下部がすぼんだ葱坊主ではないことに気付いた。このあたりまで南下すると積雪が少ないのだろうか。主祭壇の前面にあるイコンは、これまで目にした中では最大級の豪華なものだった。高い天井ドームに達するほどの、縦横に並んだ華麗なイコンの壁に圧倒された。スーパーや魚市場に立ち寄って、船に戻る。

カスピ海に近いヴォルガ・デルタへのオプショナル・ツアーに参加しない人は、ランチを終えた後、船が出港する夕方までフリー・タイムになる。一四時半、気を使った添乗員の水沢さんが、希望者を市内の散策に誘ってくれた。クレムリンの南壁沿いに歩いて、戦死者を追悼する永遠の灯がある公園の中を横切り、ヴォルガの水を引いたクリークをまたぐ橋の上に出た。橋の欄干には、永遠の愛を誓った男女が掛けた無数の「誓いの鍵」があった。クリークに沿ってヴォルガ河岸に出る。途中にあった瀟洒な結婚式会場の建物の前に妻を立たせて写真を撮った。もはや何の所縁もないが。

敷石を敷き詰めた広いプロムナードは、船着場まで一キロほど続いていた。道の中央には外灯が並んでいる。かつて貴族や紳士淑女が夕べの散歩を楽しんだのであろうかと思った。幅広の帽子を被り、長いスカートを着けた女性の像が立っていた。犬を連れている。「これ、『犬を連れた奥さん』じゃない？」と妻が声を挙げた。間違いない。このプロムナードは、クリミア半島のヤルタにある現在のレーニン海岸通りを模しているのだった。さらに歩くと、丸い帽子をつけた靴磨き少年の像がある。これもチェーホフの作品中の登場人物かと頭をひねるが、適当な物語が浮ばない。後でオリガさんに訊ねても、分からなかった。桟橋の脇で白い猫が、岸壁の上に片腕を伸ばしたまま気持ち良さそうに眠りこけていた。

一七時、コンフェレンス・ルームで、「シベリア鉄道の旅―第一部モスクワからチュメニまで」のDVDの映写を観た。一九時、シンフォニー・レストランで、ハムロールのサラダ、レンズ豆のクリーム・スープ、ビーフ・ロール揚げ、スポンジ・ケーキとチョコレート・ムースのディナー、吹田の高田さん、盛岡の東さん、長居の殿本氏らと相席した。高田さんと東さんはオプショナル・ツアーから戻ったばかりだった。「今回のクルーズの中で最も楽しかった」と高田さん。これまでのオプショナル・ツアーに全て参加している元気で好奇心旺盛な方である。

「モーター・ボートで波を分けて走るのが痛快でした」と東さんが例によって若々しい声を挙げた。「水鳥はあまり見られませんでしたが」

「それだけなら、わざわざヴォルガでやらなくても、日本の海岸で楽しめるのでは？」長居の殿本氏が冷やかした。この人は、悪気はないが時々辛らつな冗談を口にする。かつてルーマニアに旅したとき、世界自然遺産であるドナウ河口のデルタのツアーに参加したという。「湖沼の間を小船で回るだけでつまらなかった」らしい。彼も相当の旅行者だ。そして自由気儘な生活者のように見える。間違いなく独身者だと私は睨んでいる。

一〇月八日、一昨日下ったヴォルガを逆に一日かけてヴォルゴグラードに向けて遡った。船首の図書館で読書したり、船縁りを散歩する。旅に出て二冊目の書物を読み終わった。図書館によく顔を見せるのは山脇氏や松戸市からの中山さんだ。この部屋は、明るく静かだし、前方に次々に変化するヴォルガの景観は見飽きることがない。

長い間ヴォルガ沿岸は、タタール人の拠点だった。しかし、歳月をかけてロシア人はヴォルガ河畔に浸透していく。モスクワ公国のイワン雷帝が、ロマノフ朝のピョートル大帝が。そして近代ロシアの母と讃えられたエカテリーナ二世の時代にヴォルガは、完全にロシア人の「母なるヴォルガ」に変わった。ロシアの地方を訪ねるつもりだった私たちのクルーズは、当初の予期を超えてロシア人のアイデンティティを探る旅になったのである。

一一時から、ボート・デッキのバーで合唱の練習をした。タレント・ショーも近付き、練習も次第に熱が入る。午後にはコンフェレンス・ルームで、DVD「シベリア鉄道の旅―第二部チュメニ、イルクーツク、ウラン・ウデ」の映写があった。場面は、次第にロシア的要素からモンゴル的景観に変っていく。

一九時、シンフォニー・レストランで、野菜サラダ、ボルシチ・スープ、サーモン、プディング・キウイーソースかけのディナー。清水さん、大島さん、山脇氏と同じテーブルに座る。観たばかりのビデオが話題になった。

「シベリア鉄道ではありませんがロシアの列車で、北京から中国とロシアの国境の町、満州里まで二晩かけて旅したことがあります」と私が口火を切る。

「シベリア鉄道の全線を完乗したいと考えたこともありましたが」

「その一部に過ぎないイルクーツクとバイカル湖の旅は、散々でした」と山脇氏。「天候が悪く、寒さで観光どころではなかった。一週間もかけてハバロフスクからモスクワまで行くことなど慮外ですよ」

戦後シベリアに抑留された人たちの話が出た。極寒の地で生き残れる人はどんなタイプだろう。痩せ型か、少し肥満している方か。

「生薬の知識が重要だったと聴きました」と誰かが言った。

「抑留者の間では、せめて気候の温暖なタシケントの収容所に転勤させて欲しいという人もいたそうです」

私は実際にシベリアで三年間労働に従事していた先輩の話をした。「でも極東ロシアにも一度は行ってみたい」

「タレント・ショウも、もう直ぐですね」とピアノの先生だった大島さんが話題を転じた。

「『カチューシャ』を唄うと聴いて、てっきり『カチューシャ可愛や　忘れの辛さ……』の歌詞の方を予想してました」と私が言う。

「それは築地小劇場のヒット曲でしたね。島村抱月が演出し松井須磨子が唄った」と大島さんが昔聞き慣れた名前を口にした。やはり同世代間の反応は早い。ついでに往年の名歌手、藤原義江に触れる。

「『ヴォルガの船曳き歌』や『城ヶ島の雨』などの歌唱を、極端に抑揚をつけて唄っていましたが」

「ほう、藤原義江も『ヴォルガの船曳き歌』を唄ってましたか」と山脇氏が口を挿んだ。

「あの誇張された抑揚は、オペラ歌手独特の歌い方です」と大島さんが認めた。

二〇時三〇分コンフェレンス・ルームで、ミハエル・コズロフ氏による最終回のピアノ・リサイタルが開かれた。グリンカ、チャイコフスキー、ラフマニノフらロシアの作曲家の曲目である。ところが開始前から、照明の具合がおかしかった。はたして最初のグリンカの演奏が始まってまもなく、会場内の照明が消えてしまった。コズロフ氏は適当なところで、一旦演奏を中断した。再開して最後のラフマニノフのピアノ協奏曲を弾いている最中、またしても照明が切れ会場は暗闇になる。しかし今度はコズロフ氏は演奏を中断せず、難解な協奏曲を暗譜で最後まで見事に弾き切った。聴衆は、これまでにない拍手を送る。アクシデントのおかげで、プロの演奏家の実力を聴衆が実感したのだった。

## 一四、いよいよドン河へ、家財整理のこと、シニアー達の学芸会

一〇月九日八時、ボルゴグラードに再度の寄港をする。午前中はフリー・タイム。希望者だけ水沢さんに引率されて、市街地の北、徒歩三〇分ほどのパノラマ博物館に出掛けた。その時の印象は既に記述した通りである。一三時、五八六キロ離れたドン河畔のロストフに向けて出船した。一四時、右舷の岸辺にレーニン像が立っていた。一四時四〇分、今度は左舷に再びレーニン像を見る。

一五時、コズロフ氏の伴奏で最後の合唱練習をした。その間の一五時三〇分、チャイコフスキー号は船首を西に向けヴォルガ・ドン運河への水門に入った。運河はそのまま北西から南下してきたドン河に合流し、南西に向きを変えてアゾフ海に注ぐのである。

一七時、ドイツの旅客を招いて、折り紙の講習会が開かれた。男性を含めた参加者多数で、一人の日本女性を数人の生徒が取り囲むという盛況。数日前喘息の発作で少し苦しんでいた杉並区にお住まいの吉村さんも元気を回復して、得意の折り紙づくりを披露した。羽を動かす鳥や騙し船など、面白いものが仕上

がっていた。少し遅れて顔を出すと、身振り手振りで熱心に三人のドイツ女性のお相手をしている妻の姿があった。「忘れかけていた折り紙、久しぶりで苦労したわ」と楽しそうにいう。幼稚園の教諭時代以来だったのである。

一八時半オリガさんと水沢さんが、T社のツアーの無事を祝う乾杯の時間を設けてくれた。続いてディナーの時間になった。マッシュルーム・ポテト、キュウリのサラダ、ミート・ボール入りスープ、ポーク、メロンとスイカ。

二人組みの旅友、清水さんと大島さんが、家財の整理についての漫談を始めた。

「美術短大を出たので昔は絵も描きましたが、婚家では誰も関心がないため殆んど廃棄してしまいました」と清水さんがいう。

「たまたま出てきた学生時代のスケッチを見て、案外昔は巧かったなと思ったこともあります」。そして「夫の写真もそろそろ整理しようかとも」彼女は少しぎくりとする言葉を加えた。

一方の大島さんは、

「食器でも着物でも、使う当てがないものは早々に捨てることにしています。部屋にゆとりのスペースができますから」という。それでもピアノの先生だった大島さんは、レコード・アルバムには未練があるらしい。私の家では妻が時々ぼやくほど、現在も書物が増殖を続けている。

一〇月一〇日晴れ、七時起床、窓外を見ると狭い水路を対向船がすれ違った。夜の間に一一個の水門を通過したらしい。本日は一日かけて、ドン河を下る。やがて河幅が広くなった。九時三〇分、スラリンスカ貯水湖に入る。一一時右舷にミシイシの町、続いて左舷にステンカ・ラージンの生地プガチェフスカヤ市が見えた。貯水湖がかなり波立っている。一〇時三〇分、船内諸費用の清算、担当部署ごとの乗組員へのチップは添乗員に一括委託した。自ら乗組員にチップを手渡すと主張していた日向氏も、結局水沢さんに依頼した。誰に渡したらいいのか見当が付かなかったのだろう。ルームの清掃員には、添乗員水沢さんがチップを仕分けした封筒を各自が直接あげた。

一二時半、シンフォニー・レストランで、赤カブとキャベツのサラダ、壷入り野菜シチュー、ストロベリー・アイスのランチ。あと幾度このレストランで食事が出来るか、指折り数えた。一五時、左舷沖の岸辺では、二基の原子炉から煙が上がっている。一五時半、このクルーズで撮られたフィルム続編が、トップ・デッキのコンフェレンス・ルームで映写された。一六時五分、左舷にヴォルゴドンスク市を見送る。

一八時四五分、再びコンフェレンス・ルームで、船長主催のお別れパーティがあり、クルーズ・ディレクターのエレーナさん、オリガさんら各グループのロシア人添乗員、つづいて船長ウラジミール氏のお礼の挨拶があり、乗客全員が乾杯した。そのまま乗客は二デッキ下のレストランに移動し、お別れディナーを摂った。きのこ入りグラタン、セロリのクリーム・スープ、サーモンにリゾットなど。

今夜の行事はこれで終わりではない。二〇時四五分から、再びコンフェレンス・ルームに戻る。各グループが練習を繰り返してきた演技を、いよいよタレント・ショウで披露するのである。最初は、大勢のドイツ人客の合唱、続いて二人の男性による西洋風漫談と歌があった。最後が私たち日本人グループの合唱。まず「カチューシャ」の歌、

ラース　ツヴィエ　ダーリ　ヤープロニィ　グルーシ（りんごのはなほころび）

パープルイリー　トゥ　マーヌイ　ナド　リェ　コイ（かわもにかすみたち）

……………………

とロシア語の歌詞を唄い、次に「君なき里にも、春は忍び寄りぬ」と日本語で締めくくる。

二曲目は「上を向いて歩こう」、三曲目は「幸せなら手をたたこう」と何れも坂本九の歌謡を合唱した。

「幸せなら……」のときは、聴衆と一緒に手を叩いたり、足踏みをする。最後の「幸せならキスしよう」は、会場に向けての投げキッス、最前列の中央にいた大島さんと八木さんは抱擁までして見せた。かくて、おそらく全員が半世紀ぶりに経験したシニヤーによる「学芸会」は終わった。

## 一五、濃霧のための航行の遅れ、何人ものタチヤーナ、それでも静かにドン河は流れる

一〇月一一日六時半起床、船は大型の水門の内に停泊していた。またもや夜間の濃霧のため、移動できなかったらしい。八時にレストランに行くと、トップ・デッキで体操を済ませた人達が戻ってきた。皆、紙製のメダルを手にしている。体操も今朝が最後になる。本日に限り欠席した妻は、少し残念そうな顔をした。だが誰かが妻のメダルも預かってくれていた。朝の体操に精勤したひとの半数は、日本人グループだったらしい。


九時四〇分、今回のクルーズ最後の水門を抜けた。たまに見える民家や私的な小さな船着場を除けば、ドン河の両岸はこんもりと茂る木立が何処までも連なるだけだ。ドンの水面は、殆んど波がない。その中で、ボートで、一人釣り糸を垂れているのを見た。続いて別のボートの釣り人の姿（294頁　図8—35参照）。

「ああ、これこそ『静かなるドン』だ」と思った。

一二時半からの昼食。予定通りなら、今頃スタロチェルカッスカヤに上陸してコサック博物館を観たりコサック・ダンスのショウを楽しんでいたはずの時間だが、航行の大幅な遅延のため全て中止になった。目的地のロストフ到着も半日遅れの日没後になるという。

一五時、コンフェレンス・ルームでＤＶＤ「モスクワのクレムリン」を鑑賞した。一八時からシンフォニー・レストランでの最後の晩餐、ギリシャ風サラダ、シーフード・スープ、ロール・キャベツライス入り、アイスクリーム・ベリー・ソースを摂った。

食後、私達のテーブルのウエイトレス、タチヤーナら従業員の希望に答えて、皆で合唱をした。彼女たち八人ほどの赤い制服を着たウエイトレスやウエイターは、昨夜のタレント・ショウを見ることができなかったのである。まだ食後残っていたドイツ人の席からも拍手が来た。思い出してみるとこの船の中だけでも、レストラン・マネジャーのタチヤーナ、ウエイトレスのタチヤーナ、お土産店スタッフのタチヤーナと三人のタチヤーナがいた。私が愛読するプーシキンの『オネーギン』に出てくる文学史上の「永遠の女性タチヤーナ（ターニャ）」は、実はロシアでは最もポピュラーな女性の名前だった。

一九時二〇分、日がとっぷり暮れてからようやくロストフに着いた。バスで最後の市内観光に出発する。外灯に照らされた街中を、中央広場、高い戦勝記念タワー、マルクスの像が立つ広場、肥満した商人の像や猫の像を途中下車して写真を撮りながら慌しく周った。船着場前の空き地にショーロホフの像があると聴いて、少し周り道をする。両足を広げ、目線を少し下に落とした立像だった。ドン河の流れを見つめているのだろうか。

大作『静かなるドン』の主人公コサック人の青年グリゴーリは、ロシア革命のとき、君主制を支持した

図（8-36）ショーロホフ像

り、コサックの自治を主張したりと動揺した軌跡を辿った。最後は勝利したボルシェヴィキの赤軍に属したが、うらぶれた兵士の姿で帰郷する。結局彼に残ったのは、一人息子のミーシャトカだけだった。この末尾は、郷里に戻ったスカーレットが、「それでもタラの農場だけは残っている」と叫ぶ『風と共に去りぬ』に似ていると思った。

ショーロホフの作品については、出版後からこの末尾を含めてソ連内部で批判が相次いだ。先ずロシア革命に対する著者の立場が曖昧であるという政治的論評が出た。また、シェイクスピアの『ハムレット』や『リヤ王』などに比べ主人公グリゴーリに強烈な個性や主体性が乏しく、そのため逆に結末を悲劇と受け取るほどのインパクトがない、とする文学的批評が優勢な時期もあった。

半世紀も前に読んだ作品だから細部の記憶は曖昧だし、今さらこの作品を論じる意図もない。ただ、ドン河流域で独自の生活を営んできた誇り高いコサックが、モスクワなどの労働者（プロレタリアート）の解放を目指したレーニンのロシア革命に巻き込まれ落魄していく情況を描いた叙事詩として、かつての私は読んだのだと思う。作品自体の悠然としたテンポと長さは、ドン河の流れに対応している。

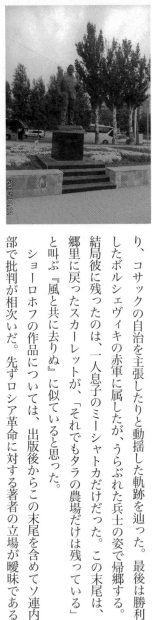

“And quiet flows the Don”

私は、この作品の英訳本のタイトルを思い出した。こちらのほうが、日本語訳のタイトルより原文ロシア語の表題に近いのではないか。

多くの人間が喜んだり悲嘆にくれたり、いがみ合い殺戮を繰り返した、かのロシア革命からほぼ一〇〇年の歳月が流れている。ソ連邦は崩壊し、革命の大義も歴史的過去になった。

「それでも、静かにドン河は流れている！」

これこそ、ショーロホフが伝えたかったメッセージではないか、と私は考える。

私達の、「名船チャイコフスキー号で行く、壮大四、〇〇〇キロ、ヴォルガ・ドン河クルーズ」の旅は、ロストフで実質的に終わった。


（二〇一五年一二月四日、記）

# 第９章　ドイツの旅

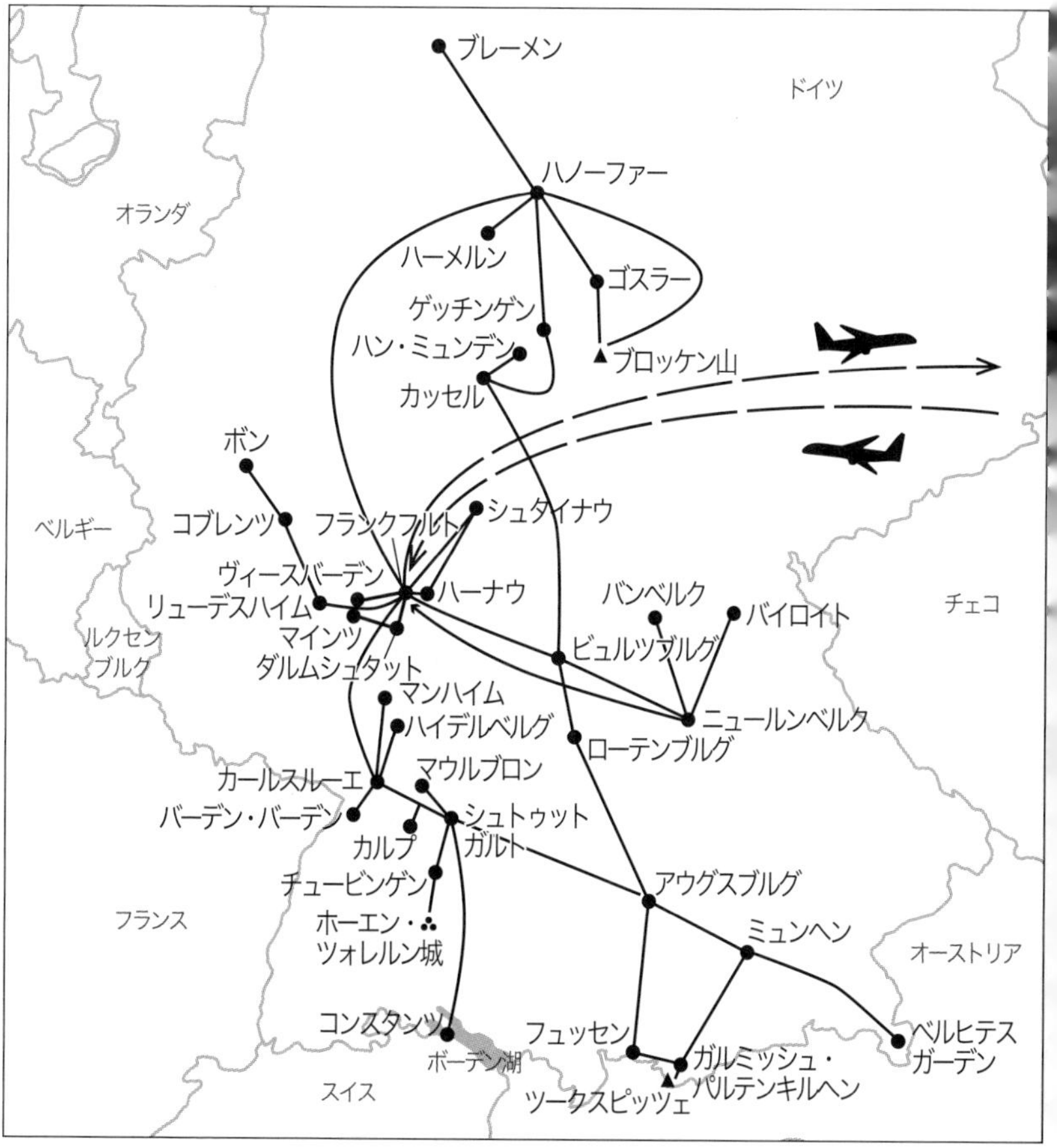
ブレーメン
ドイツ
ハノーファー
オランダ
ハーメルン
ゴスラー
ゲッチンゲン
ハン・ミュンデン
ブロッケン山
カッセル
ボン
シュタイナウ
コブレンツ
フランクフルト
ベルギー
ヴィースバーデン
ハーナウ
バンベルク
バイロイト
リューデスハイム
チェコ
マインツ
ルクセンブルク
ビュルツブルグ
ダルムシュタット
マンハイム
ニュールンベルク
ハイデルベルグ
ローテンブルグ
マウルブロン
カールスルーエ
シュトゥットガルト
バーデン・バーデン
カルプ
チュービンゲン
アウグスブルグ
フランス
ホーエン・ツォレルン城
ミュンヘン
オーストリア
コンスタンツ
フュッセン
ベルヒテスガーデン
ボーデン湖
ガルミッシュ・パルテンキルヘン
スイス
ツークスピッツェ

（その一）

東西ドイツが一つに回帰してから早くも三〇年近くの歳月が流れている。ドイツ人でも若い人達にとっては分裂時代は、両親から聞いたり学習で覚えた伝聞の領域であろう。旧東ドイツで生まれ育ち一六年間も首相の地位にあるメルケルさん以外の首相を、大多数の若者たちは直接的には知らないはずである。ただ西欧史の一部としてドイツ史を学んだ私の脳裏には、ほぼ半世紀にわたる東西ドイツの区分は厳然として残っている。丁度世紀が変わる二〇〇〇年にイギリスの大学から戻る途中、半月ほどベルリン、ポツダム、ヴィッテンブルグ、ドレスデン、マイセン、ライプチヒ、ヴァイマール、エアフルト、イルメナウ、アイゼナハ等旧東ドイツの諸都市を回ったことがあった。ベルリンの壁は半ば破壊された状態でまだ残っていたし、数年前完全に復元されたというドレスデンのフラウエン教会も当時は殆ど瓦礫のまま手付かずの状態だった。ライプチヒの市庁舎では、修復工事が進められていた。

その後旅の途上で、ミュンヘンやフランクフルト、ケルンに短時間滞在することはあったが諸事にかまけて、統一後のドイツをゆっくり巡回する機会が無かった。最近になってそのことに気付き、急にドイツに行きたくなった。若い頃から英語と合わせて勉強したドイツ語を話す人達が現実に暮している国、ゲーテ、マン兄弟、ヘッセ、カロッサ等で親しんだ文学、バッハ、ベートーヴェン、ブラームス、ワグナーの音楽を生んだ風土、そのドイツをもう一度時間をかけて周遊したい。そのような動機が、今回前後二六日間のバック・パックでの旅になった。限られた日数のなかで具体的なスケジュールを検討した結果、旅先を曽遊の地である旧東ドイツ領を省いたほぼ旧西ドイツの領域に絞る。それでも国土のほぼ四分の三を占める地域であり、結構忙しい旅だった。

## 一、ロマンチック街道の北の入り口、ビュルツブルグへ

二〇一七年九月九日定刻六時五〇分、フランクフルト国際空港に着いた。最初の予定地ビュルツブルグまで汽車で行くか、ロマンチック街道バスにするか。その出発点がフランクフルト市のどこにあるかもよく分からぬまま当地に来てしまった。とりあえず、空港内のドイツ鉄道（以下「DB」と略す）駅まで長い通路を歩いた。入国審査を経て、DB駅に着いたのが八時前。DB中央案内所で訊くと、八時三五分発のICE（都市間特急）列車が、ビュルツブルグを経由するという。片道四〇ユーロ、この国にはシニアー（年配者）割引制度はないらしい。数年前、九割もシニアーが割引されるハンガリーやスロヴァキアを旅して、外国人である私もその恩恵を受けたのである。旧社会主義時代の高福祉政策がこれら東欧の国には残っているのかもしれない。今回のドイツ旅行は、汽車賃が少し嵩みそうだと覚悟した。

車内は結構混んでいて、座席を見つけるのに一苦労する。大きなトランクを抱えたアジア系の女性も席を探していた。彼女は上海の人で、ドイツ国内の就職先に向かう途中だという。日本のJRと違いDBは、指定席車両と自由席車両の区別がない。偶々指定券を持った人が乗り込んで来ると、その席を空けなければならないのである。列車は、七分遅れの一〇時一二分ビュルツブルグに着いた。戸外は、出発前の大阪より五度ほど低い感じなので、薄手のコートを一枚羽織った。

ビュルツブルグは、観光地として人気の高い「ロマンチック街道」の北の入り口である。「街道」はドイツ語で、「通り」を意味するstrassの訳語である。この国では「アルペン街道」とか「メルヘン街道」

など特徴的名称を冠して、地域をアピールしている。今回はこれらの地域にも足を踏み入れることになるだろう。

ビュルツブルグの旧市街地は、駅前から始まっている。あまり広くもない石畳の道を路面電車が走る。電車道に沿って一キロほど歩き、マルクト（市場）広場のインフォメーションに立ち寄った。以後の旅行中分かったことは、ドイツの初めての町で旅行者にとって最も重要なポイントは二つあるということだ。DB駅構内の中央案内所とマルクト広場である。中央案内所は利用者の相談相手になり、乗換駅や時刻、プラットホーム（グライス）番号を記した表を添えて発券してくれる。通常市庁舎や大聖堂などが集まる都市の中心部にあるマルクト広場には、観光パンフレットや市街地図を備えたインフォメーションがあり、宿泊場所の情報なども提供してくれるのである。とりあえず当地のインフォメーションから予約を入れてもらったユース・ホステルにチェック・インすることにした。

図（9-1）ビュルツブルグの市街地

マルクト広場を過ぎて、しばらく電車通りを直進したところに大聖堂が立っている。ここで電車通りに沿って右に曲がるとやがて市庁舎の高い塔が見え、マイン川に架かる歩行者専用のアルテ・マイン橋に出た。所々に聖人の像を安置するための張り出し空間を持つ趣のある古い橋だ。この辺りの空き地の其処彼処で楽器演奏や歌唱が聞こえ、聴衆が群がっている。路上演奏家のフェスタが今週ビュルツブルグで開かれていて、近隣の町からも人が集まっているのだった。通りにはワイングラスを片手に談笑する家族連れやグループの輪が広がっていた。

橋を渡った西岸は、東岸と対照的に道行く人も少なくなる。背後の丘上にマリエンベルク要塞が聳えて

図（9-2）レジデンス宮殿

いる。その麓にユース・ホステルがあった。ホステルの廊下の裏窓から、背後の崖上に、両端に二本の塔を持つ要塞が迫っていた。一休みしたところで、アルテ・マイン橋の近くの住宅地を通り抜けて要塞に通じる坂道を登った。要塞の境内は、傾斜のある広い公園になっていた。ドイツ語で城を意味する単語には「Schloss」と「Burg」があり、前者は領主の居館を意味し後者には実戦的な城砦のニュアンスがある。あきらかにマリエンベルクは防御を目的にした本格的な城砦で、一三世紀から一八世紀まで使われていた。二重の高い石垣を巡らせた城砦は、結構規模が大きく威容ある建造物である。俗界と宗教界を支配したこの都市の君主、大司教の権威を象徴していた。私は城砦の内部には入らず石垣の外から、足下に流れるマイン川と対岸に広がる赤い甍を連ねたビュルツブルグ旧市街、林立する市庁舎やマリエンカペレの尖塔、大聖堂の二つの角錐形の屋根の展望を楽しんだ。このビュルツブルグは、滋賀県の大津市と姉妹都市である。

市内には、大司教の権勢を示すもう一つの居館レジデンスがある。政局が安定した一八世紀になって、君主は要塞から旧市街の中心にあるレジデンス宮殿に移り住むようになった。この館は、一七二〇年大司教プリンス・ビショップの指令で建設が始まり、一七四四年に落成されている。世界文化遺産に登録された二階建ての広壮な建造物である。しかし多くの訪問客のお目当ては、正面入り口の奥から上階に向かう豪華な階段とその天井全面に描かれた世界一大きなフレスコ画であろう。内部は自由に見学できるのだが、英語のガイドによる一六時半からのツアーにあわせてレジデンスに向かった。地上階の広間の照明が少し暗いのは、上階とのコントラストを際立たせるためだと男性ガイドはいう。確かに、周辺に事物や人物を配し中央に天上界の雲のように明るく配色されたフレスコ画は、地上に対し天国を示すように浮き立って見えた。エルサレムやゴルゴダの丘を示すアジア側やアフリカ、新大陸などが絵の四辺に描かれ、ヨーロッパを中心とする当時の世界観が表象されている。

階段を上がったところには、プリンス・ビショップの像があった。二階で目立つ豪華な部屋は、漆喰飾りで統一された「白の間」と金や大理石をふんだんに使った「皇帝の間」である。皇帝の間に描かれた絵画によれば、有名な皇帝バルバロッサが子息に恵まれない皇后を離別するため、教皇との仲裁を取持ったのがビュルツブルグの大司教だったという。思わぬところで歴史がからんでいるのである。

明日のローテンブルグ行の切符を買うため、路面電車でDB駅まで往復する。一九時、ユース・ホステルに戻った。人気ホステルと聞いていたが今夜は意外に閑散としていて、六ベッドのドーミトリーの部屋を独占する。話し相手のないユースは、気ままに寝起きできるが少し寂しい。

## 二、ローテンブルグの町歩き、リーメンシュナイダーの彫刻、マイスタートルンクの伝説、日本人の女性店員

六時起床、七時に地上階の食堂でビュッフェ朝食を摂った。ビュルツブルグ発九時四一分の普通列車に乗った。昨日のICE特急と異なるローカル線の鈍行なので、車内は空席が多くのんびりとした雰囲気が漂っている。車窓に、ゆるやかな起伏がある畑地が過ぎていく。シュタイナッハ駅で乗り換え、一〇時半にローテンブルグに着いた。ロマンチック街道の人気スポットであるこの町は、DB本線から外れた僻地に、小島のように残った別天地だ。鉄道駅は旧市街を丸く囲う市壁の外にある。「駅付近にも手頃なホテ

ルがある」と同じ車両に乗り合わせた男性が話していたが、私はローテンブルグだけは旧市街の中心部に泊りたいと思っていた。一二世紀から続く中世都市の雰囲気を十分味わいたい。

駅から五分ほど歩いて、旧市街の東の入り口であるレーダー門の前に来た。市壁は二階建てで、階上部分は市街地を一周できる通路になっている。三角屋根を載せたレーダー門を潜ると、内部は全て石畳に変わった。小形のトランクを引いているので、石畳道は歩きにくい。やがて円筒状のマルクスの塔が見えてきた。これから先が市街地の核心部のようだ。さらに一〇分ほど歩いて、マルクト広場に出る。西側に、天窓を縦横に並べた赤屋根と四層の黄色い壁の広大な建物がある。ローテンブルグの市庁舎である。自由都市であったローテンブルグは他所の旧市街地に見られるような大聖堂や城砦が無く、市民のよりどころは市の参事会だった。広場の北面に市議宴会館が建つ。

図（9-3）ローテンブルグのマルクト広場

市議宴会館内にあるインフォメーションに立ち寄って、当地の宿泊場所の相談をする。結局、マルクト広場のすぐ裏手にある「ガストホーフ・バット」に朝食付き四八ユーロで泊まることになった。階下のレストランの中にある階段を上がって、上階の個室に案内された。周囲を古い建物に囲まれた庭に、窓が開かれている。表通りに緊密に甍を並べたローテンブルグのような旧市街は、裏手に駐車場や花壇や小さな公園のスペースが隠れているのだった。とりあえず、このホテルのＷｉ－Ｆｉ無線を利用して、昨日通じなかった家へのメールを送ろうとしたが上手くいかない。特定のアカウントが登録されていないことが、その後旅を続けているあいだに判る。今回の旅に備えて初めて手に入れたスマートフォンも、メールについては全く役に立たなかった。

図（9-4）リーメンシュナイダーの彫刻「最後の晩餐」

身軽になったので、これから半日旧市街内をのんびり散策しようと思う。手始めに市庁舎から一ブロック北にある聖ヤコブ教会に向かった。一般の教会は既に見飽きて興味がわかないのだが、この教会には一三世紀のリーメンシュナイダーの彫刻「聖血の祭壇」と「最後の晩餐」が残されている。リーメンシュナイダーは、祭壇自体や聖書を主題にした彫刻家として有名だが、私はまだその作品を実見したことが無かった。料金を払って入場したが肝心の彫刻が見当たらず、教会内部を行きつ戻りつする。「最後の晩餐」は、祭壇のある教会正面と逆に入り口側の脇にある螺旋階段を上階まで登ったところに置かれているのだった。巨大な木彫りの「聖血の祭壇」を枠組みとして、その中央にキリストの弟子像が透かし彫りに浮き出ている。ミラノ市のレオナルドのフレスコ画とは全く異なる印象だが、彫刻固有の立体感や写実的迫力が感じられた。

市壁の南端は少し突き出て、ジュピタール門に到る。門の横にある木造の階段を登り、市壁の内側に付けられた木製の回廊に立った。一周すれば旧市街の概念をもっと理解できたかも知れない。しかし、かなりの高所で起伏もある通路を歩くのは少しリスキーに感じられたので、これ以上先に進むのを諦めた（295頁 図9—5参照）。西のブルク門から出ると、斜面に沿って美しい花壇に飾られた緑地が広がり、二つ目の外壁で囲まれる。これは古い城壁の跡らしい。ヴァイオリン弾きが、シューベルトの「アヴェ・マリア」を演奏していた。迂曲するタウバー川が下の谷間に見えた。ローテンブルグは、タウバー川が削った渓谷の丘上に発展した町だった。

一四時前、マルクト広場に戻った。この町には「マイスタートルンク」の伝説があり、毎年五月から六月頃これに因んだ祭りが催される。一七世紀初頭の三十年戦争時皇帝側の将軍が、町の有力者を処刑しようとした。ただ市のワインが気に入った将軍は、大ジョッキ一杯のワインを飲み干すものがいれば一同の刑を免除しようという。時の市長が見事飲み干し、仲間を救ったのだった。飲兵衛同士の仲間意識か共感か。市議宴会館の仕掛け時計の横で、毎正時ごとにマイスタートルンクが再現されるという。会館三階の壁にかかる大きな赤い円時計が一四時の鐘を鳴らすと同時に、その両側の窓が開き、左側に将軍、右側に市長のからくり人形が大ジョッキを片手に現れた。さて、何か演技をやるのかとカメラを向けたが、双方のからくり人形は乾杯の姿勢のまま動かない。一分ほどこの姿勢が続いてから窓が閉じられた。ただそれだけで愛想もないあっけない幕切れである。

図(9-6)仕掛け時計「マイスタートルンク」

マルクト広場前の土産物店で絵葉書を買っていると、日本語で話している女性店員の声がした。その一人は名古屋出身、他は韓国人だった。日本向けの葉書の切手が〇・九ユーロと教えられて、これも買う。インフォメーションに戻り、明日の汽車の時刻を調べてもらう。途中アウグスブルグに立ち寄り、フュッセンまで行きたいのである。男性職員は、とても親切で幾つかの選択肢をプリントしてくれた。バスより汽車の方が安価で、時間的にも早い。ただし三か所で列車を乗り変える必要があり、乗り継ぎ時間は夫々四分から六分しかない。

「いずれもローカルの小さな駅で構内の移動距離が短いので、ご心配ありませんよ」と職員はいう。「万一列車の到着が遅れても、指定席でなければ切符は次の列車でも有効です」

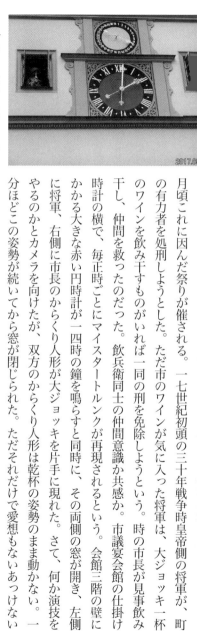

私が気になっていたのは、少し複雑な切符をどのように入手できるかにあった。ローテンブルグのようなローカル線の駅は日曜には閉鎖されていて、明朝の月曜日は出発まぎわの一〇時以後しか窓口が開かない。切符販売機の操作は、慣れないと難しいだろう。

「駅で待っている他の旅客に操作を助けて頂いたら」と彼は薦めた。他に方法がない。

ホテルに戻って妻に、メールが送れない事情を電話する。時々、絵葉書も送ることを約束した。下着の洗濯を、手早く済ませる。この後は、ホテルの部屋で休息だ。関西空港を出発してから、機内を含めて少し慌しい二泊三日を過したと思った。

### 三、日系二世のブラジル人グループ、ルネッサンス都市アウグスブルグ、フッガー家の遺産、ロマンチック街道の終点フュッセンへ

九月一一日九時二〇分、ホテルをチェック・アウトして鉄道駅に向かった。切符販売機の前では、五人のグループが発券しているところだった。その一人に操作が分からない旨英語で伝えると、「日本の方ですか」と中年の男性から思いがけない日本語が返ってきた。彼は日系二世のブラジル人で、妻とともに現在ドルトムント大学に留学中の娘を訪ねてきたのである。親の出身地成田市に六年間住んだことがあるという。もう一組の夫婦は、福岡県と鹿児島県を出自とする二世で、こちらも夫の方が日本語を話す。留学中の娘さんが私のチケットを買ってくれた。彼らとシュタインバッハまで同行して別れた。一行は、これまでベルギー、オランダ、ドイツを一五日かけて周遊し、明日フランクフルトからブラジルに帰国するという。

図（9-7）フッゲライ

一一時二九分トロイヒトリンゲン着、六分の待ち時間でアウグスブルグ行きの列車に乗り継いだ。一二時半、定刻にアウグスブルグに着いた。本日はフュッセンまで行く予定だが、ここで二時間ほど寄り道しようと思った。日本からのロマンチック街道ツアーの殆どが、アウグスブルグを素通りするようだ。しかしアウグスブルグこそ、ルネッサンス期に中部ドイツで最も重要な役割を果した都会である。国際的貿易商で銀行や鉱山も経営したフッガー家の拠点だった。フッガー家ゆかりの場所だけでも一目見ておきたい。ガイドブックによれば、二ヶ所フッガー家にかかわる場所があった。いずれも徒歩圏内なので、小形トランクだけ駅のロッカーに預けて、駅前通りを東の都心モーリッツ広場を目指して歩き出す。約一キロ、徒歩一〇分と見当付けている。モーリッツ広場に出たところで南に右折する。一ブロック先にフッガー・ハウスがあった。紫紺色の屋根瓦にクリムソンの壁を配した三階建ての大きな建物である。内部に通り抜けが出来る大きな庭があった。現在もフッガー家が管理し、一般の人が居住する集合住宅である。数世紀も昔に栄えたフッガー一族の末裔が健在しているとは予期しないことだった。山形県酒田市の豪商本間家が存続していることを数年前旅先で知った時の驚きに似ている。

同じフッガー家の遺産フッゲライは、市庁舎前広場を抜けて一〇ブロックほど東にあった。傾斜のある大きな赤煉瓦の屋根をベージュ色の壁で支えた三階建てが、膨大な敷地内に数十棟も連なっている。私には閑静な宅地内の高級住宅のように見える重厚な建造物群だが、本来貧者のための福祉住居として一五二一年、二世ヤコブ・フッガーが私財を投じて建設したものである。現在も低所得の市民に格安の値段（年間の家賃〇・九八ユーロ）で提供されているらしい。壁一面に広がっている蔦の緑が、長い歴史の蓄積を物語っている。

広大な市庁舎前広場まで引き返す。その東に、市内一のベルラッパの塔と並んで一七世紀初頭に建てられた白壁のファサードを持つ壮大な市庁舎が聳えている。私は四階の「黄金の間」に直行した（295頁 図9―8参照）。長さ三二・五メートル、幅一七・五メートル、高さ一四メートルの大広間の天井は、文字通り黄金色に輝き、南北の壁はフレスコ画で飾られている。北側の壁は、キリスト教公認前のローマの歴代八皇帝の肖像画、南の壁には以後の歴史が描かれ、カエサルの言葉をもじった「来た、見た、キリスト教が勝った」の標語が記される。アウグスブルグには他にもモーツアルトの父親レオポルトの生家や一四世紀ロマネスク風の大聖堂など見るべきものがあるが、当初意図したフッガー家の遺産を見たことに満足し先を急ぐ。明るいうちにフュッセンに着きたいのである。市庁舎広場の裏手に立つヤコブ・フッガーの銅像の前を通り過ぎる。

汽車は、針葉広葉の入り混じった雑木林の中を南に向かった。三角屋根から煙突が突き出た農場の近くを走る。バイエルン地方の豊かさを感じさせる広い農場だ。ローカル線の雰囲気を持つ小駅に、列車は一つ一つ丁寧に停車した。一六時四〇分、驟雨があった。前方にオーストリア国境の山地が迫ってきた。一七時、日没間際にフュッセンに着く。

家屋はDB駅近くに密集している。駅前通りを少し歩いてインフォメーションに立ち寄り、明日のホーエンシュヴァンガウ行きのバスの時刻表を調べた。ノイッシュヴァンシュタイン城（白鳥城）の基地となる場所である。次に心積りにしていた近くのバイエルン・シティ・ホステルに向かう。二泊を予定していたが、明晩は団体客で満室だという。少し迷ったが、明日のことは明日に考えることにし、今晩はこのホステルに泊まることに決めた。近所の簡易食堂で夕食を済ませシャワーを浴びて、二一時ホステルのベッドに潜り込む。

図（9-9）ホーエンシュヴァンガウ城

## 四、ホーエンシュヴァンガウ城、ノイッシュヴァンシュタイン城、ルートヴィヒ二世とワグナー、世界遺産のヴィース教会を訪ねる

九月一二日六時起床、外は雨模様である。ＤＢ駅に隣接するバス・ターミナルで、七時二五分発のバスに乗った。ホーエンシュヴァンガウの発券事務所は、八時に開く。ノイッシュヴァンシュタイン城（白鳥城）へは時間を限定して入場が許可されるので、早めに入場券を確保したいのである。時間帯によっては、半日近くも入場を待たねばならない人気観光地だった。窓口の係員が、「白鳥城だけの見学か、ホーエンシュヴァンガウ城も入場するのか」と訊ねた。二つの城を見学したいのであれば、まずホーエンシュヴァンガウ城から始めるのが順序らしかった。どちらも訪ねる予定だった私は、チケットを手に事務所に隣接するミューラー・ホテルの背後にある坂道を登りホーエンシュヴァンガウ城の入り口に立つ。小雨の中、後続の人も次々に登ってきた。門は九時にならないと開かれない。谷間を挟んだ向かい側の山の中腹に、白鳥城の優美な姿が見えている。

ホーエンシュヴァンガウ城は、バイエルン王家三代目のマクシミリアン二世一家が夏季の滞在時に居住した場所である。その嫡子ルートヴィヒ二世も、この城で幼児期を過した。階下には、ビリヤード室、母后マリーの書斎や居間、摂政レオポルトと弟オットーの肖像画、二階にはルートヴィヒ二世の胸像、ワーグナーが弾いたといわれるピアノ、ルートヴィヒ二世の書斎、謁見の間などがあった。ルートヴィヒは、一九二センチの長身であった。テーブルの上に、何故か一八三一年の干からびた丸いパンの塊が残されていた。彼の生涯で最も影響を与えた人物は、即位後の弱冠二〇歳で出会ったリヒャルト・ワグナーである。ワグナーへの心酔と傾倒を見ると、ルートヴィヒには一種狂気に近い偏執的な性格があったようだ。弟オットーも後に狂気が出現している。一八八六年湖畔でのルートヴィヒの溺死の謎は、明らかではない。この事件は、同じ頃ドイツに留学した森鷗外の『うたかたの記』により日本でもよく知られる史実になった。白鳥城の建設工事の進捗状況を、ルートヴィヒ二世はこの城から眺めていたという（295頁　図9—10参照）。

一〇時にホーエンシュヴァンガウ城の見学を終えて、麓の乗り場からシャトル・バスで山道を登った。白鳥城には、馬車で行く手段もある。山の中腹にある停留所から城までは、下り気味の巻き道をなお一キロ近くも歩いた。最後に土産物店が並ぶ横の坂を登って城の正門に出た。係員による手荷物のチェックが終わって、入場が許可される。しかし指定の一一時五〇分まで、なお一時間半も内庭で待った。五分刻みで拡声器の案内があり、毎回三〇人が入場していく。

所定の時間がきて、ようやく城の内部に入った。ホーエンシュヴァンガウ城に比べて白鳥城は、立体的で規模も大きいが、見学コースはその全てではない。それでも一時間掛かった。階上階下の昇降に結構労力が要るのだった。城の建設の着想を得たのは、ルートヴィヒがマルチン・ルター所縁のヴァルトブルグ城を訪ねた折だといわれている。壮麗な歌合せの間にその影響が見られるらしい。大理石の階段の上の半円形壁に金箔を貼った玉座の間、トリスタンとイゾルデの壁画を配し青い刺繍で覆われた寝室、居間、執務室などが並ぶ。楽劇ローエングリンやタンホイザーの大画面が壁一面に描かれた部屋もあった。北方伝説を描いた絵画も見られた。ルートヴィヒの夢想や教養が、部屋の調度や装飾に反映されているのだろう。ただ財力にまかせて建造された城館なら、ヨーロッパには他にも多数ある。この城が特に多くの観光客を惹きつけるのは、むしろ背後の山並みを借景にした白亜の外観ではないかと思う。

往路と同じ道を戻る積りだったが、間違えて馬車道に出てしまった。それでも一五分ほどで麓のミュラー・ホテルの前まで下り、バス停に戻った。できたら本日訪問したい場所がもう一ヵ所あった。地理的には近いはずの世界遺産ヴィース教会である。窓口の女性に訪ねると、そのヴィース教会を経由するバスが間も無く到着するという。まさに渡りに船のタイミングだった。

一三時五〇分、人家の疎らなバス停に着いた。一〇〇メートルほど先の草原の中に、黄色い壁の教会が見えた。外観だけならどこにでも見られる、何の変哲もない建物である。しかし一歩内部に足を踏み込むと、思わず息を呑んだ。背後の白壁の中から、繊細な彫刻の施された海老茶色の祭壇が、その上を覆っている優美な天蓋と共に浮き上がるように迫ってきたのである（295頁　図9—11参照）。規模はともかく、このような華麗な祭壇は殆ど見たことがない。一七三八年、「近くの僧院に放置されていたキリスト像が涙を流した」という奇跡が起きた。この像を安置したのがこの教会の起源とされる。祭壇の様式は当時のロココ様式である。由来はさておき、素人目にも際立って壮麗な祭壇が片田舎の教会に残っていること自体が、わたしには奇跡のように思えた。

フュッセンのバイエルン・シティ・ホステルに預けていた小型トランクを引き取りに行く。荷物は地階の倉庫のような場所に放置されていた。昼間は鍵を掛けて保管しているから大丈夫と女性管理人が言ったが、実際はどうだったのか。鍵も持たない私が断り無しに勝手に持ち出し出来たのだから、まことに無用心なことである。とにかく盗難に合わなくてよかった。トランクを引きずって、程近い「オールド・キングホステル」を訪ねた。管理人の男性は、私の問いに対し逐一自動翻訳機を使って「本日は、お泊り頂けます」などと日本語の答えを私に示す。初めは何をしているのか彼の意図が分からなかったが、翻訳機での会話をさらに続けようとするので、「答は英語でも、ドイツ語でもいいよ」と笑ったら、気付いた相手も噴き出した。朝食込み三二・五ユーロで、八人部屋のドーミトリーに空きがあった。

男性の管理人は、てきぱきしていた。昨夜からこのホステルを選んでおけば手荷物の心配もせずに済んだと思う。少し遅れて、女性がチェック・インした。今回の旅で初めて出会った日本の女性高田さんである。ベルリンの語学学校で来年三月まで研修を続けるという。いずれドイツの大学に留学したいらしい。白鳥城は以前訊ねたことがあるので、今回当地ではヴィース教会見学が目的だという。

夜食は、街中の中華料理店で済ませた。

## 五、朝の散策、飛び入りの上海からの男性、初めてのヒッチ・ハイク、ツークスピッツェの山頂へ

九月一三日久しぶりに七時間続けて熟睡し、六時に目覚めた。爽やかな気分で朝の散歩に出かける。これまで歩いたDB駅やインフォメーションと反対側、西のホーエス城の石垣の周りの緑地や、町の南を流れるレヒ川の岸辺に向かった。歴史地区に指定された一帯で、一幅の絵になる静かで美しい景観が広がっている。

八時、受付前の食卓で宿泊者八人が朝食を摂っているところに、眼鏡をかけた丈の高い三〇前後の男が忙しなく飛び込んできた。「本日宿泊したいのだが、今から朝食も準備して貰えるのか」と訊く。彼は上海から来た中国人だった。皆で一人分の座席の場所を空ける。席に着くや彼は、皿にあるパンに手を伸ばして齧り始めた。しばらく手持ち無沙汰の様子で待っていたが、「サンキュウ」といって立ち上がろうとする。そこに管理人が、朝食のセットと飲み物を運んできた。言葉がよく話せないためか、この男性の反応はどこか調子外れだ。

同宿のネパール人夫妻、上海の人、高田さんに私の五人は、駅前のバス・ターミナル発九時四五分の同じバスに乗った。ネパール人夫妻と中国の男性は、白鳥城見学のためホーエンシュヴァンガウで下車した。高田さんは、三〇分ほどしてヴィース教会停留所で降りる。私は、さらにその先のエッヘルヘッシャー・ブリュッケでバスを乗り変え、ガルミッシュ・バルテンキルヘンまで行くつもりだ。エッヘルヘッシャー・ブリュッケのバス停前は殺風景な工事現場が拡がっていたが、十字路に道が交錯していて交通の要路らしい。乗り継ぎのバスまで待ち時間が五〇分あるので、近くのカフェーに立ち寄りカフェオーレを注文する。同じバスから降りた三人組み男女も中にいた。囲炉裏火が燃え、壁に「AKTIENNBRAUEREIKAUFBEURENN SEIT 1308」の文字を記した大きな布が掛けてある。ただし一三〇八年創立の醸造所というほど由緒ありげな店ではない。

時間になったのでバス停に戻る。間もなく来たバスで三人組みは立ち去ったが、フロントの行き先表示板が「オーバーアマガウ」となっていたので、やり過ごしてしまう。待てどもバスが来ないので近くにいた若い女性に尋ねると「あら、先ほど出たばかりですよ」という。三人組みが乗り込んだのが、ガルミッシュ・パルテンキルヘンを経由するバスだったことに気付いた。このあたりの地理に疎いゆえの失敗である。運転手に一言確認すればよかった。次のバスまで二時間も待たねばならない。さてどうしよう。

ふと、数年前ブダペストの日本人が経営するユース・ホステルで耳にした若い女性達の会話を思い出した。アフリカでヒッチ・ハイクしようという計画だ。一人が、親指を立てた握りこぶしを高く上げる仕草をしてみせた。これが停車を求める仕草のようだ。止むを得ない。ここは一番、私もヒッチ・ハイクをやってみるか。近くの橋のたもとに立ち、目的地方面に走る車に向かって右手の拳を突き上げた。五分経ち一〇分が過ぎる。トラック自家用車大型小型と、各種車両が結構やってくる。しかし停まってくれる車はない。少しでも遠方から気付いて貰うよう立ち位置を少し変える。やっと三〇分ほどして、女性一人で運転する車が少し行き過ぎて停まった。残念ながら彼女は、近隣までしか行かないらしい。さらに一〇数分が過ぎた。ヒッチ・ハイクは無理かと諦めかけたとき、車が停まり年配の男性が私の目的地を訊ねた。「ガルミッシュより少し手前だが、バスの接続便が多いエットル集落まで便乗させてあげる」ということだった。右手にオーストリア国境の山並みを眺めながらのドライブが続いた。今走っているのは、いわゆる「アルペン街道」の一部なのだ。三〇分ほど経ってエットルの駐車場で車を止めた男性は、バス停まで付いてきて時刻板を確認した。「あと一五分で、ガルミッシュ行きのバスが来る」

私達は、固い握手を交わして別れた。初めての、そして最後かもしれない私のヒッチ・ハイクは終わった。

次のバス待ちをしていた地元の女性としばらく椅子に並んで談笑する。経験したばかりの出来事を語り親指を立て握り拳を上げて見せると、彼女は笑い出した。さらに、個性的で美しいドイツの市街の印象を話すと、「すぐ向こうに見える教会も、地方ではよく知られています。ステンド・グラスが素晴らしいのですよ」とこの女性が語る。

「見逃すのは、大変残念ですね。でも間も無くバスが来ます。乗り遅れて、再びヒッチ・ハイクを繰り返すわけにはいきませんから」

同乗した女性は、手を振りながら途中のバス停で降りていった。

一三時半、ガルミッシュ・パルテンキルヘンに着く。DB駅から徒歩五分の至近距離に、心当てにしていたホステル二九六二がある。幸い四人部屋のドーミトリーでベッドを確保することが出来た。この町に来た目的は、ドイツの最高峰ツークスピッツェ（二九六二m）に電車で登ることである。明日のための下見の積りで、DB駅に隣接した登山電車駅に立ち寄った。

「今からでも、十分頂上まで往復できますよ」と駅員が言う。

図（9-12）ツークスピッツェ

それではと、少し厚手の上着を着込んで一五時一五分の列車に乗り込んだ。突こつとした山顛が、すぐ南方に見える。「あれが、ツークスピッツェですか？」と駅員に尋ねたが、前山に過ぎないらしい。目的の山は、前山を右手から巻いた奥に隠れているという。

乗車の直前、雨が少しパラ付いた。横にいた男性が、「この天候では、山頂の展望は無理かも」と言うので少し心細くなる。しかし登山電車には他にも客が乗っている。単線の電車はしばらく山麓の村を走り、やがて複線の駅に着いた。ここでアプト式装置を備えた登山用車両に乗り換える。途中の村の小駅で乗客が一人二人と降りて、車内に残っている人は次第に少なくなった。逆に下りの列車は混んでいる。中間点にあるアイプ湖駅を過ぎると間もなく、電車は長いトンネルに入った。二六五〇メートル地点にある終着駅に一六時二五分到着。しかしここはまだ、山頂ではない。すぐ裏手にあるケーブル駅から、急斜面を一本のケーブル線が山頂まで伸びている。一〇人ほどの客がケーブルに乗り込んだ。少し横揺れがする。風がもっと強ければ怖いかもしれない。

五分で山頂駅に着いた。山頂は結構広い。幸い視界が良好で、名前は分からないがドイツ／オーストリアに跨る山々がどこまでも続いていた。ただ足元は雪解け道のように濡れている。夜間には氷結するのだろう。五〇メートルほど先に、レストランの建物が見えた。二九六二メートルのドイツ最高点の標識を背後に、強風に飛ばされないように帽子に手を当てたまま記念写真を撮った。登山電車の山頂駅に戻ると、次の下山電車が一七時三〇分と表示されている。これが本日の終電だ。麓のDB駅構内の食堂で夕食を済ませ、二〇時ホステルに戻る。想定外の出来事も含めて、早朝から夜遅くまでの長い一日だった。

### 六、慌しい列車の乗り継ぎ、またもやドーミトリーの大部屋を独占、ヒトラーの山荘、シュトゥットガルトに移動

九月一四日ガルミッシュ・パルテンキルヘンで七時起床、今朝も一時間ほど散歩した。ホステル前を南北に流れているパルトナッハ川を挟んで市の西側はガルミッシュ地区と呼ばれる。クア・ハウス（療養施設）、カジノ、国際会議場などがあるミヒャエル・エンデ公園の入り口まで歩いて戻る。一方川東は、市庁舎や郷土博物館などがあるパルテンキルヘン地区である。長い市名は、この二地区を併記したものだった。夏の登山やハイキング、冬はスキーなどスポーツの基地として観光客に人気が高いリゾートの町らし

い。ただ九月半ばのこの時期は端境期なのか、静穏な地方都市という印象だ。

さて本日の目的地は、ドイツ東南端、アルペン街道の終着点ベルヒテスガーデンである。地理的にはバス移動が最短距離になる。しかし移動時間と費用を考えると、ミュンヘンを経由する汽車を使うのが効率的と分かった。一〇時七分発のミュンヘン行き列車に乗る。ミュンヘン到着一一時二六分／発一一時五五分のザルツブルグ行き列車には十分の乗り換え時間がある筈だった。ところが到着が二〇分以上も遅れた。到着ホーム二八番から、一一番まで移動しなければならない。ミュンヘンは大きなドーム屋根の駅で、列車はスイッチバック方式で行き止まりホームに停車する。他ホームへの移動は、この行き止まりホームの先端を回らなければならない。日本の鉄道駅のような地下通路や陸橋のような近道がない。二八番ホームに停車した長い列車の後方車輌から先端までトランクを引きずりながら急ぎ、そこから一一番プラットホームに移る。六分の乗り継ぎ時間ぎりぎりで、オーストリアのザルツブルグ行き国際列車に飛び乗った。車内はほぼ満席だ。隣席では、六人の若い女性がカード遊びに興じたり、おつまみを回している。オーストリアとの国境に近いフライラジングで再度の乗り換え。向かいのプラットホームに三輌編成の列車が既に待機していた。ローカル線にしては車内が混んでいる。午前中の晴天から次第に曇天に変わる。一四時半、終着駅のベルヒテスガーデンに着いた頃には、小雨模様になった。

駅舎のすぐ南隣にバーガーキングがあり、その上階がホステルになっている。バーガーキングの従業員がユースの事務を兼ねていた。所定の一五時前に受け付けて貰い、二階の八人部屋の下段のベッドを確保する。結局この夜は他の宿泊者もなく、ビュルツブルグのユース同様、安い代金で大部屋を独占した。駅前ロータリーの一角にあるインフォメーションで、明日予定しているケールシュタイン・ハウス訪問のためのバスの時刻を調べた。第二次大戦中、ヒトラーがしばしば滞在した山荘の名である。今回の旅で、私が最も訪ねたかった場所のひとつだ。DB駅前から路線バスでオーバーザルツブルグまで行けば、そこから山荘下までは専用のシャトル・バスが連絡している。九時のバスで駅前を出発すれば、午前中にケールシュタイン・ハウスまで往復が出来ることが判った。これで気分的に楽になった。ホステルに戻り、下着の洗濯を済ませシャワーを浴びる。カメラやスマートフォンを充電した。階下のバーガーキングで食事をしながら、ノイッシュヴァンシュタイン城の絵葉書を妻宛にしたためる。珍しく、二一時早々ベッドに入った。

翌九月一五日、快晴の朝を迎えた。ベルヒテスガーデン川に沿って北に向かい、城山に通じる坂道を登った。クア・ハウスの前に広場があり、ベルヒテスガーデンの市街地が広がる。さらに商店が並んだ曲りくねった登り道の突き当たりに、城砦があった。町の規模は、ガルミッシュ・パルテンキルヘンより小さい。八時半、荷物を預けて出立しようとしたが、階下のバーガーキングがまだ閉まっている。やむを得ず荷物をDB駅舎内のロッカーに預けて、路線バスに乗った。バスは、散歩したばかりのベルヒテスガーデン川沿いの道をしばらく走ってから対岸に渡り一〇分ほど林の中を進んだ。

オーバーザルツブルグ停留所付近は平地で、その少し下手にケールシュタイン行きシャトル・バスの窓口がある。どこから集まってきたのか、こちらは観光客で混み合っていた。数台の小型バスが、前後して出発する。しばらく普通の山道を登ってから小型バスは、崖の上に出た。ここから先は絶壁の間を穿って作られた迂曲する道が続いた。離合も出来ない一車線の細い車道である。時々、トンネルに入った。一一月から五月中旬までは、ケールシュタイン・ハウスは閉鎖される。夏季でも天気が悪化したり強風時には、

図（9-13）ケールシュタイン・ハウス

バスの運行が中止されるという。私が心配していたのも現地の天候だった。幸い晴天の今日は、谷底を見下ろすと怖くなるほど見晴らしが抜群である。だが同時にこの絶壁の奥に山荘を建てるというアイデア自体の異常さを実感する。

一〇分ほどでバスは、行き止まりの少し広い空き地に出た。山腹深く掘削されたかまぼこ型の大きなトンネルを、一五〇メートルほど歩く。その突き当たりに、直径四メートルほどの円形のエレベーターがあった。エレベーターの壁に張られた黄金色の磨き抜かれた板金は、鏡のように乗客を映し出す。一二五メートル真上にあるケールシュタイン・ハウスまで、ここから一気に昇った。

ケールシュタイン・ハウスは、尾根上の比較的広い場所に建てられた文字通り「石造りの家」である。ヒトラーが愛人エヴァ・ブラウンと過した山荘という語感から、これまで私は日本の浅間山荘や軽井沢の別荘を連想していた。実態は予想と全く違った。普通にこの家に辿りつくには、私達のように崖道とトンネル、エレベーターを使わなければならない。ヘリコプターなら離着陸できるスペースはあるが、飛行機によるアプローチは無理だ。俗称の「鷹の巣」がぴったりの立地である。

エレベーターを降りて石の家正面に行く通路の壁には、外相リッベントロップとともに英国の軍事特派員プライスと面談するヒトラーや側近と寛ぐヒトラー、同盟国イタリアからの要人の写真などのパネルなどが並んでいる。第二次大戦中ヒトラーは一年のうちの数ヶ月をこの石の家で過した。この山荘で極秘の会談が行われ、ドイツ全土に指令も発信されていたのである。立地条件も含めて石の家の実体は、山荘というより要塞だったのかもしれない。

現在石の家は、レストランになっている。その正面から尾根筋に沿って傾斜の緩やかな歩きやすい幅数メートルの遊歩道や階段が、約一〇〇メートル奥の展望所まで伸びていた。さらにその先は、オーストリア国境の岩峰が迫る雄大な景観だ。逆に麓のベルヒテスガーデンは、豆粒のように見える。ヒトラーは、尾根道をよく散歩していたという（295頁　図9―14参照）。

一二時半の列車で、ベルヒテスガーデンを離れた。昨日と逆にフライジング、ミュンヘンで乗り換える。ミュンヘンからはICEでアウグスブルグ、ウルム等の主要都市を経由して、これから数日間滞在する予定のシュトゥットガルトに一七時四五分に着いた。駅構内は大規模な工事が進行中で、工事現場に架かる一五〇メートルほどの仮設通路を歩いて駅舎表の通りに出る。近くのインフォメーションで宿泊先を相談した。DB駅近くには手頃なホテルがない。結局、Uバーン（地下鉄）で三駅目ミルヒホーフ近くのAアンドOホステルに予約を入れてもらう。三泊で六六ユーロという。AアンドOは、ドイツの主要都市にチェーンを持つ個室とドーミトリー両用の大型ホステルである。この系統のホステルは、以後の旅行中にも数回利用することになった。

## 七、汽車に乗り遅れる、コンスタンツの奇妙な観光案内、宗教改革者ヤン・フスの記憶

九月一六日晴れ。九月九日にドイツに着いてから主に南部オーストリアとの国境付近で過した。交通の事情や現地移動の手段がよく分からず、旅のスケジュールを考える上で最も悩んだ地域だった。今後は大都市間の移動が多いので、交通手段を心配する必要が少ない。気分的にやや余裕を感じる朝を迎えた。ド

イツ最南部に比べ気温も少し上がったようだ。ドイツは南部に高地が多く、海に近い北部の方が低地になり平均気温が高い。

ホステル地階の食堂で、六ユーロでビュッフェ朝食を摂る。久しぶりでたっぷり野菜を口にした。本日は、スイス国境にあるボーデン湖まで往復するつもりである。シュトゥットガルトのDB駅は広く、中央案内所を見つけるのに一苦労。六〇ユーロでシンゲン乗り換えのコンスタンツ往復チケットと時刻表を手に入れ、指定の三番プラットホームに向かった。スイッチバック方式のホームにはまだ列車が来ていない。一〇時二九分の発車まで時間があるので、ガイドブックを手にベンチに座る。ところが出発時間が近付くのに列車が入線しないし、いつの間にか旅客の姿もなくなっている。表示板を確認すると、列車の入線ホームが五番に変更されている。慌てて五番ホームに回るが、目の前で予定の列車が駅を出て行った。

中央案内所に戻ると、一一時一八分発の次のコンスタンツ行きがあるという。コンスタンツ到着時間は、前の列車より一〇分後に過ぎない。しかも今度の列車は三五ユーロと安くなり、二五ユーロの返金があった。なんだか狐に化かされたような感じだが、DBの料金システムは日時や列車により変動の大きいことが次第に分かってきた。たとえば前日までにチケットを購入すると、大幅な値引きがある。また、スイッチバック駅では、実際に列車が到着するのを見届けるまでホームの確認が必要である。突然変更されることが多いのだ。

一四時一六分、コンスタンツ着。滞在時間三時間を予定しているコンスタンツでは、歴史的な宗教会議で知られる大聖堂の他に、陸続きのライヒナウ島にある世界遺産の修道院を訪ねたい。駅舎近くのインフォメーションで修道院への行き方を訊ねると、担当の女性は、

図（9-15）コンスタンツ湖

「現地の一六時に午後の内部見学のツアーがあるが、今からでは連絡バスがない」とすげない答えが返ってきた。

「それでは、花の島で知られるマイナウ島に行きたい」というと、「あの島は個人所有で、入島に二〇ユーロも取られますよ」とこの女性は主張する。当地の案内人である彼女は、どうやら観光には否定的なようだ。あまり慌しく駈けずり回ることもない。湖岸を散策したり大聖堂（ミニスター）を訪ねて気楽に過そうか、とここで気分を変える。

コンスタンツの町は、ボーデン湖の西端の入り江に面している。湖岸側の駅裏は、レストランが並び港やヨット・ハーバーがある。駅舎を出て湖岸を北に進むと突堤が湖上に延びていた。その先端に、胸元を広げガッツポーズ風に両腕を上に掲げて長いスカートを履いたインペリアの像が立っている。いわれは分からないが、髪型や表情に異国的な雰囲気を持つ女神像だ。数分に一度一回転した。その背後の入り江には、ヨットが数帆浮かんでいた。沖合いは結構白波が見える。突堤の付け根付近に、傾斜のある屋根と横に長く開いた「和議の館」と呼ばれる重厚な建物がある。宗教会議にも使われたという。現在地上階はレストラン、上階はイベント・ホールとして利用されている。

和議の館の北隣にある湖岸の小公園をさらに進むと、小島全体を敷地にした最高級のインゼル・ホテルがある。一三世紀に建てられた修道院が起源で、後にツェッペリン伯爵家の所有になる。飛行船の発明で知られるツェッペリンは、一八三八年この家で生まれた。短い橋を渡って、ホテル内部に入った。修道院の面影を残す回廊とこれに囲まれた内庭がある。回廊にはコンスタンツの歴史を題材にした大きな壁画が並ぶ。湖岸側のカフェー・ルームで、一休みした。

ボーデン湖を離れて曲りくねった路地に入ると、家屋が密集した旧市街地になる。その一角のあまり広くもない広場に、高さが七六メートルの塔を天空に突き出した大聖堂があった。この建物こそ、コンスタンツにまで足を伸ばした私の本来の目的だった。高校時代の西洋史の時間に学んだコンスタンツ宗教会議の現場である。

ルター等のプロテスタント運動に先駆けること一〇〇年、同じような思想を唱えたのがボヘミアの宗教改革者ヤン・フスだった。彼の主張が異端か否かを尋問するために、一四一五年コンスタンツ公会議が開かれる。審議結果に係わらず一命は保証するとの約定の元に、フスはコンスタンツに赴いた。しかし異端と認定した教皇庁は、フスを火刑に処した。「一（一）死（四）非（一）業（五）の刑にフス」の語呂合わせと共に一四一五年のコンスタンツ宗教会議は、私の脳裏に刻み込まれたのである。歴史的記憶を除けば、現在の大聖堂内部には取り立てるほどのものは残っていない。

この後は帰りの汽車の時刻まで、背後のスイスの山々を見ながらボーデン湖畔のテラスで過す。シュトゥットガルトに、二〇時過ぎに戻った。

図（9-16）コンスタンツの大聖堂

## 八、日独バイリンガルの五歳の女の子、ヘッセゆかりのマウルブロン修道院、シュトゥットガルトの美しい都心

九月一七日七時、昨日に続けて地下食堂でビュッフェ朝食を摂った。食材が豊富なので時間を掛けて食

事する。日中動き回っていると、食事が手抜きになりがちだ。

シュトゥットガルト発九時一七分の列車に乗り、エルツベルグで乗り換えてマウルブロンにある修道院を訪ねる予定だ。往復切符を買ったが、帰途は一部をバスに切り替えてもよい。DBのローカル線は、バスと連携しているようだ。エルツベルグでは一〇分間の乗り換え時間があった。地方の小駅だからと安心していたが、到着が二〇分も遅れてしまう。プラットホームで次の列車を待っていると、幼児を連れた三人の女性がやって来た。大人たちの日本語の会話の中に幼児のドイツ語が突然聞こえたので、少し意表をつかれた。

「たしか今このお嬢ちゃん、ドイツ語を使いませんでしたか？」

「ええ」大人三人のうちで最も若い母親らしい女性が応えた。「夫がドイツ人で、家では日本語とドイツ語の両方を適当に使い分けているものですから」

彼女は、美術研究者として来日中だった現在の御主人と結婚し、今はシュトゥットガルトに住んでいるという。五歳の女の子は、ドイツ名がメーリン、日本名の愛称がアヤメちゃん。「日頃は近所のドイツの子供達と遊びながら、日本人経営の幼稚園にも通っています」「それでは、アヤメちゃんは生まれながらのバイリンガルですね」「場面により、自然に言語を使い分けるようです。これからは、書き言葉の習得が問題になりますが」。

年配の二人の女性は、アヤメちゃんの祖母とその妹さんだった。彼女らは福岡県宗像市の出身で、現在兵庫県西宮市の在住である。

「私も福岡市の出身で、末弟が宗像市近くの町に住んでいます。今年の初めに世界遺産に指定された地元は、大喜びのようですね」

宗像大社はともかく、小船で渡る中社を訪ねる人もこれまでは稀だった。まして奥社のある沖ノ島へは、一般人の上陸さえ禁じられている。今後の維持管理が問われるだろう。

一一時にマウルブロン駅に着いた私達は、七〇〇メートルほどの道を進み、少し坂を下った所にある大きな門を潜った。栗の大木が茂っている。広い敷地内の四辺に、妻入りや平入りが混じった修道院や付属施設がある。出窓や木枠のある石造りの、華やかながら年代の重みを感じさせる建物が並ぶ。本堂の巨大な屋根には尖った小さな塔が載っていた。元々はシトー派の修道院として、一二世紀から一六世紀に渡って建造された。ロマネスクから後期ゴシック様式と時代の変遷がよく保存された建造物として、世界文化遺産に指定されている。

図（9-17）マウルブロンの修道院

天文学者ケプラーや詩人のヘルダーリンもここで学んだという。私が訪ねたのは、ヘルマン・ヘッセゆかりの場所だからである。プロテスタントの宣教師だった父により、一四才のヘッセは郷里カルプを離れてマウルブロン修道院附属の神学校に送られた。いずれ同じバーデン・ヴュルテンベルク州のチュービンゲン大学に進学し牧師になることが期待されていた。しかし学校の規律に馴染めず、ヘッセは一年も経たないうちに退学してしまう。この頃の精神的苦悩は、二七才の時に書かれた『車輪の下』に描かれることになる。

右奥の修道院受付で、入場券と日本語のオーディオ・ガイドを借りて内部に入る。修道院の特徴である回廊を一周した。回廊や祭壇の天井は、すべて頑丈な木製の交差アーチで支えられている。祭壇は、主祭壇に近い前方の一段高い場所に高位修道士の

図（9-18）北回廊の噴水

座席があり、後方の低い位置にある平修道士の座席とは厳然と区別される。食堂や寝室も、この身分差で分けられているのだった。修道院では、一箇所の小さな暖房室を除いて、冬も火気が使われなかった。北回廊には噴水付きのお堂がある。噴水は上中下と次第に大きくなる水盤が付いている。現在は水流が途絶えているが、上部二つの水盤は創建時からのオリジナルという。内庭の芝の緑が美しい。修道院の東北部分には、修道士が寛ぐ大きな談話室が回廊から東に延びていた。一九世紀末、ヘッセら神学校の生徒が講義を受けた場所はどれか。彼等が寝起きした寄宿舎はどこにあったのか。

文学者として成熟期の五〇代になったヘッセは、『ナルチスとゴルトムント』でマウルブロン修道院を背景とした長編を書いた。その冒頭で修道院の門と栗の木に触れている。栗の木は、ローマを巡礼した修道士が持ち帰ったものである。多くの神学生がこの門から入学し、卒業して出て行ったのだ。この小説は、共に神学校で学びながら、生涯修道院に留まり修道院長になった知性の人ナルチスと、途中退学して放浪遊蕩の末彫刻家になって修道院に帰ってきた、情の人ゴルトムントのあいだの友情の物語である。末尾でナルチスは、「認識への道は、精神の道だけでなく、感覚を通る道もあることが分かった」とゴルトムントに告げた。ゴルトムント的な情の人ヘッセは一方で、若くして去ったマウルブロンの平静な知的生活に、憧憬に似た感情を生涯抱いていたのかもしれない。

ＤＢ駅に戻る予定だったが、道に迷ってしまう。女性同行者と話しながら歩いたので、周辺への注意が散漫だった。汽車に遅れたので、途中までバスに切り替え一四時半シュトゥットガルトに戻る。

図（9-19）ヴァイセンホーフ・ジードルングの住宅博物館

まだ時間があるので、当市街地を少し歩いてみようと思った。先ず、市バスで市街地西南の高台にあるヴァイセンホーフ・ジードルングの住宅を訪ねる。一九二七年開催されたドイツ工作連盟展の住宅展の際建設された住宅群のうち一一棟が残っている。特にル・コルビュジェの建造物がヴァイセンホーフ・ジードルングの住宅群として昨年世界文化遺産に指定された。バス停からあまり離れていない場所にあったが、標識が無く日曜で道を訊ねる人も少ないため、目的の住宅群探しに手間取った。コルビュジェが残した家は、通路や階段が狭く簡素質素な間取りである。奇抜さを狙った最近の建築とは、思想が異なるようだ。庶民向けの住宅であろうか。

中央駅に戻り、駅前から南西に伸びる目抜きのケーニヒ通りを歩いた。歩行者天国である（296頁 図9―20参照）。少し小雨が落ちてきた。数百メートル直進すると、宮殿広場の前にでる。美しい花壇や噴水、高い台座の上に立つ銅像がある緑地が広がっている。緑地の向こうに、コの字形の口を此方に開いた広壮な新宮殿が見えた。ケーニヒ通りの西側には、三階の高さまで柱廊を連ねた巨大な建物がある。市庁舎か宮殿かと見まがうほどの見事な建造物だが、ケーニヒスバウと呼ばれるショッピングセンターだった。中央駅に隣接する広大なシュロス公園も含めて人口六二万のシュトゥットガルトは、緑豊かな大都会である。Aアンド0ホステルに戻り、滞在を一日延長するとともに、その後に予定しているカールスルーエ市の同じ系統のホステルに二泊の予約を入れて貰った。

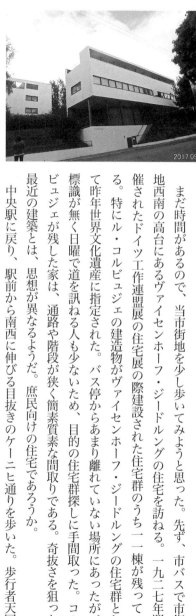

図（9-21）ヘルダーリンの家

## 九、美しい大学都市、ヘッケンハウアー書店、ホーエンツォレルン家発祥の地

九月一八日八時半、ホステルを出てUバーンで中央駅に行く。列車で約一時間南の大学都市チュービンゲンに向かった。窓外の風景は、草原より森林が多い。シュワルツワルド（黒い森）と呼ばれる地方に来たのである。柳のように枝の垂れた木。黄色に色づいた葉。広葉樹に針葉樹が混じっている。

チュービンゲン駅前の広いバス・ターミナルを横切って六、七分歩くと、ネッカー川の袂に来た。橋を渡ったところにあるインフォメーションで、市街地のマップを貰う。「大学のキャンパスはどこですか？」と訊ねたら、「カレッジは、町全体に分散してますよ」との答えが返ってきた。橋の北側は急な登り道になっている。その上の台地に旧市街があるらしい。草木の茂る川沿いの道を西に数分歩くと、黄色の円筒の壁にネズミ色の円錐形屋根を被せたヘルダーリンの塔に行き当たる。ドイツの高名な詩人は、三五年の歳月ここに籠もって詩作に励んだといわれる。

その右手の狭い階段を上がるとブルゼ路地があり、古い施療院の建物があった。その前の坂を上っていくと中腹左手に門があり、プレートにケプラーやヘーゲルが学んだ学寮「エヴァンゲリッシェ・シュティフト」と書かれていた。大きな赤瓦の屋根に複数の天窓を並べた、四階建てのカレッジである。坂をさらに上れば、分水嶺のように道が二手に分かれた。左の広い道は、城に通じている。右の小道は下りになり、町の中心マルクト広場に行き着くのだった。ここで十数人の日本からのツアー・グループに出会った。C社主催の「チューリンゲン八日間の旅」のメンバーという。

「この地域に特化した旅が珍しかったので」と参加者の一人が話した。広場周辺で、一時間の自由時間を楽しんでいた。マルクト広場北面に建つ三層からなる市庁舎は、際立って美しい。中央屋根の上に鐘楼を載せた洒落た時計台がある（296頁　図9―22参照）。

　広場から東に並ぶ商店街の中にヘッケンハウアー書店の看板が掛かっている。マウルブロン神学校を退学したヘッセが、一八歳から三年ほど働いた書店の名称である。ここで記念写真を撮ろうとしたら、近くにいたツアー客の女性が、「当時の書店は、右隣の家ですよ」と教えてくれた。現在は古物商になっている。その間の通路の奥に「ヘッセ記念室」があるが、本日は月曜日で閉じられていた。ガラス戸越しに、書籍が積まれた書棚が見えた。ヘッセは、親が望んでいたチュービンゲン大学に進学する代わりに、同じ町で働きながら作家としての素地を固めたのだった。

図（9-23）ホーエンツォレルン城遠望

　午後は、チュービンゲン駅から普通列車で三〇分ほどさらに南に移動し、ヘッヒンゲン駅に一三時少し前に着いた。目的のホーエンツォレルン城下の駐車場まで、バスが連絡している。しかし便数が極めて少なく、午前午後各一往復のみの運行である。今からの往路は一三時二五分発のバスに限られる。DB駅に隣接した停留所には、行き先別の標識が幾つも並んでいる。目的の乗り場がどれか探していると、二人連れの若い女性が来た。日本語で相談している。彼女らも同じ城を目指しているらしい。やがて私達は、小さな城のマークがついている標識を見つけた。目的地行きバス乗り場に違いない。

　二人の女性は工藤さんと千葉さん、西宮市にある同じ会社の同僚だった。現在、工藤さんは一〇ケ月間ハレ市にある会社の事業所に派遣されているという。千葉さんは、夏期休暇をとって工藤さんを訪ねて来たのである。駐車場から岡上の城まで専用のシャトル・バスが接続する。こちらは三〇分間隔で往来しているようだ。

城門から、高い廓に囲まれた石畳の広場に出た。この城は、平野の中に聳える八〇〇メートルを超える山頂にある。崖上に架けられた城壁に囲まれた内部には、高い尖塔を持つ櫓が林立している。その威容は何十キロも遠方からでも視野に入るのである。これは城館ではなく、防衛を目的とした典型的な城砦(Burg)だった。ホーエンツォレルンといえば、一九世紀末ドイツ統一を果したプロイセン王国の家名である。この家系と城はどのような係わりがあるのか。

入り口ホールの壁一面に、唐草模様のように赤と青の曲線が這っている。古文書に初めて記録された一一世紀からの、この王家の家系図である。その初期に、ホーエンツォレルン家は、当地を基盤とするシュヴァーベン家系(赤線)と北方に勢力を伸張させたフランケン家系(青線)に分かれた。このフランケン家系が、ブランデンブルグ辺境伯と選帝候を兼ね、やがてプロイセン国王家に発展する。フリードリッヒ二世(大王、一七一二—八六)の時代、プロイセンはドイツ最強の国家になった。一八七一年、宰相ビスマルクの手腕と参謀長モルトケの戦略により普仏戦争に勝利したプロイセン国王は、皇帝ヴィルヘルム一世としてドイツ統一を成し遂げた。第一次大戦に敗れたドイツ帝国は二代で終焉を迎えたが、現在その四世代目の当主ゲオルグ・フリードリッヒがこの城を引き継いでいる。つまりこの城は、ホーエンツォレルン家発祥の場所だった。一一世紀の城は一七世紀前半の三十年戦争後に荒廃したため、原型は知られていない。その後二度再建された。現在の城郭は、一八六〇年代に建設された三代目のホーエンツォレルン城である。

見学者は、「伯爵の大広間」と称する天井から床まで黄金色に輝く室内に案内される。十字に交差する天井板には黄色い蔓草模様が描かれ、金製のシャンデリアが下がり、黄色のカーテン・レースが窓にかかり、磨かれた床の大理石の反射がまばゆい。大広間に続く図書室を兼ねる廊下の壁には、この城の歴史を示す絵画が並んでいた。張り出した塔の中にある半円形に窓を開いた角の間は「辺境伯の間」と呼ばれ、窓外に広がるシュヴァーベンの平地の展望がすばらしかった。さらに国王の寝室、青いサロンなど、王家のプライベートの空間を回った。

一六時、ヘッヒンゲン駅に戻る。千葉さんと工藤さんは、チュービンゲンに宿泊するらしい。

「素敵な大学町ですよ」

普通列車で行く彼女達と別れ、私はＩＣＥでシュトゥットガルトに帰還した。

## 一〇、ヘッセの郷里カルプへ、ナゴルト川に架かる橋と礼拝堂、カールスルーエに移動、大学都市マンハイム

九月一九日七時起床、ＡアンドＯホステルの周辺を散歩した。都心から二キロほどの場所だが、四、五階建ての集合住宅が並ぶ閑静な地域である。四泊したホステルをチェック・アウトし、シュトゥットガルト中央駅に向かった。

今日の目的地はカールスルーエだが、途中回り道したい場所があった。ヘルマン・ヘッセの郷里カルプである。汽車の便があるのか、バスを使うべきか。昨夕、駅の中央案内所に立ち寄ったところ、汽車の一

図（9-25）ヘッセの生家

日乗車券を利用するのが最も効率的で、二五ユーロと安価なことも分かった。一日乗車券は、同じ州内なら初乗りから二四時間、ＩＣＥを除いた列車や一般バスにも有効である。カールスルーエは遠隔地ではないから、これで十分だ。

九時発の快速に乗り、フォルツハイムでローカル線に乗り換える。山間を移動すること半時間で、高架上にあるカルプ駅に着いた。エレベーターで地上階に降り車道を横切ると、ナゴルト川の岸辺に出た。川幅二〇メートルほどの小川に過ぎない。大きなしだれ柳が川面に影を落とし静穏な空気があたりを包んでいる。二〇〇メートルほど上流に、二重の橋脚を持つ石の橋が見えた。カルプの町は、ナゴルト川と背後の丘陵に挟まれた別天地である（296頁　図9―24参照）。

橋を渡ってすぐ右手にインフォメーションがあり、さらに一ブロック先のマルクト広場前に市庁舎が建つ。右手の角に、木組みと大きな窓が並んだ四階建ての美しい館があった。現在、地上階部分は商店になっているが、この建物で一八七七年ヘッセは生まれたのである。ピンク色の壁に、ヘッセの横顔を彫ったプレートが嵌められていた。案内人に率いられた一〇人ほどのグループが周辺を徘徊していたが、ヘッセが目当てではなく、市庁舎や教会などの町並みを探訪しているようだ。先ほど見た石橋に近いヘッセ広場に行く。広場といっても、見落とすほどの小さな空間に過ぎない。橋は、ニコラウス橋と呼ばれ、カルプで最も古い建造物らしい。その中ほどに、赤レンガの礼拝堂が川面に向かって突き出ている。『車輪の下』で触れられているゴシックの礼拝堂だ。主人公ハンスは、このあたりで魚釣りや川泳ぎをした。現在橋の中央に、礼拝堂を見つめるヘッセの像が立っている。

市庁舎や教会の辺りに引き返す。教会前の石段を下りたところに、大きな水盤があった。ここにもヘッセの横顔を彫ったプレートがあった。近くのヘッセ博物館に寄る。教会の一一時の鐘に合わせるように、博物館のドアが開いた。二階には自筆の原稿や家族や友人との写真、後年始めた水彩画などの展示があった。三階には、ヘッセの家族史を示す写真が並んでいる。プロテスタントの宣教師であった祖父が家族とともにカルプに移住したのが、ことの始まりだった。少年時代をカルプで送ったヘッセは、マウルブロン、そしてチュービンゲンと生活の場を変える。この頃が彼の修業時代であろう。

初期の作品で文名を挙げた後ヘッセは、インドなど海外にも出かけている。しかし生涯の多くの時間を、主にスイスの片田舎で過し創作に没頭した。ただ後年自身が回顧しているように、一四、五歳までのカルプ時代こそ、ヘッセの創作に決定的影響を与えたのだった。

図（9-26）マンハイムの給水塔

カルプを去り、一三時過ぎにカールスルーエに着いた。シュトゥットガルトから予約を入れておいた駅前のAアンドOホステルに、直ちにチェック・インする。二連泊の予定である。まだ時刻は一五時で、日が高い。一日乗車券もそのまま使えるので、少し北のマンハイム市を訪ねることにした。大阪ゲーテ協会以来ドイツ語の勉強仲間だった高木さんが、一年間留学した大学町だ。

一六時半、マンハイム中央駅に到着。近くのインフォメーションで簡略マップを貰って、駅前から北に直進しているカイザー通りを歩き出した。ガイドブックに頼る以外、この都市についての予備知識は殆どない。

人口三〇万のこの都市は、一九世紀の都市計画で碁盤の目状に道路が整備されている。約一〇分歩くと右手に、広いフリードリッヒ緑地が拡がった。その真中に赤褐色の煉瓦を重ねた巨大な円形の塔が立っている。頂点は、美しい青色の尖り屋根だ。一際目立つこの建物は、マンハイムのシンボルとなっている給水塔だった。ここから左手のフランケン・ハイデルベルグ通りに曲がった。メインストリートだが、全体が工事現場のように掘り起こされている。Uバーンでも建設中なのか。

見事な噴水があるパラーデ広場まで歩き、南に引き返した。突き当たりには、数ブロックに渡って旧選帝侯宮殿の敷地になっている。建物の一部はマンハイム博物館に利用されているが、大部分はマンハイム大学の学寮で、学生姿が多く見られた。市内の他所にもカレッジが分散しているかも知れないが、この古い宮殿が主要なキャンパスであろう。内外の大学巡りは、私の楽しみのひとつなのだ。マンハイム訪問の目的が叶った。

カールスルーエに帰り、駅の中央案内所で明日のハイデルベルグとバーデン・バーデン訪問について相談した。場所的にはカールスルーエの北と南に分かれるが、いずれも近距離にある都市である。果たして、二五ユーロの一日乗車券で周遊できることが分かった。構内の中華料理店で夕食を済ませ、ホステルに戻った。パン食が多いので、機会があれば中華を選ぶことになる。駅前のホステルは何かと便利なので、気分にゆとりが出る。

## 一一、ハイデルベルグ再訪、学生牢、哲学の道へ、バーデン・バーデンの大浴場

九月二〇日一〇時一一分、ハイデルベルグ中央駅に着いた。しかし手元の略地図を見間違え、ネッカー

川を渡って北に数ブロック直進してしまう。誤りに気付いて引き返した。旧市街の入り口にあるビスマルク広場に着いた時には、既に一一時を回っていた。三〇分のロスである。歩行者天国ハウプト通りを東に向かう。

ハイデルベルグは、五〇年ほど昔初めてのヨーロッパ歴訪の際立ち寄った都市の一つである。しかし漠然とした映像以外、歩いた経路や訪ねた場所の記憶が殆ど欠損している。距離感も残っていない。当時は現実のハイデルベルグよりも、マイアー・フェルスターの劇作『アルテ・ハイデルベルグ』が心を占めていたのだろう。勉学に来たザークセン・カールブルク国の皇太子カール・ハインリヒと宿の娘ケーティとの恋と別れ。青春の夢と不如意な人生の現実。その両方を経験済みの私が、今ハイデルベルクを再訪している。

図（9-27）学生寮

かなり歩いてから、学生広場に着いた。大学博物館は、ハイデルベルグ大学の一部で、二階にも自由に上がることが出来る。階段の途中に、この大学が輩出した八人のノーベル賞受賞者の写真が掛かっていた。裏手に学生牢の建物が残っている。大学自治権により学領内に警官の立ち入りが禁止されていた昔、悪行を働いた学生を大学側が独自に制裁した場所である。三階に一〇ほどの個室があった。金属製の柵扉から部屋の内部を覗くと、簡素なベッドと机しかない部屋の壁は一面の落書き

図（9-29）哲学の道

図（9-30）バーデン・バーデンのレオポルド広場の辺り

で埋められていた。

ハウプト通りに戻ってさらに進むと、聖霊教会や市庁舎の建つマルクト広場に出る。その先のコルンマルクトから右手の丘を見上げると、巨大なハイデルベルグ城の一部が見えた。昔、城館まで登った様な気がするが定かではない。マルクト広場から城と反対の北側に折れて、ネッカー川の岸辺に立った。対岸とを結ぶカール・テオドール橋は、一〇個ほどのアーチ状の橋脚を持つ赤い優美な橋で、「古い橋」と呼ばれている。橋の欄干には、神話で見るような立像彫刻で飾られていた（296頁　図9—28参照）。対岸を走る車道の横に「哲学の道入り口」という小さな表示版のある小道を見つけた。五メートル近くもある石壁で固めた切通しの中の、幅三メートルほどの石畳の坂道である。シュランゲンの小道と呼ばれる趣のある道だが、ジグザグに折れる急坂だった。所々に一休みするための展望場所がある。たちまちネッカー川を見下ろす高みに到達し、ハイデルベルグの旧市街全体が視野に入ってきた。対岸の城館とほぼ同じ高さの場所まで登ると、車も走れるような広い道に出た。これが有名な本家「哲学の道」である。ハイデルベルグの旧市街を一回りした私の「ハイデルベルグ再訪」は、これで終った。五〇年昔の旅を殆ど思い出せなかったことに、少し気落ちする。一四時前の列車でハイデルベルグを去り、カールスルーエに戻った。

カールスルーエから南のバーデン・バーデンへ向かう路線は、車線工事のため途中のラスターから先がバスの代行運転になっている。ラスター駅を降りたところでDBの職員が、「不便のための謝り状」を添えたケーキを旅客に配っていた。バーデン・バーデン駅まで一五分ほど、ここから五キロほど離れた温泉

図（9-31）フリードリヒス浴場

街の中心レオポルト広場まで、ローカル・バスに乗り換える。

ドイツには温泉場を意味する「バーデン」という地名が幾つもある。その多くは長期滞在型の温泉療養場で、浴場だけでなく湯治客の社交場を兼ねた「クア・ハウス」や「カジノ」、ホテル等の施設を備えている。バーデン・バーデンは、「バーデン地方のバーデン」という意味で、他のバーデンと区別するための呼称だった。レオポルト広場の近くにも、カジノやクア・ハウスがあった。クア・ハウスに通じる並木道の黄葉が、風に吹かれて空中に舞っている。

私が目指したのは、レオポルト広場の東北にあるフリードリヒス大浴場である。一〇分ほど緩やかな坂道を歩いた。すぐ隣の敷地に、「カラカラ浴場」という温室のようにガラス張り天井の近代的建物もあったが、こちらは水着着用だった。水着では、入浴の気分がでない。フリードリヒスの方は、逆に水着では入浴できない。大きな窓を開いた二階建ての建物自体も、重厚で歴史を感じさせる外観をしていた。

二五ユーロを払って中に入る。ロッカーに一切の荷物を預けて裸一貫になり、三六度のホット・シャワーを浴びた。待っていた係りの男から大きな白い布を受け取り、サウナ室に移る。安楽椅子のように延びた籐椅子が一〇台、床に並んでいる。左端の二つが空いていたので、一番壁側の籐椅子を使うことにした。他の八つの椅子では、裸体の男女が仰向けで生まれたままの肢体を伸ばしていた。彼らに見習い、籐椅子に布を掛けて横たわる。白い布は体に纏うためではなく、敷布だった。間もなく三〇前後の体の締まった女が入室し、私の隣の椅子に寝転ぶ。気になって少し横目を使うと、相手と視線が合った。やむを得ず視線を転じて、正面の上壁を見る。壁には半円の枠組みがあり、左手に赤い花を開いた樹木、右手前に花菖蒲が描かれていた。中央に海の入り江があり、空中でツバメが宙返りの図柄。日本の銭湯で見かける絵画とはかなり趣が違う。横の女性が、もぞもぞ体を動かしたが、我慢して目をつぶった。

一〇分ほどしてシャワーを浴び、四八度の表示のある次のサウナに移った。あまり広くもない部屋の中央に段差のある少し高いタイル張りの座、周りの壁にも低い座り場所がある。私は周辺の低い位置に座を占めた。直後に入室した二人の女性が、中央のタイル張りの高座に腰を下ろす。もともと隠すほどのモノがない彼女等は、優位な立場にあった。その上私を見下ろす有利な場所を占めているのだから、悠然と構えている。こちらは目のやり場もない厳しい条件に置かれたのだった。

早々に退出し、奥のプールの間に移る。三六度から二四度まで次第に温度の下がる大小四種類のプールがあった。一番大きな円形のプールの上は丸天井で、中央にある丸い紺青のガラスが輝いている。下では一組の均整のとれた男女が泳ぎまわっているので、入浴が憚られた。料金を払ってマッサージを受けている人達もいる。最長三時間は滞在できるのだが、雰囲気は十分に分かったので一時間で引き上げた。一九時に、カールスルーエに帰着する。

（その二）

## 一二、ハノーファーへ移動、見本市で跳ね上がった宿賃、ドイツの総選挙風景

九月二一日、今日は北のニーダーザークセン州の州都ハノーファーまで遠距離の移動日だ。カールスルーエ九時五分発のＩＣＥに乗り込む。日本の新幹線に相当するＩＣＥは、高速で快適だが運賃も高い。ハノーファーまで九九ユーロもかかった。結局、市内見物することなしでカールスルーエを去る。最初の停車駅ブリュックスザールを過ぎると、それまで輝いていた太陽に変わり急に霧が深くなった。ぼんやりと見える窓外の景色は、幻想的である。ドイツの天候が変わりやすいことが、半月ほどの旅で分かった。

図（9-32）ハノーファー駅

一〇時四〇分、スイッチバック式のフランクフルト駅に到着。ここで前後の向きを逆転し機関車を付け替えるため暫時停車した。この町には旅の終わりに戻ってくるが、本日は通過駅に過ぎない。フランクフルトを出ると列車は、再び霧の中に突入した。一二時五〇分カッセル、一三時二〇分ゲッチンゲン、一三時五六分ハノーファー中央駅に着いた。

駅前のインフォメーションに急ぐ。本日からの二泊の宿泊先が、まだ決まっていないのだった。ところが、週末の九月二三日まで当地で開催されている国際見本市のため、宿の料金が三倍になっているという。一番安いホテルでも最低で一泊一六〇ユーロかかる。近隣の町でも状況は同じらしい。汽車で二時間ほど離れた明日の訪問予定地ブレーメンでも、適当な宿が見つかるかどうか。これは、全く想定外だった。

ともかく、駅に近い「経済的ホステル（Hostel in Baget）」の所在を教えてもらい、

自分で当たってみることにした。駅前の歩行者天国通りを南に進み、「スポーツ・シューズ」の大きな看板を掲げた店の前で左折直進すれば、右手に目的の赤いビルが見えてくるという。込み合う街中を訊ね歩いて、経済的ホステルに辿り着く。六人用のドーミトリーで一ベッドが、八九ユーロもした。とりあえず一泊分だけ支払っておこうかと考えたが、

「明日も空きがあるか、お約束は出来ません」

といわれ、結局このホステルで二泊することになった。

明日のスケジュールを相談するため、中央駅に戻る。明日は、ブレーメンやハーメルンを訪ねたい。DB中央案内所で、ハノーファー・カードを二五ユーロで購入した。既に他の州で経験しているように、このカードはニーダーザクセン州内ならICEを除き鉄道やバスが、使用開始から二四時間有効なのである。

図（9-33）ドイツの総選挙

再び歩行者天国通りに来ると、Uバーン入り口近くの空間に人が群れていた。群集の視線は、仮設の舞台の上に向けられている。壇上に立っている髭面で頭髪が少し薄い人物には、見覚えがある。ここ半月間、顔写真入りのポスターがいたるところの街角で貼られていた。今壇上で熱弁を振るっているのは、まさにポスターの人物、当地の女性候補の応援に来た社民党（SPD）党首シュルツ氏だった。選挙戦は終盤にさしかかっている。二四日が投票日だ。最近の日本の選挙風景とあまり変わらないと思った。演説が終わると、軽快な音楽にあわせてシュルツ氏は壇上を去った。

歩行者天国の外れにある市庁舎を訪ねた。赤い屋根の中央舎屋の背後にエメラルド色の巨大なドームを

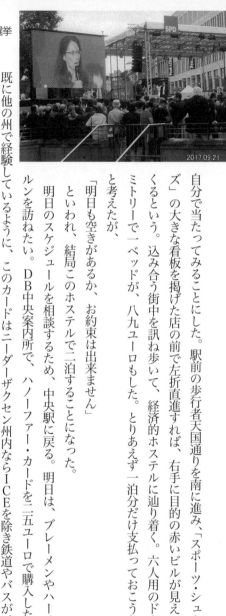

載せた、華やかなルネッサンス様式の建物である（297頁　図9―34参照）。これまでドイツ各地で見てきた美しい市庁舎の中でも屈指の優れた建築に違いない。裏手には、年季の入った樹木が影を落とす大きな池が広がっていた。一八世紀に英国王家を兼ねたハノーファー家の拠点であるこの都会は、少し歩けば広大な王宮庭園もある。また偶々開かれていた国際見本市も、関係者にとっては見逃せない催しであろう。しかし限られた日時を追って先を急ぐ過客には、一か所に長く留まることができない。明日からは、いわゆる「メルヘン街道」に沿った旅が始まる。

## 一三、音楽隊が目指したブレーメン、ヴェーザー・ルネッサンスの町、ハーメルンの子供たちはどこに消えたのか

九月二二日一〇時四五分、二分の遅れでブレーメン中央駅に着いた。茶褐色の重厚な駅舎の前は、電車通りが走る広い空間になっている。ブレーメンは、ヴェーザー川の下流六五キロにある港町ブレーマーハーフェンと合わせて一つの州を形成する。五四万の人口を擁し、ハンブルグに次ぐドイツ第二の港町である。駅前通りを南下して、二キロ先の旧市街を目指した。途中ヴェーザー川の支流にかかる橋を渡る。右手奥の土手上に大きな風車が見えた。

旧市街のゼーゲ通りの入り口に、豚飼いと数匹の豚の像がある。童話に題材を取ったものか。子供たちが豚の像に触れたり、跨っていた。旧市街の中心は、石畳のマルクト広場である。北に市庁舎、東に大聖堂、すなわち俗と聖の権威の象徴である二つの建物が並んでいる。市庁舎の地上階は、優美な列柱によって支えられた通路になっていた。市庁舎の直ぐ前に、右手に剣をかざしたブレーメンの守護人ローラント

図（9-35）ブレーメンのマルクト広場と市庁舎

図（9-37）ベトヒャー通りのグロッケン

の高さ一〇メートルに達する大きな像がある。市庁舎と合わせて、世界文化遺産に指定されている。

しかし、ローラント像より道行く人の脚を引き止めたのは、帽子から、顔、上下の服、両手、靴の先まで、銀色の塗料で塗り固めた生身の人間だった。小箱に乗ったこの男は、銅像のように静止して動かない。しかし通行人が、足元に開かれた旅行鞄の中に何がしかの金銭を入れると、帽子を取って頭を下げた。相手が女性の場合には、騎士のように石畳に片膝を付き、女性の手にキスの仕草をする。これに合わせて、「チューッ」という機械仕掛けの擬音が鳴るのだった。

もう一つこの広場の片隅で、見逃せないものがある。市庁舎正面からは見えないが、ローラント像の横を通り市庁舎の左手に回ると、有名な「ブレーメンの音楽隊」が二メートルほどの石の台座の上に乗っていた。下からロバ、犬、猫、鶏の像は、周りの高い建物の影になり、見逃されそうな場所に建つ。動物たちは当初目指したブレーメンに到達することはなかったが、現在多くの人が彼らの像を見るためにブレーメンを訪ねている（297頁　図9—36参照）。

マルクト広場から南に下がったベトヒャー通りを歩く。ブティックやガラス細工のアトリエなどが軒を連ねる楽しい小道だ。ロゼリウスというコーヒー商人が、中世の町の再現を試みた路地という。彼自身の家は大きな窓を持つ三階建ての館で、切妻の二つの三角屋根が載っている。通りから逆三角形に見えるそのあいだの空間に、マイセン陶器製のグロッケン（鐘）が縦横に繋がれていた。毎正時になると、グロッケンシュピール（鐘の演奏）が始まるという。まもなく一二時になるので、人々が集まりだした。一二時に屋根上のグロッケンが一斉に鳴り出す。同時に左手にある円筒状の壁が回転を始め、歴史上の人物とこれに係わりのある乗り物が現れた。例えば、コロンブスと帆船、フルトンと蒸気船、リンドバーグと飛行機といった具合に。約一〇分間、ショウが続いた。この後、数ブロック東にあるシュノーア地区の手工業職人の工房を覗いて、DB駅への道を引き返す。

午後は一旦ハノーファーに戻り、ハーメルンに向かった。一五時四〇分ハーメルン着、黄葉し始めた静謐な並木道を数百メートル歩いた。ダイスター通りへ左折する。さらに進むと右手に市民庭園の緑地帯が現れた。その一角にあるインフォメーションで日本語の簡略地図を貰い、町のイベントを訊ねた。市壁の下に掘削された地下道を抜けると、いよいよハーメルンの旧市街に入る。

旧市街を東西に貫くオスター通りの両側には、張り出し窓や彫刻で飾られた四、五階建ての館が並んでいた。木骨や砂岩で造られた家屋。多くは赤や橙色の明るい切妻屋根で、通りに向かって妻入りの玄関を開く。二〇世紀に大幅な修復がなされているが一六世紀から一八世紀に形成された旧市街は、イタリアの後期ルネッサンスの影響を受けている。ハーメルン旧市街のすぐ西側を流れるヴェーザー川に因んで、この地方の様式はヴェーザー・ルネッサンスと呼ばれる。この様式の例として、オスター通りの東の入り口に建ち現在レストランになっている「鼠取り男の家」の細かな装飾が施された壁と大きな出窓、旧市街地で最も大きな市民会館「結婚式の家」や「デンプターハウス」の切妻屋根下の渦巻き模様などを挙げることが出来る。私は、これらの館を見ながらオスター通りをマルクト広場まで歩いてから、ハーメルン博物館まで引き返した。石畳の歩道のそこかしこに、鼠を彫った真鍮板が嵌め込まれている。博物館前に、笛吹き男の像があった（297頁　図9—38参照）。

「ハーメルンの笛吹き男」として日本で知られる伝説は、ドイツでは「ハーメルンの鼠取り男」と呼ばれることが多い。一九世紀にグリム兄弟が編集した『ドイツ伝説集』に、この名称で採録された故である。笛吹き男と鼠取り男とは、元は別者だった。何故両者が、同一視されるようになったのか。

一二八四年六月二六日、ハーメルンの一三〇人の子供たちが突然行方不明になったという事件が起った。これが文書に残る最も古い記録である。あまりにも生々しく歳月も具体的過ぎる。そのためこの記録は単なる伝承ではなく、背後に何らかの史実が隠されていると疑う人が出てきた。この伝聞に、笛吹き男の話が付加されていく。派手な身なりをした笛吹き男の笛の音色に誘われて、多くの子供たちが市壁の東門を抜け、山の洞窟の中に消え去ったという。子供たちの行き先はどこか？　何のために？

学説では、

①旧東ドイツ、ポーランド、北ハンガリー等への植民

②少年十字軍参加

③人攫《さら》いと人身売買

などが挙げられている。かつて私が中部ルーマニアを旅したとき、ドイツ系の住民が多いトランシルバニア山脈の北部地域でハーメルン伝説との係わりを聞いたことがあった。実際に一二、三世紀には、東ヨーロッパへの大量の人口移動が起きている。しかし逃亡離散と違い当時の移民は、身分が明確な移民請負人

図（9-39）ネズミ捕り男の映像劇

が仲介し、送る方と受け入れ側の了解のもとに実施される計画的なものだった。唐突で不吉な子供たちの失踪事件と①の移民説のあいだには、どこかに違和感が残る。そのため、移民団が途中で遭難したのではないかという説も提起された。当時のハーメルンの司教と住民とのあいだの支配権を巡る紛争と惨殺事件（一二六〇年）との関連を論じる人もいる。

笛吹き男伝説との係わりで鼠取り男が登場するのは一七世紀である。おそらく、笛吹き男が何故子供たちを連れ去ったか、その理由付けを庶民が求めたのであろう。ハーメルンは穀倉地帯にあり、古くからヴェーザー川交易の中心都市のひとつだった。倉庫に蓄えられた穀物を荒らす鼠の排除は、緊急の課題である。多額の報償と引き換えに鼠取り男は、鼠を笛でヴェーザー川に誘い出し溺死させた。しかし市民たちが約束を違え報償を払わなかったので、怒った男が子供たちを誘拐したという。『ハーメルンの笛吹き男』（ちくま文庫）の著者阿部謹也氏によれば、笛吹き男たち遍歴楽士と鼠取り人は当時の社会ではいずれも市民権を持たない下層の賤民であることで共通点があると指摘されている。正当な仕事と看做されない鼠取り作業に十分な報酬が与えられなかったというのは、当時の社会通念からみればありうることだった。彼の論説は、伝説自体の究明だけが目的ではない。ハーメルンの伝説の発生と変遷を考察することで阿部氏は、中世社会の実態を再現しようと試みたのである。

博物館の二階奥の間で、一五分ほどネズミ捕り男の映像劇を観る。偶々先生に連れられた十数人の地元の小学生が観客に加わった。先ず照明を消した闇の中に、右往左往する白い鼠たちが浮き上がる。会場内で、くすくす笑い声が起きた。次いで明るくなった舞台の中央には、大きな木製の箱が置かれている。その蓋が開いて数対の金属製の人形が顔を出し、がたごと音を出した。農作業か粉引き作業か？　一旦蓋が閉じられる。アランフェス協奏曲が演奏される暗闇の中に、無数の白鼠が現れ舞台奥に走り去った。再び木箱が開かれると、中にぎっしり詰められた金貨が輝いている。舞台は再び暗闇の中に。そして手前の両側から、子供用の下着が空中を舞いながら遠方に向かって飛び始めた。その下着の数が次第に増大し加速度的な勢いで飛び去るのだった。幻想的な白い下着の乱舞のうちに、この映像劇は終わる。これは鼠駆除で豊かになったハーメルンと、どこかに消えていった多くの子供たちを表象しているのだろう。映像劇としては、なかなかの出来栄えだった。しかし小学生の子供たちに、寓意が伝わったかどうか。

引き続き、結婚式の家のマルクト広場側に急いだ。これまでも各地で時計仕掛けの人形劇をいくつか見てきたが、当地のグロッケンシュピールはどんなものか。本日最後のシュピールは一七時三五分からである。結婚式の館の広場側は、下の三階までが方形で上部の三階は上窄みの三角形である。この上三階の壁に吊るされた鐘が、時間になると一斉に鳴り響く。同時に二階中央の窓枠が左右に開き、回転舞台が動く。先頭に立ち笛を吹く鼠取り男、村の子供たちがこの後に続いて右手から次々に登場し左手に退場。約五分、最後の子供が消えて窓が閉じられた。夏季の日曜日には、鼠取り男の野外劇も演じられるらしい。ハーメルンは、メルヘンの舞台に相応しい華やかで印象深い小さな町だった。

一九時半、ハノーファーのホステルに戻った。エレベーターの故障で、歩いて四階まで上った。自分の手で内外二重のドアを開閉しなければならない古風なエレベーターなので、昨夜から少し気になっていた。私の危惧が当たったのである。

## 一四、ブロッケン山への登山電車、世界遺産の町ゴスラーを脱出

九月二三日六時に起床、エレベーターは依然として稼動しない。荷物を担いで階段を下り、チェック・アウトを済ませた。七時四八分ハーノーファーを発ち、ブロッケン山登山電車の基地ヴェルニゲローデに向かった。下車する人が意外に少なかったので、ヴェルニゲローデ駅を乗り過ごすところだった。DB駅に隣接して登山鉄道の駅がある。一二時二五分発の五つの車輛を連結したSLが、既にホームで待機していた。

図（9-40）ブロッケン山の登山者たち

ブロッケン山はハルツ山地の最高峰だが、標高は滋賀県の伊吹山より低い一一四三メートルに過ぎない。登山というよりハイカー向きの山である。この山が有名なのは、山の名に示されるように「ブロッケン現象」が起りやすいことである。霧の深い山頂に、自分の影が反射して映る。ハルツ山地は、特に霧が発生しやすい地域だった。ブロッケン山に係わる魔女伝説も、霧と係わりがあるのだろう。ヴァルプルギスの夜に魔女達がこの山に集まる話は、ゲーテの『ファウスト』にも採り上げられて有名になった。

登山電車は、急勾配を避けて迂曲しながら一時間半で山頂に達する。アプト式歯車を使う必要がない。一一時、標高四〇〇メートルの表示を過ぎたところで一五分の停車があった。列車の中間点らしい。ここで下り列車と離合する。路線の両側は、下枝をカットされ管理の行き届いた杉林が続いた。標高がさらに上ったところで、左手から大きな山道が路線に近づいた。登山者達が、列車を見上げて手を振っている。カメ

ラを構えているひともいた。前方に頂上付近に建つ建造物が見えてくる。反時計周りに最後の傾斜を登って、列車は山頂駅に着いた。

ブロッケンの山頂一帯は広い平地になっている。駅からの坂道を登ると、左手に宿泊施設、右に円形の博物館、中央に赤白の帯を巻いたテレビ塔があった。その先、岩を積み重ねたような場所がブロッケンの山頂である。標識の前で記念写真を撮った。広い周回遊歩道の一部を歩いてみる。略地図にブロッケン庭園とあるのは、火山岩が地上に露出している場所である。悪魔の説教壇と魔女の祭壇と呼ばれる岩肌の突出部まで散歩した。遠近に見える頂は、少し靄がかかっていた。南の山岳地帯に比べると、稜線はすべて穏やかである。

図（9-41）登山鉄道

一三時過ぎの列車で下山した。これを逃せば一六時まで下山列車がない。ただ最後に下車駅を間違える。多くの下車客につられて、終点のひとつ前のヴェルニゲローデ市中心部の駅で降りてしまう。三〇分かかって徒歩でDB駅に戻ったが、次のゴスラー行き列車まで一時間以上待つことになった。

一七時、ゴスラーに着いた。駅のチケット売り場は既に閉まっていた。明日は日曜日だから一日中開かれない。ふとローテンブルグで経験した不安が過ぎる。発券機器の操作には自信がない。とにかく意中のホテルまで行くことにした。駅前から旧市街へ通じるローゼントーア通りを七分ほど歩いて、マルクト広場に出た。石畳を敷き詰めた広大な空間である。広場中央に噴水があった。広場の周辺には、高い塔があるマルクト教会や市庁舎が並ぶ。少し南に、皇帝居城の丘がある。このあたりの旧市街が、世界文化遺産に指定されたのである。

図（9-42）ゴスラーのマルクト広場

心当てにしたホテルは、丘の麓の路地にあった。しかし満室で断られ、逆にマルクト広場に面した高級ホテルを薦められる。ふと先ほど感じた不安が戻ってきた。週末支線の町に長居しては、後で苦労する。一日乗車券はまだ有効だし国際見本市は既に終わっているから、ハノーファーのホテルも通常の料金に戻っているだろう。かくて、一八時過ぎの列車でハノーファーに戻ることにした。結局、マルクト広場で写真を一枚撮っただけで、世界遺産の町ゴスラーを去った。

一九時半ハノーファーに着く。二泊した経済的ホステルなら、三〇ユーロ以下に値下げしているかもしれない。しかしまだエレベーターが稼動していなかったら、面倒だ。駅前のカイザーホーフ・ホテルに当たると、朝食付きで九九ユーロという。このホテルで、ハノーファーの最後の夜を過すことになった。駅の中央案内所で明日の列車チケットを購入し、構内食堂で夕食を摂った。

ホテルの部屋には、ワイン、ジュース、コーヒー等が無料のミニバー・サービスがある。下着類の洗濯やカメラの充電を済ませ、二三時に就寝。

## 一五、ゲッチンゲン大学を訪ねる、カッセルのユースへ、見逃した水のショー

九月二四日八時間熟睡して、七時に爽快な朝を迎えた。本日はゲッチンゲンで途中下車してからカッセルまで行くつもりである。いずれもメルヘン街道沿いの都会だ。チューリッヒ行きのＩＣＥを予定していたのに気まぐれで五分先発の列車に乗ったため、ゲッチンゲン到着が逆に三〇分以上も遅れてしまった。

駅の南東マルクト広場まで一キロほど、こじんまりとした広場には多くのテントが張られ、屋台の店が集まっている。何かのバザールが開催されているらしい。草花で飾られたグリム童話に出てくる鵞鳥姫リーゼルの大きな像が、広場の中央に立つ。

市庁舎内にあるインフォメーションで市街図を受け取り、大学の場所を教えてもらう。インフォメーション・オフィスの入った市庁舎地上階の大広間も、天井の飾り模様や大きなシャンデリアなど見る価値のある見事な空間だった。広場から程近いシュレーターハウスは、上階ほど道に張り出した木組みの建物で、市内で最も古い一六世紀の建物という。歩行者天国ウェンデル通りをさらに北に五分歩いて、ゲッチンゲン大学のキャンパスに立ち寄った。チュービンゲン、マンハイム、ハイデルベルグについで今回の旅で訪ねた四番目のドイツの大学である。なぜか分からないが、この大学の名を昔から知っていたような気がする。三〇人を越えるノーベル賞受賞者を輩出している大学だから、そのうちの誰かとの係わりで覚えたのかもしれない。グリム兄弟も、この大学で教えた時期があった。チュービンゲンやハイデルベルグの大学のように古風な校舎を予想していた。しかしキャンパス内に並んでいたのは、比較的新しいモダンな建物である。夏期休暇中の日曜とあって、キャンパス内に学生の姿は殆ど見られなかった。

一二時過ぎのICEで、カッセルに移動する。今度は二〇分ほどでカッセルのヴィルヘルムスヘーエ駅に着いた。カッセルには市街地北部にカッセル中央駅があるが、こちらにはICEは停車しない。どちらが本駅か分からないが、大阪駅と新大阪駅に似た関係かもしれない。ただヴィルヘルムスヘーエ駅近くのインフォメーションが、日曜で閉館しているのが痛かった。ハノーファーの宿泊費が嵩んだから、二泊予定の当地ではユース・ホステルにしようと思った。昨夜のホテルから一応予約の電話を入れている。しかしホステルへの道筋が不確かだ。カッセル市街の情報も十分持っていない。

ガイドブックの記載に従い、駅前の停留所でトラム④に乗り、六つ目のクヴェールアレーで下車した。さてどの方向に足を踏み出すか。近くのレストランに入って、ウエイトレスに訊ねた。彼女は、同僚と一緒に、スマートフォンでユース・ホステルの所在を調べた。

「この坂を登りきったら、左手に公園があります。ユースは、道の反対側です」二人は、レストランの外に出て方向を指示してくれた。

ユースの受付には先客がいて、チェック・インに手間取った。この後に予定がある私は少しあせる。トラムでヴィルヘルムスヘーエ駅に戻り、トラム①に乗り換え終点のヴィルヘルムスヘーエ公園で降りた。日曜日一四時半公園内のヘラクレス像から、約一時間掛けて麓の宮殿まで瀑布や噴水や急流を創りながら流れ落ちる水のショーがある。あまり類のない世界文化遺産だった。なんとか間に合わせたい。しかし、公園は広大で、どこにヘラクレス像があるかも分からない。公園の地理やイベントの内容をもっと調べておくべきだったのだ。既にショーの開始時間が迫っていた。近くにいる人に尋ねると、ヘラクレス像までは、歩いて三〇分以上かかるという。偶々、公園の空き地に停まっているバスが、ヘラクレスの像の近くまで行くことが分かった。ただちに飛び乗ったバスは、ヘラクレスの丘に直線的に向かうのではなく、市街地を大回りして裏手の山道を登る。ヘラクレスの像の下に辿り着いた時には、既に一五時一五分になっていた。

ヘラクレス像は、頑強な建物の屋上にある大きな三角錐の上に立っていた。力強さの表象としてここに設置されたのだろうが、水のショウの由来を私は知らない。建物のあるテラスからは、カスカーデンと呼ばれる階段状の水路が下の池まで続いていた。この先で水流は、広い公園内をシュタインホーファーの滝、悪魔の橋、水道橋を経て、最後はヴィルヘルムスヘーエ城前で五〇メートルを越える大噴水となるはずだ。上からは見えないが、この時刻には水流が既に麓に達しショウは終わっているだろう。麓のバス停から城までそのまま歩いていたら、ショウの最後を見届けられたかもしれない。カスカーデン横の石段を最下段まで降りただけで、私は諦めて引き返した。

一七時、ホステルに戻り、地上階奥のレストランで夕食を摂った。明日は、インフォメーションで情報を得て行動したいと思う。少しユーロを補充しなければならない。

## 一六、ドイツで俳優をしている日本人との出会い、再度ヴィルヘルムスヘーエ公園へ、鉄髭先生の郷里

九月二五日七時半地上階の食堂に下りていくと、隣席に座った男性が日本語で声をかけてきた。ベルリン在住の山崎祐輔氏である。「当地で開かれているアニメ祭りに、ドイツ人の妻と五歳の娘、一歳二ケ月の息子を連れてきました」と彼は話した。「妻はピアノ、私は尺八演奏で祭りに参加します」

興味を惹かれたのは、彼の職業だった。ドイツでフリーの俳優をやっているという。

「何処でドイツ語を習得されたのですか?」と訊ねると、ドイツで暮らしているうちに身に付けたということだった。語学学校に通ったことはない。「とはいえ、長い台詞を語るわけではありません。脇役をやるのですから」

アジア人的役どころなら、なんでも引き受けなければならない。北里柴三郎を演じた事もある。「いずれ、ベルリン時代の鴎外を演じたいと思っています」

昨日の選挙では、メルケル氏が率いるドイツキリスト教民主同盟が勝利したらしい。中国、アメリカ、ロシアらの大国に対抗しヨーロッパを纏めるには、メルケル首相の役割が重要だということで意見が一致する。山崎氏の出生地は、淡路島の岩屋ということだった。この頃になって二人の子供を連れた夫人が食堂に現れた。

ヴィルヘルムスヘーエ駅のインフォメーションでトラベラーズ・チェックを換金する場所を聞くと、最寄りのスパール・バンク（貯蓄銀行）を教えてくれた。しかしこの銀行は、トラベラーズ・チェックを扱っていなかった。代わって、換金を扱うライゼ・バンク（旅行者向けの銀行）の所在場所を地図に書いてくれた。銀行所在地近くまで、トラム⑦に乗る。二〇〇ユーロのチェックで、なんとか一九〇ユーロを手にした。ホテルや列車の支払いはキャッシュ・カードで済ませているから、飲食など今後の雑費にはこれで十分だろう。DB駅への帰途、市庁舎を見かけたのでトラムを降りた。この中にインフォメーションがある。近くにグリム兄弟の像が立ち、グリム・ワールドという博物館もある。その情報を得たかったのである。かつてグリム兄弟は、選帝侯ヘッセン伯の司書としてこの地で過し、ドイツ伝説の研究を始めた。またハノーファー王国の憲法問題でゲッチンゲン大学教授を免職された時にも、カッセルに戻った。兄弟が居住した家も二ケ所に残っている。カッセルは、グリム兄弟の伝説研究の重要な拠点だった。市庁舎から遠からぬ緑地にある兄弟の銅像の写真は撮れたが、立派な博物館の方は月曜休館だった。博物館裏手の小公園から、丘陵に囲まれた周辺の景色を見る。カッセルは一歩都心を離れると、豊かな自然の中にあることが分かった。

昨日に続いて、トラム①でヴィルヘルムスヘーエ公園に行く。林の中の坂道を一〇分ほど登ると、ヘッ

図（9-44）ハン・ミュンデンの木造建築

センン公の居城であったヴィルヘルムスヘーエ城の前に出た。左右に翼を広げた三階建ての巨大な館である。この近くまで落ちてきた水流が、昨日はここで大噴水となって空中高く上ったのだろう。北の林の間に、スキーのゲレンデのような細い斜面が遥か彼方まで延びている。その先端ジャンプ台のような標高五〇〇メートルを越える最高点にヘラクレスの像が小さく見えた。ようやく、公園全体の見取り図が私の脳裏で完成する（297頁 図9―43参照）。

午後は、カッセルとゲッチンゲンの間にあるハン・ミュンデンまで往復した。木組みの家並みが美しい町とガイドブックに紹介されていたからである。駅から一〇分ほど歩いて、マルクト広場に出た。広場正面に三角形の屋根壁を三本並べた市庁舎は、市の規模に相応しい中型で優美な建物である。市庁舎の横手にあるインフォメーションで貰った写真入りの市街地図は、分かりやすく散策に役立った。マルクト広場から程近い市街地東北端で、東のヴェラ川と南からきたフルダ川が合流しヴェーザー川と名を改めて森林の奥に消えている。アヒルが数羽、波静かな川面に浮かぶ。此岸には、ベージュ色の城館が建つ。ヴェラ川に架かるアーチ状の橋脚を持つ古橋は、対岸の町並みを背景にピクチャレスクだった。

街中の建物は、壁面の大部分を四角の大きな窓が占めている。しかも木組みの前面が、上階ほど道に張り出しているのだった。つまり市街地全体が、壁のない張り出し窓から出来ている印象である。全部で六〇〇戸近くの家が、このような木組みだという。ランゲ通りにあるヤブ医者アイゼンバルト（鉄髭）先生の館もその一つだ。最初は見逃してしまったが、三階の窓枠の間に大きな注射針を手にした先生の像が架かっている。アイゼンバルトは実名であり、綽名ではない。実際は研究熱心な名外科医だったらしい。日本のヤブ医竹庵と類似のエピソードである。

インフォメーションで教えられていたグロッケンシュピールを観るため、市庁舎前に戻った。市庁舎の壁にある時計が一七時を示すと同時に、すぐ上に吊るされた鐘が鳴り始める。すると時計の下の窓が開き双方から複数の人形が現れた。これは鉄髭先生が患者を診察している情景らしい。時計仕掛けの人形劇は五分ほど続いた。ドイツに来て、何度グロッケンシュピールを観たことになるか（298頁　図9―45参照）。

一八時少し前に、ヴィルヘルムスヘーエ駅に戻った。駅の中央案内所で、明日のニュールンベルグ行きのチケットを六九ユーロで購入する。ユースの食堂で、米国のネバダ大医学部を出た医師と同席した。就職活動中という。出身地はミュンヘンのひとである。少し遅れて席に加わった山崎氏に、ハン・ミュンデンのことを話した。

## 一七、ナチスの記録館、ニュールンベルクの街歩き、方向感覚の狂い

九月二六日、二泊したユースをチェック・アウトし、しばらくメルヘン街道を離れてバイエルン州北部に回り道する。ニュールンベルグとバイロイトが残っていたからだ。ヴィルヘルムスヘーエ駅発九時四〇分のＩＣＥでニュールンベルグに向かった。途中フルダ、ビュルツブルグを経由する。フルダ―ビュルツブルグ間はトンネルが多い。ビュルツブルグに近付くと右手岡上に、ドイツ到着初日に訪ねた大司教の城砦が見えた。

一一時四五分、約二〇分の遅れでニュールンベルグに着いた。予約を入れてないが、駅に近いホステル、

図（9-46）ドクメンテーション・センター

ＡアンドＯに泊まりたい。幸い、ドーミトリーのベッドは確保できた。ただ二日目は部屋が変わるらしく、チェック・インをやり直さなければならない。

ニュールンベルグ裁判で知られる当市では、ナチスの記憶がどのように保管されているかを知りたい。中央駅前市壁の内側にあるインフォメーションで必要な情報を貰う。早速駅前からトラム⑨に乗って終点のドクメンテーション・センターを訪ねた。

ドクメンテーション・センターは、ナチスの記録保管所だった。舳先のように突き出た構造を持つ特異な外観をした建物である。センターの場所は、一九三〇年代にナチス党の総会が毎年開かれた跡地の一部という。ミュンヘンでの党決起集会に始まるナチス運動の拠点は、バイエルン州だった。運動は既に一九二〇年代の末に始まっていた。しかし本格的活動が展開するのは、一九三三年のニュールンベルグ大会からである。同じ年ヒトラーは、政権を握っている。

一五時から、英語の音声ガイドを首にかけて場内を回った。映像と写真が主体だが、オーディオ・ガイドは原因と結果を解説するためか一九二〇年代と三〇年代の話が交錯する。専門家ならともかく、一般の見学者には少し聞き取り難い部分があった。複雑な背景のあることは理解できるが、やはり事件を年代順に簡潔に整理した方が分かり易いだろう。

ＤＢ駅前に戻り、ニュールンベルグの旧市街を歩いた。旧市街は周囲五キロの高い城壁と空堀で囲まれている。フラウエントーアという太く頑強な円筒状の見張り塔の横から内部に入った。市街地は南北両端が小高く、低部を東西に流れるペグニッツ川により二分される。私はメインストリートであるケーニヒ通

図（9-47）ペグニッツ川の小橋

りを北に向かった。人出が多く活気のある街中だ。「受胎告知」のレリーフを見ようと聖ロレンツ教会に立ち寄ったが、既に入り口は閉じられていた。ペグニッツ川に架かる小橋を渡り中央広場に来た。柵に囲まれた「麗しの泉」があり、背後に頑強な構えのフラウエン教会が建っている。城壁内の最北端の高みに建つ神聖ローマ皇帝の城砦カイザーブルクの庭から、夕日に染まる旧市街全体を俯瞰した。

帰途は城内の西側に回り道し、当地出身の一五～一六世紀の大画家デューラーが晩年を過した「デューラー・ハウス」を訪ねたが、この家も閉まっていた。屋上に天窓を開き、上部二階は木組み、下の二層は石造りの堂々とした館である。そのまま南下し、ペグニッツ川の畔のヘンカーシュティークと呼ばれる写真スポットの区画にきた。私自身は、水彩画の対象を探していたのである。丈の高い直方体の赤レンガの建物、屋根つきの古風な橋、水に影を落とすポプラなど道具立ての揃った場所だった。夕日を反射して眩しい。このあたりは路地が入り組んで、方角が分かりにくい。やがて行き当たった城壁に沿って、東に向かった。突然頭上から「ハロー」という女性の声がした。見上げると、胸元が大胆に開《はだ》けた女が窓から手を振っている。しばらく進むと、次の家からも女が呼びかけた。見ると、赤い照明が室内に輝いている。どうやら特殊風俗地帯に踏み込んだと気付いた。急いで脱出しなければならない。周囲に見向きもせず城門を求めて、足早に歩き続ける。なんとか場外に出た頃には、黄昏が迫っていた。入場した場所より、かなり西側のようだ。二〇分ほど歩いて、ようやく見張り塔のところに戻ってきた。ただこのままホステルAアンドOに帰りついたわけではない。日が落ちた駅前で、ホステルへの道を一筋間違えてしまった。道路わきで戸惑っていると、

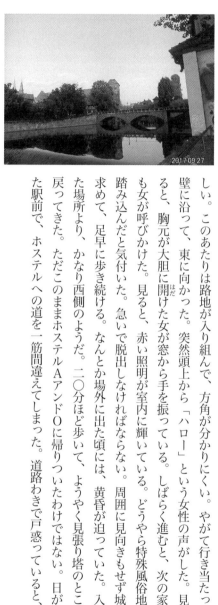

「何を探しているのか？　道に迷ったのか？」と男が立ち止まって私の顔を見た。

「アンタには、どこかで既にお目にかかったね。はーて、ガルミッシュ・パルテンキルヘンだったか」

私は、この男性を殆ど覚えていない。しかし相手は半月ほど前の場所まで特定したのだから、出会ったことに間違いないだろう。すごく記憶力のよい人だ。それとも私の風体が印象に残っていたのか。

「ありがとう。でも大丈夫です。ホテルはすぐ近くなので」

今日は少し方向感覚が狂っていた。これから用心しなければと思う。DB駅構内で食材を仕入れて、ホステルに帰還した。

## 一八、予期せぬ回り道、バイロイトの祝祭歌劇場、コージマのこと、駆け足のバンベルク訪問

九月二七日今夜は部屋が変わるため、一旦チェック・アウトの手続きをした。しかし、本日予定の部屋が既に清掃も済み直ちに入室できるという。かくて出発前に改めてチェック・インを済ませ、心置きなく外出した。

本日は、一日間有効なバイエルン・カード（一九・一〇ユーロ）で、バイロイトとバンベルクの二都市を訪ねるつもりだ。先ず九時三八分発の快速で北のバイロイトに向かう。汽車は、緩やかな勾配を登った。黄葉化がかなり進行している。ところが到着予定の時間が過ぎても、バイロイトのアナウンスがない。マルクトレドヴィッツという駅に着いたところで、駅員に確認したところ、キルヒベルクまで戻って、乗り換える必要があるという。事態がよく分からぬままに、この駅の中央案内所に行った。職員一人に先客が二人。ところがこの先客が長々と相談し駅員が辛抱強く対応するので、いつまでたっても私の番が回って

こない。結局、四〇分も待った。判ったことは、ニュールンベルグ発の同一列車の車輌の一部がバイロイト行きで途中で切り離されたということだった。かくて、当初の予定より二時間も遅れて、一三時少し前にようやくバイロイトに着いた。

目指すのは、バイロイト音楽祭の会場、ワグナー・フェストシュピールハウス（祝祭歌劇場）である。音楽祭自体は毎年七月二五日から八月二八日までで、今年は既に一月前に終了している。しかし音楽祭の時期に来合わせたとしても、入場できるわけではない。音楽祭のチケットを購入するのに、少なくとも八年はかかるという。しかも、大仕掛けの楽劇一つを通しで観劇するとなると、数日かかる。かつて私の友人が、チケットを手に入れて夫妻でバイロイトに出かけた。相当の出費だったと想像されるが、あえて訊ねなかった。

リヒャルト・ワグナーの楽劇については、幾つかのアリアや有名な場面を断片的に知っているに過ぎない。興味があるのは、このようなスケールの大きな楽劇が演奏される会場自体と、なぜワグナーの作品に特定された祝祭が一世紀を越えて続いているのか、ということである。モーツァルトの郷里で開催されるザルツブルグ音楽祭を除けば、特定の音楽家の作品を主体とした音楽祭を私は他に知らない（コンクールは、横におく）。祝祭歌劇場の次の内部入場ツアーは一四時からである。劇場と方向が逆になるが、市庁舎前広場に急いだ。インフォメーションで、祝祭歌劇場入場時間の確認をしバイロイト案内地図を貰う。ついでに辺境伯劇場やワグナー博物館に立ち寄ろうかと思っていたが、これは時間的に無理だった。DB駅に戻って、祝祭歌劇場を目指す。ビュルゲルロイター通りの先一キロ半ほどの彼方の小高い場所に、劇場が見えている。人家の少ない田園地帯の中の車道に沿って歩くこと三〇分ほどで、劇場前テラスに辿り着いた。テラスの庭に、ワグナーの頭像が置かれている（298頁　図9―48参照）。

一四時からのガイドによるツアーで、劇場内に入った。先ず、舞台に近い一階座席に座ってガイドの説明を聴く。ワグナーが自作公演の劇場構想を持ったのは、ザークセン王国ドレスデン時代の一八五一年である。しかし革命騒ぎに巻き込まれ、スイスへの亡命を余儀なくされた。一八七一年に初めてバイロイトを訪れている。当初は辺境伯劇場を利用することも考慮したが、ワグナーの楽劇の舞台としては手狭だった。ここに初めて自前の劇場建設の構想が具体化することになる。強力な後援者バイエルン国王ルートヴィヒ二世の資金援助が大きかった。一八七六年、八月一三日、ハンス・リヒター指揮による「ラインの黄金」で、祝祭歌劇場のこけら落としが行われた。

劇場内部での私の第一印象は、予期していたほど広くはないということである。舞台幅一三メートル、高さも同じく一三メートル、ざっと数えてみると座席数は横列四〇席縦列も四〇列である。後方の座席は四階席まであり、一部は桟敷になっている。しかし、左右の壁側には、桟敷席がない。音響が乱反射するのを避けるためという。厳密に調べたわけではないが、スケールだけなら現代においてこれを凌駕する音楽堂は他にもあるのではないかと思った。

最も特徴的なのは、オーケストラ・ボックスの位置だった。客席の先端から舞台の床下にかけての大きな空間に、段差をつけた楽員の座席や譜面台が配置されていた。楽器の音色がオペラ歌手の声量を妨害しないための工夫らしい。演奏はあくまで、舞台上の演劇を引き立てるための黒子だった。しかし数時間、しかも数日続けて演奏を続ける楽団員にとっての居心地はどうであったか。ワグナーは、このような地下のオーケストラ・ボックスを、「ミスチック・アプグルント」（秘密の奈落）と呼んだ。この穴倉の中で、フルトヴェングラー、トスカニーニ、クナッパーツブッシュ等の名指揮者もタクトを振っている。

一五時過ぎ、バイロイト駅に戻る。次のニュールンベルグ行きの列車は、五分後に出る。幸便とばかりこの列車に乗り込んだが、後で後悔することになった。現在工事中で見学できない世界遺産の辺境伯歌劇場はさておき、リストの娘で二人目の妻コージマとリヒャルト・ワグナーが最晩年まで住んだハウス・バーンフリート（現ワグナー博物館）を見過ごしてしまったからである。一八八三年逝去したワグナーは、この館の庭に葬られた。ワグナーの死後の祝祭歌劇場を管理し今日まで続く基礎を切り開いたのが、未亡人コージマである。ワグナー二世のジークフリートはまだ一三歳に過ぎなかった。

リヒャルトとコージマ夫妻の旧居を見落としたのは、一日乗車券を利用してバンベルクまで足を延ばそうと考えていたからである。一旦ニュールンベルグに戻り、バンベルクに着いた時には既に一七時半だった。ＤＢ駅から世界遺産に指定されている旧市街のドーム広場まで約一キロある。大聖堂や新宮殿には入場するゆとりがない。マイン川の橋の上に来た頃には、川面は黄昏れていた。結局、午前中の二時間のロスが響いた。一九時一〇分、ニュールンベルグに戻る。二二時就寝。

## 一九、職人広場、ニュールンベルグ軍事裁判のこと、アイントラハト・フランクフルトのユニフォームを求めて

九月二八日六時起床。少し喉がいがらっぽい。風邪に気をつけなければならない。見張り塔の内側にある職人広場まで、朝の散歩に出かけた（298頁　図9—49参照）。一昨日ニュールンベルグ到着早々迷い込んだところだ。金物細工、織物、刺繍など各家で作成した品物を即売している小奇麗な店舗が並ぶ横丁で

ある。入り組んだ店や、看板、見張り塔などを組み合わせると水彩画の良い題材になると考え幾つも写真を撮った。

ニュールンベルグ中央駅から地下鉄で五つ目のベーレンシャンズにある地方裁判所を訪ねる。ニュールンベルグ訪問の目的の一つ、ナチに対する軍事裁判の現場を見学するためである。入り口で借りたオーディオ・ガイドを首にかけ、地上階にある法廷の傍聴席に座った。現在も使われている地方裁判所の法廷は、細部は別として当時とあまり変わっていないという。あまり広くない法廷の左手が被告席、右手が尋問者、証言人の席だった。天井から吊るされているシャンデリアは後日付け替えられたもので、昔は普通の電球照明だった。また窓のカーテンは以前から下ろされたままだった。

図（9-50）ニュルンベルグ裁判の現場

軍事法廷は証人数があまりに多過ぎるため、大部分は調書のみで済まされたという。

上階は、時間軸を追って裁判前、裁判の進行中、判決、判決後に分けて写真と説明が付いている。最後の部屋には東京軍事裁判の記録もあった。

裁判のポイントは、

①他国の政治指導者を裁けるのか

②どの国の法律で裁くのか（米国法、大陸法、ソ連など社会主義国法）

③犯罪の内容

特に②については、裁判の有効性に疑義を唱える判事もいた。裁判の正当性を担保するため、マスコミ対策が重要だったといわれる。約一時間で、見学を終えた。

ニュールンベルグ中央駅で、フランクフルトまでのICEチケットを五九ユーロで購入した。「昨日買っておけば、三九ユーロでよかったのに」と窓口職員が言う。事情を知らないらしい外国人に教えてくれたのかもしれない。ドイツに慣れてきた私は、都合が付けば出来るだけ早めにチケットを手に入れることにしているのだが。「入国時に四五ユーロのディスカウント・チケットを手に入れると、何かと便宜だ」と相手は付け加えた。

一三時発のICEに乗り、この旅最後の滞在地フランクフルトに向かった。一五時三分、フランクフルト着。駅構内にあるインフォメーションで、予約済みのホステルAアンドOへの交通手段、市内の割引乗りものチケットなどを教えてもらう。息子から頼まれた地元サッカーチーム、アイントラハトのユニフォームは、一八時まで開いているスタジアムの店で購入できるようだ。一六時、ホステルAアンドOにチェック・インした。四泊素泊まりで九二ユーロ、ドイツ滞在中の宿泊費はこれで全て支払済みだ。今後、荷物無しで手軽に行動できるのがうれしい。

最寄りのトラムの駅ガローウス・バルテで時刻表を見ると、トラム21の終点がスタジアムと分かる。目的地は都心からかなり離れていて、終点まで三〇分以上かかった。試合が無い日などで、乗降客が少ない。同じトラムで降りた数人の若者と道づれになり、スタジアム外周の金柵に沿って五分ほど歩いた。チケット売り場や商店があったが、いずれも閉鎖している。やはり本日は駄目かと思ったが、若者がこの先にも別の入り口があるという。さらに三〇〇メートルほど進むと建物があり、人だかりがある。私も行列に加わろうとすると、係りの男が「スタジアムの入り口は、あっちだ」と方向を指示した。空き地があり、さらに道が延びている。道の分岐で再度スタジアムの方向を尋ね右折する。やがてスタジアムの湾曲する大きな壁が見えてきた。立っていた人が、「スタジオ・ショップなら、あと一〇〇メートルだ」という。時計を見ると閉店の一八時まで、残り一〇分しかない。最後のスパートをかける。スタジアム外壁の下に入り口を開いたショップに、ぎりぎりで間に合った。アイントラハト・フランクフルトのホーム用ユニフォーム七二ユーロ、これに日本人プレーヤー長谷部のネームを入れてもらってプラス一二ユーロをカードで支払った。フランクフルト滞在中の四泊分のホステル代金とほぼ同じだ。費用はさておき、このようなシンドイ買物は二度としたくない。しかし依頼を果せたことでほっとした。これでドイツ滞在の残りを、気分よく過せるだろう。

店主から帰途のSバーンへの近道を教えて貰った。通行者の便宜のため金柵の一部に常時出入り口が設けられているという。柵を出てからSバーンの駅まで、偶々出会った男性と一キロ以上を同道する。Sバーンの駅とトラム駅は別物だった。スタジアム周辺をこの日どのように歩き回ったかは、結局分からないままだ。

## 二〇、グリム兄弟の郷里、ライン河を下る、古城と葡萄畑、ローレライの頂にクレーン車を見る、ボンのベートーヴェン生家

九月二九日七時起床、夜中に雨が降ったらしい。疲労が蓄積していたうえにスタジアム・ショップ探しに頑張り過ぎたためか、少し風邪気味だ。ユニフォームを手に入れた経緯を書いた絵葉書を自宅に送る。多分私の帰宅後に配達されるだろう。

DB中央駅の旅行センターで、ライン下りの日帰りツアーを相談した。往復の交通手段、乗船下船の場

図（9-51）グリム兄弟が幼少期を過ごした館

所を迷っていた。ドイツでも有数の観光地だけに、これは杞憂だった。鉄道と河船の接続が便宜に設定されている。フランクフルトからリューデスハイムまでは鉄道、リューデスハイムからザンクト・ゴア間のライン下りのハイライトを船、その先コブレンツまで列車で行き、引き返す日帰りチケットで四二ユーロだった。もし余裕があれば、さらにボンまで足を伸ばそうかと考えている。

明日のスケジュールが決まったので、本日はメルヘン街道で見残したグリム兄弟の故郷シュタイナウとハーナウを訪ねることにした。フランクフルト発一二時二六分の快速に乗り、シュタイナウに一三時二〇分に着く。駅舎は町外れの高みにあった。迂曲する緩やかな坂を下り畑の中の小道を辿って一五分ほどで、グリム兄弟通りと呼ばれる道幅一〇メートルほどの町のメインストリートに出た。カスターニエ（栗）が、イガのある実を道端に落としている。銀杏並木も、落葉しきりだ。路地奥のグリム一家が住んでいた館を見逃して、城砦や市庁舎がある広場に来てしまう。いずれの建物も、町のスケールに合わせて小振りである。近くのカフェーの前のテーブルで一〇人ほどの客が談笑しているほかは、殆ど人影がない。

少し後戻りして、グリム一家の館を訪ねた。三階建ての立派な建物である。一歳違いのヤーコブとヴィルヘルム兄弟の父は裁判官で、この家は裁判所と官舎を兼ねた。グリム兄弟は恵まれた幼少期の五年間をこの家で過した。地上階は前後にそれぞれ三室あり、中央に竈や自在鍵のついた囲炉裏を備えた食堂がある。上階には、兄弟の著作物が展示されている。向かいに建つシュタイナウ郷土館は、もともとグリム家の納屋に使われた建物だった。吹き抜けの土間には、三階まで届く垂直の梯子がかけられ

図（9-52）リューデスハイム

剥製のロバが立っていた。

駅に戻って、西のハーナウに向かう。快速で二〇分ほどの距離、シュタイナウより遥かに大きな都会である。グリム兄弟はこの町で生まれたのだが、第二次大戦で市街地全体が破壊されたため生家は全く残っていない。DB駅から二キロ離れたマルクト広場まで行き、兄弟の像を写真に撮っただけで引き返した。活気のある市街地とやたらに広いマルクト広場の印象だけが残った。グリム兄弟は、ドイツの民話や伝説を収集し整理した偉大な文献学者だった。『ブレーメンの音楽隊』や『ハーメルンの鼠捕り男』の話も、彼等が収集した膨大な伝説の一コマに過ぎない。メルヘン街道のスタート地点であるグリム兄弟の郷里を訪ねることで、私のメルヘン街道訪問も終わった。

九月三〇日八時少し前フランクフルト発のローカル列車に乗り、一時間でライン河右岸のリューデスハイムに着いた。鉄道駅から渡船場まで、土産物店やワイン酒場、カフェーが並ぶ河沿いの道を一キロほど歩いた。市内には「つぐみ横丁」と呼ばれるかわいい路地や小さな市庁舎もある。ライン下りの基点となるリューデスハイムは、ワイン産地の中心地で、「ラインの真珠」と称えられる美しい町である。

一〇時八分リューデスハイムを出た観光船は、間もなく対岸のライン左岸にあるビンゲンで、乗客を拾った。ICEなど幹線鉄道は、ライン河の左岸を走っている。右岸に戻りアスマンスハウゼンで一人が乗り込んできた。旅客の殆どは甲板にある卓を囲んで談笑したり、カメラを手に船縁を歩きまわっている。晴天に恵まれ、風も殆どない。山地の斜面一帯に、櫛で漉いたようによく整備されたブドウ畑が広がっている。左岸に数本の見張り塔を立てたラインシュタイン城が近付いた。背後の山の一部が黄葉している。一〇時

図（9-53）プファルツ城

五〇分、再び左岸の山上に巨大な城郭が現れた。ライヘンシュタイン城である。一一時一五分、左岸のバッハラッハに接岸。家並みや尖塔が目立つ集落がある。背後の丘の中腹に円屋根と三角屋根を連ねたシュターレック城が見える。ユース・ホステルとして使われているらしい。城郭は左岸に多く、ブドウ畑は右岸に多い感じだ。右手の川中島に見えるのはプファルツ城、通行税徴収のための砦だった。白壁の城砦の上に見張りの塔がたつ。今度は左岸の山上に聳えるシェーンブルグ城、やはり古城ホテルとして利用されている。お城も入場料以外の収入を稼がなければならない。

　右側から突き出た岩山を避けるように河が右にカーブする。岩肌を隠すように樹木が盛り上がっていた。有名なローレライ（妖精の岩）である。高さ一三〇メートルほど。どこにでもありそうな小山に過ぎないが、「なじかは知らねど　心侘びて…………」のハイネの詩とズィルヒャーの曲で世界的に有名になった。

図（9-54）ローレライ

　このあたりは河幅が狭く急流で暗礁も隠れているため、ライン下りの難所とされた。工事中なのか、山頂近くに黄色のクレーン車が見えた。ローレライを過ぎると下船予定のザンクト・ゴア船着場が、左岸に近付く。船着場から家並みの間の小道を少し上ったところに、DBの駅があった。列車が五分ほど遅延していたため、一二時発予定の列車に間に合った。

　当初予定のコブレンツ下車を見送って、ボンに向かう。これまでケルンやフランクフルトは数回立ち寄っているのに、その間にあるボンは今回が初めてだ。しかし、車窓から見える空の雲行きが怪しい。一三時にボンに着いた時には、本降りになった。戦後半世紀近く西ドイツの政庁がおかれていた古都だから、見るべき場所も多いだろう。シューマン夫妻が眠る墓地もある。しかしこの雨では、散策がままならない。結局、ベートーヴェンが生まれ育った生家だけを訪ねることにした。ボン中央駅から五分も歩けば、ベートーヴェンの像が立つミュンスター広場に出る。広くもない広場にメリーゴーラウンドが回り、屋台のテントが所狭しと並んでいた。フェスティバルが開かれているのか。台座の上のベートーヴェンは、回転木馬ではしゃぐ子供達を無言で見つめている。

さらに一ブロック北のマルクト広場に来た。目的のベートーヴェン・ハウスは、この近くにあるはずだ。これが意外に手間取った。商店が立ち並ぶ間の小道を入った裏手にあったからである。ベージュ色の壁に大きな窓が開かれている三階建ての、結構大きな屋敷だ。部屋数も多い。父親は宮廷の楽士だった。ベートーヴェンは、一七七〇年この家の三階で生まれ、二二才でウイーンに移るまで住んでいた。内部には、ベートーヴェンの生涯の紹介パネルや名曲の録音が流れ、自筆の楽譜が展示されている。彼が弾いたクラビコードやオルガンもある。ライブ・マスクやデス・マスクも見た。ベートーヴェンについては予備知識があるので、ガイドのドイツ語もよく分かった。外壁を覆う蔦や庭木の緑が、印象に残っている（298頁　図9—55参照）。

一八時、ホステルに戻った。前夜は複数のインド人男性と同室になり、彼らの会話や鼾に少し悩まされた。今夜の同室者はトルコのアンカラからきた若い男一人なので、静かに過せそうだ。

## 二一、ダルムシュタットのマチルダの丘、グーテンベルグ博物館、ヴィースバーデン再訪

一〇月一日六時起床、八時間熟睡したため風邪気味の体調から回復している。本日は一日有効乗車券を利用して、フランクフルト近郊の都市を二、三訪ねるつもりだ。フランクフルト発一一時六分の列車で最初の訪問地ダルムシュタットに向かう。私がこの町の名を知ったのは、ゲーテの小編『ダルムシュタットの感傷的な乙女達』だった。筋は覚えていない。半世紀以上昔のはなしである。当時の私の愛読書であった自伝『詩と真実』には、フランクフルトの生家にいた若いゲーテが、近郊の女性達と多感な青春を謳歌していたことが記されている。ダルムシュタットも舞台の一つであったかもしれない。

ダルムシュタットについて改めて知ったことは、かつてこの町がヘッセン大公国の首都であったことで、一九世紀末最後の大公エルンスト・ルートヴィヒが芸術家を集めて作った芸術家村が「マチルダの丘」の名称で残っているという。このマチルダの丘に行ってみようと思った。

図（9-56）マチルダの丘の記念塔

ダルムシュタット中央駅前で乗ったF番のバスは、市街地の中心部を抜けるライン通りを東に一〇分ほど走った。市街地の外れの小高い場所に、芸術家村があった。目立つのは、高さ三〇メートルほどの直方体のような結婚記念塔だ。最上部にエメラルドグリーンの風変わりな屋根を付けている。エルンスト公とマチルダ妃の結婚を記念して建てられたもので、丘のシンボルとなっている。広場を挟んで建つ葱坊主状の屋根を頂くロシア教会は、アールヌーボー（ドイツ語で「ユーゲント・シュティール」）時代の新風を競う丘の建築群の中でも異様な印象を与えた。芸術家村の中心は、事務所を兼ねた美術館で、

記念塔とともにオルブリヒが設計したものである。その背面には、男女の大きな裸体像が立っていた。起伏ある丘の敷地を歩きながら、一九世紀末の流行建築の一端を実見する。写真を撮ったりベンチで休む人達を見かけた。

見当がついているので、駅までのおよそ二キロを歩いて戻ることにした。工科大学や旧市庁舎の横を通り、ダルムシュタットの中心にあるルイーゼン広場に来た。東側に、城博物館、南に新市庁舎が建っている。広場の高い塔の上に立つのはヘッセン大公ルートヴィヒ一世の像である。この広場で駅までの半分、残りの一キロただ広いだけのライン通りを急いだ。

次に向かったのは、マイン川とライン河の合流する地点のマインツである。古くから交通の要衝として栄え、現在人口二〇万の人が住む。中心のマルクト広場まで距離は一キロ強に過ぎないが、旧市街地は入り組んでいて、何回か道を訪ねなければならなかった。広場に建つ大聖堂は、ドイツで三本の指に数えられるという。ケルンの大聖堂は誰でも思いつくが、残りの一つはどこであろうか。東西の両端に大きな尖塔を持つ巨大な外観は圧倒的な威容を放っている。マインツの大司教は、ドイツ皇帝の七人の選帝侯の筆頭だった。その権力を誇示するのが、目の前に聳える大聖堂である。大聖堂内部も東西の塔に対応して、十字架像が掛かった二つの祭壇があるが、東側（正面左手）が主宰祭壇という。ただし規模が大きいだけで、あまり印象に残る特徴はなかった。

マインツで見落とせないものは、むしろグーテンベルグ博物館の方であろう。一四五〇年、この町の職人グーテンベルグにより発明された活版印刷機は、人類の文化発展に寄与した最も重要な発明の一つである。博物館の地上階には最初の印刷機から改良型まで展示されているが、いずれも数メートルの長さの大

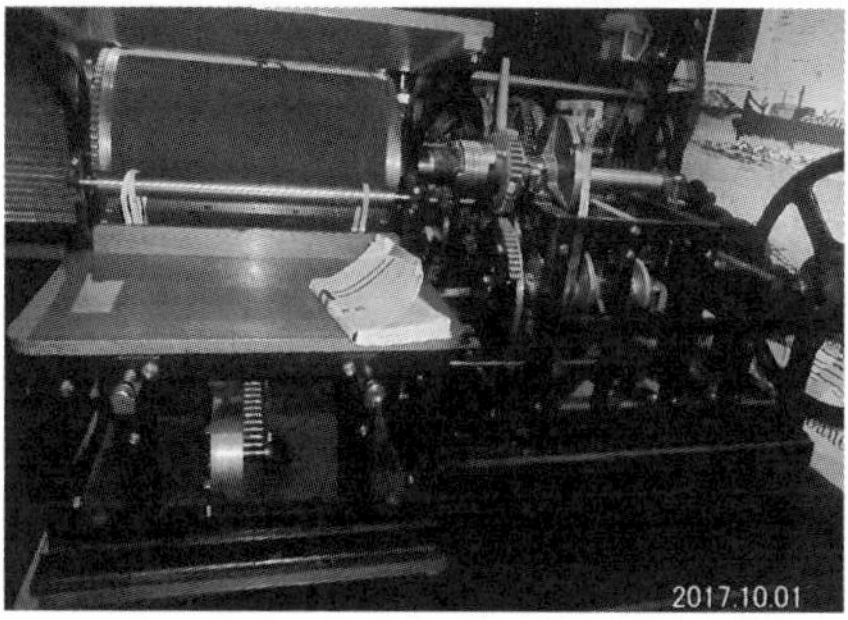


図（9-57）グーテンベルグの印刷機

型機械である。上階には、この機械で製作された当時の印刷物が展示されている。三階の鉄で防火された特別室のガラスケースの中には、多色で刷られた分厚い『グーテンベルグ聖書』が収められていた。特徴的な字体の美しい書物である。ただし偉大な発明者グーテンベルグは、職人気質で商才が無かったためか、借財が嵩んで貧窮のうちに世を去ったといわれている。時代に抜きん出た先駆者の多くが辿る宿命かもしれない（298頁　図9—58参照）。

博物館から一ブロック先のライン河畔の船着場に行く。このあたりの河幅は、二キロほどか。マイン川の合流点が見たかったのだが、全く分からなかった。

本日最後の訪問地は、ドイツ屈指の温泉保養地ヴィースバーデンである。私自身は、一八年ほど前に一度立ち寄っている。ただその時の記憶が希薄なため、今回改めて確認したいと思った。マインツから汽車で一〇分ほど。ヴィースバーデン駅前の広大な緑地にある池では、噴水が上がり二羽のアヒルがのどかに遊泳している。他の都会には見られない緩やかな時間が、既に感じられるのだった。駅前から温泉館が集まる中心部まで、フリードリッヒ・エーベルト通りからヴィルヘルム通りにかけてほぼ一直線の静かな街路が続いている。やがて右手の緑地奥に、列柱式ファサードを持つカジノが見えてきた。すぐ先にクア・ハウスもある。

私が目指していたのは、カイザー・フリードリッヒ温泉である。手元のガイドブックによれば、旅行者が気軽に体験できる温泉とある。おそらく一八年前に訪ねたのはこの温泉ではないか。温泉地区の少し入り組んだ路地を辿り、少し北西方向に進んだ。

途中に商店やカフェーがある。標識を見ながらカフェー横の石段を上がり、カイザー・フリードリッヒ温泉の入り口に立つ。貫禄のある少し古びた建物には見覚えがあった。一八年前に入場したのは、この温泉に間違いない。

温泉館の内部では、タオルを使うことができない。一八年の昔素っ裸になり浴室間の廊下を歩いていたら、前方からこれも全裸の大柄な女性が胸をはって堂々とやって来た。その情景だけは、昨日のように鮮明に覚えている。昔訪ねた温泉館の確認だけでヴィースバーデン訪問の目的は達せられた。今回の旅では、すでにバーデン・バーデンで温泉に浸かっているから、この地で入浴を繰り返す必要はない。

フランクフルト中央駅構内で夕食を済ませ、AアンドOホステルに戻った。明日夕刻の航空機で、二四日間滞在したドイツを離れる。……あす昼過ぎまでは、曽遊の場所フランクフルトの中心部レーマー広場やゲーテ・ハウスの周辺を訪ねてみよう。時間があれば、動物園を散策するのもわるくない……ホステルの自室で荷物を整理しながら、今回の一人旅を反芻した。

（二〇一七年一二月二日、記）

# 第10章　フランスの旅

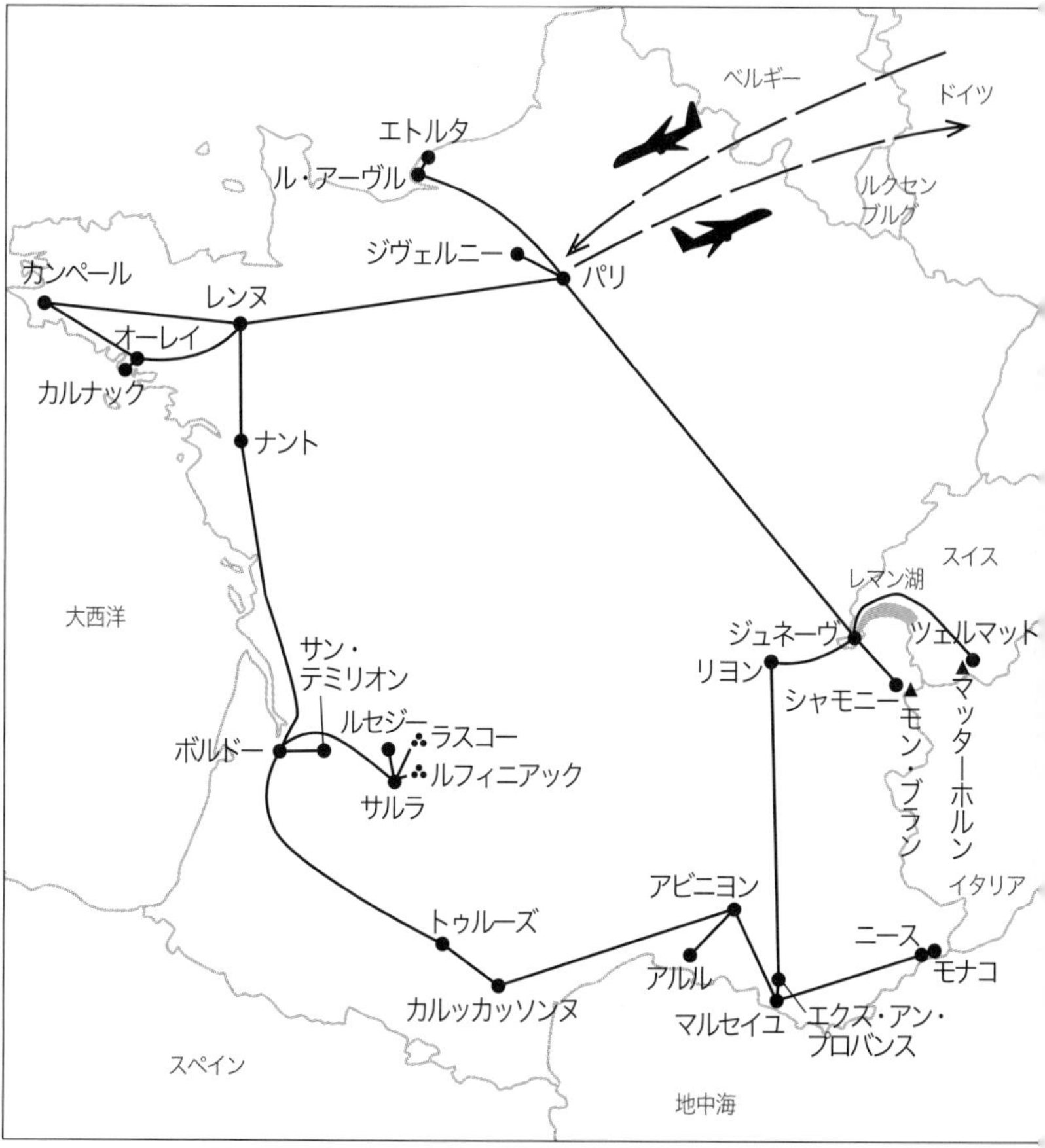

ベルギー
ドイツ
ルクセンブルグ
エトルタ
ル・アーヴル
ジヴェルニー
パリ
カンペール
レンヌ
オーレイ
カルナック
ナント
大西洋
スイス
レマン湖
ジュネーヴ
ツェルマット
リヨン
シャモニー
モン・ブラン
マッターホルン
サン・テミリオン
ルセジー
ラスコー
ルフィニアック
ボルドー
サルラ
イタリア
アビニヨン
トゥルーズ
ニース
モナコ
アルル
カルッカッソンヌ
マルセイユ
エクス・アン・プロバンス
スペイン
地中海

## （その一）

昨年のドイツ一人旅に続いて今年も、九月の大部分をフランスで過ごすことになった。過去にフランスで旅した地域は、パリを中心にしたいわゆるイル・ド・フランス、個性的な城館が点在するロワール河流域地方、ウイリアム征服王の出自カンやバイユー、人気観光地モン・サン・ミッシェルを含むノルマンディなどフランス西北部である。今回はフランスの東南部のコート・ダジュールやプロバンス、南西部のイザール川やドルドーニュ川が渓谷を形成するペリゴール地方、大西洋側アキテーヌ盆地に位置するボルドーやサン・テミリオンらの都市、すなわちフランスの南半分をカバーするものだ。といっても僅か三週間余りの旅、自分の興味に従って限られた場所を選んで訪れたに過ぎない。その上最初の四日間は、スイスの町に立ち寄っている。

北京経由の中華航空でパリのド・ゴール空港に降り立ったのが、二〇一八年九月四日（火）定刻七時二〇分、日本との時差が七時間ある。パリは三〇年ぶりだから、この空港は殆ど記憶がない。やたらに広いだけで馴染めない感じだ。円形の第一ターミナルから、パリ・リヨン駅行きのシャトル・バスに乗った。ビザ・カードで済ませようとしたが計器が作動せず、現金で二〇ユーロを支払う。いつもマスターとビザの二種類を携行しているが、ひとつでも上手くいかないときは長い旅では少し不安だ。

パリ・リヨン駅で二時間ほど待った後、一二時一一分スイスのローザンヌ行き超特急TGVに乗った。この列車は、日本で支払いを済ませている。TGVは全席指定で、立ち席はない。満席の時は乗車できないのである。一五時二〇分の定刻にジュネーブに着いた。駅からレマン湖に向かう途中にあるインフォメーションに立ち寄る。市街地地図を貰い、明日のモン・ブラン日帰りツアーを相談した。このインフォーメーションの職員がとても親切で、今回の旅行中で最も印象に残った。明日の計画も決まり、明後日からのツェルマット行き列車の時刻も分かったので、日本から予約を入れていたカルメン・ホテルに急ぐ。ただ徒歩で訪ねるには地図上で予測したより距離があり、トラムを使えばよかったと少し後悔した。

## 一、レマン湖畔の散歩、シャモニへ、巨大な白い頂、置き引きに遭う、グランド・ジョラスと氷河

九月五日六時半起床、ホテルで朝食を済ませ、近くの停留所からトラムでジュネーブ駅に向かった。モン・ブラン・ツアーの出発点は、昨日訪ねたインフォメーション近くの総合バス・ターミナルである。時間があったのでレマン湖畔に出て、湖面から間歇的に上がる噴水や、湖岸に繋留されている遊覧船を撮った。ジュネーブには、昔一度だけ所要で立ち寄ったことがある。

少し遅れてきたマイクロバスで、ジュネーブ東南にあるモン・ブランの麓シャモニに向かった。今日のツアー参加者は二〇人だった。これまでモン・ブランはスイスの山と思っていたが、実はフランスとイタリア国境にあり、南麓の基地となるシャモニはフランス側にあった。地元では、町をシャモニ・モン・ブランと呼称している。オーストリアからスイスに掛けて東西に走っているヨーロッパ・アルプスの最西端にあり、フランス領にはみ出しているのが、ヨーロッパ大陸の最高峰モン・ブラン（四八〇八m）である。

出発して間もなく高速道路に入り、両側に山岳が近付いてきた。周囲が一気にアルプスらしい景観に変わる。右手に岩壁が迫る。いよいよトンネルかと思いきや、道路は岩壁を上手く迂回して谷間の小川に沿って屈曲しながら伸びていた。一〇時四五分、シャモニの集落に入った。アルブ川沿いの谷間に長細い町

並みが広がっている。

南東に聳えるモン・ブランに向って、一筋のケーブルが伸びている。このケーブルで、モン・ブランの前面に屹立する岩峰エギーユ・デュ・ミディの展望台まで登るのが人気のコースである。ところがこのケーブルが、故障のため一か月間運行を停止しているという。このため私達はシャモニ集落を挟んでモン・ブランと対峙しているプレヴァン展望台（二五二五m）へのケーブルに乗ることになった。二〇〇〇メートル地点にある中間駅まで、大型のゴンドラで行く。そこは草地が広がっており、レストランも営業していた。広い山道が四方に延び、多くのハイカーたちの姿が見られた。南に巨大な白い雪の塊が、強い日照の中に浮き上がっている。モン・ブランの全容が、ここに来て姿を見せたのである（299頁　図10―1参照）。ところどころに黒い岩肌が覗く。周囲の高山の中でもモン・ブランは、質量ともに群を抜いていた。写真を撮りながら、これで世界五大陸の最高峰を全て見届けたと思った。北アメリカのマッキンレー（＝デナリ、六一四五m）、南アメリカのアコンカグア（六九六〇m）、アジアのエベレスト（＝チョモランマ、八八四八m）、アフリカのキリマンジャロ（五八九五m）、そして目の前のモン・ブラン。

これまで山好きの私は、日本各地の名山に登った。外国の山への登頂は限られるが、東南アジアの最高峰マレーシアのキナバル山（四〇九五m）や韓国最高峰ハルラ山（一九〇五m）を挙げることが出来る。各国を旅している間に、世界の名峰を見る機会を持てたのである。明後日に予定している渇望の山マッターホルンを除けば、山についてはさらに望むものは殆どない。

レストランで休んでいると、「上の展望台には、もう登ってこられたのですか？」と店の女性がいう。ガイド氏の説明を聞き漏らしていたことに気付いた。まだ麓の集合時間まで余裕がある。小型のゴンドラで、プレヴァン展望台まで一気に上った。五〇〇メートル上昇した分、モン・ブランの奥行きを感じることが出来た。反対側には際立った山は無い。展望台の裏手にアーチ状のゲートが建っている。この展望台は、一般の登山者の目標であり、後背の山々に向かうハイカー達の出発点でもあった。

一二時半、ケーブル山麓駅に集合、マイクロバスでシャモニの中心部を通り過ぎて少し西に走った。アルブ川のほとりでバスを降り、小橋を北に渡った所にあるパカール通りで、昼食のため一時間の自由時間が与えられた。写真を撮りながらシャモニの街中を散策し、軽食を摂った。少し早めに待ち合わせ場所に戻る。まだマイクロバスも戻っておらず、仲間の姿も無かった。川のほとりにベンチがあった。そこに腰を下ろし、周りを見回す。すぐ前の車道の向こうにホテルの入り口が見えた。ホテルの屋根を見上げると、モン・ブランの一部が迫っている。最後のモン・ブランの映像。もう一度カメラに収めておこう。そう考えて、立ち上がる。ほんの数秒のことだったと思う。振り返ると、無い！

ベンチに置いていたはずのバック・パックが忽然と消えている。周りを見回す。見通しのある通りには、人影も無い。何か神隠しにあった感じだ。

念のため、先ほど立ち寄った目の前のホテルのトイレや、昼食を摂ったレストランを確認したが無駄だった。何より自分自身、最後にバック・パックからカメラを取り出したという記憶の方が、鮮明なのだ。添乗員が、「とにかく警察署で調書を貰いましょう」という。一行をモンタンヴェール行きの登山電車で見送ってから、私達は地元の警官派出所に向かった。

主な紛失物は、

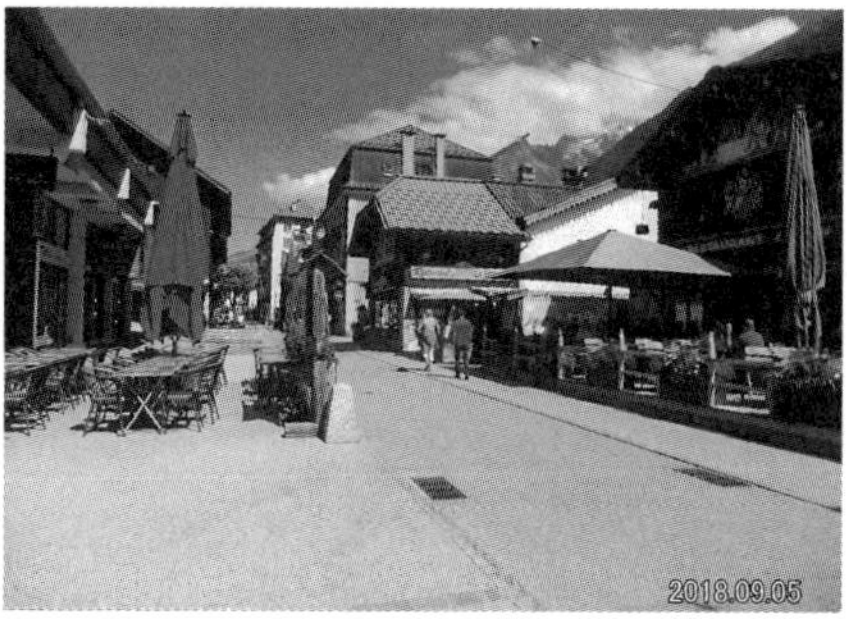

図（10-2）シャモニ

①大小二つのバック・パック②予備のカメラ③スマートフォン④ジャケット⑤キイ⑥サン・グラス、眼鏡⑦スイスのガイドブック⑧下着一式⑨トラベラーズチェック（計六〇〇ユーロ相当）、現金：二〇〇ユーロおよび約三万円

愛想の無い婦人警官が、通訳するガイドの文言を機械的にタイプした。

「これからモンタンベールへの列車には乗られますか？」派出所を出たところで添乗員が訊ねた。「往復だけならまだ十分時間が残っています。氷河洞窟の探索は無理でしょうが」

折角だから、行くだけは行ってみよう。一行の帰りをただ待っているだけでは、一層気が滅入るし。

シャモニの国鉄駅の裏に登山列車の駅がある。すぐに三両編成の赤い車体の登山電車がやって来た。乗降の客が入れ替わると、直ちに登山電車は発車した。アプト式車輌が、急勾配を力強く登り高度を上げてゆく。やがて樅の林に入った。シャモニが見える斜面の裏側にまわっているらしい。約二〇分で終着モンタンヴェールに着いた。谷間を隔てて正面に屹立するのは、アルプス三大北壁として知られるグランド・ジョラスだ。これを巻くように右手の背後から、氷河が手前のほうに流れ出ていた。メール・ドゥ・グラス氷河らしい。斜面に沿ってよく整備された歩道が麓まで続いていた。ロープウエイで、谷底の氷河トンネルまで下ることも出来る。しかし遅れて登山電車に乗った私は、時間的余裕が無い。次の電車で引き返す。何か大切なものを忘れたような気分で、シャモニを去った。

「第三者によるスマートフォンの使用を差し止めるのが、緊急です」ジュネーブのホテル前で下車する時、ガイドがアドバイスをくれた。「日本への連絡には、近くのタバコ・ショップで国際テレフォン・カードを購入したら安く付きます」

ガイドの忠告に従い、ジュネーブのカルメン・ホテルに帰還後、テレフォン・カードを買いに出かけたが、既に一九時を過ぎていて殆どの店が閉店していた。明日もジュネーブでは、休日だという。

まだ開いていた近くのミニ・スーパーでサンドイッチやドリンクを購入し、夜食にする。とにかく、次に訪ねるツェルマットまでは、頑張ろう。それから先は、冷静になって考えたらよい。そう思い直すと急に一日の疲れが出て、朝まで熟睡してしまった。

## 二、ビザ・カードの行方、美しい花々で彩られたツェルマット、バック・パッカー仲間との出会い、ベッドから眺めるマッターホルン、ゴルナグラートを囲むアルプスの山々、リヨンの夜景

翌朝七時ホテルの電話を使って、盗難にあった事情を妻に話し、スマートフォン使用停止の手続きを依頼する。日本では午後の一四時である。彼女が在宅していて助かった、と思った。ところが、ホテルをチェック・アウトしようとして、ビザ・カードが無いのに気付く。荷物をかき回すが、見当たらない。さてどうしよう。万一、キャッシュ・カードまで紛失したら、今回の旅は諦めなければならない。予備のカード一枚では、この後三週間も続く旅行中、不安に耐えられないだろう。

昨日、最後にカードを使ったのはどこだったか。私は、車道を挟んでホテルの反対側にあるミニ・スーパーで昨夜遅く食材を求めたことを思い出した。

「でも、本日は商店が全て閉まっているというし」ホテルのおかみに愚痴ると、

「早くそのお店のことをお聞かせいただいたら好かったのに。スーパーなら今日も開いてるはずですよ」

時刻を見ると九時少し前だ。私は、急いでホテルを飛び出した。スーパーの内部を覗くと電気がついて

いて、人が動く気配がした。窓ガラスを叩くと、従業員らしい女性がしばらく待て、というように腕時計を示した。九時かっきり、ミニ・スーパーの入り口が開かれた。飛び込んだ私は、昨夕閉店間際にカードで買物をしたが、店にカードを忘れていないか調べて欲しいと頼む。彼女は引き出しの中から、クレジット・カードの束を取り出した。カードの忘れ物は結構多いらしい。その中に自分のビザ・カードを見つけたときの安堵感は、今後忘れることはできないだろう。まだ旅の序盤なのに、一体昨日の自分はどうなっていたのか。

「これさえあれば、どうやら旅を続けることが出来る。なんとしても頑張らなくっちゃ」と決意を新たにする。なにしろ今回は、「心配だから、一人旅はこれを最後にして頂戴」と妻に駄目を押された旅なのだった。ジュネーブ駅構内の店で、スイス国旗入りのバック・パックを六五スイス・フラン（一スイス・フランは約一一〇円）で入手し、鍵も購入した。これで再出発の支度が整ったのである。

ジュネーブ発一〇時一二分、東西に長いレマン湖の北岸に沿い、ローザンヌ、モントルー、シオンを経て、一二時四一分ウイスプでツェルマット行き二輌編成のローカル線に乗り換える。これまで専ら東に向かって移動してきたが、ここで列車は南西に向きを変えた。周囲の景色は一変し、深い渓谷沿いの山岳地帯に入った。森林の間にガレた岩場が現れ、数百メートルの高さを直線的に滝が落ちている。両岸の狭まった岩間を飛沫をあげて下る急流。セント・ニコラスという少し大きな集落の駅で、対向列車との時間待ちをした。石の土台に煉瓦積の民家が並んでいる。かなり高所にも人家が見えた。さらに列車は渓谷を幾度も渡り返して高度を上げていった。そして視界が開けたと思ったら、終着のツェルマットだった。一三時五一分。駅を出たところに、四、五層のベランダを持つシャレー（スイス風山小屋）に囲まれた大きな

図（10-4）バーンホーフ・ホテル

スクエアーがあった。赤のゼラニウムをはじめ黄色やオレンジなど鮮やかな色とりどりの鉢植えがベランダを飾る。これは駅前のスクエアーだけでは無かった。ツェルマットでは、どの通りの軒先も浮き立つような花々で飾られているのだった。飛び切り華やかなリゾートの街だ（299頁　図10―3参照）。

さて、このスクエアーの一角にあるインフォメーションで、予約していたはずのホテルを探してもらうが、名が分からず苦労する。ホステルだから容易に見付かると思っていたのだった。旅程表を記入した紙切れもバック・パックとともに失っていたのである。ツェルマット駅に近いホステルのはずだ。ホステルは、ツェルマットに三軒登録されていたが、いずれも国鉄駅から離れていた。ふと、家宅に残してきた旅程表の写しを思い出した。そこに本日予定のホステル名を記入していたはずだ。昨日に続き妻に国際電話を入れ、祈るような気持ちで応答を待った。日頃、日本で電話しても、外出中が多いのだ。幸い直ちに妻の声が返って来た。予約していたのは、駅前のバーンホーフ・ホテルだった。このホテルは、最上階の五階屋根裏部屋をホステラーに宿泊させていたのである。「ホステル名」で探しても見付からないはずだ。

バーンホーフ・ホテルには、エレベーターが無い。四階までは普通の階段が付いていた。しかし最後の屋根裏には、梯子段しかない。苦労して荷物を担ぎ上げた。しかしこのホステル部屋のベッドは、頑丈で広く結構心地よいのだった。チェック・インが早かったので、まだ多くのベッドが空いていた。私は、二段ベッドの下段を選んだ。反対側の下段には、先客があった。声を掛けてみると、静岡県伊豆市にお住まいの佐藤氏だった。中国現代史を専攻し、元は高校で社会科の教師をしていた人である。格安チケットを利用し、スイス国内を半月ほど周遊するらしい。立派なカメラを見せて貰う。今回の旅で既に一、〇〇〇枚も撮ったと話した。マッターホルンも、登山列車やリフトを利用して様々な方角から楽しんだようだ。

「天候も考えて、ツェルマットに三泊することにしました」

「本日の雨は予想していましたが、明日はどうでしょうか」

「隣接するゴルナグラート行き登山電車の改札口近くにあるテレビに、山頂付近の様子が刻々モニターされています。それを見て行動されるとよいでしょう」

窓から、この町の中心を貫いているバーンホーフ通りが見える。雨が降り始めたらしく、傘を開いている人影がある。夕方、駅前にあるスーパーで食材を買い、地階の食堂で夜食を摂った。佐藤氏が、焼肉と野菜を調理していた。ホステル兼用なので、調理設備は整っている。二一時、就寝。

翌九月七日五時起床。空模様がすっきりしない。登山電車駅のモニターには、雲に覆われた山頂付近の景観が映されている。天候の回復を待ちつつ、午前中は町中を散策することにした。

バーンホーフ通りに沿って南に進む。土産物やカフェー、レストランが軒を連ねている。ベーカリーや旅行登山用具店がある。ホテル前のテラスで寛いでいる人々。教会や役場の前に小さな広場があり、ベンチが置いてある。この先道は下りになり、マッター・フィスパ川の畔に出た。幅一〇メートルほどの小川に過ぎないが、ツェルマット集落の形成には欠かせないだろう。川向に、氷河パラダイスに上るケーブル駅があった。

川沿いに少し戻って、急坂を登った。狭い道の両側に、木組みの二、三階建ての納屋が並んでいた。絵の構図に面白いと写真を撮っていると、次々に人が来てポーズを取ったり、内部を覗きこんだ。地図で調べると、古い穀物倉庫とある。

駅前に戻って、スーパーで食材や歯ブラシを買う。絵はがきを購入し、妻宛に送った。一四時、登山電車駅のモニターを再度見に行ったが、天気は回復しそうにない。明日の午前中に最後の望みを賭ける事にしよう。ホステルのベッドに転がっていたら、転寝してしまった。目覚めると、佐藤氏が「先刻この窓から、マッターホルンの矛先が見えていましたよ」と言った。ベッドに横たわると、駅前広場のシャレーの屋根の間にマッターホルンが顔を見せたらしい。

「果報は寝て待てか」。ガイドブックを読みながら、私は時々窓外に目をやった。そして、ついに一六時過ぎ、渇望の山が姿を現したのである。流れ行く雲に遮られながらも、次第にその輪郭がくっきりと浮かび上がった。一瞬西日に照らされた雲が炎の色に転じた。陽光を受けた西の灰白色の斜面と対照的に黒く翳った北東面がくっきりと中天に聳えていた。

「やったー！ これだけでも、遥々ツェルマットまでやってきた甲斐がある。たとえ明日の登山電車に乗れないにしても、とにもかくにもマッターホルンの勇姿を目交に焼き付けたのだから」

九月八日七時起床。快晴、窓からマッターホルンが見えている。朝食なしで、直ちに八時の登山電車に乗った。短いトンネルを抜けると、ツェルマットの集落は眼下右の谷間に広がり、背後に遮る障害物の無いマッターホルンが聳えている。この後終着のゴルナグラートまで、付かず離れずの距離でマッターホルンが右の車窓に映った（299頁　図10―5参照）。途中に四つの停車場があったが、昇降客は殆ど無い。前方の岩肌に沿って線路が大きく右に曲がる場所に、屋根で囲われた長い木造の半トンネルがあった。防雪のためであろうか。ここから先は蘚苔に覆われた広い高原が広がっている。あとは一気に急傾斜を登り、八時三三分頂上駅のゴルナグラートに到着。レストランが建つ展望台まで、さらにジグザク道を五分ほど登った。展望台からは、東側の峰々が視野に入ってくる。特に知られているのはこの地域の最高点モンテローザの双二峰、左のデュフール（四六五〇m）と右のリスカム（四一六四m）だ。全体で巨大な山塊を形成している。その右手にブライトホルン（四一六四m）、さらに右手に離れた独立峰マッターホルン（四四七六m）へと繋がるのだった。マッターホルンのすばらしさは、容姿は勿論この独立した孤高の地位にあるのではないか。

九時七分の下り電車で、ツェルマットに戻った。佐藤氏は、既に旅立っていた。朝食を済ませてから三日間を過したホテルをチェック・アウト、一一時過ぎの汽車でツェルマットを去る。往路を反復してウィスプで本線に乗り換え、レマン湖が見える辺りまで来た。ここまでは順調に進んだ。

しかし列車は、突然停止したまま動かなくなった。車掌からのアナウンスも無く、一〇分、二〇分、三〇分と過ぎていく。やがて車輛はだらだらと動き出す。次の駅に着いたとき車内放送があり、乗客全員が下車し、別のホームに移動を始めた。機関車の故障らしい。後続の列車に乗り換えて、終点のジュネーブに向かう。しかしジュネーブで乗り継ぐ予定だった汽車は、既に出立していた。本日の目的地リヨンに向かう次の列車まで、なお二時間も待たなければならない。早めにリヨン入りし、現地のインフォメーションで宿泊先を探そうという目論見が、崩れてしまう。スマートフォンを失った痛手が響いた。

時間待ちの間に、近くのインフォメーションに向かう。リヨンのユース・ホステルに予約の電話を入れて貰おうと思ったのである。先日の親切な女性は居なかったが、今回応対した男性職員も同じように感じが良かった。先方に電話連絡してくれた上、リヨン駅からホステルまでのトラムの乗り換え場所までコンピューターで検索してくれた。

「空きベッドが十分あるから、今晩の予約は不要だそうです」と彼は取り次いだ。「ただ日暮れに近い時間になるので安全のため、現地ではタクシーを使うことをお薦めします。リヨン・パールデュー駅（本駅）から、二〇ユーロ前後でしょう」

一九時ちょうど、リヨン本駅に着いた。外はまだ明るかったが、土地勘の無いところでトラムの乗り換えをするのも大変なので、タクシーでユースまで飛ばした。タクシーは全て現金払い、交通渋滞で待機中もどんどん上がるメーターに、キャッシュの持ち合わせが少ない私は内心ひやひやする。目的のユースに付いた時、計器は二二ユーロになっていたが、運転手は「二〇ユーロでいいよ」と初めの約束額を受け取ると去っていった。ユースは、リヨン市の西側、ソーヌ川に囲まれた旧市街の中央に位置するフルヴィエールの丘の中腹にある。テラスから眼下に広がるフランス第二の大都会の夜景が美しかった。

## 三、駆け足のリヨン歴史地区巡り、ニースの海岸、モンテカルロのカジノ、グレース・ケリーの王宮

九月九日六時前に目覚め、Tシャツのままで散歩しようとしたが、戸外は意外に寒い。長袖に着替えて、簡略地図を片手にフルヴィエールの丘の上を目指した。三〇分内に戻ってくる心算である。時折ジョガーが走り過ぎた。適当な傾斜のあるトレイニングには絶好の環境だ。ケーブルの頂上駅を通り過ぎた先に、石段があった。この上が展望台かと思っていたが、高い壁に阻まれる。ここで展望台は諦めて、引き返すことにした。

図（10-6）サン・ジャン大聖堂ー
リヨン

しかし、見慣れない道に踏み込んでしまう。左手に立体感のある広大な敷地が見えた。緩やかな坂の上に人が集まっている。「なんだろう」と寄り道する気になった。そこは半円形のローマ劇場跡だった。元々リヨンは、紀元前ローマ帝国ガリア植民地の首都として発展した都市である。しかし集まっていた人達は、市内で実施されている競輪レースの参加者だった。皆ヘルメットを被っている。レースの中継点で、証明を受け取ったサイクリスト達は次の拠点に向かって次々に疾走していく。年齢は様々、老いも若きも参加できる市民大会のようだ。進路を間違えないように、分岐点には係りの人が旗と笛で指示を出している。やっと地元の人を見つけて、ユースへの道を聞き出すことが出来た。私の方向感覚も落ちていると思った。

朝食後九時にユースをチェック・アウトし、坂道を一〇分ほど下ってサン・ジャン大聖堂前の広場に立った。陶器市が開かれている。このあたりの石畳を敷いた旧市街とフルヴィエールの丘が、リヨン歴史地区として世界文化遺産に登録された。しかしここでのんびり過すことができない。広場の一角にあるインフォメーションでパンフレットを貰っただけで、私はトラムを乗り継いでリヨン・パールデュー駅に急いだ。

しかし切符売り場の窓口には、既に二〇人ほどが列を作っていた。対応している係員は現在二人だけだ。予定の列車まで三〇分しかない。間に合うだろうか。出発まで五分足らず、殆ど諦めかけたところで私の番になった。切符を手にするや、指示されたプラットホームに向かって階段を駆け上がる。一一時二一分発、ニース行きにぎりぎりで間に合った。これを逃せば、二時間ほど遅れてしまう。一二時三五分エクス・アン・

図（10-7）コート・ダジュール

図（10-8）ニースのジャン・メドサン通り

プロバンス、一三時マルセイユ着、ここで列車は前後の向きを変えて東方に走り出す。軍港の町ツーロンを過ぎて、汽車は地中海の岸辺に近付いた。一五時過ぎ、いよいよ避暑地として名高いコート・ダジュール（紺青の海岸）の海浜に来た。小駅間に挟まれた浜辺では、テントが張られ、色とりどりの水着を着けた人達が水際で遊んだり、長椅子に肢体を伸ばし日光浴を楽しんでいた。耳に馴染みのあるカンヌ駅で小停車、ここから一五分ほどで、一五時三七分列車の終着ニース・ヴィル駅に着いた。コート・ダジュール沿いの都市のなかでニースは、飛び抜けて大きな都会である。駅前通りを五分ほど東に向かって歩き、南北に交差するニースのメイン・ストリートであるジャン・メドサン通りに右折する。中央にトラムの路線が走り、両側に並木と歩道がある幅五〇メートルの美しい大通りだ。その通りの中ほど、一筋東の裏手にあるユース・ホステルにチェック・インした。既にリヨンのホステルから予約の電話を入れてもらっていた。観光地の中心にある立地条件の良いホステルだった。建物も新しく清潔な感じだ。一泊しか出来ないのは残念だが、今後のスケジュールの都合があるから仕方が無い。

さてジャン・メドサン大通りを一キロ半南に進めば、海岸近くの大きな、ほぼ円形の広場に突き当たる。全面にタイルを敷き詰め、夜間用の街灯の柱が幾つも立っていた。海岸よりの一角にある円形の泉には動物や人頭の銅像に囲まれた中央に白い女神像が立ち、噴水が上がっている。この泉を縁取るように、湾曲した赤レンガの建物が並んでいた。建物のあいだを通り抜けると、海岸通りに出た。ただ護岸壁に遮られて、直接ビーチは見えない。背後には天幕を張った海の家が並んでいて、そのままビーチに下りることも難しい。自由にビーチで遊ぶには、テント村が尽きる西のプロムナード・デ・ザングレ辺りまで迂回しなければならないのだ。早々にビーチは諦め、ホステルに戻った。

九月一〇日、六時半起床、七時早々に階下のレストランで、簡単なコンチネンタル・ブレックファーストを済ませ、八時半の汽車でモナコに向かった。今回の旅は、ビーチ・リゾートでのんびり過すというものではない。全体の行程からすればわき道に当たるコート・ダジュールに立ち寄ったのは、世界で最も小さい国のひとつであるモナコ公国を一見したいためであった。歴史的背景は様々だがヨーロッパには、とにかく今日まで残ったミニ国家が五つある。ヴァチカン市国、イタリアのアペニン山脈上のサンマリノ共和国、オーストリアとスイスに挟まれたリヒテンシュタイン公国、ピレネー山脈中のアンドラ公国、そしてモナコ公国。

モナコ公国は、モンテカルロのカジノとレーニエ三世の妃になったグレース・ケリーの王宮で特に人気のある小国といえよう。モナコ公国は、モナコ湾を挟んで両翼を広げた地形である。東にカジノのあるモンテカルロ地区、これに対峙する西の岩山の上に王宮が聳えている。モナコ・モンテカルロ駅は湾の奥、両地区の真ん中にある。ただ、駅舎は地階にあり、地上に出るには長い地下道を歩かなければならない。

地上に出た私は、迷わず湾沿いに東に向かう坂道を登った。一般の観光客がカジノに入場できるのは午前中に限られるからである。湾内には、ボートやヨットが密集して繋留されていた。しかしこの坂道は車

図（10-9）カジノ正門

専用の外周道路で、丘上のモンテカルロに上がる道が見付からない。警備員に尋ねて、車道の下のトンネルを潜り、エレベーターでやっとカジノ近くの広場に出た。

カジノ本館は中央屋上に時計台、その左右に鐘楼のような屋根を載せた頑強な二階建て。正面階段を登ったところで、携帯品の検査を受けた。荷物はクローク・ルームに預けて、内部を自由に見物する（299頁図10—10参照）。日時により英語ガイドによる内部ツアーもあるようだが、時間的余裕がない。雰囲気さえ分かればよい。内部は、豪華で広壮な八つほどの部屋に仕切られていた。天井には大きなシャンデリアが輝き、壁には大画面の油絵が掛かっている。どこかの宮殿を参観している感じである。違うのは、室内に置かれている様々な遊具だ。スロット・マシーンは私にも分かる。しかしビリヤードのように卓上に緑の布を張り、其の上に直線や曲線数字などが記入された賭博機はなんだろうか。良く知られたものに違いないが、私にはわからない。だがこれが最も重要なマシーンらしく、幾つも備えられている。カジノ室の周りには、客の控えの間があった。窓外にモナコ湾が拡がっている。来客は、ここで飲食したり休憩を取るのだろう。

大阪府知事は、カジノの導入に積極的だ。地域の振興になると主張している。モナコ公国もカジノ収入に依存する部分が大きいだろう。世界の富豪がモナコを訪れるのも、単にリゾート地というだけでなく、カジノも大きな要素のようだ。これに対し、カジノは賭博依存患者を増長するという反対論が根強い。しかしモンテカルロのカジノ室を見ていると、私の考えは少し変わった。このようなカジノには、数億円の損得にはびくともしない大金持ちしか出入りできないのではないか。おそらく入場資格も

図（10-11）モナコ湾

図（10-12）モナコ王宮

審査されるだろう。そこらのパチンコ狂や競輪狂などのミニ賭博依存患者などは、お呼びでない。小国モナコの財政が豊かなのも、カジノあってのものかもしれない。大阪府知事の考えているカジノが、モナコのあるいはラスベガスのようなものであれば、掛け金を損なうのは、大金持ちに限られる。彼らの掛け金が府の収入になり庶民の福祉に還元されるのであれば、結構なことかもしれない。そのように上手くいくとは限らないが。

モンテカルロのカジノを退出した私は、モナコ湾を半周し王宮地区への坂を登った。これがなかなかの急坂で、距離も長かった。坂を登りきっても、商店街の中の小道をなお三〇分近く歩く。

大公の宮殿内では、録音機を首に掛け順次部屋を回りながら、録音された説明に耳を傾ける。武器の間、鏡の間、王冠の間、ルイ一五世の寝室など。現役の王宮だから、枢要な部分は入場できないのかもしれない。それにしても見学した範囲が極めて限られていたような気がする。見学用に適当に配置された空間だったのではないか。グレース・ケリーについては、石膏の小さな胸像がひとつ、片隅に安置されていただけだ。夫のレーニエ三世とともに彼女も、もはや過去の人である。

一二時の列車でモナコを去った。ニース着一二時一三分。次のマルセイユ行きローカル急行は一三時五七分。窓口の女性は、「セニョール?」と確認してから、高齢者割引切符をくれた。六〇歳以上が、セニヨールに該当するようだ。「この国にもセニヨール割引制度があるんだ」と初めて知った。その後の経験から、割引率は二五％前後だと思われる。ただしTGVのような超特急には適用されない場合もあるようだ。次の列車に間に合うよう急いでホステルに戻り、預かってもらっていた荷物を受け取ってチェック・アウトを済ませた。

一六時四七分、マルセイユ駅に着いた。この町にもユース・ホステルがあるがトラムやバスを乗り継がねばならず、場所的に不便だ。明日のスケジュールを考慮すると、駅近くのホテルを選びたい。ガイドブックに載っていた「テルミナス・サン・シャルル・ホテル」を心当てにしていた。マルセイユ駅東口の広い階段下にある。宿泊費も六七ユーロと手頃だ。幸いシングルの部屋が空いていた。受付の女性は英語が出来て感じが良い。

日没までに、調べておきたいことがあった。急いでマルセイユ港近くのインフォメーションに急ぐ。夏季は一九時まで開いていると思っていたが、本日は一八時で閉店するという。インフォメーションに着いたのは、その一〇分前、

①明朝予定しているマルセイユ沖のシャトー・ディフ行き船の時刻表と切符売り場

②午後に予定しているエクス・アン・プロバンス往復の交通の便

この二点を確認できただけでも、明日の準備に十分だった。念のため、三〇分かけて岩壁の先端にある船の切符売り場まで足を運んで、所在を確認した。建物の裏にある目立たない窓口だ。これで明日はゆとりをもって行動ができる。日記を付けて、二二時就寝。

## 四、憧れのシャトー・ディフへ、ダンテスの独房、ファーリア法師は実在したのか、サント・ヴィクトワール山とセザンヌのアトリエ、アビニヨンへ

少し暑いので、窓を開けて寝た。このところ睡眠は上手く取れている。九月一一日六時起床、フロント横のレストランで朝食を摂った。ユース・ホステルの簡素な朝食と異なり、食材が豊富で果物も付いている。ホテルのある駅周辺は、市街地北の高みにある。四〇年ほどの昔、弟一家が研究のためこの町に住んでいた。この旅の出発前に電話で、マルセイユのことを問い合わせた。弟たちが住んでいたのは駅より西側の山手のようである。

緩やかな坂を下り、中心街カヌビエール大通りで右に折れ、そのまま港に直行した。突き当たりの広場に面した旧港のベルジュ埠頭は奥行きがあり、切符売り場のある突堤までなお一キロ以上歩く。旧港を挟んで東側の高台に、一際高いノートルダム・ド・ラ・ギャルド・バジリカ聖堂が見える。

地中海文明博物館横の入江には、既に大勢の人が船待ちしていた。日本人らしき男女が私に近付いてきて、切符売り場を訊ねた。九時五〇分発の第一便が二〇分も遅れて入港した。二階デッキのベンチに腰を下ろす。埠頭を出ると地中海の外洋だ。海風が強い。二キロほどの沖合いの島に、シャトー・ディフの量感のある城砦が建っていた。一五分ほどで島に着いた。城砦への坂道を先頭に立って歩き、本日の最初の入場者になった。二〇〇人を超える同乗者がいるので、遅れると入場に時間を取られる恐れがある。

直径二〇メートルほどの円筒の隅櫓が城砦の入り口の両側を支えている（300頁 図10—13参照）。装飾性を完全に排除した、ただ頑強なだけの二層からなる石の建造物だ。内部は中庭を囲んで上下に回廊があった。この回廊を歩きながら、牢獄内部を見学するのである。一層目の左手奥の四号室の入り口の上の木

図（10-14）ダンテスの独房

版に、『モンテ・クリスト伯』の主人公エドモン・ダンテスがここに囚われていた……と書かれている。荒削りの石壁の奥に小さな暖炉が切られていた。表隣の五号独房はやや大きく、奥にやや大きな暖炉の窪みが穿たれていた。入り口の標識を読むと「Abbe Faria」と人物名と彼が囚われていた年代が記されている。瞬時に私は、昔読んだ小説に出てくる「ファーリア法師」の名前を思い出した。事実はともかく、作者アレクサンドル・デューマは、シャトー・ディフに同時期収監されていた実在人物名を借用したのである。あるいは、この標識自体が小説に合わせた創作か。

小説の中では、ファーリア法師が脱出を試みて暖炉の奥から掘削した通路により、ダンテスと出会うことになる。ダンテスを無実の罪に落とした犯人達を、法師は見事な推理で解明した。無学のダンテスを教育し、宝物の隠し場所を伝えたのも、ファーリア法師だった。つまりこの法師は、小説のその後の展開に欠かせぬ重要な登場人物なのだ。

このシャトー・ディフに囚われた人物として知られるのは、フランス革命の初期に活躍したミラボー伯である。彼の独房は、二階の隅の大きなスペースだ。鉄仮面が過した独房もあった。しかし、ダンテスとファーリア法師の独房を見物できれば、私には十分だ。一一時四五分の船で島を後にした。二階デッキの席で、先ほどの日本人夫妻と再会する。東京に在住、手配旅行でニースやモナコを回り、今日の夕刻パリから帰国するという。

「時間があったので、シャトー・ディフを訪ねることになりました」と夫。

「シャトー・ディフは、今回の旅で是非立ち寄りたい場所でした」と私は応えた。「子供の頃、初めて読んで貰った外国の小説が、『モンテ・クリスト伯』でしたから、あるいは日本版『岩窟王』だったかもしれません。今でもストーリーの細部まで覚えています」

「それは、よい思い出になりましたね。私達は粗筋しか記憶に残っていませんが。ダンテスはどのようにして、シャトー・ディフを脱出できたのでしょうか」今度は夫人が訊ねた。

私は、ファーリア法師との出会いから脱出までを、かいつまんで話した。

「でも私が一番好きなのは、小説の末尾の一句です。……待て、そして希望せよ！」

「帰郷してから私達も、もう一度読み直してみましょう」

一度ホテルに戻ってから、マルセイユ鉄道駅の西に隣接する長距離バス・ターミナルに赴く。ここから二〇分毎に、エクス・アン・プロバンス行きのバスが出ている。一三時のバスに乗り二〇分で目的地に着いた。そこから歩いて七、八分、町の中心ド・ゴール広場にあるインフォメーションで、セザンヌのアトリエやサント・ヴィクトワール山の見える場所への道を尋ねた。五番のバスに乗れば、サント・ヴィクトワール山の見える展望台に行けるし、アトリエも程近いようだ。バス停は、広場の反対側にある。ただし広場は目下工事中で雑然としていて、バス停が分かり難いのだった。地図を広げて思案していると、数名の女子中学生が集まってきて口々にバス停を教えようとする。しかしフランス語なのでよく分からない。少し年長の英語が出来る女性が顔を出し、この停留所で間違いないと保証した。横で遣り取りを聞いていた別の女性が、「同じ方向に行くので、私が御案内しましょう」と綺麗な英語で話しかける。

バスは市街地を抜け、北の高台の方に上がって行った。二〇分ほど走ったところで、かの女性は、「今、左手に見えるのが、セザンヌのアトリエです。先に展望台を訪ねてから戻るのが便宜なので、場所

図（10-16）セザンヌのアトリエ

を覚えておいてください」といった。その少し先でバスを降りた。「この石段を上まで登ると展望所があります。サント・ヴィクトワール山のスケッチをするため、セザンヌがよく散歩に来た場所でした」言い残して彼女は前方に歩いて行った。見ていると、引き返してきたバスに乗り込んでいる。私を案内するため、わざわざ乗り越してくれたらしい。

糸杉の中の石段道を、五〇メートルほど登った。途中道の脇で二人の若者が上半身裸になって日光浴をしていた。最上部の平地に画台が一〇本ほど、半円状にセットされている。載っていたのは、いずれもこの地点からサント・ヴィクトワール山を写したセザンヌの小品だった。振り返れば、そのモデルとなったサント・ヴィクトワール山が、一〇キロほどの彼方に怪異な姿で横たわっている（300頁　図10—15参照）。セザンヌの絵でよく見る正面からの山容と異なり、サント・ヴィクトワール山は、半ば横臥したように傾き、日陰となった背部と日の光を浴びた横顔の対比が際立っている。全山草木のない高度一〇〇〇メートルの孤立した岩山だ。セザンヌでなくても一度この山を見た人は、忘れがたい印象を抱くだろう。セザンヌは、この山をいろいろな季節に、様々な場所から飽かず描き続けたのである。

ひとつバス停を戻って、セザンヌのアトリエを訪問した。殆ど立方体に近い四角四面の簡素なアトリエだ。対比する二面はガラス張りの窓、他の二面は壁になり、焼き物の壺や油絵の小品が並んでいた。ペチカの他は、家具も殆どなく、生活感がない。セザンヌは、この家を単に仕事場として使っていたのだろうか。

ド・ゴール広場に戻り、その一角から伸びる美しい歩行者天国のミラボー通りを散歩してから、マルセイユへの帰途に就いた。しかし本日のスケジュールはこれで終わりではない。今夜の宿泊予定地アビニヨンまでの移動が残っている。マルセイユ駅の切符売り場の前には、アフリカ系の職員が立ちはだかって、中に入れて貰えない。計器故障で、窓口業務が停止中という。相談しようにも、職員は「私の仕事ではない」と全く受け付けない。駅のインフォメーションで相談すると、車中で車掌から直接購入すればよいという。私は、車中で買えば価格が高いと勝手に思い込んでいたが、そうでもないようだ。預けていた荷物をホテルで受け取り、アビニヨンに向かう。

アビニヨン・サントル駅着一九時四一分、駅の正面に、城壁の門が建っている。門を抜けて並木道の続くメインストリートを市庁舎の辺りまで歩いた。ここで市壁を西に抜けローヌ河に架かる橋を渡った。黄昏が迫っているので気が急いていた。今日の宿泊場所は、対岸のキャンプ地内にあるユース・ホステルである。暗くなれば、道に迷うのではないかと危惧していたのだが杞憂に終わった。本館の店がまだ営業していて、店内が明るかった。案内された部屋は、静かな個室だった。それでも共同部屋と同様の格安の料金である。久しぶりに、ここで連泊の予定だ。

## 五、一四世紀の教皇庁を訪ねる、アルルの古代ローマ遺跡、アビニヨンの橋の上で

アビニヨンは、中世から栄えた町である。一三〇九年から一三七七年までの約七〇年間、七代のローマ教皇がフランス王の圧力に屈してこの地に教皇庁を置いていた時代があった。「教皇のバビロン捕囚」として、歴史的に名高い。私もこの背景に惹かれて、アビニヨンで連泊することにしたのだった。九月一二日、朝一番にその旧教皇庁を訪れた。

図（10-17）アビニヨンの教皇庁

教皇庁は、駅前から直線的に伸びるレパブリック大通りの北端にある。大広場に面した正面は、城郭のように屋上に狭間が並んだ二層の石造、中央部に二つの尖塔がある。装飾性や優美さには欠けるが、威厳ある頑強な構造物だ。と言っても現役の官庁でないから、入り口で手荷物検査を受けたあとは、首にかけた音声ガイドの説明を聴きながらのマイペースでの見学である。中庭から、広い枢機卿の間、漆喰の床と木製の天井がある侍従長の間、繊細に飾られた教皇更衣室、二重扉の宝物庫、財務官の執務室、長さ五〇メートルのかまぼこ型天井を持つ会議室を兼ねた大食堂、鹿や人物を描いたタペストリーの間の順に見て回る。宝物庫とこれに隣接する財務官の部屋は、教皇庁の在庫を預かる部門として、最も厳しく管理されたようだ。宮廷のような華やかさはないが一四世紀の一時期アビニヨンは、カトリック教徒の信仰の拠り所として、なんとか命脈を保った。

図（10-18）宝物庫

アビニヨンの教皇庁の写真に撮る最高の場所は正面広場よりも、旧市街の東を流れるローヌ河に架かるダラディエ橋の上からではなかろうか。ひとつ上流に架かる中途で橋桁が欠落していることで有名なサン・ベネゼ橋（通称「アビニヨン橋」）と共に旧教皇庁は、静かに影を川面に落としている。過ぎし日の栄耀と、時を越えて悠揚と流れるローヌの水の混交（300頁　図10―19参照）。

アビニヨン・サントル駅から約二〇分で、ローヌ河の下流に位置するアルルに来た。駅前は、バスのターミナルがあるだけで、閑散としている。有名な観光地の玄関口でなく、田舎の小駅に降り立った感じだ。ガイドブックの地図を見ながら、南の旧市街に向かって歩き出す。やがて小さな円形広場があり、旧市街を囲む市壁が見えてきた。ただその手前に並ぶ屋台市に釣られて横道に逸れてしまった。少し引き返して、改めてカヴァルリ門からアルルの旧市街に入る。

俄かに家屋が建て込み、小道が枝分かれする。そして巨大な石の壁に突き当たった。壁の上にアーチ状の窓が見えている。古代ローマの闘技場に違いない。入り口を求めて、時計周りに闘技場を殆ど一周してしまう。反対に回れば、すぐに入り口が見付かったのだ。この頃から次第に気温が上がり、日照も厳しくなった。プロバンス地方の中でもアルルは、陽光に恵まれた南国である。闘技場の内部は、これまで他所で見てきたものと余り変わらない。本家ローマ市内のものでも、アルジェリアやチュニジアの遺跡のものでも。むしろアルルの闘技場はよく整備されていて、遺跡というより現役のスポーツ・グラウンドという感じだ。七月に催されるパレードや国際写真祭のイベントにも利用されているのかもしれない。闘技場を囲む坂に沿って、レストランやカフェーが軒を連ね、テラスで観光客が寛いでいた。

すぐ近くの半円劇場やコンスタンチヌスの共同浴場などアルルは、古代ローマ遺跡が多く残る町である。レパブリック広場近くの半円劇場やロマネスク風の回廊を持つサン・トロフィーム教会を見学してからローヌ河畔まで坂を下り、河岸に沿ってアルル駅に戻った。これまで私がアルルの町の名で連想してきたのは、ローマ遺跡ではなく、ビゼーのオペラ「アルルの女」とか「アルルの跳ね橋」を描いたゴッホの方である。アルルの跳ね橋は現存している。ただその場所を通るバスの接続が悪くて、マイカーがなければ気軽に立ち寄ることができないのだった。

列車の時間待ちのあいだ駅構内のキオスクで、コーヒー・ブレーク。傍らの席で子供連れの女性たちが日本語で話していた。マルセイユから飛行機でアムステルダムに帰還する友人を見送りに来た地元の主婦と男の子だった。夫の仕事の関係で、一年前からアルルに住んでいる。

「食料は日本より少し安く、当地のお米はおいしい」と彼女は言った。アルル周辺のカマルグ地方は湿地帯が広がり、米作が盛んなのである。そのような話をしていると、ひとりで店を仕切っていた女性が、「店を閉めるから、ただちに立ち退いて欲しい」という仕草をして、入り口のシャッターを下ろし始めた。わけも分からず店の外に出る。「店員がトイレに行きたいのですよ」と主婦が突然の閉店理由を話した。緊急事態だから仕方がないが、言葉が分からぬ外国人は困惑するだろう。

アビニヨン経由パリ行きの列車時間が近付いたのでプラットホームに出た。一〇人ほどのグループが横に並ぶ。そのリーダー格らしい男性が、

「日本の方ですか？」

と話しかけてきた。ソウル在住の韓国の人だった。自分が企画した南仏旅行で、同郷人を引率しているところだという。

「明日、パリ空港から帰国の途に就きます」

仲間の前で、巧みな日本語を披露したかったのかもしれない。一六時半、アビニヨンに戻った。サン・ベネゼ橋は、旧市街地の北端からローヌ河の中央まで突き出て、そこで切れて落ちている。「アビニヨンの橋の上で、輪になって踊ろうよ」の民謡で知られるこの名橋の上を、この日の最期に歩いてみようと思った。

この橋は一二世紀の架橋以来、幾度も橋脚を流氷で破壊された。まだ気温が現在より低く、冬季になると上流から氷河による氷の断片が流れ落ちてきた。幾度橋脚を修復しても無駄だった。ルイ一四世の時代、再建は無理と放棄され、以後壊れた橋脚が再建されることはなかった。創建当時の橋脚数が何本だったか、長年研究されてきた。近年河底から古い橋脚の欠片が発見され、元の橋脚が一九本ではなかったかと推定されている。このような解説が、橋の袂のミニ博物館にあった。橋幅はおよそ五メートル。現在残っている橋脚は、幅一〇〇メートルほどのローヌ河の半ばで終わっている。途中の橋げたの横に、一宇の礼拝堂が残る。中世にはここに役人が詰めていて、河船から通行税を徴収していたという。

食材を買って、ホステルに戻る。ホステルの建物を囲む鉄柵の内部はキャンプ場で、一〇台ほどの大きなキャンピング・カーが駐車していた。敷地内には、ガス、炊事場、トイレなどキャンパーのための施設がある。傍らのベンチで、読書をしている軽装の女性を見た。残る夏季休暇を楽しんでいるのだろう。

## 六、アビニヨンとの別れ、カルカッソンヌの壮大な城郭、トゥルーズのホテル探し

九月一三日七時半起床。受付横の食堂で、簡素な朝食を摂った。八時半、ホステルをチェック・アウト。一人で受付を守っている英語の苦手なおばさんが、どこで覚えたのか「どうも有難う。また来てね」と日本語でいった。ダラディエ橋の上から、教皇庁の尖塔とアビニヨン橋にお別れをする。アビニヨンを含むプロヴァンス地方には、オランジュやポン・デュ・ガールのローマ遺跡、フランス一美しいと人気のあるリュベロン村など、まだまだ多くの見所がある。せめてあと一泊したかったが、この後のスケジュールの関係から諦めたのである。旧市街をアビニヨン駅に向けて急いでいると、昨日アルル駅で話しかけてきた

図（10-20）ミディ運河

ソウルからの男性と出会った。

九時三九分発の列車でアビニヨンを去る。途中ナルボンヌで乗り換え、カルカッソンヌに着いたのは一二時半だった。今回の旅で一番迷っていたのは、今宵の宿をカルカッソンヌにするか、トゥールーズまで行くかである。フランスの駅には、荷物を保管するロッカーが殆ど見当たらない。そのため、重い荷物を抱えての途中下車観光が厄介なのだ。ちょうど一年前旅したドイツの国鉄に比べ、フランスの駅は、私の様なバック・パッカーに優しくない、と思った。カルカッソンヌ駅から城門まで二キロ足らず、日頃歩きなれている距離に過ぎない。駅頭に立った時、ここはキャスターの付いたキャリーバッグを引きずって城まで往復しようと決心した。駅を出てすぐに、ミディ運河に掛かる橋を渡る。橋の袂にミディ運河遊覧の船が停泊していた。一七世紀に掘削されたミディ運河は、幅約二〇メートル、西のガロンヌ河と地中海を結ぶ全長二四〇キロの水路、往時の水運に大きな役割を果した。一九九六年ユネスコの世界文化遺産に登録されている。この先は城下に発展した下町の商店街のアーケードが続いている。アーケードの天井から下がる色とりどりの日傘が美しい。

やがて下町と城砦地区を分けるオード川畔のポン・ヴィーユ（旧橋）の上に立った。旅人はここで初めて、丘上に聳える城砦の威容を目にすることになる。手前の木立を越えた奥に、狭間のある高い城壁が視野の全面に渡って拡がった。全長三キロといわれる。城壁は二重になっている。その城壁を点綴するように、円錐形の赤い屋根を載せた多数の円筒状の櫓が天空に突き出ていた。ものの本によるとその数五二本とあるが、見えているのはその一部に過ぎないだろう。

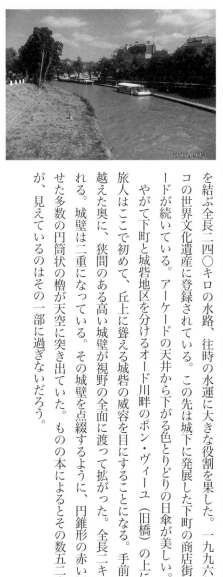

このような巨大な城郭が現代まで元の姿を留めているのは、世界的にも稀有であろう。最初の砦は紀元前三世紀のローマ時代に遡るといわれる。現在の規模に発展したのは一一世紀から一四世紀この地を支配したトランカヴェル家の時代である。禁欲、菜食、非暴力を唱え、後に異端とされたカタリ派（アルビジョア派）を、トランカヴェル家は擁護した。そのためローマ教皇の指令を受けたアルビジョア十字軍により、一四世紀初頭にカタリ派は撲滅され、トランカヴェル家も没落する。その後カルカッソンヌの城砦は、フランス国王の支配下に置かれ、南のスペインに対する防衛の拠点となった。いずれにせよこの地域は、古代から地政学的要衝を占めていたのである。

城壁の下の坂道を左手に巻いて、北東のナルボンヌ門から城内（シテ）に入った（300頁　図10—21参照）。内部は全て石畳の道、そして商店、レストラン、カフェー、ホテルなどの建物が密集している。石畳の路上では、キャリヤーを引きずるのに一苦労する。シャトー前で写真を撮り最奥にある大聖堂前まで歩いた。シテ内の雰囲気は、これまでに歩いたリヨンやアルルとあまり変わらない。多くの人が、人ごみを楽しみ店を冷かしながら、当てもなく歩いている。私は、土地の雰囲気が分かればそれで満足だ。カルカッソンヌの壮大な城郭を一望できただけで十分である。一五時半の汽車に乗り、およそ一時間後にトゥールーズ・マタビオ駅に着いた。これまでと違い本日の宿は決まっていないし、心当てのホステルもない。とにかく市庁舎（キャピトル）前の広場にあるインフォメーションで相談してみよう……そう考えて駅前から直進しているジャン・ジョレス大通りをひたすら急いだ。

しかし当地のインフォメーションは、これまでで最悪だった。不親切な担当者に当たったのかもしれない。こちらが用意していた質問が、案内所の管轄外としてことごとくはぐらかされたのである。希望する価格帯のホテルを訊ねると、ホテルの所在場所にマークをいれただけの市街図が手渡された。あとは自分で当たりなさいという。トゥルーズに着いたばかりで地理に疎い旅行者に、これは余りにつれないやり方ではないか。仮に上手くホテルを見付けたとしても、空き室があるとは限らない。これまでのインフォメーションでは、少なくとも空き室の有無と価格を調べてから客に紹介するのが通例だった。

果たして最初のホテル探しに苦労した。横丁のビル内の二階に受付カウンターのある、小さなホテルだった。それも、路上で偶々出会った二人の日本人女性に助けを借りてのことだった。東京出身の小泉さんと東大阪からの山口さん。小泉さんは夫の仕事の関係で現在トゥルーズ在住の主婦、山口さんはそのお友達という。何故あの時、偶々路上に二人が居合わせたのか、そして日本語の会話を私が上手くキャッチできたのか、この偶然性は今振り返ってもよくわからない。

最初のホテルは本日に限り満室、次に彼女等がスマートフォンで探してくれたホテルも満室だった。「週末でもないのに、なんで今日に限ってホテルが混んでいるのかしら」と二人は思案の様子。「三つ星のホテルならどうかしら」彼女らは近くにある三番目のホテルを検索した。一五〇ユーロ以上の部屋なら、空いているらしい。「おじさんが決断したら、なんとかなるかもしれない」と二人が私の顔を見た。ここまできたら仕方がない。いつまでも彼女らに手間を取らせる訳にはいかない。結局、三つ星のトゥルーズ・メルキュール・ホテルに、素泊まり一七七ユーロで一泊することになった。

「最初に訪ねたホテルでは、明日は五二ユーロの部屋が空いていると云っていたわね」と小泉さんがいう。

「なんなら私達がこれから予約してきましょうか」と提案してくれた。

「おじさんはお疲れでしょうから、お部屋で寛いでいてください。すぐ戻ってきます」

図（10-22）メルキュール・ホテル

図（10-23）トゥルーズの市庁舎

かくて明日のホテルまで決まったのだった。

メルキュール・ホテルの一泊料金は、ホステルの一週間分の宿泊費に相当する。一泊限定だから我慢するが、バック・パッカーがこれを続けることは出来ない。しかし、悪いことばかりではなく、良いこともあった。日本で検索した時は入手できなかったラスコーやルフィニャック洞窟壁画見学ツアーの予約を、受付の男性が時間を掛けて代行検索してくれたのである。良いホテルの従業員はやはり洗練されていて親切だ。先刻のインフォメーションで得られなかった情報をいろいろ教えてもらう。洞窟壁画の見学こそ私が今回の旅で最も期待していた対象のひとつだった。これから訪ねるサルラ近郊の分散する洞窟群をバック・パッカーが見学するには、このツアーに便乗するしか手段がないのである。プロバンス地方の旅を短縮しなければならなかったのは、ラスコー洞窟の日程を考慮したからである。

「基地となるサルラには、明日の金曜から宿泊されたらいかがですか。この町自体がすばらしいし、土曜には市が立ちますから」

結局、サルラのルノアール・ホテルに三泊の予約を入れて貰った。明日のボルドー経由のサルラ行き列車もネットで購入した。小泉さんたちがせっかく明日予約してくれたトゥルーズのホテルであるが、取り消さなければならない。

先ほどホテル探しを助けてくれた女性が漏らした言葉を思い出す。「宿探しは、お疲れでしたね。でも私達と出会えたのは、ラッキーだったでしょう」

たしかに今度の旅行は、早々にバック・パックごと盗難に遭い意気阻喪した。しかしパスポートや二枚のクレジットカードが無事だったので、経費支払いの不安はない。旅に欠かせないガイドブックのうちスイス篇は失ったが、フランス篇が手元に残ったので今後の訪問先について基本的知識に欠けることもない。人生と同様今回の旅も、禍福が絡み合っている。災難はあっても運に全く見放されたわけでもない。意志さえあれば、旅はまだまだ継続できると思った。

## （その二）

### 七、サルラの土曜市、ドルドーニュ地方の村や城砦を訪ねる、ルフィニアックの洞窟壁画、ヴェゼール川畔で出会った人達、復元されたラスコー

六時起床、人気の少ない通りをガロンヌ河の畔まで散策した。九時半にホテルをチェック・アウトし昨日来た道を逆に辿って、駅に向かう。この都市で最も有名な建物であるキャピトル（市庁舎）は一〇時から入場できると聞いていたが、本日は市の行事のために一般人は入場できないと言う。結局、一日に滞在を短縮したためミディ・ピレネーの中心都市として見所も多いトゥールーズを、殆どどこも見物できずに退去することになった。

一一時四九分ボルドー行きのＴＧＶに乗車、汽車はボルドーに向かって流れているガロンヌ河に付かず離れずの距離で北西に進んだ。沿線は緑林の影が深い。列車は一五分も遅れてボルドー駅に着いた。そのため予定した列車に間に合わない。次の列車までの二時間、ボルドー駅の広い構内で待機することになった。ローカル線の終着サルラまで入る列車の本数は、限られている。広いフランスの国土の中でも、サルラを含むペリゴール地方は辺陬の地域だった。

ボルドー―サルラ間は、ガロンヌ河の支流ドルドーニュ川が蛇行している。列車は幾度かその川筋と交差した。一九時少し前に、なんとかサルラに着いた。一角に苗木や肥料袋を積んだ農協の建物があるだけの閑散とした駅前の空き地。左手に進むと道が二股に分かれている。ここは右の道を選ぶ。さらに一〇〇メートル直進したところで車道に突き当たった。ここで右に折れ、緩やかな坂道を進む。全て、手元に無

事残ったガイドブックのフランス篇が頼りである。一度だけ、通りかかりの地元の人に念を押す。

「シティに行くのなら、この道に間違いありません」

サルラの旧市街のことを、土地の人はシティ（市）と呼んでいるらしい。たしかに駅とその周囲は、片田舎の風情である。徒歩二〇分ほどで、旧市街の市壁が見えてきた。その手前左手に、予約しておいたルノアール・ホテルの標識が出ている。路地を入ったところにホテルの入り口があった。中庭のプールで泳いでいる男女の姿が見える。受付の女性は人の良いおばさんという感じだが、英語が余り話せない。割り当てられたのは三階のシングル、二階までエレベーターで上がり、そこから階段を歩いて登る。シンプルだが小奇麗な部屋だった。

店が閉まる前に今晩の食料だけは確保しようと、旧市街に直行した。レストランやカフェーを除き、多くの店は既にシャッターを下ろしている。その中で、閉店間際のミニ・スーパーを見つけ、サンドイッチやサラダ、惣菜、果物、ドリンクなどを急いで購入した。三連泊だから、多少食品類の備蓄ができる。

九月一五日たっぷり睡眠して七時起床。レセプションの電話で家宅へ通話し、洞窟壁画見物のツアーに参加できることや当面の計画を伝えた。

「相談したいことがあれば、もうすぐ英語のできるスタッフがやってくる」とフロントのおばさんがいう。一〇時になって、その女性が顔を見せた。聞きたかったのは、本日ドルドーニュ渓谷巡りのツアーが出ないかということである。電話で問い合わせた彼女は、

「『ドルドーニュ地方の町を巡るボートとバスの旅』が、本日午後一四時ホテル近くのバス停から出ますよ」という。明日予定している洞窟壁画のツアーと同じ会社による企画らしい。午前中サルラの朝市を楽しん

図（10-24）三匹の鵞鳥広場

でから参加できる。タイミングがよいので、早速申し込む。ついでに、明後日から二泊予定しているボルドーのホテルの予約も依頼した。

　これまで世界各地で常設のマーケットに立ち寄る機会はあったが、売り手も買い手も近隣から集まってくる僻地の町に立つ市は初めてだ。せいぜい奥行き一キロ程度のシティのメイン・ストリートや路地が、にわかにテント村に変身している。食料品、野菜、果物、アクセサリー、金属製品、衣類、帽子、扇子、靴、ゲーム機、その他思いつく限りの生活必需品や日用雑貨が、市庁舎のあるリベルタ広場を核に旧市街を埋め尽くすように並んでいるのだった。地元名産の胡桃のオイルや、フォアグラ、ワイン、チーズもある。中世以来の二、三階建ての古い家屋の間を歩いた。司教区なので小ぶりながら大聖堂もあった。三匹の鵞鳥の像がある広場では、子供が長い鵞鳥の首に抱きついていた。一六世紀の思想家モンテーニュの友人ラ・ボエシの家も残っている。この地方は、彼が二度の市長を勤めたボルドー市や『随想録（エッセー）』執筆のため後半生を過したリブルヌ郊外にある砦シャトー・ミッシェル・ド・モンテーニュなど、私が敬愛するモンテーニュとの所縁も深いのだ。

　一四時、運転手兼ガイドのフロレンスさんのマイクロバスで、ドルドーニュ渓谷半日ツアーに出発する。同行者は、合わせて八名。私達は、まずサルラの南ドンムという町を訪ねた。ドンムは、ドルドーニュ川が刻んだ渓谷の上の高台に位置する。高台に立てば、下界の疎林のあいだに光るドルドーニュの流れが鳥瞰できた。その先に、この後で訪ねるドルドーニュ川が削った岩壁ラ・ロック・ガジャックが見える。

　ドンムの建設者は、一三世紀のフィリップ三世である。彼は、住民に土地取得、食料販売、川舟使用な

図（10-26）ドルドーニュ川の遊覧船

どの特権を与え町の発展に寄与した。しかしこの地方は一三三七年から始まる英仏間の一〇〇年戦争に巻き込まれ、三たび英国に占領されている。さらに一六世紀の宗教戦争では、プロテスタント軍の侵攻にあった。この地方が豊かであることも、繰り返し騒乱に巻き込まれた理由だろう。アンリ四世による有名な「ナントの勅令」（一五九八年）で、プロテスタントとカトリック間の紛争は一応の和解を見た。アンリ四世の宮殿に出入りしていたらしいモンテーニュは、宗教紛争を身をもって感得したにちがいない。その経験と記憶から、数世紀も時代に先んじた彼の深い洞察力が生まれたのである。『随想録』の中で彼が繰り返し指摘している人の行為の愚かさや空しさ謂れのない偏見と憎悪、なかんずく文明社会の欺瞞傲慢から、人類は未だに解放されていない。

三〇分の自由時間を与えられた参加者は、街角に立つ案内図を頭に入れて広くもない街中に散っていった。何か画題になる構図はないかとあたりを見回す。左手に少し迂曲している下り坂がある。三角屋根の上に大きな煙突を突き出した石造の民家が並んでいた。壁は風雨に晒され黒ずんでいる。右手道の反対側は、凹凸のある高い土塀で仕切られる。塀の上から夾竹桃のピンクの花が覗いていた。幾枚か、写真を撮った。現像したとき、現場で感じた雰囲気が再現できるだろうか。実際には難しいが、たまに上手く撮れていれば、これをもとによい絵に仕上がることがある（301頁　図10—25参照）。

頃合を計って、展望台近くの集合場所に戻った。横手の空き地を綱で囲って、年配者たちがゲートボール風の遊びに興じていた。先ほど遠望したドルドーニュ渓谷のラ・ロック・ガジャックの崖下までマイクロバスで移動する。ここでドルドーニュ川の遊

図（10-27）カステルノー城

覧船に乗り込んだ。やや大型の屋形船である。一六世紀の宗教戦争時代この地域に、今日まで残る多くの城砦が築かれた。そのひとつマレイユ城が、早速右岸に顔を見せる。続いてハンセン氏病患者を隔離した病棟が崖下に並んでいた。次に見えてきたのはサン・ジュリアン村、かつては渡船場として賑わったが、架橋により衰退したという。いきなり右手の岩山の上に展望台が現れた。一三〇メートルの高さに、鉄骨の櫓が組まれている。三〇分ほど川を下ったところで、前方の尖った山上にこの地方きっての名城カステルノーが勇姿を現す。かつてカタリ派の拠点のひとつだった。尖塔と円筒状の隅櫓を備え、威風辺りを払うという趣。ここで遊覧船は方向を転じ、上流に向けて引き返した。

殆ど傾斜のない平地を流れるドルドーニュ川は、波もない静かな流れである。その流れに沿って、一人でカヤックを漕ぐ人、男女二人が乗ったカヌーなどが、滑るように通り過ぎた。往路にマイクを手に解説してくれた語り手は、どこかにいなくなった。日本の遊覧船ならこのあたりで船頭小唄の一節でも聞かせるところだが、こちらにはそのような趣向がないようだ。平穏なドルドーニュ川だが、意外にも川の名はケルト語で「急流」を意味するらしい。雨季には水位が相当上がるので、川辺には人が住めないという。季節が変わればドルドーニュ川は、別の様相を見せるのかもしれない。

陸地に戻って、最後にこの地方のもうひとつの名城ベナックが聳える丘に登った。ただし城内を見物するのではなく、本日遊覧したドルドーニュ川の周辺を再度展望するのだった。遠方に先ほど見たばかりのカステルノー城など幾つかの城砦が散見できる。ある時期には、ドルドーニュ川を挟んでベナック城とカステルノー城を拠点に英仏が対峙した。現在静穏で豊かなドルドーニュの流域で、中世から諸侯や諸派が勢力争いを繰り返したのである。

見物が終わった後希望者は、麓の駐車場まで徒歩で下ることになった。一五分もあれば麓まで辿り着けるとフロレンスさんが保証している。私はそのままバスで下山した。一九時前サルラに帰還したときには、土曜市のテントは跡形もなく片付けられ、シティに黄昏刻が迫っていた。

九月一六日四時に一度目覚め、二度目の七時に寝床を離れた。宿願だった洞窟壁画ツアーが気になっていたのだ。絶対に寝過ごしてはいけない。受付のおばさんに七時半のモーニング・コールを依頼しておいたが、受話器から何の反応もなかった。おそらく彼女に通じていなかったのだろう。

九時少し前に、近くのパスツール広場に出向いた。昨日のツアーと同じ集合場所なので戸惑うこともなかったが、今日初めての同社ツアー利用の人たちは、少し不安気味だ。バスの停留所に来て、先客に行き先を確認している。一五分遅れて、ガイドのプロベンス氏が運転するマイクロ・バスが到着した。一人参加の年配の女性に押し出される感じで、前列彼女と運転手の間に腰掛けることになった。この女性は、米国ヴァージニア州の人。後方の席に、ノース・カロライナ州からの夫妻など数人が座った。

私達は先ず、サルラの北西二〇キロにあるレゼジー村に向かった。ドルドーニュ川のさらなる支流ヴェゼール川畔にある。背後に一〇〇メートルほどの岩山が迫る。一八六六年、最初の人類とされるクロマニヨンの人体五つが初めて発見されたのはこの岩山の中だった。クロマニヨン人が三万五〇〇〇年前に居住していたと言われるアプリ・パトーもこの岩山にある。発見地近くに建つ国立先史博物館を参観する。二〇〇四年に改築された立派な博物館である。入場してすぐのホールに立つ復元されたマンモス像に「ひ

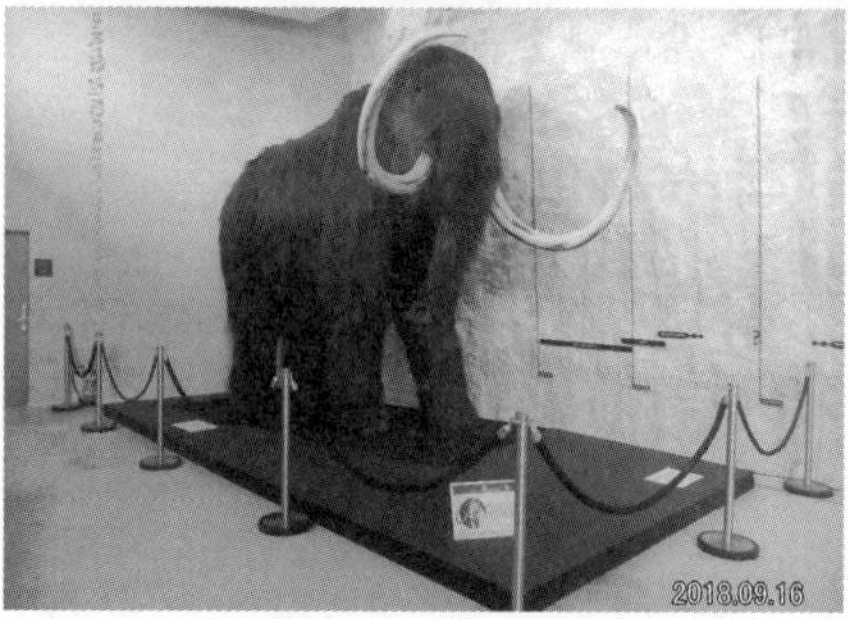


図（10-28）レゼジーにある
先史博物館のマンモス模像

や－、こんなに巨大だったのか」と一同目を丸くした。丈五メートルもある小山のような体は、全身黒い体毛で覆われている。大きくカーブした牙が頭上に伸びる。マンモスの巨体を支えていた足の骨が、展示室にあった。直径二〇センチもあり、丸太のように太い。博物館には、直立人ホモ・エレクトスといわれる人類の祖先の復元像もある。アフリカのケニアに起源を持つ人類が、二〇万年前にレゼジーに居住していた。氷河期には洞窟内に蟄居し幾世代も変わらぬ生活を続けていたが、地球の温暖化に伴い洞窟の外に居住圏が広がり、生活レベルが上がったのである。博物館内には、巨大な鹿のレプリカやクロマニヨンの摸造、彼等が使った器具も展示されていた。

これから訪ねる予定の洞窟のうちラスコーは一万七〇〇〇年前のクロマニヨンのもの、ルフィニアックの方は一万四〇〇〇年前にネアンデルタール人が描いた洞窟という。両者の時代は三〇〇〇年の隔たりがある。ラスコーの壁画にはマンモスが描かれず、ルフィニアックの絵にはマンモスが現れる。これは何を意味しているのか。両者のもうひとつの違いは、鉄分やマグネシウムを含む鉱石を利用した赤や黄、緑のカラーが施されたラスコーに対し、ルフィニアックの壁画は、黒一色のスケッチということだ。

さて最初に洞窟壁画が発見されたラスコー洞窟は、無制限に入場を認めたため、排気ガスやカビによりたちまち崩壊の危機に晒され、一九六三年に閉鎖されてしまった。代わって観光客用に、原画の一部を精巧に復元したレプリカ「ラスコーⅡ」が近くの洞窟内に造られた。これでは不十分とされたのか、ラスコー全体を忠実に復元した大規模の「ラスコーⅣ」が二〇一六年完成した。一方、前述したルフィニアックの洞窟がレゼジーの北十数キロの場所で発見されたのである。ラスコーの経験から、ルフィニアックの入場者数は、一日五〇名と厳しく制限されている。入場券を得るために、毎日早朝から行列ができるという。洞窟壁画の見学は、お手軽な観光ではない。ツアー客には別枠でもあるのか。ツアーは費用も掛かり申し込むのに苦労した分、入場券獲得の手間は免除されている。私達が本日観光するのは、ルフィニアックとラスコーⅣだ。

まず訪ねたのは、ルフィニアック洞窟である。洞窟内はトロッコ列車で移動する。全長一〇キロもある大きな洞窟だが、トロッコが入るのはせいぜい一キロほどだ。しかし昼間も暗い洞窟の奥で何のためネアンデルタール人は壁画を描いたのだろうか。先ず現れたのは、二匹の巨大なマンモス像、続いて小型のマンモスが一〇匹群れている絵柄。岩の凹凸を利用し動物の立体感を上手く表現している。同時に遠近感も意識されているのだ。写真撮影が禁止されているので、目で見たものをしっかり脳裏に焼き付けるしかない。とにかくこの洞窟は、「マンモス洞窟」と呼ばれるほど、世界で最も多くのマンモスが描かれているという。マンモスの隆起した肩甲骨辺りを描いた力強いタッチは見事である。バイソンやアイベックスの絵もある。いずれも、古代人の周囲に生息し狩や家畜の対象となった動物なのだろう。一旦少しバックしたトロッコは、こんどは枝分かれした別の線路に進んだ。こちらでは、巨大な馬を描いた迫力満点の天井画があった。

クロマニヨン人にせよネアンデルタール人にせよ、頭脳の容量は現代人と変わらないらしい。潜在的には私達と同じ知能を持っていた人達だ。だから、その中に天才画家がいたとしても不思議ではない。彼らは、呪術的な何か強烈な目的意識で対象を描こうとした。気が向けば周囲の風景を描いて満足している私のような「日曜画家」は、彼らのお呼びではない。ルフィニアックの動物の壁には、所々鋭い爪あとが残っている。熊が爪研ぎした跡という。この洞窟の最初の居住者は、熊だったのかもしれない。

ヴェゼール川畔のサン・リヨンという集落で、一三時から一時間のランチ・タイムになった。あたりのレストランの前は、どこも観光客が順番待ちで並んでいる。私は川辺に降り、書き物をしていた女性の先客に断って、食卓を備えたベンチに腰を下ろした。持参のハンバーガーの袋を開きドリンクを飲む。この女性はオランダのユトレヒトの人と分かった。

「日本からの観光客は、みな忙しいですね。例えば『ヨーロッパ一週間の旅』と称するツアーでは、写真を撮っては次の訪問先に移動することの繰り返し」と彼女は笑った。

「あまり長期休暇をとりにくい日本の勤務者は仕方がありませんね」と一応日本人を擁護する。「でも私をその中に入れないで下さいね。バック・パックで旅をする長期型の旅人だから」

食事を済ませて、私も訪問したばかりのルフィニアックの印象をノートに整理する。そのうち六人連れの家族が来て、私達と同じ卓で食事を始めた。少なくとも二組の中年の夫婦が混ざっている。食事を終え賑やかな仲間内の会話が一段落したところで、男性の一人がオランダ女性に話しかけた。どちらも書き物をしていたので、私達を同行者と思っていたらしい。私が日本人と知ったこの男は、これまでフランスのどこに立ち寄ったかと訊いた。簡単な地名なら、お互いに通じる。

「クレルモン・フェランは、訪ねるのか?」と横にいた男も質問した。どうやら彼らは、サルラの東北一五〇キロにあるクレルモン・フェランから、ドライブで来たらしい。

「有名な町だから名前は勿論知っています。でも今回は残念ながら訪問できません」

別れ際に、全員での記念写真を撮らせて貰った（301頁　図10―29参照）。

午後に訪ねたラスコーⅣの壁画は、文句なしにすばらしかった。私達が見ているのは、オリジナルでなく、レプリカである。しかし現代の復元技術を最高度に利用して、色調、線、筆勢い、岩肌の起伏に至るまでオリジナルに限りなく近く原寸大に再現したものである。しかも、熱や光に対する強度も高いので、自由に写真を撮ることが出来た。今手元のアルバムにそのイメージが美しく残っている。牛や馬、羊、バイソン、アイベックスなど人間の周囲に生息していた家畜に近い動物が主な題材である。茶色や黄色、褐色、赤に近い色が混じっている。鬣《たてがみ》の縞模様、踏ん張った足、駆け足の動き、表情豊かな山羊の眼元、殆どの動物は横向きに描かれていた。ラスコーの壁画について、これ以上のことを伝えることは出来ない。本当に興味がある人は、苦労して現地に立つしかないのだ（301頁　図10―30参照）。

ラスコーの壁画の製作には、三世代くらいの人間が係わっていたと推定されている。当時この地方には、およそ三万人のクロマニヨンが住んでいた。彼らの背丈は、約一七〇センチと意外に高い。三〇から四〇年の平均寿命だった。

付設の売店で絵葉書やマグネットを買って、一七時半ホテルに戻った。

## 八、ボルドーの駅前ホテル、モンテーニュ城館の訪問を断念、「月の港」の町歩き、ワインの町サン・テミリオンを訪ねる

九月一七日八時、三泊したルノアール・ホテルをチェック・アウトした。受付のおばさんとの会話はうまくいかなかったが、雰囲気や立地がよく、快適に過ごせたと思う。サルラ八時五一分発の列車を予定

していたが、これは土曜、日曜限定の車両という。慣れない外国の時刻表ではつい注釈を見落としがちだ。次の一〇時七分発のボルドー行き列車まで、一時間以上待った。ボルドー・サン・ジャン駅着一二時五〇分。予約していたナド・ホテルは、駅から二分の便利な場所にあった。二泊素泊まりで一四〇ユーロ、立地を考えれば手頃な料金といえる。ただ受付を一人で仕切っている年配の男は英語が殆ど理解できない。相談相手が欲しい私には、なにかと不便である。このような小型ホテルで注意すべきは、常に鍵を身につけて部屋の外に出ることだ。フロントは夜二〇時以後にはシャッターで閉鎖され、翌日の九時頃まで開かない。鍵がなければ助ける人手もなく、自室に戻ることさえ出来ないのである。

駅前からトラムCに乗り、市の中心部カンコンス広場近くのインフォメーションを訪ねた。知りたい情報は、

①ボルドー市の観光地図と行事

②シャトー・ミッシェル・ド・モンテーニュへの行き方

最初の質問は簡単だが、②のモンテーニュの城館訪問が難しいのである。最寄りの駅カステリョンに停車する汽車が少ない上、駅から館まで片道七キロも離れている。地元のタクシーに頼るしか手段がない。スマートフォンを失ったため、現地でタクシー会社と連絡がつくか自信がない。しかも城館の訪問日は水曜から土曜日の週末に限られているという。折角ボルドーに二泊しても、曜日が合わない。結局、館への訪問は諦めたが、今回の旅行中で唯一心を後に残すことになった。

既述したように、モンテーニュは私が最も尊敬する思想家であり、彼の『随想録』は若年からの愛読書だった。十数年前に日本の研究者が書いた伝記『ミシェル・城館の人』によれば、ミシェル・モンテーニュ

は青年時代から広く旅をし、幅広い交友を持ちフランスの王宮にも出入りした。しかし五〇歳を境に自分の館に隠棲し、読書と思索に耽ったという。城館には本館に連結した円筒形の塔があった。この塔こそ晩年のモンテーニュの書斎であり終の棲家となった。モンテーニュは、私にとっての「眼中の人」であり、彼の生き方は私の「見果てぬ夢」といえる。

ボルドーでの残りの一日半は、何かに執着したようなこれまでの旅の日々とは少し違っていたような気がする。特定の目的もなく、ボルドー市や近郊をひたすら歩いただけだ。このあと、トラムCで、市内の北に向かい、旧市街のサン・ルイ教会辺りからガロンヌ河沿いに南下した。河幅一〇〇メートルを超えるガロンヌ河は、市の中心部で三日月形に湾曲し天然の良港を形成する。そのためボルドーは「月の港」と讃えられ、二〇〇七年この名称でユネスコの世界文化遺産に指定されている。むろん、ぶどう酒の名産地としての価値も評価されたのだろう。この地は、フランス革命初期に権力を握ったジロンド党の拠点になった。カンコンス広場には、天空を突き刺すようなジロンド記念碑が聳えている。ガロンヌ河も、ボルドー市から大西洋に注ぐ河口までの下流は、ジロンド河と名を改める。

図（10-31）ジロンド記念碑

さらに少し南下すると一八世紀に建てられた湾曲する美しい宮殿に囲まれたブルス広場にでる。広場とガロンヌ河に挟まれた空間には、三〇分おきに水面と霧が出現する「水鏡」があり、新しい人気スポットとなっている。丁度、水鏡の上に霧が立ち上る現場に来合わせた。大人も子供も、歓声をあげて、裸足で水鏡の上に飛び出した。誰もが方向性を失ったような奇妙な仕草をしながら霧の中をさまようのだった。五分足らずで霧

図（10-32）ボルドーの水鏡

は散り喚声も収まり、人々も去っていく。あまり類を見ない面白い企画だ。

その先でガロンヌ河畔を離れ、西の大聖堂や市庁舎まで歩いた。再び南に下りローマ風に頑強なアキテーヌ門を潜り抜け、ボルドー第二大学の横を過ぎてホテルに戻る。これで一応市街地を縦断したことになる。特に当てのない、文字通りの散策だった。結果的には、今度の旅行中でボルドー市ほど隈なく歩いた都会はなかった。

ボルドー市の散策は、翌九月一八日の午前中も続いた。インフォメーション前に一〇時に集合し、英語ガイドの案内で市の中心部を散策する「ボルドー町歩き」に前日申し込んでいた。一人歩きでは分からないボルドーの事情が分かるかも知れない。昨日に続いて、再び都心のインフォメーションに出向く。


本日のガイドは、ヤン・カステさん。昨日遠方から眺めたジロンド塔の基壇から町歩きを始めた。近くで見ると基壇の四隅には、繊細な彫刻の群像が並んでいた。例えば疾駆する二匹の馬の手綱を御する革命の女神像。青い水を湛えた円形の泉が基壇を囲む。

しかしフランス革命に先立って、一五世紀から一七世紀にかけて、ボルドー市はイギリス領であった。一二世紀この地を所有していた女性が、後に英国王となるアンリ・プランタジネットと結婚したためである。まだ英仏両国の領域が流動的な時代だった。

一八世紀になると、奴隷やワインの交易を含むアフリカ、新大陸との三角貿易で、ボルドーは発展時代を迎えた。多くの建物や道路が建設される。私達が次に立ち寄ったカスターニエ（栗）並木で美しい広場もこの時代に生まれている。一九世紀には、赤みを帯びたライムストーンを使ったビルが建てられている。

図（10-33）カスターニエ（栗）の並木

建物の壁面や窓の上などに時々見かける顔形の飾りはスカフェーンと呼ばれ、一時期の流行の名残という。

建物のあいだの石畳の空間に、スペインの画家ゴヤの立像があった。彼は晩年この地に住み死去したという。ビルの間のアーチを入ると、赤い絨毯を敷き詰めた瀟洒なアーケードがあった。所有者の名を冠して「サムジェーの小道」と呼ばれる。数本の円錐の塔を載せた大きな石の門に突き当たる。一五世紀からここに立っているという。近くの石畳に穿たれた金色の直径一〇センチほどの金属プレートの前で、カステさんが立ち止まる。プレートには、帆立貝と川の文字を組み合わせたような文様が刻まれていた。スペインのサンチャゴ巡礼者のための道標だった。主要な四つの巡礼路のうち最も西側のトゥール・ポアティエ・ルートがボルドーを経由していたのである。

道を挟んで対峙しているボルドー・グランド・ホテルと大劇場の前で、町歩きはお開きになった。ファサードの上に三人の女神像が立ち、コリント式の一二本の列柱が並ぶ大劇場は、ヨーロッパでも有数のものらしい。限られた地域の町歩きとはいえ、当地の歴史を踏まえた興味ある散策だった。

一旦ホテルに戻り、午後はボルドー駅から列車で四〇分ほど東のサン・テミリオンを訪ねた。ボルドーは世界的に有名な赤ワインの産地である。著名なワイナリーは、ボルドー市の北、ジロンド河流域や東のドルドーニュ川地域に散在している。そのうちでも世界文化遺産に登録され特に有名なサン・テミリオンを訪問することにした。殆どアルコールを口にしない私がワイン産地を訪ねるのは、むろん試飲のためではない。ワイン畑やワイナリー、町の佇まい、集まってくる人々、それら全てを含めた歴

図（10-35）地下蔵

史や風俗を一見したいだけである。

サン・テミリオン駅は、葡萄畑が拡がる平野の中にあった。これまでに訪ねたアルルや、サルラ同様、田舎の小駅である。駅を出て左に道を辿ると、遠方の丘上に町がみえてくる。丘の斜面一帯に葡萄畑が広がる。南側の日照が葡萄の生育に重要なのだ（301頁　図10―34参照）。この丘を巻く右側の坂道を登って約二〇分で、サン・テミリオンのシティの入り口に来た。市壁があるわけではないが、この先は、全て石畳の小道が分かれている。急な坂道もある。多数の訪問者が歩き回っているのはカルカッソンヌの城内を思い出させるが、周りの店舗が全く異なる。サン・テミリオンの店は殆どがワインの販売店、地下にワイナリーを持つ家も多いのだろう。

かなり奥まで登ったところにあるインフォメーションに寄った。受付横の入り口に人が並んでいた。インフォメーションの担当者に聞くと、地下墓地や洞窟見学のツアーが始まるという。私は、一般客が立ち寄れる公開ワイナリーを探していたので、地下ツアーの方は聞き流してしまった。実は、八世紀に聖者エミリオンが当地の洞窟で隠遁生活を送ったのが、サン・テミリオンの起源なのである。地下墓地には、この聖者の遺体が収められている。予備知識があれば是非見学したのにと、少し残念に思った。

インフォメーションで教えてもらった、クラス・デ・メヌテ・ゴドバウドというワイン店を訪ね、地下のケラーを見せてもらった。狭い回り階段を下りた地下は、四方に道が分かれていて、ワイン・ボトルを貯蔵している結構広い空間があった。シティのほかの店の地下にも、同様に多くのワイン・ボトルが熟成の時を待っているのだろう、と想像した。

ボルドー駅で、とりあえず明日のナント行き列車のチケットを購入した。その先は、ナントで考えよう。ナド・ホテルの前の道は、夜になっても人通りが絶えない。三階の私の部屋から、向かい側の軽食店が見下ろせる。この店は午前〇時になっても灯りが付き、歩道上の椅子に座る人の姿があった。

## 九、ナントの大公城を訪ねる、親切なレセプショニスト、カルナックの巨石で感じたこと、古都レンヌ、パリへ

九月一九日七時四〇分発の列車で、二泊三日を過したボルドーを去った。都会を離れるとフランスは、にわかに人家が希薄になり、どこまでも畑地や緑野が拡がる豊かな土壌に恵まれた国だ。この地方は、トウモロコシ畑が多い感じがする。一二時半、ナントに着いた。ボルドーから北に三〇〇キロほど離れた、ロアール河の河口近い大きな都会である。かつてブリュターニュ大公国の首都だった。自体、見所も多い都市である。しかし今回はこれから向かう西のブルターニュ半島への中間点として立ち寄ったに過ぎない。当地でさしあたり訪ねたい場所はただひとつ、旧ブルターニュ大公城である。

ナント駅正面に立つと、トラム線路に沿った左手遠方に、城と思しき建造物が見えた。片道一キロ余りと見当を付け、キャリーバッグを引き摺りながら歩き出す。ただ駅前の空き地は大掛かりな工事中で、規制のため直線的には進めない。やがて大公城を囲む空堀のところに来た。その先を右に曲がれば、表門に通じる橋があった。表門はそのまま大公城の館の下を通り抜けて、中庭に通じている。

少なくとも現在見られる建物は城砦というより、中庭を囲んで並ぶ五—六層の大きな館である。一五三二年、大公国がフランスに併合されてからは、この城もフランス国王の所領となった。ナントを歴

図（10-36）ナントの旧ブルターニュ大公城の中庭

史的に有名にしたのが、既述の「ナントの勅令（一五九八年）」である。日本人にはぴんと来ないかもしれないが、カトリックとプロテスタント間の和解に道を開いたものとして、西欧キリスト教世界におけるこの勅令の意義は極めて大きいのだ。ただし、当時の状況を説明する標識は、城内のどこにもない。おそらく具体的なことは分からないのだろう。その現地に立てたことに満足して、私はナント駅に戻った。できれば本日中に、ブルターニュ地方西端の都市カンペールまで行きたいのだ。

駅の窓口で相談すると、少し大回りで費用がかかるがレンヌで乗り継ぎの列車なら、目的地に一八時四一分に到着できることが分かった。とにかく早く現地に入りたいと、レンヌ経由を選んだ。カンペールのホテル予約が出来ていないので不安があった。本日中にどこまで行けるかも、今まで分からなかったからだ。

カンペールには予定の時間に着いた。駅から徒歩五分で街中に入る。東西に流れる幅五メートルほどのオデ川の両岸に市街地がコンパクトに纏まっていた。川に架かる小橋ごとに、鉢植えの草花が色とりどりの花弁を開いている。ガイドブックで見当をつけていたホテルのフロントに立った。地方の小都市だからと、まだ高を括っていた。ところが受付の女性は、シングルに空きがないというのである。それどころか、「今夕は、カンペールのダウンタウンで空き室を見つけるのは無理でしょう。どこか他の都市に移動されては」とすげないことを言う。何か当地でイベントでもあるのか。

「この時間に初めての町で、当てもなく動き回ることはできません。何とか、近くのホテルを紹介してくれませんか」

こんな遣り取りをしている間にも、次々に客がやって来た。その合間を縫って、彼女はどこかに電話を掛けた。「郊外のドライブ・インなら、五二ユーロでシングルの空きがあるようです。ただし七キロも離れているので、タクシーを呼ぶ必要があります。どうしますか?」否も応もない。「お願いします。タクシーの手配もよろしく」

「とにかく宿泊場所が見付かったあなたは、ラッキーですよ」と彼女は駄目押しを入れた。せっかく辿り着いたカンペールの都心から離れるのが残念だ。

タクシーで走ること一〇分足らずで、紹介された「B&B（ベッド・アンド・ブレックファースト）・カンペール南ホテル」に着いた。ホテル自体は新しく、個室も問題ない。ルーム・キイの代わりに手渡された部屋ごとの暗証番号を、部屋の入り口のナンバープレートのボタンに打ち込むのである。万事に省力化され、レセプションの女性は一人で事務処理全般を取り仕切っている。私がチェック・インした後も、次々にマイカーの客がやって来た。なかなか相談するタイミングが見付からない。それでも、翌日予定しているカルナックの巨石見物のための汽車やバスの時刻表を調べてくれた。カンペール発九時過ぎか一二時過ぎの二本の汽車だけが都合よく現地のバスに接続し、日帰りできることが分かる。一方、明後日以後に予定しているパリのユース・ホステルの検索は、上手くいかなかった。二一時の勤務時間まで、残務が多いらしい。ドイツやフランスなどヨーロッパの主要国は勤務時間の規制が厳しい。たとえ個人タクシーの運転手でも、規定の時間を超えて働くことは許されない。専門技能者を勤労時間の制限から除外しようとする昨今の日本政界の動きは、他の先進国と方向性が全く違う。

「明朝、もう一度トライしましょう。正午まで私が受付にいますから」と彼女は言う。

この後夕食のため、ホテルに隣接したマクドナルドに出かけた。カウンターに並んでいる数人の従業員は天井を見ながら声を張り上げているだけで、注文のため前に立っている私は相手にされない。そのうち一人が私に気付いて、店の隅にある注文用マシーンの前に連れて行ってくれた。希望のメニュウを選択し、表示された料金をクレジット・カードで機械に支払うだけである。発券はない。注文はそのまま天井に掲げたスクリーンに映し出される。これを読み取った従業員が、注文の品を揃えて客に手渡すという仕組みだった。

九月二〇日七時に起床、フロント横の食堂で朝食を摂った。パンや果物、飲み物の種類が多い。これまで殆ど簡素な朝食を繰り返してきた私は、少しリッチな気分になった。配膳を手伝っていた昨夜と同じ受付の女性が、「今から、パリの別のユースに当たって見ましょう」という。私のパスポート番号、氏名、宿泊予定日、希望の部屋タイプを打ち込んでいく。フランス国内住所の欄や携帯電話の欄には、このホテルのもので埋めてくれた。すべての欄が埋まらないと、ユースのホーム・ページからの予約が受領されないのだ。かくて昨夜から数えて三つ目のパリ市内のユース・ホステルで、九月二一日から四泊五日のベッドが予約できた。今回の旅では、当初の予算以上に宿泊費がかかっている。物価の高いパリの街中で手頃な宿を見つけるのは容易ではない。宿泊場所の確保で再三苦労しただけに、彼女の親切はとても嬉しかった。カンペールのダウンタウンのホテルで断られたときには失望したが、結果的には幸運だったのかも知れない。

一〇時に、迎えのタクシーが来た。最後に受付の女性と並んで記念写真を撮った(302頁　図10―37参照)。帰国後、この写真を同封した礼状をホテル宛に送った。女性の名前を聞き漏らしたのは残念だ。手元のアルバムに整理した写真で改めて見直すと、彼女は理知的でなかなかの美人である。多忙な仕事振りから、とても有能な女性という印象を受けた。表現は適切でないかも知れないが、片田舎の簡易ホテルは彼女の活動の舞台として狭過ぎて惜しい、と思った。

ダウンタウンのインフォメーションの前で、タクシーを降りた。昨日はカンペールを散策する機会が殆どなかった。折角、ブルターニュ半島西端の町に来たのだから、少しは歩きたい。市庁舎前の小さな広場、紅い花の咲き乱れる花壇、ハーフ・ティンバー風の木造の家、上階の床が東北地方の雁木のように張り出した家屋、建て込んだ家々の間から見える大聖堂の二本の尖塔。カンペールのような地方の小都市でも司教座があれば、必ず大聖堂（カテドラル。日本風に云えば、伽藍）がある。そして殆どが町の規模に不相応な、大建造物だ。二つの尖塔だけは、オデ川の川辺から木立越に見える。背後の空は霞か雲か、少しぼやけていた（302頁　図10—38参照）。

図（10-39）カルナックの港

一二時四分カンペール駅発、オーレイ駅着一三時三分、駅舎近くのターミナルで小一時間カルナック方面行きのバスを待った。車輌に乗り込むと運転手が「カルナック・ヴィラか？」と行き先を確認した。カルナックは、巨石公園のあるヴィラだけでなく、漁港などを含む広い地域の名称だった。多数の漁船が繋留されている美しいカルナック漁港の入り江を巻いて、ヴィラまで五〇分もかかった。降り際に、巨石公園の方向を運転手に確かめたのだが、それらしきものが見当たらない。近くの駐車場にいた女性に尋ねると、少し考えて「私の車にお乗りなさい」と後部座席のドアを開いてくれた。公園まで直線的に道が通じていたが、入り口まではなお一キロ以上離れていたのであ

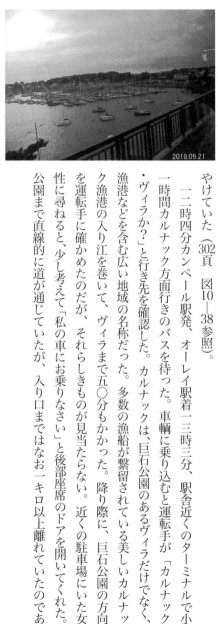

図（10-40）カルナックのメンヒル

る。私独りでは心許ない、と思われたのかもしれない。公園横の巨石センター事務所内には、カルナックの巨石発掘の歴史を映像と展示物で紹介するコーナーや、土産物店があった。受付の女性は「もうすぐ公園内を巡るガイドによるツアーが出発します」という。しかし本日はフランス語のガイドに限られていたので参加を諦め、外周を一人で歩くことにした。一辺一キロほどの、ほぼ四角形の広大な公園だった。ただカルナックの巨石が分布しているのは、その何倍もの広い範囲に跨る。全体で五つほどの巨石群が、分散しているのである。マイカーか、貸し自転車を使ってまる一日かけなければ、その全部をカバーすることはできない。

　これまでのようにキャスター付きのキャリーバッグを引き摺りながら歩いた。ただ公園の周囲には、木道が廻らされていて、キャスターにかかる抵抗が少ない。カルナックの巨石は、メンヒルとドルメンに大別される。メンヒルは縦長に直立した石を並べたもの、ドルメンは縦石の上にテーブル状の横石を載せたものを指す。ドルメンは土中に埋まっていることもあるので、埋葬用ではないかと推定されている。例えば飛鳥の石舞台古墳を想像すれば、見当がつくかもしれない。

　ところで、目の前に見えているのは、草地全体に拡がる無数のメンヒルである。特にセンター近くに立っている数個のメンヒルは、高さ一〇メートルを超える大型のものだった。カルナック全体で最も高いものは、二〇メートルの丈があるという。直線的に並ぶ小型のメンヒルもあれば、不規則に散在するものも見える。夏至の日の出の光線が上手く石面に当たるよう半円形に組まれたものがあることから、太陽信仰に係わりがあるという説があるらしい。

巨石公園の中を歩く人達が見えた。ガイドの説明を受けているのだろう。石の配置や形状についての興味あるエピソードが話されているのかもしれない。しかし、先史時代の遺跡であるカルナック巨石の謎は、未だに解明されていないのだ。茫洋とした草地の中に遥か彼方まで拡散する巨石群に、先史時代の人々の営みを空想してみるだけでも、異国のこの場所に立つ価値は十分あったと私は考えている。

バス停まで、帰りは歩いて戻る。オーレイ駅に戻る適時のバスは一七時二〇分の一本のみ。ところがこのバスが、二〇分近くも遅延してしまった。今度はオーレイ駅での接続列車のことが気になる。オーレイのバス・ターミナルに着いたのは、接続列車の発車時刻の僅か五分前だった。駅舎までの数十メートルを、キャリーバッグを抱えて小走りする。そして丁度ホームに入ってきたパリ行きTGVに飛び乗った。少し割高になっても車掌から直接チケットを購入するしかない。しかしこれは杞憂だった。車掌は、セニヨール割引きのチケットを切ってくれた。

本日はレンヌで下車して、ホテルを探すことに決めている。パリを基点に考えると、西のノルマンディやブルターニュを訪ねる分岐点にある大都会がレンヌである。レンヌからノルマンディのカンやモン・サン・ミッシェル行きの列車が出ているし、ブルターニュのカンペールに向かうローカル線も分岐している。とにかくレンヌまで行けば、パリまで直行する列車が多くなるのだった。

ところで、乗客のチケットを検札する車掌の手元を見ていて、興味あることに気付いた。チケットに挟みを入れるのでなく、チケットの国鉄マークのあたりに光を照射するのだった。一瞬の煌きで、検札が終わる。このチケットは紙券とは限らない。自宅からスマートフォンを操作して汽車のチケットが手に入るのである。スマートフォンに内蔵されたチケットを見た車掌は、その中の国鉄マークのところに例の光線を照射して検札を終える。スマートフォンは、遊びの道具ではなく、否応無しに日常生活の必需品になっている。若年層の情報行動を見ていると、日本でも同じ状況が近付いているようだ。今更面倒と諦めてたら、時代に取り残されるかもしれない。私も帰国したら再度買い直さなければならない、と思った。

二〇時にレンヌに到着した。駅舎全体が大改装中で、どこが正面かも分かり難い。何とか出口を見付け表通りに立った。駅近くにガイドブックが推奨している手頃なホテルがあった。オーナーが日本人を贔屓にしているとある。しかし、実際に訪ねてみると、満室でシングルに空きがないという。代わりに駅正面にある別のホテルを紹介された。歩いて二分の至近距離にあるという。そのような一等地のホテルは、空室があっても割高だろう。それでも二〇時過ぎなので、躊躇している暇はない。当該フロリアン・ホテルは、レンヌ駅正面にある三階建ての洒落た建物だった。一泊食事付きでシングル九〇ユーロと料金も許容範囲だ。ホテル探しの苦労もこれでお仕舞いと、少し緊張がほぐれた。二三時に就寝し、夜間に目覚めることもなく翌朝八時まで熟睡した。

図（10-41）フロリアン・ホテル

朝カーテンを開くと、正面に巨大な菰《こも》を被せたような工事中のレンヌ駅が見える。駅前広場も仮設の塀で囲まれ、内部は殺風景な建設基材の置き場になっていた。地上階のレストランで朝食を済ませ、九時に市街地の散策に出た。駅前から北に向かうジャン・ジャンヴィエ大通りを歩く。両側の広い歩道に並木が連なるレンヌ新市街の目抜き通りである。左手の鉄柵の門から男女の学生が姿を見せた。レンヌ大学の校舎が連なっている。レンヌは、ブルターニュ一の学研都市なのだった。五分も歩けばヴィレーヌ川に架かる橋の袂に来た。この川の北西一帯が、レンヌの旧市街地である。道は上り坂になった。坂の中腹右手の柵の内部に、多くのアーチ状の柱に支えられた見事な建物と広大な花壇が見えた。「サン・ジョルジュの庭園」という標識があったが、ガイドブックには全く言及が無い。内部を散歩している人の姿があったので私も入場し、花壇に咲き誇るルピナスやゼラニウムの写真を撮った。

旧市街の中心シャン・ジャケ広場の周りには、一五、六世紀からの木骨造りの家が幾つも残っていた。漆喰の壁の表面に、斜めや縦横に廻らされた木骨の文様が美しいのだ。ブルターニュの古都レンヌの長い歴史を感じさせる景観である。市庁舎や大聖堂は、外観を見ただけでフロリアン・ホテルに戻り、チェック・アウトを済ませた。これで二泊三日の短いブルターニュ滞在が終わる。

図（10-42）サン・ジョルジュの庭園

一時半のTGVに乗り、一三時九分パリ・モンパルナス駅に到着、おそらく最後にパリを訪ねてから、三〇年余の歳月が流れたように感じる。カンペールのホテルから予約を入れてもらったユース・ホステル、サン・クリストファーズ・インは、私がこれまで足を踏み入れたことも無い東部の運河地区にあった。地下鉄路線図入りのパリ市街地図で、ユース最寄りの駅を調べる。まだチケット・マシーンの使い方が分からないので、窓口で切符を購入した。私の様子を一瞥した窓口の女性は、わざわざ乗り換え駅での移動ルートと所要時間のマップをコピーしてくれる。これは、有り難かった。東京の地下鉄同様パリの地下鉄でも、乗り換え通路が結構長く複雑なのだ。地下鉄七号線のクリメ駅で降りて、見当をつけた方向に歩き出した。一キロ足らずで運河

図（10-43）サン・クリストファーズ・イン

図（10-44）サン・マルタン運河

のところに出るはずだ。ところが一〇分以上歩いてもそれらしき所にこない。むしろ周囲は、歩道に塵が散乱し、雑然とした場末のような雰囲気に変わった。近くの薬局の主に質すと、地下鉄駅から真逆に歩いてきたことが分かった。

「今、家内が自宅に戻るところです。同じ方角ですから、案内させましょう」という。夫妻は、韓国の人だった。彼女の道案内のおかげで、一四時半何とかサン・クリストファーズ・インにチェック・インできた。四泊五日、朝食宿泊税込みで一五五・七〇ユーロ。この旅での宿泊費はこれで全て支払い済みだ。旅の残りの数日は、身軽になってパリとその近郊を気楽に回るだけである。

このユース・ホステルは、サン・マルタン運河に面していた。先刻歩いてきた道は、昇降式の橋で運河を越える。船が運河を抜ける時には、両側の遮断機が下り、昇降機で橋が数メートル持ち上げられた。一方、歩行者には、常時対岸に渡れるよう鉄製の丈の高い太鼓橋がすぐ横に設置されている。いままで知らなかったがサン・マルタン運河はパリの名所らしく、遊覧船が近くに停泊していた。パリの地図を見るとこの運河は、北東に伸びて別の運河に接続しているが、南のセーヌ河には通じていない。どのような経緯で何のために開削されたのかは、まだ調べていない。

運河の南にあるスーパーで食材を購入して、ホステルに戻る。

## 一〇、ジヴェルニーのモネの花壇と広大な蓮池、エトルタ海岸、ルパンの館、ル・アーヴルの再建都市

九月二二日受付横の広い食堂で、朝食を摂った。食材が多く良いメニュウだ。この食堂は夜には、一般客に解放される。昨晩は、ディスコに集まる若者で遅くまで賑やかだった。

地下鉄を乗り継いで、パリ北西のサン・ラザール駅に行く。本日と明日に希望している目的地への列車の便を調べるためである。しかしチケット売り場の窓口が込んでいて、たっぷり一時間待つことになった。本日は、片道一時間で行けるパリ北郊のジヴェルニーまで、明日は英仏海峡に面したル・アーヴルとエトルタを訪問することになり、夫々のチケットを購入する。

ジヴェルニーは、印象派の巨匠モネの館と庭があることで知られている。彼は、まだ貧しかった四〇代でこの地に住み始めた。画家としての地位を確立した五〇歳になって、広大な敷地を購入し館を建てた。この邸宅が花の季節に限って公開されるのである。ただ汽車の沿線から少し離れているので、車のない旅行者にとって、現地でのバスの接続が鍵となる。

一二時二〇分サン・ラザール駅発、二つ目のヴェルノン着一三時七分。接続のバスは一三時一五分と殆ど待つことも無かった。帰りは何とかなるだろう、と高を括っている。田舎道を走ること二〇分で、ジヴェルニー村に着いた。元々は寒村だったのだろうが、現在はモネの邸宅を中心に、レストランやカフェー、ホテル、土産物店が並び、賑やかな集落になっている。それほどジヴェルニーのモネの館や庭は、人気スポットなのである。

モネ・ハウスの前には、少し行列が出来ていた。この国のチケット売り場で時間が掛かるのは、殆どの

人がキャッシュ・カードで決済するからだ。今回の旅では、私もその独りである。機械にカードを挿入し、反応を待って暗証番号を打ち込む。これだけでも、三〇秒くらいかかってしまう。空模様が怪しく、少し雨がぱらつき始めた。

付設の売店を通り抜け中庭に出ると、目前に豁然と花園が広がっていた。丈の高い茂みが幾重にも連なる。花園の一辺は、六〇メートル余り。その間を、赤褐色の石材で固められた小道が縦横に走っている。通路の上に架けたアーチ状の金網の上にヒマワリの咲くゲート。真っ赤なスイートピー、ゼラニウム、カンナ、ピンクのペチュニア、キャッツ・アイ、ニチニチソウ、オシロイバナ、総状に開いたペンタス、インパチェンス、黄色いダリア、デイジー、白のフウセンカズラ、マーガレット。ブーゲンビリアの大木も全面に大きな花弁を付けていた。花壇というより、花の森に紛れ込んだ感じがする。

小さなトンネルを抜けて、小川に架かる橋を渡った。そこに有名な水蓮の池がある。これがまた想像していたのより遥かに大きい。例えば平安神宮の池を思い浮かべればよい。周囲二〇〇メートルという奥行きがある壮大な水溜りだ。池面の大部分は日陰で暗い。その上に浮かぶ蓮の葉は、全体が白みを帯びて見えた。ピンク、黄色、白の花びらを開いている。この池は、モネ自身が長年かかって開削したものだという。当初は蓮も単なる趣味の対象に過ぎなかった。ある日突然その蓮の妖精がモネの脳裏に現れ、作画を迫ったという。そしてモネ晩年の大作が、次々に誕生したのである（302頁　図10—46参照）。

花壇の前に、横長の二階建ての館がある（302頁　図10—45参照）。ピンクの壁に、薄緑の窓枠が美しい。上下夫々小さな部屋が一〇室も並んでいる。居間や書斎、食堂、寝室、子供部屋などに別れていた。印象深いのは、各部屋の壁に掛けられている絵画である。その多くが日本の浮世絵だった。モネが北斎を含む多くの浮世絵を収集し技法を学んだことは、よく知られている。

二階の窓から、花壇全体が見渡せた。地上階の一室には、日傘をさしたモネ夫人、正面の階段に立つ二人の令嬢、明日訪問する予定のエトルタ海岸などの絵が並んでいた。一九時、ホステルに戻った。

翌九月二三日七時半、朝食抜きでホステルを出た。サン・ラザール駅八時五〇分のTGVに乗らなければならない。昨日、今日とパリの天気は雨模様で少し肌寒い。定刻に発車したTGVは、ルーアンを経て、一一時、ル・アーヴルに着いた。隣接するバス・ターミナルで時刻表を見ているところに、二人の女性がやって来た。彼女らもエトルタに行くらしい。パリ在住のヴェトナム人という。同行者として心強い。一一時半発のエトルタ行きバスが間もなく来ることが分かった。復路のバスもタブレット端末で探してもらう。午後一六時半まで、エトルタ発のバスがない。パリに戻るのが遅れることを覚悟する。エトルタは、ル・アーヴルの北の同じく英仏海峡に面した小都市である。地図上では近距離に思えたが、エトルタについたのは一二時四〇分。一時間以上もかかっている。

なぜエトルタなのか。一五年ほど前の夏、文献調査のため一月ほどロンドンに滞在していた。調査が一段落したところで、数日ノルマンディーを旅する気になった。ポーツマスから船に乗り、サン・マロに上陸し、モン・サン・ミッシェル、カン、バイユー、第二次大戦末期のノルマンディー上陸作戦の現場、最後にジャンヌ・ダーク所縁のルーアンまで来たところで、帰国の日が迫る。次に予定していたエトルタの針岩見物は、お預けになった。以来、アルセーヌ・ルパンの『奇巌城』は、幻影のように私の心に残ることになる。今回の旅の最後に、幻の奇岩、幻想の館を訪ねてみたい。

二人の女性が心得顔なので、近くのインフォメーション訪問は後回しにして、彼女たちと一緒に歩くこ

図（10-47）エトルタの象岩と針岩

とにした。短い街中の道を抜けると右手にホテルへの標識の立つ坂道がある。二人は迷わずこの坂を選び、人通りのない林の中をしばらく進んだ。一度だけ折り返して、私達はホテルの前に出た。眼下に、湾曲した海岸線が伸びている。左の方に横縞の入った巨大な岩壁が見えた。アヴァルの崖と呼ばれ、エトルタの奇岩の一部だ。突き出た岩壁の上まで整備された草原が広がり、手前側から遊歩道が続いていた。数人のハイカーの姿が見える。私達は、土道に変わった坂を下り、少し開けた場所に立った。女性たちは、そこから遊歩道へ下れる所を探っている。風雨が少し激しくなり、傘が反転した。これ以上進めばずぶ濡れになるかもしれない。

「僕はここで、ギブ・アップだ」

雨具や装備を固めてなおも前進しようとしている二人に別れを告げて、来た道を引き返す。実は、バス停から店舗の連なる本道を五分も歩けば、湾曲した海岸に突き当たるのだった。低地なので風当たりも和らぐ。コンクリートの護岸壁の前には、「本日、立ち入り禁止」の紙が貼られている。それでも護岸壁の上の広い遊歩道に、結構多くの観光客の姿があった。閉店しているが簡易レストランも並ぶ。波が寄せているその下の砂浜にも、数人が立っていた。ここの遊歩道から左手に、先ほど眺めた岩壁の横縞模様が一層はっきりと見える。その先端の岩は下側が空洞になり、その上から象が鼻先を伸ばして海水を飲んでいるようだ。その背後に、針岩と呼ばれる三角錐の岩礁が、かすかに覗いている。この針岩の内部の架空の空洞こそ、ルパンの隠れ家であり『奇巌城』の舞台なのだ。反対側右手のアモンの断崖は、直線的にすっぽり海に落ち込む。その岩壁の上に教会の尖塔が見えた。

インフォメーションで道を確かめて、今度は「怪盗ルパンの家」に向かった。町の中心から数ブロック南に、生垣を廻らせた広い屋敷があった。塀の上にシルクハットを被り黒いマントを纏ったルパンの似姿が架けてある。門内には広い芝生の前庭があり、その奥に二階建ての瀟洒な洋館が建つ。アルセーヌ・ルパンこと、著者モーリス・ルブランの別荘だった(302頁　図10—48参照)。現代日本の若い人は『ルパン三世』は知っていても、元祖『ルパン』を読んだ人は少ないかもしれない。

英語による音声ガイドを聴きながら、内部を回る。語り手は、ルパン自身だ。彼は、洒落た燭台や豪華な花瓶、観測機のようなものに触れながら、これを取得したやり口を自慢した。黒板に書かれた怪しげな暗号の意味を、自ら解読してみせる。各部屋を回っているうちに、語り手がルパンなのか、著者ルブランなのか混乱しそうだ。ルパンの衣装を掛けた、洋服掛けがあった。シルクハットや黒いマントのほかに、赤や白、黄色の柄ものが混じっている。これだけは、ルパンの持ち物に間違いない。神出鬼没のルパンが、臨機応変に使ったものだ。

怪盗ルパンといえば、多くの人は名探偵シャーロック・ホームズを思い出すだろう。両者の生みの親であるモーリス・ルブランとコナン・ドイルは、世代的にあまり差が無い。『奇巌城』でもホームズは登場する。他にもルブランは、ルパンとホームズが対決する作品を残しているはずだ。私はその作品をまだ読んだことが無いから、対決の結果を知らないが。

ル・アーヴル行きのバスまでまだ一時間もあるので、街中のレストランで待機する。カマンベール・チーズを乗せたサラダの前菜に、丸い蒸し器に固めたグラタンのメイン、それに飲み物が付いた。今度の旅行中改まってレストランで食事をしたのは、これが最初で最後になった。

ル・アーヴルには、一七時四五分に戻った。ここからは、パリ行きのTGVが一時間に一本ほどある。もはやパリ帰着を心配する必要はない。ここは一汽車遅らせても、ル・アーヴルの町を一回りしようかと思った。二〇〇五年に世界文化遺産に登録された新都心だけでも見ておきたい。

駅から西の港湾地区に向かうストラスブール通りが、ル・アーヴルのメイン・ストリートだ。裁判所や市庁舎もこの大通り沿いに建ち、市内唯一のトラムも走っている。ただ私は交通機関に頼らず、歩くことにした。

図（10-49）ル・アーヴルの新市街

今日はキャリーバッグを携帯していないから、身軽だ。一五分歩いて、市庁舎前の広場に出た。ストラスブール通りを挟んで市庁舎の南側一帯が、ル・アーヴル再建地域と呼ばれる。第二次大戦の末期、連合軍によるノルマンディー上陸作戦でル・アーヴル市街地は殆ど壊滅的打撃を受けた。建築家オーギュスト・ペレの指導により生まれ変わった新市街が、この地域だ。一九四五年から六四年のことである。あまり飾り気のない四、五階の集合住宅から、ボルト・オセアンと呼ばれる一〇階建てのアパート・ビルが並んでいる。ル・ボルカンと呼ばれる火山の形をしたアート・センター。たしかに整然として、夾雑物が殆どない市街地だ。通常世界文化遺産に登録されているのが旧市街であるのに比べると、建設後半世紀に満たないル・アーヴルの新市街が指定されたことは極めて異例だ。歳月を経た後もこの地域が世界文化遺産と呼ばれるに足る価値を維持しているかは分からない。港を訪ねることは出来なかったが市名が示唆しているように、ル・アーヴル（The Harber）は英仏海峡に面したフランス海岸最大の港町である。モネは、ル・アーヴルの港の風景画も残している。ジヴェルニー、エトルタ、ルーアン、そしてル・アーヴルと、パリからノルマンディーにかけての一帯は、モネの絵の思い出に満ちている。駅裏のドックの対岸には、大きなショッピング・センターの建物があった。二一時、パリのサン・ラザール駅に帰着する。

九月二四日パリ滞在も明日で終わり、今日は少しパリの中心部を歩いてみたい。

初めてパリに来てから半世紀近くも経っている。おのぼりさんの例に漏れず、先ずノートルダム寺院を訪ねエッフェル塔に登った。モンマルトルの丘のサクレ・クール寺院。その裏手のテルトル広場で日本人画家から買ったセーヌ河風景を描いた油絵は、現在も我が家の居間に掛かっている。二度目のパリは妻と一緒だった。このときは、「ムーラン・ルージュ」のカンカン踊りを見物。おまけに休憩時間に、他の観客に釣られて渋る妻と舞台に上がって社交ダンスまでやった。ロアール河流域の古城をめぐったのはこのときだったか。ベルサイユ宮殿やシャルトル大聖堂など、近郊も含めるとその後幾度もパリを訪ねているから、記憶が重複し多少混乱している。

地下鉄でセーヌ河畔のシアールまで行き、後は道を訪ねながらスポーツ店があるモールに寄った。息子に頼まれた、サッカーチームのユニフォームを手に入れるためである。希望したフランス・ナショナル・チームのユニフォームは見当たらなかったが、パリのクラブ・チームに属するネイマールの名と背番号一〇番が付いたユニフォームを買った。七月の世界選手権で活躍したばかりの選手のものだから、気に入るだろうと思う。

すぐ近くの、セーヌ河畔に出た。屋台の書店が並んでいる。右手にルーブル宮殿、チュイルリー公園の長い緑地が続いた。左側にはセーヌ河を越えて、エッフェル塔が望まれる。コンコルド広場から凱旋門に向かってシャンゼリゼー大通りをしばらく歩いたが途中で引き返し、チュイルリー公園の西端にあるオランジュリー美術館に入館した。最初の部屋には、モネを紹介するパネルがあった。その説明文は、フランス語、英語、日本語で書かれていた。日本に対するモネの愛好が反映されているのだろう。これに続くメイン・ホールは、二つの大きな楕円形の部屋で構成される。縦二メートル、横一〇メートルを超えるような大作「睡蓮」の連作絵画が各室四点ずつ、展示される。オランジュリー美術館は、モネの「睡蓮」に特化して建てられたのである。季節を変え時間を違えて変化する睡蓮と池の表情が、そこにある。

これまで私は、なにかもっと華やかな睡蓮の絵を予想していた。しかし、やわらかな自然光に照らされた室内で見る睡蓮の連作は、どちらかといえば暗色系の水面を背景にしている。私は実見したジヴェルニーの池を思い浮かべた。たしかに水面の大部分は、池の濁りを写して暗かった。その暗色の背景の中に、赤や黄色、白の睡蓮の花が、仄かな輝きを見せている。長年にわたり睡蓮を凝視してきたモネの視線がそこに凝集されていると思った。美術館地下には、ルノアールの「ピアノの練習」、セザンヌの「セザンヌ夫人像」、をはじめシスレーやユトリロらの絵が展示されていた。こちらは画商ジャン・ワルターの収集品である。ホステルに戻り、明日の帰国の準備をした。

今回の旅は、早々に盗難に遭い出鼻を挫かれた。中でも、スマートフォンを喪失し手軽な連絡の手段を絶たれたのが痛手で、再三ホテル探しで苦労することになる。会話にも問題があった。初等文法程度の私のフランス語には、自身で痛痒を感じた。これはほぼ一年前のドイツ旅行では殆ど意識しなかったことである。英語など外国語を話せる人が、フランスでは限られている。おそらく一八世紀までのヨーロッパで、フランス語がリンガ・フランカ（世界共通語）であったことに係わるのではないかと思う。現代のアメリカ人大多数が、外国語を習得しようなどと考えないのと同じかもしれない。

それでも、最後まで旅を諦めなかったのは、どうしても訪ねたい場所が幾つもあったからである。もし途中で断念したら、おそらく二度と現地を踏むことはできない……この一念に拘って、旅を継続したように思う。結果的には、最初に計画していたことの九割は達成できた。旅のできる歳月があとどれだけ残されているか、と感じることが多くなった。だが、未知なものへの憧憬が尽きることはないだろう。

（二〇一八年一〇月二四日、記）

# 第11章　バスクからピレネーへ

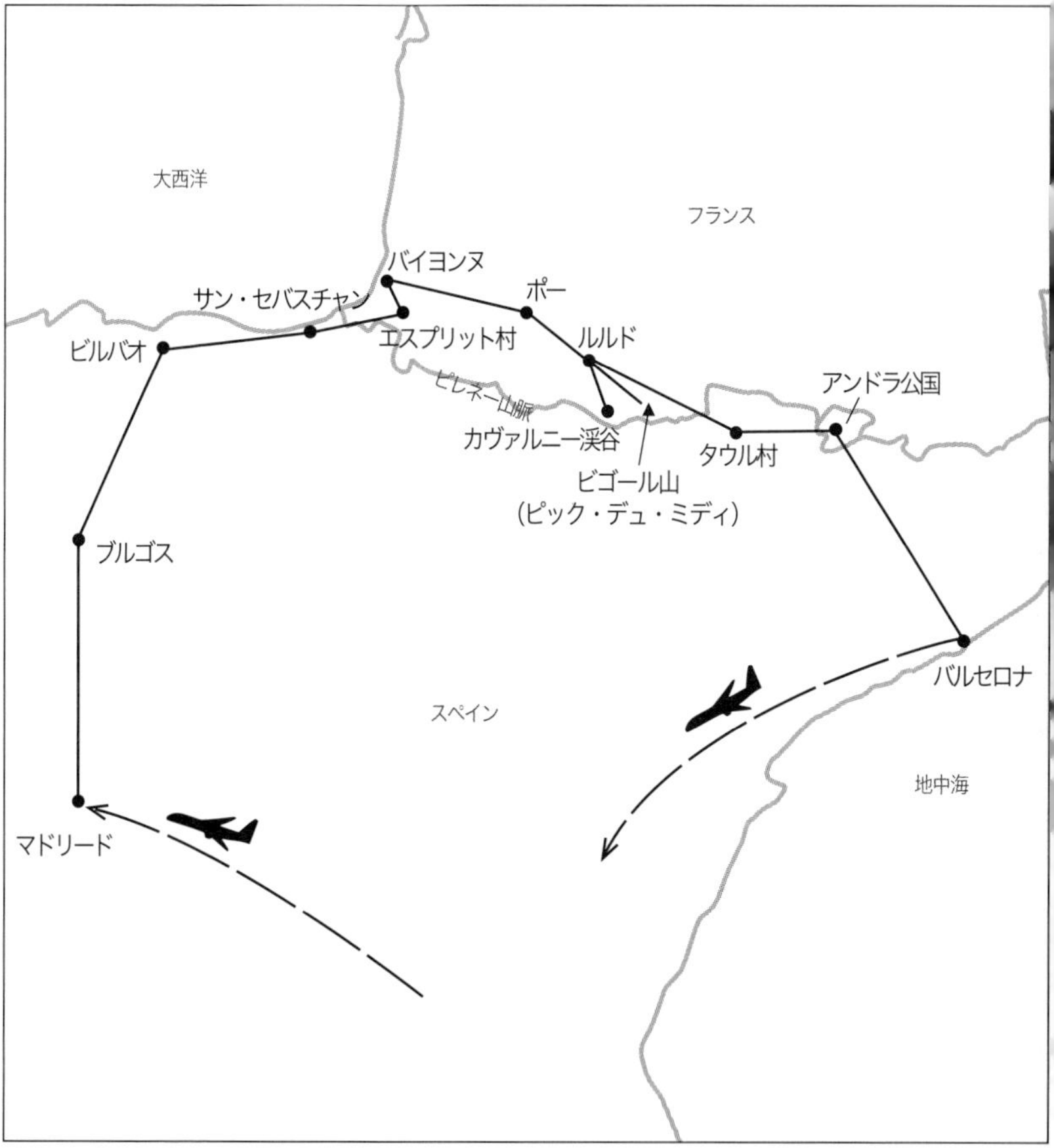

## 一、マドリッドからブルゴスを経てビルバオへ

キャセイ・パシフィック航空を使い香港経由で、二〇一九年九月二四日午前九時、マドリッドに着いた。前日一八時三〇分関空を発ってから、乗り継ぎ時間を含めて二二時間も掛っている。香港が直線的ルートから、かなり南に逸れているからである。オランダやパリ経由のヨーロッパ系航空便より運賃が低廉なためだろう。特に香港からの一四時間が長く感じられた。日本との時差、七時間。

入国手続きを済ませると、私達はマドリッドの都心を避けて高速道に入り北に向かった。添乗員の下田さんを含めて一行一四人、大型のバスだからゆとりがある。ただこの大型のため、今後訪ねた地方都市の狭い路地を抜けるのに大男のカルロス運転手が苦労することになった。カーナビは、車体に合った道を選んで案内してくれるわけではない。マドリッドは標高四五〇メートルにあり本日の気温は一九度、まだ夏の気候が続いている大阪より六度以上低く、爽やかな大気である。緩やかな起伏が続き岩石むき出しの荒蕪地が拡がる。と思うと、今度は耕作地や農家の建物が見えた。牧草を食む家畜の姿もある。

マイクで下田さんが、イベリア半島の歴史を話し始めた。古代には北にケルト人、南にイベル人が住んでいた。やがてローマ人による地中海地方の覇権の確立。四世紀になると、ゲルマン系の西ゴート族が支配した。次いでアフリカ大陸からジブラルタル海峡を渡ってイスラム軍が侵攻し、アストゥリアスら北辺の一部を除いてイベリア半島の大部分がイスラム教徒の支配下に入る。八世紀になるとキリスト教徒による、イベリア半島の再征服（レコンキスタ）が始まった。最終的にはカスティリアの女王イサベラとアラゴン王フェルディナンドの結婚による統一スペインが、一四九二年イスラム教徒の最後の拠点南部グラナ

図（11-1）ブルゴス大聖堂

ダを陥落させ、再征服が完了する。この再征服初期の一一世紀に活躍したのが、これから訪問するブルゴスの英雄エル・シッドである。

一一時、ブルゴスのバス・ターミナルに着いた。樹木が深いアルランソン川の橋を渡り、市壁に穿たれた何層にも円筒を重ねたような重厚な石造のサンタ・マリア門を抜けて、旧市街の大聖堂前の広場に出た。まだ一一時だが、広場の一角にあるレストランで、ワイン付きパスタの昼食を摂る。前菜に土地の名品生ハムやソーセージが出た。この後も食事にスペイン・ワインが無料で付くことが多かった。私のような下戸には関係ないが、愛好者には嬉しい会食である。関西空港で最初に出会った京都市右京区西山からの大田夫妻や神戸市垂水区から一人参加の鈴木さんと御一緒する。私は高槻の自宅からハイキングに出かけ、県境を越えて京都側の名刹善峯寺口に幾度か下ったことがある。竹林の多い京都の郊外だ。大田夫妻はその近くにお住まいという。鈴木さんは物静かな方だが、話をしているとかなり遠隔へも一人で旅されている様子だ。

午後は、世界遺産に指定されているブルゴスの大聖堂に入場した。一三世紀から一六世紀までの三世紀に渡って建造された大建造物で、セビリヤやトレドに次いでスペインで三番目に大きい聖堂という。幾つもの尖塔を天空に突き出している典型的なゴシック建築だ。鐘楼の高さは五〇メートルを越える。寺院内部は、素人目にはどこも似たり寄ったりで印象に残ることが少ない。しかしブルゴスの大聖堂では、衝立式の主祭壇（303頁　図11—2参照）とエッサイ家の系図のパネルを模った一族専用のチャペルの豪華な黄金の文様が素晴らしかった。新大陸で発見された金がふんだんに使わ

図（11-3）帆立貝マーク

れたものか。丸いバラ窓のステンドグラスも美しい。小さなチャペルに、ダ・ヴィンチの手が入っていると伝わるマグダラのマリアの油絵が掛っていた。キューポラ直下の床に、エル・シッドの墓石があった。聖堂の中央裏手の壁に競りあがっている大きな階段は、坂上の巡礼路側の入り口に通じるものという。

旧市街を少し東に歩くと、市庁舎前のマヨール広場に出る。近くにエル・シッドの騎馬像が立っていた。帰途は、川沿いの美しいプラタナスの並木道を抜ける。大きなプラタナスは、いずれも前後に枝を伸ばして、全てのプラタナスが繋がっているのだった。自然にこのような形になったと当地のガイドが説明したが、接木の技術を応用したものと思う。

大聖堂前に戻って三〇分の自由時間になった。希望者は下田さんに伴われて、大聖堂の裏手に通っているサンチャゴ詣での巡礼路を確かめることになった。聖堂左手数十段の石段を登った。幅一〇メートルほどの石畳に、巡礼路を表示する帆立貝のマークが入ったプレートがはめ込まれていた。フランスからピレネーを越えてブルゴスに到り、西の聖地サンチャゴ・デ・コンポステーラに向かう遥かな道である。巡礼者のための安いペンション案内の標識が、電柱に掛っていた。

一七時前ブルゴスを離れてすぐにうたた寝、目覚めた時バスはバスク地方の中心都市人口三五万のビルバオ市街地に入っていた。しかし、ラウンドアバウト式交差点からホテルのある路地に入るのに、カルロスが苦労した。都心の道は狭い上に、両側が駐車域になっている。一方通行路も多い。やむなくカルロスは、ラウンドアバウトを二周か三周の堂々巡りを始めた。結局三〇分も遅延して一八時四〇分、ホテルにチェック・インする。地上階のレストランで、西宮市から来られた岸夫妻と同席して夕食を摂った。お二人とも話し好きで、賑やかな食卓になった。岸氏は、四国の石鎚山登山の話を始めた。

「最後の鎖を上る途中で、うっかり下を見下ろしてしまった。あとは恐怖に駆られて、必死の思いで攀《よ》じ登りました」

「はじめから鎖場は諦めて、巻き道を選びましたが」と私が答える。同行していた夫人は、なんともなかったという。次第に分かったが、岸夫人は何でも積極的で好奇心がある人だった。この二人は、コンポステーラの巡礼も済ませていた。夫はフランスからの全行程を、夫人はスペイン側最後の一〇〇キロを歩いたという。

「一〇〇キロを歩けば、巡礼証明が貰えます」

長旅の疲れで、ホテル周辺の街中に出ることもなく就寝。

## 二、バスクとは、ビスカヤ橋、サン・セバスチャンのバル巡り

ビルバオは、中学の地理の教科書で鉄鉱の町として憶えた。その鉄鉱は一七世紀に発見され、ビルバオは数世紀にわたって工業都市として栄えてきたのである。その経済力を背景に、しばしばバスク地方の独立や自治が叫ばれる。しかし他の地方からの移住者が多く、バスク語だけを話す生粋のバスク人はむしろ少数派になっているらしい。バスク地方は、ピレネーを挟んでスペインとフランスに跨っている。バスク語を話せる人口は、スペイン側五五万、フランス側一〇万である。ただしバスク語を公用語のひとつにしているのは、ビルバオやサン・セバスチャンらの都市を擁するスペイン側バスクである。言語だけでなく

図（11-4）グッゲンハイム美術館

血液型の分布でも、バスク人は周辺の人達と違うらしい。しかし行きずりの旅行者の目には、その差異など分からない。

基幹となる鉄鉱や造船業の衰退により、二〇世紀末よりビルバオは活性を失っていく。一九八三年の洪水が町の凋落を加速させた。ビルバオ復興のために都市再生プロジェクトが企画され、鉄道駅が改築され地下鉄が建設された。空港や橋も整備される。ニューヨークのグッゲンハイム美術館ヨーロッパ分館の招致にも成功した。この美術館は、町の中心部ビルバオ川の岸辺に、巨大なオブジェーのような外観を見せていた。ビルバオの旧市街を少し散策し、大聖堂や商店地区を訪ねる。サン・マメス・サッカースタディアムの白いドームも車窓から眺める。私達を乗せたバスは、グッゲンハイム美術館の近くにある橋を渡って、町の東北にある丘を越えた。

こちら側もビスケー湾に流れこむ別の川があり、左岸に労働者階級が住むポルトゥガレテ地区、右岸が富裕層のゲチョー地区と住み分けられている。その両岸を結ぶのが、世界遺産に指定されているビスカヤ橋である（303頁　図11—5参照）。これまで私はビスカヤ橋を、ピレネー越えの高い鉄道橋と勝手に思い込んでいたが、実物は全く違った。両岸に高さ四、五〇メートルほどの鉄塔を立て、その先端部分を水平な鉄橋で連結する。しかし、人間がその上を移動するのではない。この高い橋桁は、水面近くを移動する長さ一〇メートルほどの車輌のようなゴンドラを吊り下げた鉄製の滑車の移動を支える横枠なのである。人はゴンドラに乗って、約一〇〇メートルの対岸のあいだを数分で移動する。橋桁がないから、船は川面を障害無しに航行できるのだった。このような橋を「運搬橋」と呼ぶ。橋の袂に、この国の代表的な例が

図（11-6）コンチャ海岸

八つほど図解されていた。日本には馴染みのない橋種だが、この国では珍しくないのだ。やはり鉄鋼業が早くから発達したためであろうか。

一一時ビルバオを去り、一二時半サン・セバスチャンに着いた。一二世紀に自由都市であったサン・セバスチャンは、一九世紀初頭ナポレオン軍の侵攻を受けた。一八一三年英国ポルトガル連合軍が奪還したが、失火により壊滅的打撃を蒙っている。現在の市街地は、それ以後に形成されたものである。美食の町と知られ、ピンチョスはフィンガーフードとしてよく知られている。一三時からのランチには、前菜とローストト・チキン、それに当地の名品チャコリ・ワインが付いた。アルコール一〇パーセントというので、私も少し試飲してみる。

サン・セバスチャンは、モンテ・ウルグルとモンテ・イゲルドという二つの小半島とそのあいだのサンタ・クララ島に囲まれたコンチャ湾の入り江に市街地が広がる。私達のバスは、ラ・コンチャ海岸に沿って西に走った。湾内にも係わらず海浜に白波が押し寄せ、サーフィンを楽しんでいる若者の姿も見られた。イタリア語でフニクラというケーブルカーで西のモンテ・イゲルドの山頂に上った。展望台からは、東に対峙するモンテ・ウルグルとその麓に広がる美しいサン・セバスチャンの市街地が一望できる。展望台の一帯は遊園地になっていて、回転木馬、回遊池、滑り台などがある。シーズン外れの平日なので、子供たちの姿は殆ど見られない。監視塔を備えた山上ホテルもある。

一六時、市街地南部の丘の中腹にあるホテルにチェック・インした。この後は自由時間で、夕食も各自で摂ることになっている。ただ希望者は、下田さんがバルを案内

図（11-8）バル巡り

してくれるという。一八時に、殆ど全員がホテル・ロビーに集まり、国鉄駅近くのターミナルまでバスで移動した。そこからウルメア川に沿って、北の海岸近くの市場まで一キロほど歩いた。このあたりは日中バスで通り過ぎたはずだが、夜の街は全く違って見えた。道幅一〇メートル長さ一〇〇メートルほどの区画にバルが集中し、客で溢れているのだった。バルの一つに入ると、カウンターの内側に数人のバーテンダーがいて、客の注文に応じている。カウンターの上には、魚介類、イカ、タコ、ウニ、野菜、パンなどのピンチョスが、皿に盛られている（303頁　図11―7参照）。客は、ワインやシードル（リンゴ酒）などと共にピンチョスを注文する。セブン・アップなどの清涼飲料でもよい。いたって気楽な立ち飲み酒場なのである。

「これで希望のピンチョス皿が流れてきたら、回転寿司に似ている」などと駄弁りながらイワシやマグロのトロのようなものを試食した。殻のなかに入ったウニ綿がおいしかった。最後に自己申告で代金を支払う。二、三軒まわった。これまで外国の町での一人の散策でチャイなどの店に立ち寄ることはあっても、酒場に踏み込む勇気がなかった。バル巡りは楽しい経験になった。

## 三、フランス・バスクに入る、唐辛子のエスプリット村、バイヨンヌの水煙、アンリ四世所縁のポー、ルルドでローソクの行列に参加する

九月二六日六時起床、七時地上階のレストランで、ビュッフェ朝飯。時差の故か、まだ眠りが浅い。昨

夜のバル巡りに続き岸夫人が元気な顔を見せる。昨夜下戸の岸氏は、ホテルで寛いでいたそうだ。彼女は手に持っていたホテルのブロシュアを一部分けてくれた。町の地図も付いていてなかなか便利だ。私も探していたのだが、受付付近に用意されていなかった。彼女は、レセプションの人に請求して、手に入れたのである。旅慣れた人だ。

八時半に、ホテルをチェック・アウトした。行く手の空一面に見事なうろこ雲が拡がっている。一〇時に国境を越えて、フランス・バスクに入った。一六五九年、仏西戦争後の条約によりバスク地方も、スペインとフランスに分断されたのである。戦国時代日本にやって来た人の中にもバスク人が混じっていた。イエズス会のフランシスコ・ザビエルはバスク出身であり、イエズス会の創始者イグナシオ・ロヨラもバスク人である。

図（11-9）エスプリット村

緩やかな丘陵地帯をバスはスムーズに走っている。時々畑が広がり、点在する農家が見える。赤い屋根の家並みが、少し靄でぼやけている。一〇時、エスプリット村に着いた。これまで名前さえ知らなかったが、唐辛子の産地としてこの地方では人気のある場所という。村の中に二〇軒ほどの洒落た店を集めた区画があった。白壁に赤い窓枠、緑の蔦のコントラストが美しい。よい画題と思って、写真に収めた。店の軒先に赤い唐辛子が干されている。乾燥により甘味が増すという。その粉末を添加して特有の風味を持つチョコレートや菓子が作られるのである。

一一時、人口四万余フランス側バスクの中心都市バイヨンヌに立ち寄る。支流ニーヴ川がアドゥール川に合流するあたりが、町の中心である。レストランで、地元の生

図（11-10）バイヨンヌ市を流れるニーヴ川

ハムなどを食べた。枚方の多田さん、新神戸にお住まいの井上さん、高槻市富田の村上さんと彼女のダンス教室仲間の青柳さん、大阪市内からの吉田・角田姉妹が同じテーブルに集まった。

「姉妹といっても、あまり似てないでしょう」

と姉の吉田さんが笑みを浮かべた。私もこれまで二人を、旅友と思っていた。妹の角田さんの方が丈があり面長だ。今回の旅の参加者は女性が断然優勢である。一三人の同行者のうち、男性は三人に過ぎない。

川辺の市場前広場を再集合の場所とし、小一時間の自由時間が与えられた。とりあえず近くのサント・マリー大聖堂の方に歩いて行ったが聖堂内には入場せず、北の市庁舎の方向に折れる。そこに同室の井上さんと青柳さん達が、添乗員の下田さんと一緒にやって来た。ショコラ・ムースの有名店を探しているのだった。私はそのまま直進し、川縁の市庁舎前広場に出た。広場は、一面に白い靄が立ち込めている。私はその正体がすぐに分かった。丁度一年前、フランス南西部のボルドー市内で、同じ経験をしているからだ。ガロンヌ河に面した広いブルス広場で、一時間毎に「水鏡」と称する大掛かりな水煙が撒かれていた。大人も子供も、霧の中をさ迷うように水煙に打たれてはしゃいでいたのを思い出す。バイヨンヌの水煙は静かで、人影も少ない。

集合場所の広場に戻って、肉や野菜の店が集まっている市場内を歩いたり、ニーヴ川に掛かる橋や市街地の写真を撮った。ヨーロッパの地方都市は、どこでも一幅の絵になる。スクラップ・アンド・ビルド式に安直に建て直される日本の家屋と異なり、数世紀にわたる歴史が町並みに刻まれているからだ。

一五時四五分、ベアール地方のポーに来た。天然ガス、ジャムなどの食品工業、そしてツール・ド・フランスの出発およびゴールの町である。ポーの中心部は台地の上にある。その西端にある城館は、ブルボン王家の始祖アンリ四世が一五五三年に生まれた場所という。彼は、美男子のもて男だった。新旧キリスト教徒の和解と信教の自由を規定した一五九八年のナント勅令の発布者として、歴史的に名高い。崖上の城壁に沿ったピレネー大通りを歩いた。この高台は、ピレネーを遠望する絶好の場所という。ただ今日は少し靄がかかって、すっきりとした稜線は見えない。城壁の近くに、麓からの短いケーブル路線が上っていた。

「数分毎に、昇降します。無料ですから、ご希望の方は後で試してください」と下田さん。アンリ四世像が立つ公園まで歩いて引き返す。途中のジャム販売店で、スミレの花汁などを混ぜた二種類のジャムの小瓶を買った。

予定された麓のバス停に仲間が三々五々戻ってきたが、一行の中で最も陽性で賑やかな庄山さんの顔が見当たらない。そのうち添乗員の携帯電話に連絡があった。ケーブル駅の麓にいるらしい。バスで迎えにいくから、その場で待機するようにということになった。台地の下道を走れば数分もかからない距離だろう。だがことは簡単には進まなかった。ケーブル下に通じる小道が急角度に折れていて、大型バスの左折が出来ないのだった。やむを得ずバスは折り返しのできるラウンドアバウト交差点まで二キロほど直進し、そこを回って引き返すことになる。

「このような時に限って、ラウンドアバウトが近くに無いのね」と誰かが言う。半時間ほど遅れて、一行は本日の目的地ルルドに向かった。

「小さい方のケーブルに乗ったのが間違いだった」と庄山さんが漏らした。よく状況が分からないが、彼女は一人で大小のケーブルを使って昇降ごっこを繰り返していたらしい。

一八時半、右手にピレネーの山並みが近付いてきた。あたり一帯はトウモロコシ畑、畑地の境界に防風林の茂みがある。道の分岐点に、ルルドまで右折三四キロの標識が立っている。左に進めばトゥルーズ。一九時にルルド市街に入ったが、カーナビに釣られて、バスが小道に迷い込み引き返した。次に停車した小広場からも、バスが入れる道が無い。広場に停車していた自家用車の持ち主が、ホテルまでバスを誘導してくれるという。五分で目的地に着いた。私達のマーキュリー・ホテルは、町の中心部で最高に立地条件の良い場所にあった。ここで今度の旅行中唯一の二連泊になる。

図（11-11）トウモロコシ畑

夕食のため、歩いて一〇分ほどの別のホテルに出掛けた。大広間のテーブルに、多数の先客がいた。界隈の宿泊客が、このホテルに集められて晩餐を摂っているらしい。どこかのテーブルで、ハッピーバースデイの歌声と共に、祝杯が交わされていた。ただし今夕は、晩餐で終わりではなかった。九時過ぎに始まるローソク行列に参加するのである。

ルルドはコンポステーラへの巡礼路に当るだけでなく、町自体がカトリック最大の巡礼地なのだ。ホテルからすぐ近くのポー川に掛かる橋を渡って直線的に商店街を通り抜ければ、広大な緑地の境内を持つ聖域に入る。この境内には、正面の「ロザリオ聖堂」、その背後にある「無原罪のお宿り聖堂」、左手の「バジリカ地下聖堂」などが建っている。この聖域内でローソクを灯した信者たちが、三六五日の毎夜ごとに一周するのである。年間五〇〇万人を越える信者がルルド詣でをするというから、ローソクの行列に参列する人の数は、毎夜平均一万人を越えるだろう。これに私達のような異教徒も加わるのだった。

ルルドが聖地になったのは、古いことではない。粉ひき屋の娘ベルナデット・スビルーは、一八四四年一月七日にルルドで生まれた。一四歳になったベルナデットは、ポー川の畔に薪拾いに出かけ、とある洞窟で聖母マリアを見たのだった。教会関係者は真偽を確かめるために彼女を厳しく尋問した。しかし教養も無い田舎の小娘の話は、教義に詳しい聖職者も驚かせるような深い内容だった。かくて聖母の出現は真実に違いないと教皇庁が認定し、ルルドが聖地に指定されたのである。

図（11-12）ルルド市内を流れるポー川

聖歌を記した黄色の油紙で覆われたローソクに火を灯し、私達も行列の後尾に付いた。先頭は、既に一キロほど先を進んでいる。マイクを通じて聖書の文言が絶えず響き渡る。時々行列が停まり、静寂が訪れた。そこで大地から沸き起こるような聖歌の合唱が域内全体に響き渡るのだった。この音響効果こそキリスト教特有の信者を動員する源泉ではないかと、私はいつも感じている。誰でも理解できる歌詞との組み合わせで、大衆の気分が一気に盛り上がる。やがて行列の先頭が、域内の反対側を戻ってくるのが見えた。この先頭に、白衣に青襟のマリア像が掲げられている。日中はロザリオ聖堂内に安置されている像である。この姿こそ、少女ベルナデットが洞窟で見た聖母の姿だった。私達も聖域を一周して戻ってきた。ロザリオ聖堂前は、信者たちの掲げたローソクの炎で輝いている。その情景を眼底に納めて、私達は帰途に付いた（303頁　図11—13参照）。

図（11-14）ピック・デュ・ミディの天文観測所

## 四、ピック・デュ・ミディに、山上の素敵なレストラン、カヴァルニー渓谷でのミニ・ハイキング

九月二七日八時にホテルを出た。今日は日帰りでピレネー山地を歩くことになっている。地表近く霧が立ち込め、幻想的な風景である。トウモロコシ畑も農家も霞んでいた。日本同様、当地も今夏の気温が高く空気が乾燥していたという。高地での牛や羊の放牧の季節が終わり、今週末に山麓の村で家畜祭りが始まるらしい。農家の垣根や軒に、フラメンコ姿の人形などを幾つか見かけた。「ただ今、カペー村を通り抜けています」と下田さん。

「日本でも、案山子を村中で飾っている光景を見たことがあります。何処だったか忘れたけど」と漏らしたら、「多分、奈良県の村でしょう」と吉田さんが言う。

九時、ラ・モンジーに着いた。ロープウエイやリフトの出発点であり、冬季にはスキーヤーが集まる基地になる。大型の宿泊施設が並んでいた。本日だけは雨が降らないで欲しいと願っていたが、雲ひとつ無い好天になった。二つのロープウエイを乗り継いで、ピック・デュ・ミディ（「南の山」の意）の山頂に向かう。先ず、目前に迫っている鋭鋒に昇り、そこで乗り換えて谷間を跨いで左手に聳える別の山頂を目指すのである。途中に鉄塔の支柱も見えない。文字通りロープだけが頼りだ。それでも緊張する暇も無く、二八七七メートルのピック・デュ・ミディの山頂に立った。

ピレネーの最高峰アネト山は三四〇四メートルの高度があり、他にも

図（11-16）ツールマレ峠

三〇〇〇メートル級の山が幾つかあるという。高さだけなら日本の北アルプスとあまり変わらない。しかしピレネー山脈は、峰の数や広がりの規模が遥かに大きいのである。恐竜の鱗のような鋭角の山また山が、四方八方に延々と連なっているのだった（304頁　図11—15参照）。山稜を形取り、山名を記した大きな石版の前で記念写真を撮った。谷間に一〇メートルほど突き出た鉄製の空中展望橋で、村上さん、青柳さん、庄山さんら一行中の相対的若手がポーズをとっている。「あのような場所は、苦手です」と下田さんが率直に打ち明けた。当地のフランス人女性ガイドは、かつてプロ・スキーヤーの指導を受けながら、この急斜面を滑走したという。「とても怖かったでした」と日本語で話した。

もともとピック・デュ・ミディは天文観測所として一八七八年開設されたもので、山頂部の北端には高い観測塔が建っている。これに続いてプラネタリウム、天文ギャラリー、体験スペース、レストラン、ビストロなどが並ぶ。与えられた小一時間の自由時間に、各自これらのスペースを回った。

一一時半、レストラン「Le 2877」で、少し早いランチになった。単に見晴らしの良いことを売り物にしているレストランと思っていたが、なかなか洒落た店で本格的フランス料理を味わった。日本語のメニュウもある。本日は、①塩漬けにしたマスのフィレ②豚背肉薄切りハチミツと醤油のソース③季節の野菜④羊のチーズ⑤チョコレート・ケーキ⑤ワインとコーヒー等である。

「ロープウエイは強風の時は中止になる、と当ツアーの案内書にありました。山頂にいる間に天候が変わったらどうなることでしょう？」と隣席の吉田さんに話したら、「この建物内で一夜を明かすしかありませんね」と彼女は笑った。

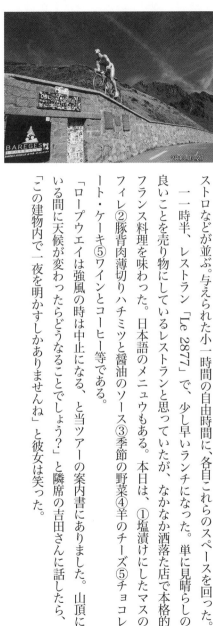

一二時五〇分、午前の最終ロープウエイで、ラ・モンジーに下った。この便を逃すと、一六時過ぎまでロープウエイの休憩時間になる。午後のハイキングの出発点まで、バスで移動した。途中ツールマレ峠（二一一五m）で写真撮影のための小休止、道路わきに自転車に乗った競技者の像がある。ここはツール・ド・フランスのコース上にあり、像は第一回大会の優勝者のものという。

一四時五〇分、カヴァルニー渓谷の入り口であるルーマルポール村に着いた。高度はほぼ一五〇〇メートル。このあたりは、コンポステーラへの巡礼路であり景勝地でもあるので、世界文化および自然遺産としてユネスコに登録されている領域だ。バス停付近はカフェーや土産物店などが並んで、観光の拠点になっている。しばらく車道を歩いてから、川沿いの歩道に入った。石ころ交じりの幅広いハイキング道である（304頁　図11—17参照）。やがて橋の袂に来た。背後にピレネーの尾根が迫っている。

「この橋を河童橋に例えるなら、背後の山は穂高連峰だ」といったら、

「高度も距離感も、そっくりね」と横を歩いていた岸夫人が調子を合わせてくれた。岸夫妻は、どちらも二本のストックを手にしている。やる気まんまんのスタイルだ。遠方の山の中腹が一筋光っている。それは四二二メートルのヨーロッパ最大級の滝である。滝がはっきり判別できる辺りまで歩いた。上高地から明神小屋までの距離か。ここで集合写真を撮って引き返すことになった。滝下まで近付くにはなお一時間ほどかかりそうだ。滝の右手奥のガレ場のように見えるのは、氷河という。往復およそ二時間の快適なハイキングだった。一八時、マーキュリー・ホテルに戻る。

当初のスケジュールに依れば、今夕はローソク・セレモニーを含めて自由行動の時間だった。昨夜に繰り上げてローソク行列に参加しているから、今宵は特にすることもない。近くの店で土産物や食材を買い、

図（11-18）ルルドのロザリオ大聖堂

自室で寛いだ。二〇時を過ぎた頃から、ポー川の橋を渡り、聖域に向かう人が増えてきた。皆ローソクを手にしている。今夜も間もなくセレモニーが始まる。

## 五、マサビエールの奇跡の洞窟、ポン・デ・エスパーニャのハイキング、二組の夫妻

九月二八日七時起床。荷物をホテルに残したまま、揃ってルルドの散策に出た。日中に改めて見る聖域は広く、数百メートル先の正面にロザリオ聖堂やその背後に建つ無原罪のお宿り聖堂の尖塔が見えている。私達はまずロザリオ聖堂に入り、祭壇背後の半円形の壁に掛けられているキリストに纏わるモザイク画を左手から順に観て回った。最後の絵は左端手前に立つベルナデットと彼女が見たマリアの姿が描かれていた（304頁　図11―19参照）。

図（11-20）秘蹟の洞窟

その直後、参拝者の集団が入場して来た。混雑を避けようとしている間に、一行から逸れてしまったのである。聖堂の外に出たが仲間の姿がない。イヤホーンからの下田さんの声も聞こえなくなった。実は聖堂の横手にあるベルナデット所縁の洞窟に、向かっていたのである。五分ほど待機していると、下田さんの声が再びイヤホーンから聞こえるようになった。音調がより明瞭に聞こえる方向を探していると、やがて戻ってくる仲間の姿を見つけた。岸夫

図（11-22）ゴーブ湖

人に言付けして、一人大急ぎで聖堂裏の崖下にあるマサビエールの洞窟を訪ねた。丁度ミサが始まったところで洞窟には近寄れなかったが、泉が湧いている場所は確認できた。ルルドに来て秘蹟のあった現場を見損なったら、なにか忘れ物をした感じが後々にまで残ったかもしれない。

三つ目の新しい地下聖堂は、床面積では最も広い。ピウス一〇世の聖堂と呼ばれ、二〇世紀初頭に建造されたきわめてモダンな空間である。内部には、私にも馴染みのある法王ヨハネ・パウロ二世の墓所もあった。生前彼は、暴徒に襲われ大怪我を負った。その故か、没後間もなく聖人に叙されている。これで私達の聖堂巡りが終わった。あとは自由行動で、ホテルに一一時までに戻ればよい。

マーキュリー・ホテル付近には多くの商店が軒を連ね、いつも賑わっている。宣伝しなくても四季を通して、お客が連日押しかけてくる。マリア様の恩恵を最も受けているのは、ルルドに住む人たちであろう。ホテル近くのポー川に架かるサン・ミッシェル橋に立つと、両岸の小綺麗なレストランや土産物店が水上に張り出しているのが見える。その鮮やかな色を反映した影が、川面で揺れた。よい画題になるかもしれないと、何度も角度を変えてシャッターを切る（304頁　図11―21参照）。

一一時、二泊したホテルをチェック・アウトした。昨日に続き本日もピレネー山中のポン・デ・エスパーニャと、ゴーブ湖までミニ・ハイキングする。四〇分で、コトレ村に着いた。しかしランチが予定されているレストランは、急坂を一〇〇メートルほど登った丘の中腹にある。屈曲する小道をカルロスは、上手いハンドル捌きでホテル近くまで連れて行ってくれた。しかし、そこにはバスの向きを転換するスペースがない。帰途はどうするのだろう、などと余計な心配をしながらレストランに向かった。眼下にコトレ集落が見えている。

午後一三時、ポン・デ・エスパーニャの谷間、標高一四〇〇メートルにある駐車場に着いた。ゴンドラに五分揺られて、上の駅に来る。川向の急斜面に数十のチェア・リフトがゆっくり動いていた。傾斜は、四五度に近い。二、三人乗りである。後ろに並んでいた岸夫妻を優先しようとしたが、夫人に誘われて三人一緒にリフトに乗った。雪深い冬のスキー客を想定して造られているから、地上との高低差は最大二〇メートルほどもある。このような高所があまり好きでない私は少し緊張する。しかし岸夫人は「私、こんなこと大好き」などとはしゃいでいた。頂上までの鉄製支柱は一〇本。一本、二本と数えるが、なかなか次の支柱が近付いてこない。頂上駅まで一二分もかかった。標高一六〇〇メートル。後は比較的平坦な広い山道をゴーブ湖まで歩いた。二〇分ほどで、カール下のゴーブ湖が見えてきた。エメラルドグリーンの湖面、標高一七二五メートル。ホテルもある。リフトは、がら空きだったが、湖岸に結構大勢のハイカーの姿があった。徒歩で上ってきたのかもしれない。花の季節は過ぎていたが、二日続きで晴天に恵まれた。下山は再びチェア・リフト。リフトを降りてからは帰途のゴンドラを使わず、駐車場まで歩いて下った。途中に数段に分かれた水量豊かな滝やアーチ状の石の橋（ポン・デ・エスパーニャ）に立ち寄るためである。

図（11-23）ポン・デ・エスパーニャ

ポン・デ・エスパーニャから一旦ルルドに戻り、ピレネーの峠をこえる。今宵の宿があるスペイン側のヴィエラまで九〇キロ。一九時半、山に囲まれたヴィエラのパラドール・デ・ヴィエラ・ホテルにチェック・インした。部屋で寛ぐ暇もなく、二〇時から二階レストランでの夕食になった。岸夫妻、大田夫妻の間に坐る。大田夫妻は関空で最初に出会ったお二人である。小柄な夫人は、活発ではきはきと話す人、大田氏のほうは鷹揚な落着いた人柄と見受けた。向かい側の席にいた庄山さんによれば、仕事場の上司にしたい人である。だが人は見かけによらない。結婚した時夫人が最初に見つけたのは、夫が大切にしていた盾である。鈴鹿サーキットのオートバイの部で優勝した時の記念品だった。暴走族ではなかったにせよ若い頃には彼も、オートバイをぶっ飛ばしていたに違いない。

私の右隣に坐った岸氏に給仕が、「このグループのリーダー？」と訊ねた。確かに彼は大柄で、ある種の貫禄がある。

「リーダーは、こちらの女性だ」夫人を指差しながら、彼は慌てて否定した。そして、「いや、家の中では」と前言を一部修正する。

彼は元々ヘビースモーカーだった。あるとき豁然と煙害を悟り、甘党に転じたのである。彼は家事の手伝いにも積極的で、買物も一人で出掛けることが多いという。ついでに和菓子なども仕入れるらしい。「御座候」を一度に二〇個も食べたことがあるという。

「ゴザソウロウ？」

神戸市辺りではよく知られた回転焼きの一種で、地元の鈴木さんや井上さんは相槌を打って笑っている。しかし甘党でも辛党でもない私には、よく分からない。盾のように夫人を前面に押し立てているかに見える岸氏だが、油断は出来ない。本業は、科学史の先生なのである。

話題が弾んで、二時間ほどレストランにいた。結構変化に富んだよい旅ですね、というのが大方のこれまでの感想である。シャワーを浴びて午前〇時頃ベッドに入る。しかし明日は八時朝食で九時の出発だから、十分休息が取れるだろう。

## 六、タウル村のロマネスク教会、ピレネー犬が現れる、ミニ国家アンドラ、街中で輪になって踊る

パラドール・デ・ヴィエラ・ホテルは、周囲を山に囲まれ孤立したアラン渓谷のなかの一軒宿である。九時にホテルを出立、今日はピレネーのスペイン側山麓に沿って東のアンドラ公国に向かう。途中ボイ渓谷のタウル村に残る世界遺産のロマネスク風教会に立ち寄ることになっている。この地方は、スペインのカタルーニャ州の北端に当る。スペインのノーベル賞作家カミロ・ホセ・セラがこの地方を旅した時の紀行を、以前翻訳で読んだことがあった（『ピレネー紀行』彩流社）。住民との土俗的な会話を交え、地方色を鮮やかに切り取ったよい文章だった。一見ありふれたような山中の小さな部落にも歴史があり、固有の生活がある。土地の習俗に馴染んだ作家でないと描けない。

一〇時、タウル村に着いた。平地から少し坂を上った一帯に石造の家屋が集まった部落がある。ここにロマネスク建築が残っている一因は、この地方がイスラム教徒の侵略を免れたためであろう。一一世紀から一四世紀の建造物である。駐車場のすぐ近くに、その一つサン・クレメンテ教会の本堂と直方体の鐘楼が見える（304頁　図11―24参照）。こちらは有料で、希望者だけ後で入場することになり、私達は集落の中にあるサンタ・マリア教会に向かった。外観はサン・クレメンテ教会によく似た本堂と鐘楼である。内部は素朴な三廊式の祭壇で、正面にキリストを懐くマリアのフレスコ画が描かれていた。木製の屋根裏がむき出しの簡素な内陣、明り取りの窓が小さい。

一足先に教会を出て、集落の奥に入った。全て石造りの三階建て、窓枠とベランダの手すりが赤茶色の木製である。大小の石をはめ込みモルタルで固めたその石壁が美しい。私は、路地を抜けて家屋のあいだの小さな広場に出た。突然、全身厚い黒毛に覆われた中型犬が飛び出してきて、激しく吼え始めた。噛み付かれたら大変だ。早々に教会前まで退散した。黒犬は路地入り口に座り込み、二度とこの奥への闖入は許さないぞという構えである。教会から出てきた仲間が犬に近付こうとしたので、急いで制止した。

サン・クレメンテ教会脇の小さなカフェーの野外テーブルでティを飲んでいると、岸氏が現れた。木陰が涼しい。暫く談笑していると、「おおーい」と呼ぶ声が聞こえた。あたりを見回したが、人の姿は見えない。そのまま会話を続けていると、再度呼び声がした。頭上からのようだ。見上げると、サン・クレメンテ教会鐘楼の最上階の窓から誰かが手を振っている。岸夫人だった。他にも登っている仲間が見えた。

一二時、近くのレストランで、うずら料理を頂く。休憩時、運転手カルロスと並んで記念写真を撮る。ギターを趣味にする陽気なスペイン人だった。一四時、最後の訪問地アンドラ公国に向かった。緑深い谷間を走る。散村、教会の屋根。時々岩肌むき出しの山頂が見える。大岩の積み重なる地帯に来る。一五時ソルトという少し大きな集落で短い休憩。一六時、アンドラ公国領に入った。

この国は、日本の神奈川県ほどの広さを持つ。領主は変わりながらも、九世紀に遡る歴史があり、長くフランスの勢力下にあった。第二次世界大戦では中立を保ち、戦後独立を果す。人口六万五〇〇〇人、モナコ、リヒテンシュタインと並び現存する三公国の一つ、首都はアンドラ・ラ・ベリャである。タバコとトウモロコシ栽培を主産業とする農業国であるが、最近は観光に力を入れている。公用語はカタルーニャ語であるから、現在はスペインの影響が強い。EUには所属しないが通貨はユーロである。私のような傍観者には、なんだか良い所取りの自由を享受しているかに見えるが、実情はどうであろうか。

アンドラ・ラ・ベリャの新市街（下町）の駐車地で降り、市庁舎横のエレベーターで四階まで昇り、上町（旧市街）に出る。赤いステンド・グラスのサン・エステヴェ教会、輪になって躍っている人々の像が立つ小広場に出た。そこに若いカップルが現れた。女性の方が添乗員の腕を取って、簡単なダンスの手ほどきをはじめる。右に三歩、次に左に三歩足踏みし、手を叩いてくるりと一回転して右側に移動する。「さあ、みんなで踊りましょう」。

みんなで両手をつないで、像の周りを半周ほど回った。思わぬところで、国際交流の輪ができる。拍手の中で、飛び入りのカップルは手を振りながら立ち去った。

私達は市街を東西に走るメインストリートのメリチェル通りを東に歩き、バリラ川に掛かる橋のところに来た。橋の袂に、ダリの「柔らかい時計」のレプリカ像があった。特徴ある目印なので、ここで再集合することになり、一旦解散した。皆橋を渡った先にあるスーパーに向かう。最後の土産物探しだ。しかしこのようなミニ国家で国産の商品など殆どない。スペインやフランス製の食品や菓子ばかりだ。

図（11-25）ダリの「柔らかい時計」

一九時、下町のパノラマ・ホテルにチェック・イン、二〇時からホテル内のレストランで二時間もかけて最後の晩餐を楽しんだ。井上さんや多田さんは中南米にも幾度か出かけている旅行家だ。私が数年前に出版した『ラテン・アメリカの旅』のパンフレットを見たお二人は、「ウユニ塩湖がまだ残っている」と未練がありそうだ。その気になれば、まだまだ出掛ける機会があるでしょう。頑張ってください、と内心でエールを送る。

翌九月三〇日地上階のレストランでホテル最後の朝食を済ませ、八時前に出立する。やがて車窓右手遠方に、突骨《とっこつ》とした岩山が見えてきた。一〇年ほど前に家族でスペイン旅行したおり、バロセロナから日帰りで訪ねた聖山モンセラットだ。その山もたちまち視界から消える。あとは一路、帰国便が待つバルセロナに向かった。

（二〇一九年一〇月二〇日、記）

# おわりに

姉妹編『東西回廊の旅』、『ラテン・アメリカの旅』に続いて、ヨーロッパへの旅行記を上梓することになった。比較的古い紀行文の掲載を幾つも断念したにもかかわらず、前二編よりも大部の著作になっている。旅の頻度も訪問先の数も、ヨーロッパが最も多かったのである。それでもこの地域には、訪ねたい歴史的都市や景観がまだまだ数多く残っている。旅は、登山に似ていると思う。一つの山頂に立つと、その背後の展望が開けてくる。次なる未知な世界への限りない渇望を感じる。そして新たな地平への旅に、誘われるのである。

二〇二〇年度は、コロナウイルス禍により世界中が振り回された一年だった。この混迷は、本年もまだ当分続くと予測される。コロナ禍を契機に、社会の仕組みが大幅に変わるだろう。外国への旅は、何時再開できるだろうか？　再開できたとしても、旅行のシステムやスタイルも、これまでと違ったものになるかもしれない。

本書の刊行にあたっては、編集、校閲、装丁の細部にわたり、佐藤由美子氏をはじめ叢文社編集部の方々に大変お世話になりました。

高槻市の自宅にて、二〇二一年一月

著者／北原　靖明（きたはら・やすあき）

英国近現代史、特に英国植民地研究が主なテーマ。
東京大学卒業、英国ウォーリック大学で修士号。大阪大学で博士号「文学」取得。

主な著書
・『インドから見た大英帝国』（昭和堂，2004）
・「ヒル・ステーション―インド植民地における英国人の特異な空間」『空間のイギリス史』所収（山川出版社，2005）
・「キプリングの帝国」『キプリング―大英帝国の肖像』所収（彩流社，2005）
・「セルヴォンとナイポール―相対するコスモポリタニズム」『現代インド英語小説の世界』所収（鳳書房，2011）
・『カリブ海に浮かぶ島トリニダード・トバゴ―歴史・社会・文化の考察―』（大阪大学出版会，2012）
・『東西回廊の旅』（叢文社，2014）
・『ラテン・アメリカの旅』（叢文社，2017）

訳書
・「百の悲しみの門」『キプリング―インド傑作選』所収（鳳書房，2008）

# ヨーロッパ時空の旅

令和三年八月一日　初版第一刷

著　者　北原　靖明
発行者　佐藤　由美子
発行所　株式会社　叢文社
〒112—0014
東京都文京区関口一—四七—一二
電話　〇三（三五一三）五二八五

印　刷　株式会社丸井工文社

定価はカバーに表示してあります。
乱丁・落丁についてはお取り替えいたします。

2021 Printed in Japan.
ISBN978-4-7947-0830-4